개념은 쉽게
기능은 빠르게
실무활용은 바로

회사에서 바로 통하는

전미진 지음

실무 엑셀

최강★

업무 활용법

무적의 실무 문서 작성 프로젝트

모든 버전 사용 가능

2007 2010 2013 2016 2019 Office 365

한빛미디어
Hanbit Media, Inc.

지은이 전미진 (smileimp@naver.com)

삼성전자, 삼성항공, 삼성코닝, 삼성멀티캠퍼스, 삼성석유화학, 삼성토탈, 지역난방공사, 농협대학, 국민건강보험공단, 경기경제과학진흥원, 한국생산성본부 등에서 업무 개선을 위한 엑셀과 파워포인트, 프로그래밍 관련 강의를 진행했습니다. 저서로는 《회사에서 바로 통하는 실무 엑셀+파워포인트+워드&한글》(한빛미디어, 2018), 《회사에서 바로 통하는 엑셀 실무 강의》(한빛미디어, 2018), 《회사에서 바로 통하는 엑셀+파워포인트+워드 2016&한글 NEO&윈도우 10》(한빛미디어, 2018), 《회사에서 바로 통하는 엑셀 2016 FOR STARTERS》(한빛미디어, 2017) 등이 있습니다.

회사에서 바로 통하는

실무 엑셀 최강 업무 활용법 : 무적의 실무 문서 작성 프로젝트 – 모든 버전 사용 가능

초판 1쇄 발행 2019년 11월 30일
초판 2쇄 발행 2021년 4월 19일

지은이 전미진 / **펴낸이** 김태헌
펴낸곳 한빛미디어(주) / **주소** 서울특별시 서대문구 연희로 2길 62 한빛미디어(주) IT출판부
전화 02-325-5544 / **팩스** 02-336-7124
등록 1999년 6월 24일 제25100-2017-000058호 / **ISBN** 979-11-6224-229-2 13000

총괄 전정아 / **책임편집** 배윤미 / **기획편집** 배윤미 / **교정교열** 전성희 / **진행** 박동민
디자인 표지 박정화 내지 이아란 / **전산편집** 오정화
영업 김형진, 김진불, 조유미 / **마케팅** 박상용, 송경석, 조수현, 이행은, 고광일 / **제작** 박성우, 김정우

이 책에 대한 의견이나 오탈자 및 잘못된 내용에 대한 수정 정보는 한빛미디어(주)의 홈페이지나 아래 이메일로 알려주십시오.
잘못된 책은 구입하신 서점에서 교환해 드립니다. 책값은 뒤표지에 표시되어 있습니다.
한빛미디어 홈페이지 www.hanbit.co.kr / 이메일 ask@hanbit.co.kr / 자료실 www.hanbit.co.kr/src/10229

지금 하지 않으면 할 수 없는 일이 있습니다.
책으로 펴내고 싶은 아이디어나 원고를 메일 (writer@hanbit.co.kr) 로 보내주세요.
한빛미디어(주)는 여러분의 소중한 경험과 지식을 기다리고 있습니다.

실무에서 막힘없이 쓸 수 있는 엑셀 최강 업무 활용법!

이미 널리 쓰이고 있는 엑셀 프로그램은 학교나 교육기관, 책 등의 여러 경로를 통해서 익히고 학습할 수 있습니다. 하지만 막상 실무 문서에서 엑셀을 적용하려고 하면 어디서부터 손을 대야할지 몰라 막막했던 경우가 많습니다. 시중에 출간된 엑셀 관련 책은 주로 단편적인 엑셀 기능 학습 위주로 구성되어 있습니다. 물론 엑셀의 기능을 전체적으로 아는 것도 중요하지만 이렇게 단편적인 기능만 학습하다 보면 여러 기능을 복합적으로 연계해 하나의 프로젝트 문서를 만들어야 할 때 엑셀을 실무 문서에 적용하기가 쉽지 않습니다.

이 책에는 업무를 할 때 반드시 알아두어야 할 엑셀 기능과 프로젝트 예제를 PART 01과 PART 02에 선별해 담았습니다. 실습을 모두 완료한 후에 확인할 수 있는 완성 화면을 예제 미리 보기에 수록하고, '회사에서 바로 통하는 키워드'로 문서를 다룰 때 자주 쓰는 엑셀 기능과 함수 등을 한눈에 살펴볼 수 있도록 구성했습니다. 또한 엑셀 기능이 복합적으로 연계되어 있고 빈번하게 사용되는 실무 문서를 중심으로 '엑셀 업무 활용'과 '데이터 분석 및 자동화' 예제를 구성했습니다.

엑셀의 모든 버전에서 무적의 실무 문서 작성 프로젝트 예제를 학습한다!

PART 01의 CHAPTER 01에서는 데이터를 편집하고 서식을 꾸밀 때 유용한 기능과 꼭 알아두어야 할 함수의 핵심기능 18개를 소개합니다. CHAPTER 02에서는 다양한 엑셀 기능과 실무 함수를 연계해 업무에서 자주 사용하는 문서 양식을 작성해봅니다. CHAPTER 03에서는 분석하고자 하는 데이터의 용도에 맞는 최적의 차트를 만들어봅니다.

PART 02의 CHAPTER 01에서는 데이터를 관리하고 분석하는 방법 및 반복 작업에 사용할 수 있는 매크로&VBA를 편집할 때 꼭 알아두어야 할 핵심기능 13개를 수록했습니다. CHAPTER 02에서는 신뢰할 수 있는 데이터를 모으고 후속 업무와 연계하여 빠르게 데이터를 관리하고 효과적으로 분석하는 방법을 소개합니다. CHAPTER 03에서는 매크로와 VBA를 이용해 반복 작업을 자동화할 수 있는 방법에 대해 알아봅니다.

이 책으로 단순한 엑셀 기능뿐 아니라 여러 기능을 복합적으로 연계해 실무 문서에 사용하는 방법까지 학습할 수 있기를 바랍니다. 차근히 하나하나 익혀가다 보면 금세 업무에 적용할 수 있게 될 것입니다. 마지막으로 이 책을 기획하고 완성하는 동안 격려와 노력을 아끼지 않은 배윤미 기획자와 한빛미디어 관계자 여러분에게 감사의 인사를 전합니다.

2019년 11월 전미진

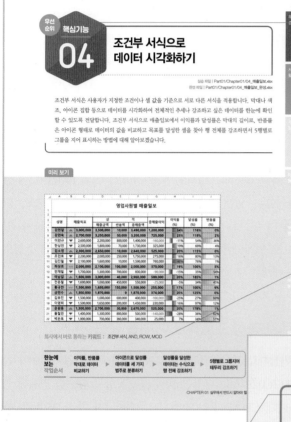

핵심기능

엑셀을 다룰 때 반드시 알아야 할 핵심기능과 활용 방법을 소개합니다. 핵심기능을 통해 엑셀 기본기를 충실히 익힐 수 있습니다.

우선순위

반드시 학습해야 할 엑셀 핵심기능 중 가장 중요한 우선순위 기능이 무엇인지 확인할 수 있습니다. 차근차근 학습할 시간이 없다면 우선순위 기능부터 먼저 익히면서 실무 적응력을 키워봅니다.

회사에서 바로 통하는 키워드

어떤 기능과 함수를 이용해 실습을 진행하는지 확인할 수 있습니다.

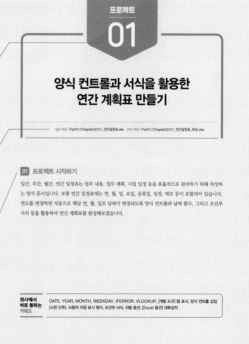

프로젝트 실무 예제

실제 업무에서 쏙 뽑아온 실무 예제로 엑셀을 이용한 기능 연계형 실무 문서 작성 방법을 학습할 수 있습니다.

실습 파일 & 완성 파일

핵심기능과 프로젝트를 따라 할 때 필요한 예제 파일과 결과를 비교해 볼 수 있는 완성 파일을 제공합니다.

프로젝트 시작하기

프로젝트 예제에서 어떤 작업을 배울지 친절하게 안내합니다. 실무에 바로 써먹을 수 있어 엑셀 활용 능력을 단숨에 업그레이드해줍니다.

프로젝트 예제 미리 보기

실습 후 완성된 예제를 미리 확인할 수 있습니다.

한눈에 보는 작업순서

예제의 진행 과정을 한눈에 확인할 수 있도록 단계별 작업순서를 표시했습니다.

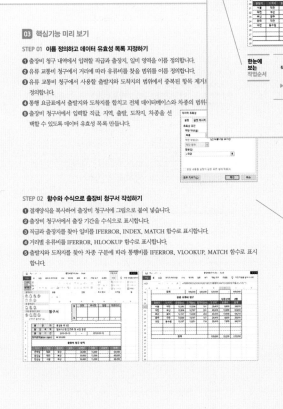

02 프로젝트 예제 미리 보기

한눈에 보는 작업순서

직급, 출장지, 출장비, 유류비 이름 정의하기	출발지, 도착지 중복된 항목 제거 및 통행료 이름 정의하기
직급, 출장지, 차종 구분, 출발지, 도착지 데이터 유효성 목록 설정하기	결재 양식 그림으로 붙여넣기
	함수와 수식으로 출장비 청구서 작성하기

03 핵심기능 미리 보기

STEP 01 이름 정의하고 데이터 유효성 목록 지정하기

❶ 출장비 청구 내역에 입력할 직급과 출장지, 일비 영역을 이름 정의합니다.

❷ 유류 교통비 청구에서 거리에 따라 유류비를 찾을 범위를 이름 정의합니다.

❸ 유류 교통비 청구에서 사용할 출발지와 도착지의 범위에서 중복된 항목 제거하고 이름 정의합니다.

❹ 통행 요금표에서 출발지와 도착지를 합치고 전체 데이터베이스와 차종의 범위를 이름 정의합니다.

❺ 출장비 청구서에서 입력할 직급, 지역, 출발, 도착지, 차종을 선택할 수 있도록 데이터 유효성 목록 만듭니다.

STEP 02 함수와 수식으로 출장비 청구서 작성하기

❶ 결재양식을 복사하여 출장비 청구서에 그림으로 붙여 넣습니다.

❷ 출장비 청구서에서 출장 기간을 수식으로 표시합니다.

❸ 직급과 출장지를 찾아 일비를 IFERROR, INDEX, MATCH 함수로 표시합니다.

❹ 거리별 유류비를 IFERROR, HLOOKUP 함수로 표시합니다.

❺ 출발지와 도착지를 찾아 차종 구분에 따라 통행비를 IFERROR, VLOOKUP, MATCH 함수로 표시합니다.

CHAPTER 02 핵심 함수 활용 155

핵심기능 미리 보기

각 STEP의 작업 내용과 작업에 필요한 기능을 확인할 수 있습니다. 프로젝트 예제의 전 과정을 미리 살펴보고 학습을 시작합니다.

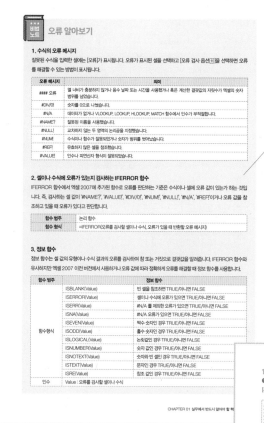

인덱스

우선순위 기능 및 서식, 함수, 차트 등 현재 학습하고 있는 지점이 어디인지 바로 확인할 수 있습니다.

비법노트

엑셀을 다루는 데 필요한 기본 개념이나 따라 하기 실습 과정에서 알아두면 좋은 엑셀 활용 방법, 함수 구성 방법 등 엑셀 전문가의 노하우를 알려줍니다.

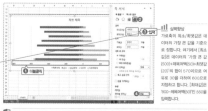

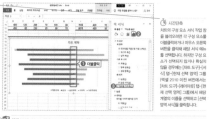

실력향상

실습을 진행하며 헷갈리기 쉬운 부분이나 기능 활용에 유용한 팁을 수록했습니다.

시간단축

같은 작업이라도 조금 더 빠르게 할 수 있는 효율적인 작업 방법을 안내합니다.

버전별 팁

엑셀의 모든 버전에서 학습할 수 있도록 버전별로 차이가 나는 내용을 따라 하기 과정마다 상세하게 설명했습니다.

회사에서 바로 통하는 실습 예제 다운로드하기

이 책에 사용된 모든 실습 및 완성 예제 파일은 한빛미디어 홈페이지(www.hanbit.co.kr/media)에서 다운로드할 수 있습니다. 예제 파일은 따라 하기를 진행할 때마다 사용되므로 컴퓨터에 복사해두고 활용합니다.

1 한빛미디어 홈페이지(www.hanbit.co.kr/media)로 접속합니다. 로그인 후 화면 오른쪽 아래에 자료실 버튼을 클릭합니다.

2 자료실 도서 검색란에서 도서명을 검색하고, 찾는 도서가 나타나면 예제소스 버튼을 클릭합니다.

3 선택한 도서 정보가 표시되면 오른쪽에 있는 다운로드 버튼을 클릭합니다.

다운로드한 예제 파일은 일반적으로 [다운로드] 폴더에 저장되며, 사용하는 웹 브라우저 설정에 따라 다를 수 있습니다.

목차

PART 02

프로젝트 예제로 업그레이드하는 데이터 분석 및 자동화

—— CHAPTER 01 ——

데이터를 다루기에 앞서 꼭 알아야 할 핵심기능

—— **CHAPTER 02** ——
업무 효율을 높이는 데이터 분석

CHAPTER 03
업무 자동화를 위한 매크로&VBA

PART

01

프로젝트 예제로 업그레이드하는 엑셀 업무 활용

PART 01에서는 엑셀을 활용하기 위해 꼭 알아두면 좋은 서식과 함수의 핵심기능에 대해 배웁니다. 엑셀의 기본기를 다진 후에는 다양한 기능을 활용하여 실무에 적합한 문서 양식을 프로젝트로 완성해봅니다.

CHAPTER 01에서는 데이터를 편집하고 서식을 꾸밀 때 유용하게 쓸 수 있는 기능과 꼭 알아두어야 할 함수의 핵심기능에 대해 알아보겠습니다.

CHAPTER 02에서는 서식과 함수를 활용한 연간 계획표, 재직증명서, 세금계산서, 출장비 청구서, 개인 정보 관리, 견적서, 입출고 재고현황을 관리하고 양식화하는 과정에 대해 살펴보겠습니다.

CHAPTER 03에서는 차트를 활용한 간트 차트, 계단식 차트, 대칭 차트, 동적 참조 차트, 스파크라인 차트를 작성해보겠습니다.

CHAPTER
01

CHAPTER
01

실무에서 반드시
알아야 할
핵심기능

어떤 일을 수행할 때는 여러 가지 방법 중 무엇을 선택하느냐에 따라 시간이 절약되기도 하고, 반대로 시간이 더 걸리기도 합니다. 엑셀 또한 마찬가지입니다. 이미 엑셀에 어느 정도 익숙한 사용자의 경우 평소 자주 쓰는 기능만 사용하므로 데이터를 편집하거나 서식을 꾸밀 때 알아두면 유용한 숨은 기능을 잘 알지 못합니다. 엑셀에서 가장 널리 쓰이는 함수도 업무에 따라 사용하는 것이 정해져 있어서 보다 편리한 함수를 모르고 지나치는 경우가 많습니다. 엑셀을 활용할 때 알아두면 좋은 핵심기능에 대해 살펴보면서 프로젝트 예제를 다루기 전 꼭 갖춰야 할 기본기를 다져보겠습니다.

데이터 유효성 검사로
데이터 입력 제한하기

실습 파일 | Part01/Chapter01/01_교통비내역서.xlsx
완성 파일 | Part01/Chapter01/01_교통비내역서_완성.xlsx

사용자가 데이터를 입력할 때 오류를 검색하여 셀에 유효한 데이터만 입력할 수 있도록 목록, 숫자, 날짜, 텍스트 길이 등을 데이터 유효성 검사로 설정할 수 있습니다. 입력 방법에 대한 도움말을 제공하고 잘못된 데이터를 입력했을 때 경고 메시지를 표시해서 데이터를 입력할 때 생기는 오류를 최소로 줄이는 것입니다. 교통비 내역서에서 교육수단은 목록에서 선택하여 입력하고, 요금은 15만 원 이하로 입력하도록 데이터 유효성 검사를 설정해보겠습니다.

미리 보기

	교통수단	구간1			구간2			구간3			여 비 합 계		교통수단
		출발	도착	요금	출발	도착	요금	출발	도착	요금			
교통비 산출 상세 내역													
4	항공기	서울	부산	56,000							56,000		항공기
5	철도				부산	대전	45,000	대전	서울	25,000	70,000		철도
6	자동차	서울	서산	23,200	서산	목포	57,000	목포	서울	78,800	159,000		버스
7											-		자동차
8	항공기										-		여객선
9	철도										-		
10	버스 자동차								요금 교통비는 15만원 이하		-		
11	여객선										-		
12											-		
13											-		
14											-		
15											-		
16											-		
17											-		
18											-		
19	소 계			79,200			102,000			103,800	-		

회사에서 바로 통하는 **키워드** : 데이터 유효성 검사

한눈에 보는 작업순서

특정 셀 범위에 언어 입력기 모드 (한글) 지정하기 ▶ 교통수단에 데이터 유효성 목록 만들기 ▶ 요금의 제한 값까지만 입력하도록 데이터 유효성 설정하기 ▶ 요금에 설명 메시지 입력하기

01 언어 입력기 모드(한글) 지정하기 데이터를 입력할 때 [한/영]을 누르지 않아도 한글 모드로 입력할 수 있도록 언어 입력기 모드를 한글로 지정해보겠습니다. ❶ [A4:C18], [E4:F18], [H4:I18] 셀 범위를 [Ctrl]을 누른 채 드래그하여 선택합니다. ❷ [데이터] 탭–[데이터 도구] 그룹에서 [데이터 유효성 검사圖]를 클릭합니다. ❸ [데이터 유효성] 대화상자에서 [IME 모드] 탭을 클릭하고 ❹ 입력기 모드에서 [한글]을 선택합니다. ❺ [확인]을 클릭합니다.

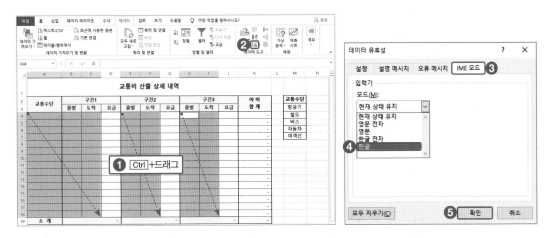

📊 **실력향상** 언어 입력기 모드를 설정한 셀은 [한/영]을 눌러 한글과 영문으로 바꿀 필요 없이 설정한 형식이 기본 모드가 됩니다. 지정된 범위에 입력하는 동안 기본 모드로 입력되나 일부 셀에서 [한/영]을 누르면 그 셀에서만 기본 모드가 바뀝니다.

📊 **실력향상** [데이터] 탭–[데이터 도구] 그룹–[데이터 유효성 검사 목록🔽]을 클릭하고 [데이터 유효성 검사圖]를 선택해도 [데이터 유효성] 대화상자가 나타납니다.

02 목록으로 데이터 유효성 검사 설정하기 교통수단에 교통수단 목록을 입력할 수 있도록 데이터 유효성 검사를 설정해보겠습니다. ❶ [A4:A18] 셀 범위를 선택하고 ❷ [데이터] 탭–[데이터 도구] 그룹에서 [데이터 유효성 검사圖]를 클릭합니다. ❸ [설정] 탭을 클릭하고 [제한 대상]으로 [목록]을 선택합니다. ❹ [원본]을 클릭하고 ❺ [M3:M7] 셀 범위를 선택하여 내용을 채운 후 ❻ [확인]을 클릭합니다.

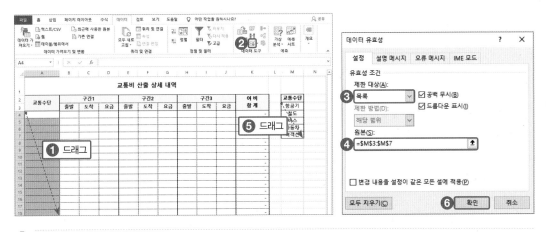

⏱️ **시간단축** [원본]에는 **항공기,철도,버스,자동차,여객선**과 같이 각 데이터를 콤마(,)로 구분하여 직접 입력해도 됩니다.

03 숫자로 데이터 유효성 검사 설정하고 설명 메시지 입력하기 요금에 최대 15만 원까지 입력할 수 있도록 데이터 유효성 검사를 설정합니다. ❶ [D4:D18], [G4:G18], [J4:J18] 셀 범위를 Ctrl을 누른 채 드래그하여 선택합니다. ❷ [데이터] 탭-[데이터 도구] 그룹-[데이터 유효성 검사▣]를 클릭합니다.

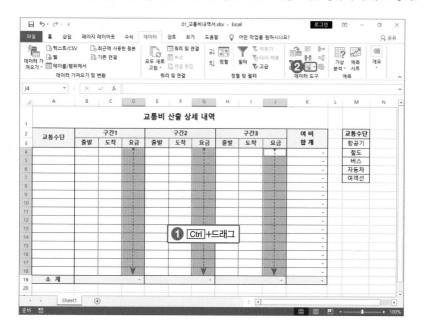

04 ❶ [데이터 유효성] 대화상자의 [설정] 탭에서 [제한 대상]으로 [정수]를 선택합니다. ❷ [최소값]에 **0**을 입력하고 [최대값]에 **150000**을 입력합니다. 요금 셀에 설정한 유효 데이터 값을 설명하기 위해 메시지를 입력해보겠습니다. ❸ [설명 메시지] 탭을 클릭하고 ❹ [제목]에 **요금**을 입력합니다. ❺ [설명 메시지]에 **교통비는 15만원 이하**를 입력하고 ❻ [확인]을 클릭합니다.

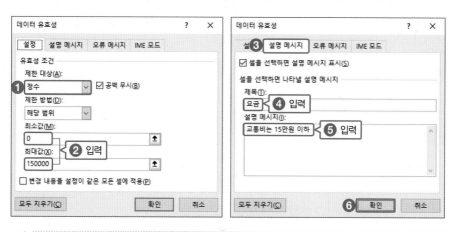

📊 **실력향상** 유효한 값 이외의 값을 입력했을 때 보여줄 오류 메시지는 [오류 메시지] 탭에서 입력합니다.

05 유효성 검사를 모두 설정했다면 데이터를 입력해봅니다. 교통수단 항목에서 셀을 선택한 후 목록 상자에서 선택하거나 목록에 있는 내용을 직접 입력합니다. 출발, 도착 항목에서는 한/영을 누르지 않아도 한글 모드로 입력되며, 요금은 15만 원 이하로 입력해야 합니다. 잘못 입력하면 오류 메시지가 나타납니다.

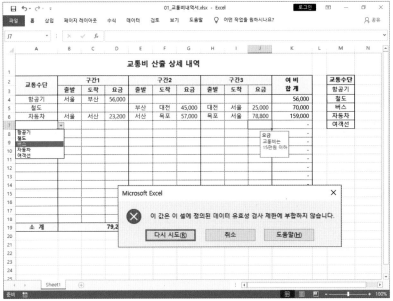

데이터 유효성 검사 범위 찾기 및 해제하기

- **데이터 유효성 검사가 설정되어 있는 범위 찾기** : [홈] 탭-[편집] 그룹-[찾기 및 선택]을 클릭한 후 [데이터 유효성 검사]를 선택합니다.
- **데이터 유효성 검사 설정 해제하기** : 데이터 유효성 검사가 설정되어 있는 데이터의 범위를 지정한 후 [데이터] 탭-[데이터 도구] 그룹-[데이터 유효성 검사]를 클릭하고 [데이터 유효성] 대화상자의 [설정] 탭에서 [모두 지우기]를 선택합니다.

데이터 유효성 검사로 중복 입력을 제한하고 이중 유효성 목록 만들기

실습 파일 | Part01/Chapter01/02_교육대상자.xlsx
완성 파일 | Part01/Chapter01/02_교육대상자_완성.xlsxx

사업자등록번호, 주민등록번호, 사번과 같은 데이터는 자릿수를 고정하고 고유한 값이 중복되지 않도록 입력하는 것이 중요합니다. 또한 대분류에서 소분류로 목록을 입력할 때 대분류와 소분류를 연결해 입력하면 분류별로 찾아서 입력해야 하는 번거로움을 해결할 수 있습니다. 직급별 역량 교육 대상자를 입력할 때 사번이 중복 입력되지 않도록 하면서 직급별로 연관된 교육과정을 입력하는 방법에 대해 알아보겠습니다.

미리 보기

	A	B	C	D	E
1			직급별 역량 교육 대상자		
2					
3	사번	성명	직급	교육과정	교육기간(일)
4	A1234	김수철	대리	커뮤니케이션스킬업과정	
5	A5789	이민호	과장	의사결정방법	
6	A9101	강민정	사원	Team Building	
7	A3876	최민우	사원	조직적응과정	
8	A8812	박선우	대리	셀프리더십과정	
9	A0912	이철민	과장	지역전문과과정	
10	A7654	홍민호	차장	팀장교육과정	
11	A3567	문수진	사원	OJT교육	
12	A5678	오남주	부장	리더십심화과정	
13	A4545	노철민	사원		
14		사원			
15		대리			
16		과장			
17		차장			
18		부장			

	A	B	C	D	E
1			직급별 역량 교육 대상자		
2					
3	사번	성명	직급	교육과정	교육기간(일)
4	A1234	김수철	대리	커뮤니케이션스킬업과정	
5	A5789	이민호	과장	의사결정방법	
6	A9101	강민정	사원	Team Building	
7	A3876	최민우	사원	조직적응과정	
8	A8812	박선우	대리	셀프리더십과정	
9	A0912	이철민	과장	지역전문과과정	
10	A7654	홍민호	차장	팀장교육과정	
11	A3567	문수진	사원	OJT교육	
12	A5678	오남주	부장	리더십심화과정	
13	A4545	노철민	사원		
14				OJT교육	
15				Follow Up교육	
16				기획/제안서작성기법	
17				조직적응과정	
18				Team Building	
19				창의력사고과정	
20				문제해결기법	
21				커뮤니케이션기초과정	

교육대상자   교육과정

회사에서 바로 통하는 키워드 : AND, LEN, COUNTIF, INDIRECT, 이중 데이터 유효성 검사, 이동 옵션

**한눈에
보는
작업순서**

텍스트 길이와 중복
입력 제한하는 데이터
유효성 검사 설정하기
▶
직급과 교육과정
범위 이름
정의하기
▶
직급 목록
데이터 유효성
목록 만들기
▶
교육과정을 직급과
연결해 이중 데이터
유효성 목록 만들기

01 사번에 텍스트 길이와 중복 입력을 제한하는 데이터 유효성 검사 설정하기 교육 대상자에서 사번의 텍스트 길이는 5자로 제한하고, 중복되어 입력되지 않도록 수식으로 데이터 유효성 검사를 설정합니다. ❶ [A4:A28] 셀 범위를 선택합니다. ❷ [데이터] 탭-[데이터 도구] 그룹에서 [데이터 유효성 검사]를 클릭합니다. ❸ [데이터 유효성] 대화상자의 [설정] 탭에서 [제한 대상]으로 [사용자 지정]을 선택합니다. ❹ [수식]에 **=AND(LEN(A4)=5,COUNTIF($A$4:$A$28,A4)〈2)**를 입력하고 ❺ [확인]을 클릭합니다.

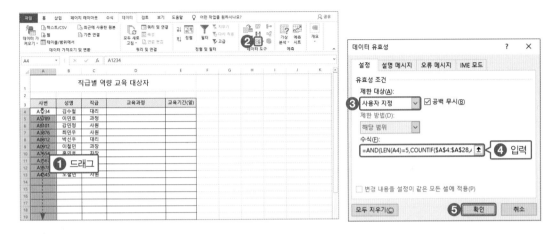

실력향상 수식 설명 : **=AND(LEN(A4)=5,COUNTIF($A$4:$A$28,A4)〈2)**
문자 길이가 5자(LEN(A4)=5)이고, 사번 전체 범위에서 찾은 각 셀의 중복된 사번 개수가 2보다 작으면(COUNTIF($A$4:$A$28,A4)〈2), 즉 한 개만 존재할 경우에는 사번이 중복되지 않았다는 의미이므로 사번 입력을 허용합니다.

02 ❶ [A14] 셀을 선택하고 [A4] 셀과 중복되는 **a1234**를 입력하면 오류 메시지가 나타납니다. ❷ [취소]를 클릭합니다.

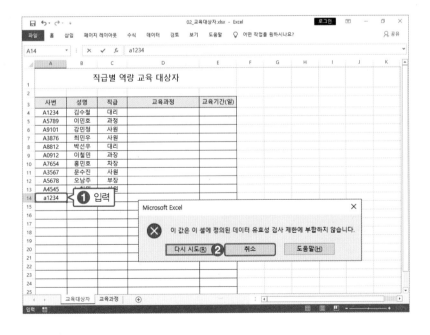

우선
순위

서식
활용

서식
&함수

차트
활용

데이터
편집

데이터
분석

업무
자동화

03 교육과정을 직급과 연결하여 이중으로 데이터 유효성 목록 만들기 직급 영역을 데이터 유효성 검사 목록으로 연결하기 위해 이름을 정의해보겠습니다. ❶ [교육과정] 시트를 클릭합니다. ❷ [A3:E3] 셀 범위를 선택합니다. ❸ [이름 상자]에 **직급**을 입력하고 Enter를 누릅니다.

04 직급별 교육과정의 이름을 하나씩 정의하려면 시간이 오래 걸리고 번거롭습니다. 메뉴를 사용하여 범위를 지정하고 이름을 정의해보겠습니다. ❶ [A3:E11] 셀 범위를 선택합니다. ❷ [홈] 탭-[편집] 그룹-[찾기 및 선택]을 클릭한 후 [이동 옵션]을 선택합니다. ❸ [이동 옵션] 대화상자에서 [상수]를 선택하고 ❹ [확인]을 클릭합니다.

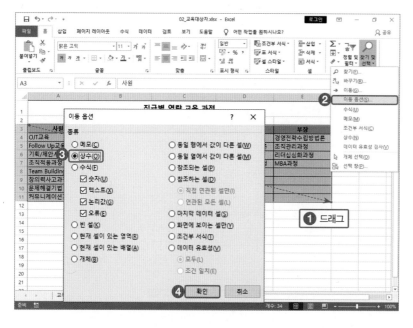

⏱ **시간단축**
[이동 옵션] 대화상자를 빠르게 표시하려면 단축키 F5 를 누르고 [이동] 대화상자에서 [옵션]을 클릭합니다.

05 ❶ 데이터에 맞게 범위가 선택된 상태에서 [수식] 탭-[정의된 이름] 그룹-[선택 영역에서 만들기]를 클릭합니다. ❷ [선택 영역에서 이름 만들기] 대화상자에서 [첫 행]에만 체크 표시하고 ❸ [확인]을 클릭합니다. ❹ 임의의 셀을 선택해 범위를 해제한 후 ❺ [이름 상자]를 클릭하면 직급으로 정의된 이름 목록이 표시됩니다.

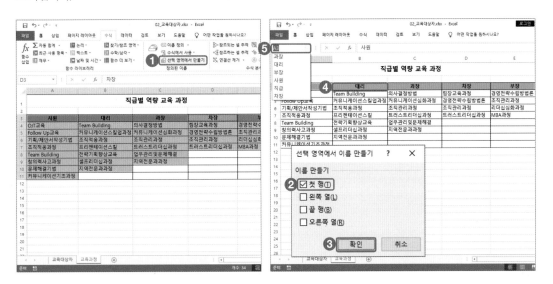

06 **직급으로 이름 정의한 범위를 데이터 유효성 검사 목록으로 연결하기** ❶ [교육대상자] 시트를 클릭합니다. ❷ [C4:C28] 셀 범위를 선택하고 ❸ [데이터] 탭-[데이터 도구] 그룹-[데이터 유효성 검사圖]를 클릭합니다. ❹ [데이터 유효성] 대화상자의 [설정] 탭에서 [제한 대상]으로 [목록]을 선택합니다. ❺ [원본]을 클릭하고 **=직급**을 입력합니다. ❻ [확인]을 클릭합니다.

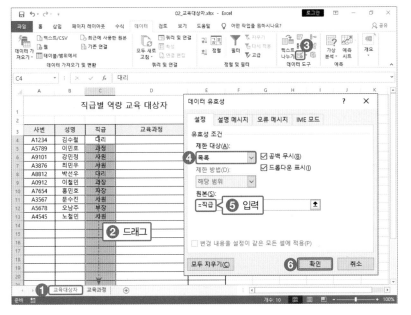

📊 **실력향상**

직급으로 이름 정의한 범위를 목록으로 표시할 때는 등호(=)를 먼저 입력합니다. 등호(=)를 입력하지 않으면 '직급' 텍스트만 목록으로 표시합니다. 정의된 이름을 원본에 입력하지 않고 목록에서 선택하려면 원본을 클릭하고 F3 을 눌러 [이름 붙여넣기] 대화상자에서 선택할 수 있습니다.

07 직급과 연결된 교육과정을 이중 목록으로 표시하기 직급과 연결되어 교육과정 목록이 각각 다르게 표시되도록 이중 데이터 유효성 목록을 설정하겠습니다. ❶ [D4:D28] 셀 범위를 선택하고 ❷ [데이터] 탭-[데이터 도구] 그룹에서 [데이터 유효성 검사📋]를 클릭합니다. ❸ [데이터 유효성] 대화상자의 [설정] 탭에서 [제한 대상]으로 [목록]을 선택합니다. ❹ [원본]을 클릭하고 **=INDIRECT(C4)**를 입력합니다. ❺ [확인]을 클릭합니다.

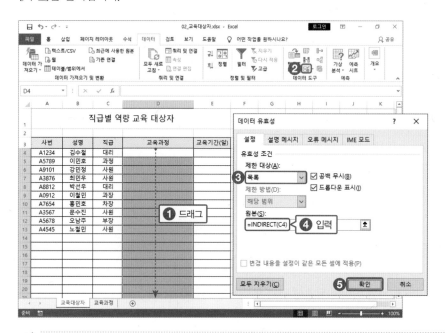

📊 실력향상 수식 설명 : **=INDIRECT(C4)**
원본에 **=C4**를 입력하면 직급 텍스트 값이 목록으로 표시됩니다. 하지만 직급(C4) 셀은 텍스트 값이 아닌 범위로 연결해야 하므로 INDIRECT 함수로 수식을 만듭니다. INDIRECT 함수는 셀 값을 정의된 이름의 범위로 변환하는 함수입니다.

08 직급에 따라 교육과정 목록이 다르게 표시됩니다.

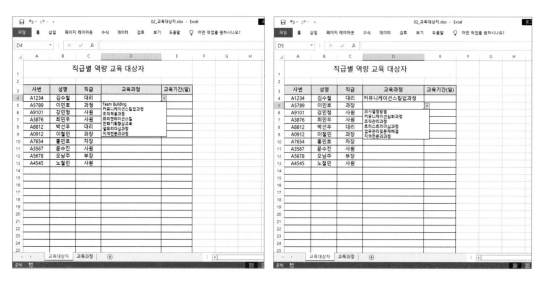

03 사용자 지정 표시 형식 설정하기

실습 파일 | Part01/Chapter01/03_견적서.xlsx
완성 파일 | Part01/Chapter01/03_견적서_완성.xlsx

표시 형식은 셀에 입력된 문자와 숫자 데이터가 화면에서 어떻게 보일지 결정합니다. 기본적으로 표시 형식은 [홈] 탭-[표시 형식] 그룹에 모여 있는데, 아이콘을 클릭해서 데이터 서식을 쉽게 적용할 수 있으며 데이터에 맞춰 사용자가 직접 표시 형식을 지정할 수도 있습니다. 작성 규칙과 표시 형식 코드는 30쪽을 참고합니다. 견적서에 입력된 데이터에 맞게 사용자 지정 표시 형식을 설정하는 방법에 대해 알아보겠습니다.

미리 보기

회사에서 바로 통하는 키워드 : 사용자 지정 표시 형식

한눈에 보는 작업순서				
날짜(발행일) 연-월-일(요일) 지정하기	문자(수신, 담당) 데이터에 '귀하' 표시하기	숫자(사업자번호) 데이터 자릿수에 맞춰 표시하기	숫자(합계) 한글로 표시하기	문자(규격) 데이터에 mm 단위 표시하기

01 연-월-일(요일)로 사용자 표시 형식 지정하기 ① [E6] 셀을 선택하고 ② Ctrl+1을 누릅니다. ③ [셀 서식] 대화상자의 [표시 형식] 탭에서 [범주]를 [사용자 지정]으로 선택합니다. ④ [형식] 입력란에 **yyyy-mm-dd(aaa)**를 입력하고 ⑤ [확인]을 클릭합니다. '연-월-일(요일)' 표시 형식을 적용했습니다.

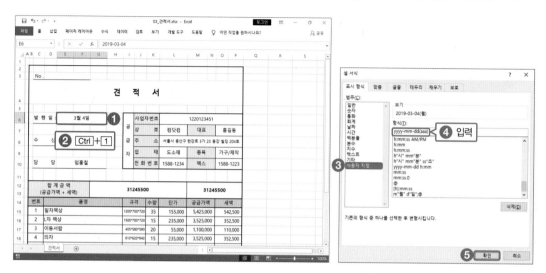

📊 **실력향상** y는 연, m은 월, d는 날짜, a는 요일을 표시하는 기호입니다. yyyy-mm-dd(aaa)는 날짜를 '연-월-일(요일)' 형식으로 표시합니다.

02 문자 데이터에 '귀하' 표시하기 ① [E8], [E10] 셀을 선택하고 ② Ctrl+1을 누릅니다. ③ [셀 서식] 대화상자의 [표시 형식] 탭에서 [범주]를 [사용자 지정]으로 선택합니다. ④ [형식] 입력란에 **@ 귀하**를 입력하고 ⑤ [확인]을 클릭합니다. 문자 뒤에 '귀하'를 자동으로 붙이도록 표시 형식을 적용했습니다.

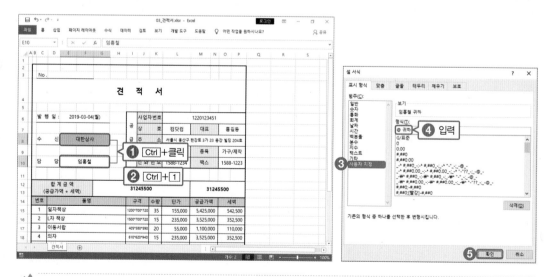

📊 **실력향상** @은 문자를 표시하는 기호로 '@ 귀하'는 문자 데이터 뒤에 '귀하'를 표시합니다.

03 숫자 데이터 자릿수에 맞춰 표시하기 ❶ [L6] 셀을 선택하고 ❷ Ctrl+1을 누릅니다. ❸ [셀 서식] 대화상자의 [표시 형식] 탭에서 [범주]를 [사용자 지정]으로 선택합니다. ❹ [형식] 입력란에 **000-00-00000**을 입력하고 ❺ [확인]을 클릭합니다. 자릿수에 맞춘 표식을 적용했습니다.

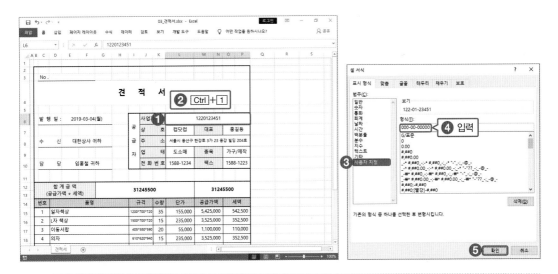

📊 **실력향상** 0은 유효한 자릿수가 없을 때 숫자의 자릿수를 표시하는 기호로 '000-00-00000'은 사업자번호를 '3자-2자-5자' 형식으로 표시합니다.

04 숫자 데이터에 천 단위마다 콤마 표시하기 ❶ [M12] 셀을 선택하고 ❷ Ctrl+1을 누릅니다. ❸ [셀 서식] 대화상자의 [표시 형식] 탭에서 [범주]를 [사용자 지정]으로 선택합니다. ❹ [형식] 입력란에 **(₩ #,##0)**를 입력하고 ❺ [확인]을 클릭합니다.

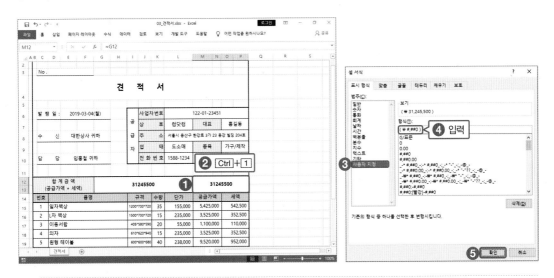

📊 **실력향상** #은 유효한 자릿수의 숫자를 표시하는 기호입니다. '(₩ #,##0)'는 괄호 안에 통화 기호를 표시하고 천 단위마다 콤마를 표시합니다. 사용자 형식 코드가 '#,###'이면 입력한 값이 0일 경우 아무것도 표시하지 않는데 비해 '#,##0'은 0을 표시합니다.

05 숫자 데이터를 한글로 바꾸고 앞뒤로 일금, 원정 표시하기 ❶ [G12] 셀을 선택하고 ❷ Ctrl + 1 을 누릅니다. ❸ [셀 서식] 대화상자의 [표시 형식] 탭에서 [범주]를 [기타]로 선택하고 ❹ [형식]에서 [숫자(한글)]을 선택합니다. ❺ [범주]를 [사용자 지정]으로 선택하고 ❻ [형식] 입력란에 입력되어 있는 서식 코드 맨 앞에 **일금**, 뒤에 **원정**을 입력한 후 ❼ [확인]을 클릭합니다. [숫자(한글)] 형식을 수정해서 적용하므로 숫자가 한글로 표기되며 앞에 '일금', 뒤에 '원정'이 붙습니다.

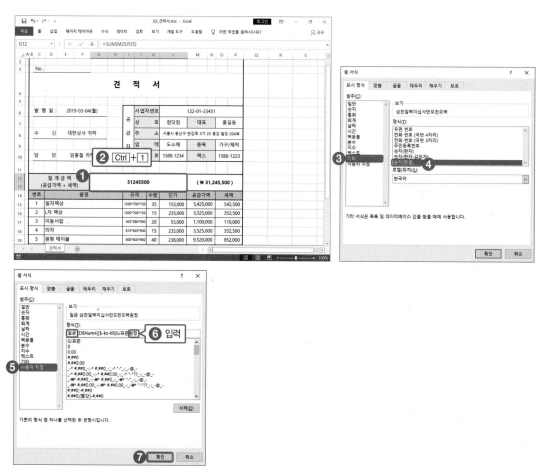

실력향상 [숫자(한글)] 형식은 숫자를 입력하면 한글로 표시해주는 형식으로 [기타]의 [형식] 목록에 [숫자(한글)]이 표시되지 않으면 [로컬(위치)]를 [한국어]로 변경합니다.

06 문자 데이터에 단위 문자 표시하기 ❶ [I15:I24] 셀 범위를 선택합니다. ❷ Ctrl + 1을 누릅니다. ❸ [셀 서식] 대화상자의 [표시 형식] 탭에서 [범주]를 [사용자 지정]으로 선택합니다. ❹ [형식] 입력란에 **@ㄹ**을 입력하고 ❺ 한자를 눌러 ❻ 목록에서 [보기변경 »]을 클릭한 후 ❼ [㎜]를 선택합니다. ❽ [확인]을 클릭합니다. ㎜가 자동으로 붙는 표시 형식을 적용했습니다.

우선
순위

서식
활용

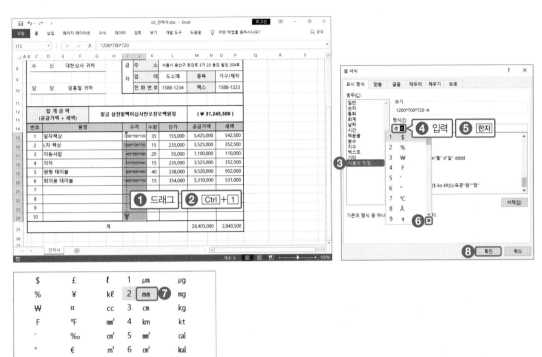

\$	£	ℓ	1	㎛	㎍
%	¥	㎘	2	㎜ ❼	㎎
₩	¤	㏄	3	㎝	㎏
F	°F	㎣	4	㎞	㏏
'	‰	㎤	5	㎟	㎈
"	€	㎥	6	㎠	㎉
℃	㎕	㎦	7	㎡	dB
Å	㎖	fm	8	㎢	㎧
¢	㎗	nm	9	ha	㎨

실력향상 한글 자음+한자는 특수 문자를 표시합니다. 많이 사용하는 특수 문자로는 ㄹ+한자(단위 문자), ㅁ+한자(특수 문자), ㅅ+한자(한글 자음 원문자), ㅇ+한자(영어/숫자 원문자)가 있습니다.

표시 형식과 사용자 지정 서식

1. 표시 형식

❶ **표시 형식 지정 목록** : 일반, 숫자, 통화, 회계 등의 다양한 표시 형식을 지정합니다.

❷ **통화 기호** : 원화(₩), 달러($), 엔화(¥)를 지정하고 숫자 세 자리마다 쉼표를 표시합니다.

❸ **백분율 스타일** : 숫자에 100을 곱한 후 % 기호를 붙입니다.

❹ **쉼표 스타일** : 숫자 세 자리마다 구분 기호로 쉼표(,)를 표시합니다.

❺ **소수부의 자릿수 늘림** : 소수부 이하 자릿수를 한 자리씩 늘립니다.

❻ **소수부의 자릿수 줄임** : 소수부 이하 자릿수를 반올림하며 한 자리씩 줄입니다.

❼ **[셀 서식] 대화상자 표시 아이콘** : [셀 서식] 대화상자를 표시합니다.

2. 사용자 지정 서식 코드

[셀 서식] 대화상자에서 지정하고 싶은 형식을 찾을 수 없을 때는 사용자가 직접 서식을 입력합니다. 사용자 지정 형식은 한번에 네 개까지 지정할 수 있으며 기본적으로 '양수, 음수, 0, 문자 형식'을 세미콜론(;)으로 구분하여 다음과 같이 표시합니다.

> 양수 형식 ; 음수 형식 ; 0 ; 문자 형식

사용자 서식에서는 조건이나 색을 지정할 수도 있으며 조건이나 색을 대괄호([])에 입력합니다. 입력 가능한 색상은 [검정], [파랑], [녹청], [녹색], [자홍], [빨강], [흰색], [노랑]으로 8가지가 있으며 색상을 맨 앞에 입력합니다.

> [조건]형식;[조건]형식   [색][조건]형식;[색][조건]형식

⊿	A	B ❶	C ❷
1	입력값	증감률	증감률
2	0.1246	▲0.1246	▲ 12.5%
3	-0.0632	▼6.3%	▼ 6.3%
4	0	-	-
5	-0.1056	▼10.6%	▼ 10.6%
6	0.0756	▲7.6%	▲ 7.6%
7	0	-	-
8	0.0545	▲5.5%	▲ 5.5%

사용자 형식 코드 증감률 ❶ : [파랑]▲0.0%;[빨강]▼0.0%;"–"	양수일 때는 파란색에 ▲ 소수부 첫째 자리 백분율로 표시; 음수일 때는 빨간색에 ▼ 소수부 첫째 자리 백분율로 표시; 0일 때는 – 기호로 표시
사용자 형식 코드 증감률 ❷ : [파랑]▲* 0.0%;[빨강]▼* 0.0%;"–"	양수/음수일 때 ▲/▼와 소수부 첫째 자리 사이에 빈 여백만큼 공백(*) 표시

사용자 지정 형식을 만들 때는 다음과 같이 데이터 형식별로 약속된 기호가 있습니다.

데이터 형식	서식 기호	기능
숫자	#	유효한 숫자를 표시하는 기호(무효한 0은 표시 안 함)
	0	숫자를 표시하는 기호(무효한 0을 표시하여 자릿수를 맞춤)
	?	숫자를 표시하는 기호(무효한 0을 공백으로 표시하여 자릿수를 맞춤)
	%	백분율 표시
	.	소수점 표시
	,	숫자 세 자리마다 구분 기호
	₩, $, ¥	통화 유형 기호
문자	@	문자를 대표하는 형식으로 문자에 특정 문자를 표시하고 싶을 때 사용
날짜	YY/YYYY	연도를 두 자리 또는 네 자리로 표시
	M/MM/MMMM	월을 1~12 또는 01~12로 표시
	D/DD	일을 1~31 또는 01~31로 표시
	DDD/DDDD	요일을 영문 세 자리 또는 영문으로 표시(예 : Mon 또는 Monday)
	AAA/AAAA	요일을 한글 한 자리 또는 한글로 표시(예 : 월 또는 월요일)
	H/HH	시간을 0~23 또는 00~23으로 표시
	M/MM	분을 0~59 또는 00~59로 표시
	S/SS	초를 0~59 또는 00~59로 표시
기타	*	* 뒤에 입력한 문자를 빈 여백만큼 반복 표시
	;	양수, 음수, 0, 문자 형식을 구분 또는 지정된 조건에 따른 형식 구분
	[ ]	색상이나 조건 지정
	""	따옴표("") 안에 임의의 문자 삽입

우선
순위

서식
활용

3. 천 단위 또는 백만 단위로 표시하기

[셀 서식] 대화상자에서 지정하고 싶은 형식을 찾을 수 없을 때는 사용자가 직접 서식을 입력합니다. 사용자 지정 형식은 한번에 네 개까지 지정할 수 있으며 기본적으로 '양수, 음수, 0, 문자 형식'을 세미콜론(;)으로 구분하여 다음과 같이 표시합니다.

사용자 형식 코드 단위(천원) : #,##0,

사용자 형식 코드 금액(백만원) : #,##0,,

◢	A	B	C
1	입력값	천단위	백만단위
2	12,340,000	12,340	12
3	34,560,000	34,560	35
4	45,670,000	45,670	46
5	24,554,600	24,555	25
6	54,680,000	54,680	55
7	25,690,000	25,690	26

4. 만 단위(4자리)마다 구분 기호 쉼표 표시하기

쉼표를 구분 기호로 천 단위(3자리)마다 표시 형식(#,##0)을 지정하면 자동으로 세 자리마다 쉼표를 표시하여 데이터를 읽기 편하게 해줍니다. 하지만 만 단위(네 자리)마다 쉼표를 구분 기호로 표시하고 싶을 때는 쉼표를 큰따옴표("") 안에 문자로 삽입해야 합니다. 자동으로 쉼표를 표시할 수 없기 때문에 대괄호([])를 사용해 조건을 만들어 사용합니다.

사용자 형식 코드 만 단위 구분 기호 :

[>999999999999]####","####","####","###0_-;[>99999999]####","####","###0_-;####","###0_-

자릿수가 12자리보다 크면([>999999999999]) 1000,0000,0000,0000로 표시하고;

자릿수가 8자리보다 크면([>99999999]) 1000,0000,0000로 표시하고;

자릿수가 8자리보다 작으면 1000,0000으로 표시하면서 숫자 끝에 공백(_ -)을 삽입

	A	B	C
1	입력값		만단위 구분
2	10,000	일만	1,0000
3	1,000,000	일백만	100,0000
4	100,000,000	일억	1,0000,0000
5	10,000,000,000	일백억	100,0000,0000
6	1,000,000,000,000	일조	1,0000,0000,0000
7	10,000,000,000,000	일십조	10,0000,0000,0000

5. 누적 시간 표시하기

시간 형식은 주로 '시:분:초' 형태의 'h:m:s'를 사용합니다. 시간 형식에서 24시간이 넘어서는 누적 시간을 표시할 때는 대괄호([ ])와 함께 h, m, s 기호를 사용합니다. 다음과 같이 입고시간부터 출고시간까지 걸린 시간, 즉 **=출고시간-입고시간**을 표시하려면 결괏값 셀 서식을 [h], [m], [s]로 지정합니다.

사용자 지정 형식 누적 시간 : [h]

사용자 지정 형식 누적 분 : [m]

사용자 지정 형식 누적 초 : [s]

	A	B	C	D	E
1	입고시간	출고시간	누적(시)	누적(분)	누적(초)
2	2019-12-06 06:56 AM	2019-12-06 08:00 PM	13	784	47040
3	2019-12-06 08:56 AM	2019-12-07 12:56 AM	16	960	57600
4	2019-12-06 11:10 AM	2019-12-08 12:10 AM	37	2220	133200
5	2019-12-06 01:00 PM	2019-12-09 04:00 AM	63	3780	226800
6	2019-12-06 05:10 PM	2019-12-07 03:10 PM	22	1320	79200
7	2019-12-06 10:20 PM	2019-12-08 08:20 AM	34	2040	122400

6. 숫자를 한글, 한자로 표시하는 형식 코드

형식 코드	설명	표시 형식
[DBNum1][$-ko-KR]G/표준	한자로 표시	一千二百五十万
[DBNum2][$-ko-KR]G/표준	한자 갖은자 표시	壹仟貳百伍拾萬
[DBNum3][$-ko-KR]G/표준	단위만 한자로 표시	千2百5十万
[DBNum4][$-ko-KR]G/표준	한글로 표시	일천이백오십만

X **엑셀 2010** 엑셀 2013 이전 버전에서는 국가 코드 [$-ko-KR] 대신 [$-412]를 사용합니다.

우선순위 핵심기능

04

조건부 서식으로
데이터 시각화하기

실습 파일 | Part01/Chapter01/04_매출일보.xlsx
완성 파일 | Part01/Chapter01/04_매출일보_완성.xlsx

조건부 서식은 사용자가 지정한 조건이나 셀 값을 기준으로 서로 다른 서식을 적용합니다. 막대나 색
조, 아이콘 집합 등으로 데이터를 시각화하여 전체적인 추세나 강조하고 싶은 데이터를 한눈에 확인
할 수 있도록 전달합니다. 조건부 서식으로 매출일보에서 이익률과 반품률은 막대의 길이로, 달성률
은 아이콘 형태로 데이터의 값을 비교하고 목표를 달성한 셀을 찾아 행 전체를 강조하면서 5행별로
그룹을 지어 표시하는 방법에 대해 알아보겠습니다.

미리 보기

	A	B	C	D	E	F	G	H	I	J
1					영업사원별 매출일보					
2										
3	성명	매출목표		실		적	총매출이익	이익률	달성률	반품률
4				매출금액	반품액	총매출액		(%)	(%)	(%)
5	김민철	▲	3,000,000	3,500,000	10,000	3,490,000	1,200,000	34%	116%	0%
6	강민욱	▲	2,700,000	3,250,000	50,000	3,200,000	725,000	23%	119%	2%
7	이민규	▼	2,600,000	2,200,000	800,000	1,400,000	-160,000	-11%	54%	36%
8	한상민	▼	2,500,000	1,800,000	70,000	1,730,000	325,000	19%	69%	4%
9	김소영	▲	2,300,000	2,650,000	10,000	2,640,000	525,000	20%	115%	0%
10	조민호	▼	2,200,000	2,000,000	250,000	1,750,000	275,000	16%	80%	13%
11	김진철	▼	2,100,000	1,600,000	10,000	1,590,000	760,000	48%	76%	1%
12	최상호	═	2,000,000	2,100,000	100,000	2,000,000	370,000	19%	100%	5%
13	민재철	▼	1,700,000	1,300,000	700,000	600,000	-90,000	-15%	35%	54%
14	이남길	▼	1,600,000	3,000,000	40,000	2,960,000	580,000	20%	185%	1%
15	전은철	▼	1,600,000	1,000,000	450,000	550,000	-25,000	-5%	34%	45%
16	홍규만	═	1,500,000	1,650,000	150,000	1,500,000	255,000	17%	100%	9%
17	금인수	▲	1,500,000	1,870,000	0	1,870,000	374,000	20%	125%	0%
18	김유진	▼	1,500,000	1,000,000	600,000	400,000	-100,000	-25%	27%	60%
19	이영희	▼	1,500,000	1,650,000	200,000	1,450,000	230,000	16%	97%	12%
20	문길중	▼	1,500,000	2,700,000	30,000	2,670,000	525,000	20%	178%	1%
21	홍철민	▼	1,400,000	1,300,000	800,000	500,000	-140,000	-28%	36%	62%
22	박은옥	▼	1,000,000	700,000	360,000	340,000	25,000	7%	34%	51%

회사에서 바로 통하는 **키워드** : 조건부 서식, AND, ROW, MOD

**한눈에
보는
작업순서**

이익률, 반품률
막대로 데이터
비교하기 ▶

아이콘으로 달성률
데이터를 세 가지
범주로 분류하기 ▶

달성률을 달성한
데이터는 수식으로
행 전체 강조하기 ▶

5행별로 그룹지어
테두리 강조하기

01 데이터 막대 표시하기 이익률과 반품률에 따라 막대를 표시해보겠습니다. ❶ [H5:H22] 셀 범위를 선택합니다. ❷ [홈] 탭-[스타일] 그룹-[조건부 서식]을 클릭하고 ❸ [데이터 막대]의 [그라데이션 채우기] 영역에서 [연한 파랑 데이터 막대]를 선택합니다. ❹ [J5:J22] 셀 범위를 선택합니다. ❺ [홈] 탭-[스타일] 그룹-[조건부 서식]을 클릭하고 ❻ [데이터 막대]의 [그라데이션 채우기] 영역에서 [주황 데이터 막대]를 선택합니다. 셀 값에 따라 막대 길이가 다르게 표시됩니다.

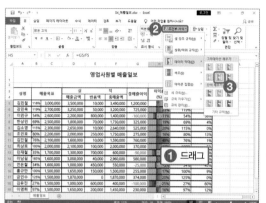
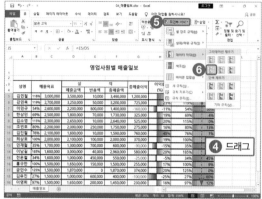

X∄ 엑셀 2007 엑셀 2007에서는 [데이터 막대]가 범위 내의 최솟값과 최댓값을 인식해 비율로 데이터 막대의 길이를 표시합니다. 엑셀 2010 이후 버전에서는 0을 기준으로 최댓값(양수), 최솟값(음수)으로 막대의 길이가 표시되므로 양수와 음수에 따라 다르게 표시됩니다.

02 달성률 100% 이상, 100%, 100% 미만에 따라 아이콘(▲ ▬ ▼)을 표시합니다. ❶ [B5:B22] 셀 범위를 선택합니다. ❷ [홈] 탭-[스타일] 그룹-[조건부 서식]을 클릭하고 ❸ [아이콘 집합]-[삼각형 3개]를 선택해서 값에 따라 아이콘을 표시합니다.

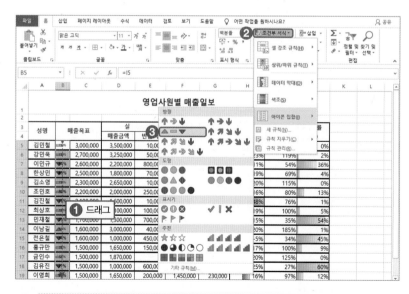

⬛ 실력향상
[삼각형 3개]의 아이콘은 데이터 값에 따라 백분율로 1/3로 영역을 나눠 67% 이상 ▲, 33% 이상 ▬, 33% 미만 ▼으로 아이콘을 표시합니다.

X∄ 엑셀 2007 엑셀 2007에는 [삼각형 세 개(▲ ▬ ▼)] 아이콘 집합이 없으므로 [3방향 화살표(↑ → ↓)]를 선택해 값을 표시합니다.

03 달성률 100% 초과, 100%, 100% 미만에 따라 아이콘이 표시되도록 규칙을 수정하겠습니다. ❶ [B5:B22] 셀 범위가 선택된 상태에서 [홈] 탭–[스타일] 그룹–[조건부 서식]을 클릭하고 ❷ [규칙 관리]를 선택합니다. ❸ [조건부 서식 규칙 관리자] 대화상자에서 [아이콘 집합] 규칙을 선택하고 ❹ [규칙 편집]을 클릭합니다.

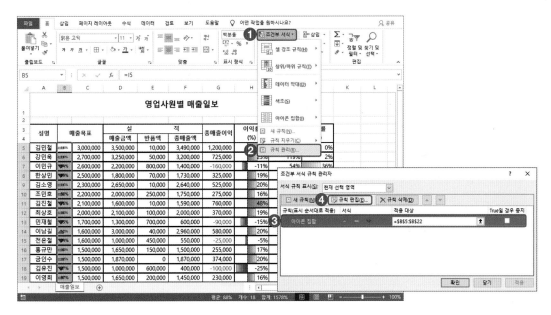

04 ❶ [규칙 설명 편집] 영역에서 [아이콘만 표시]에 체크 표시하고 ❷ 🔺 아이콘 값에 [>], [1], [숫자]를, ▭ 아이콘 값에 [>=], [1], [숫자]를 설정합니다. ❸ [확인]을 클릭하고 ❹ [조건부 서식 규칙 관리자] 대화상자에서도 [확인]을 클릭합니다. 달성률 값이 1 초과면 🔺, 1이면 ▭, 1 미만이면 🔻 아이콘이 표시됩니다.

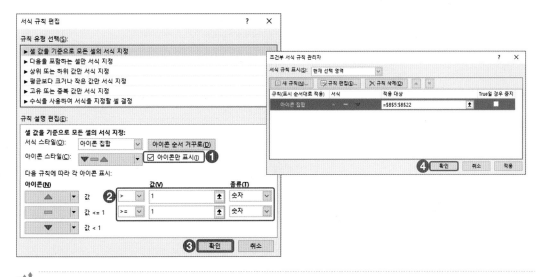

실력향상 셀 값을 기준으로 백분율, 숫자, 백분위수, 수식으로 변경할 수 있습니다. 백분율과 백분위수는 0~100 사이 값을 입력합니다.

05 수식으로 행 전체 강조하기 달성률이 100% 이상인 셀을 찾아 셀이 포함된 행 전체를 강조해보겠습니다. **❶** [A5:J22] 셀 범위를 선택합니다. **❷** [홈] 탭-[스타일] 그룹-[조건부 서식]을 클릭하고 **❸** [새 규칙]을 선택합니다. **❹** [새 서식 규칙] 대화상자의 [규칙 유형 선택] 항목에서 [수식을 사용하여 서식을 지정할 셀 결정]을 선택하고 **❺** 달성률이 100% 이상인 행 전체에 서식을 적용하기 위해 수식 입력란에 **=$I5>=100%**를 입력합니다. **❻** [서식]을 클릭합니다.

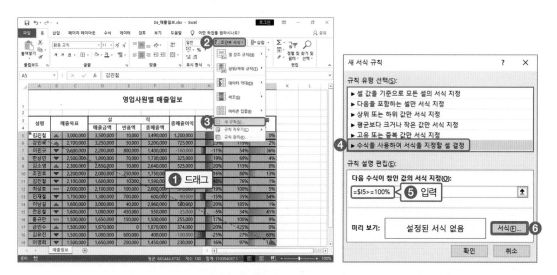

06 ❶ [셀 서식] 대화상자에서 [글꼴] 탭을 클릭하고 **❷** [글꼴 스타일]은 [굵게]를 선택합니다. **❸** [채우기] 탭을 클릭하고 **❹** 적당한 채우기 색을 지정한 후 **❺** [확인]을 클릭합니다. **❻** [새 서식 규칙] 대화상자에서도 [확인]을 클릭합니다. 달성률 100% 이상인 경우 행 전체에 굵게, 채우기 색이 적용됩니다.

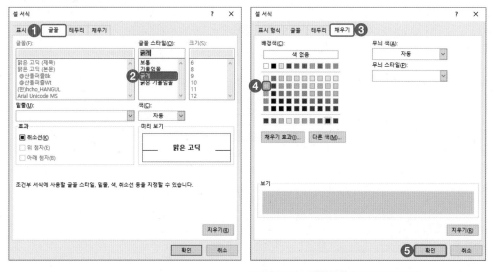

❻ [새 서식 규칙] 대화상자에서 [확인] 클릭

07 수식으로 5의 배수 행이 아닌 테두리 그리기 5의 배수 행이 아닌 행을 찾아 테두리를 그려보겠습니다. ❶ 셀 범위가 선택되어 있는 상태에서 ❷ [홈] 탭-[스타일] 그룹-[조건부 서식]을 클릭하고 ❸ [새 규칙]을 선택합니다. ❹ [새 서식 규칙] 대화상자의 [규칙 유형 선택] 항목에서 [수식을 사용하여 서식을 지정할 셀 결정]을 선택하고 ❺ 수식 입력란에 **=AND($A6〈〉"",MOD(ROW()-4,5)〈〉0)**를 입력합니다. ❻ [서식]을 클릭합니다.

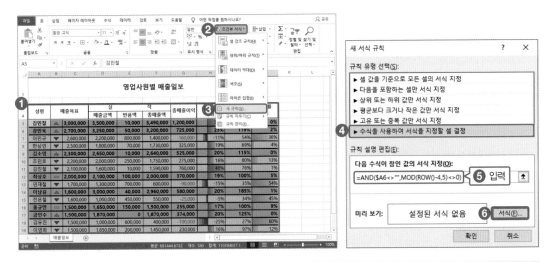

실력향상 현재 셀 다음 행이 비어 있지 않고($A6〈〉""), 5의 배수 행이 아닌(MOD(ROW()-4,5)〈〉0) 규칙을 적용해야 하므로 **=AND($A6〈〉"",MOD(ROW()-4,5)〈〉0)** 수식을 입력합니다. 마지막 행이 아니면서, 5의 배수 행이 아닌 경우에 규칙을 적용합니다. ROW() 함수는 행 번호를 표시합니다. 셀의 위치(A5)에 따라 행 번호(5)가 바뀌므로 '1'을 표시하기 위해 'ROW()-4' 수식을 만듭니다. MOD(피제수, 제수) 함수는 피제수를 제수로 나눠(피제수/제수) 나머지 값을 구합니다. 어떤 수로 나눴을 때 나머지 값이 0이면 어떤 수의 배수라는 의미이므로 주로 배수를 찾을 때 많이 사용하는 함수입니다.

08 ❶ [셀 서식] 대화상자에서 [테두리] 탭을 클릭하고 ❷ [선]의 [스타일]에서 [가는 점선], ❸ [테두리]에서 [아래쪽 테두리▦]를 클릭합니다. ❹ [확인]을 클릭하고 ❺ [새 서식 규칙] 대화상자에서도 [확인]을 클릭합니다. 5의 배수 행이 아니면서 마지막 행이 아닐 경우에 아래쪽 테두리가 그려집니다.

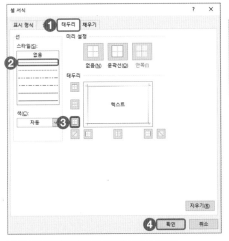

❺ [새 서식 규칙] 대화상자에서 [확인] 클릭

	A	B	C	D	E	F	G	H	I	J
1					영업사원별 매출일보					
2										
3	성명		매출목표	실		적		총매출이익	이익률 (%)	달성률 (%)	반품률 (%)
4				매출금액	반품액	총매출액				
5	김민철	▲	3,000,000	3,500,000	10,000	3,490,000	1,200,000	34%	116%	0%
6	강민욱	▲	2,700,000	3,250,000	50,000	3,200,000	725,000	23%	119%	2%
7	이민규	▼	2,600,000	2,200,000	800,000	1,400,000	-160,000	-11%	54%	36%
8	한상민	▼	2,500,000	1,800,000	70,000	1,730,000	325,000	19%	69%	4%
9	김소영	▲	2,300,000	2,650,000	10,000	2,640,000	525,000	20%	115%	0%
10	조민호	▼	2,200,000	2,000,000	250,000	1,750,000	275,000	16%	80%	13%
11	김진철	▼	2,100,000	1,600,000	10,000	1,590,000	760,000	48%	76%	1%
12	최상호	▲	2,000,000	2,100,000	100,000	2,000,000	370,000	19%	100%	5%
13	민재철	▼	1,700,000	1,300,000	700,000	600,000	-90,000	-15%	35%	54%
14	이남길	▼	1,600,000	3,000,000	40,000	2,960,000	580,000	20%	185%	1%
15	전은철	▼	1,600,000	1,000,000	450,000	550,000	-25,000	-5%	34%	45%
16	홍규만	▲	1,500,000	1,650,000	150,000	1,500,000	255,000	17%	100%	9%
17	금인수	▲	1,500,000	1,870,000	0	1,870,000	374,000	20%	125%	0%
18	김유진	▼	1,500,000	1,000,000	600,000	400,000	-100,000	-25%	27%	60%
19	이영희	▼	1,500,000	1,650,000	200,000	1,450,000	230,000	16%	97%	12%
20	문길중	▲	1,500,000	2,700,000	30,000	2,670,000	525,000	20%	178%	1%
21	홍철민	▼	1,400,000	1,300,000	800,000	500,000	-140,000	-28%	36%	62%
22	박은옥	▼	1,000,000	700,000	360,000	340,000	25,000	7%	34%	51%

조건부 서식 규칙 관리자 살펴보기

[조건부 서식 규칙 관리자] 대화상자에서 규칙 목록을 편집하거나 새로운 규칙을 만들 수 있습니다.

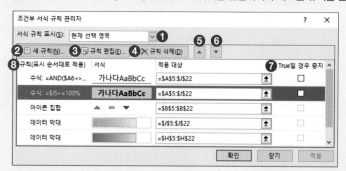

❶ **서식 규칙 표시** : 서식 규칙을 설정해놓은 대상(현재 선택 영역, 현재 시트, 시트2, 시트3, …)을 선택합니다.

❷ **새 규칙** : 새로운 조건부 서식을 만듭니다.

❸ **규칙 편집** : 선택한 조건부 서식을 편집합니다.

❹ **규칙 삭제** : 선택한 조건부 서식을 삭제합니다.

❺ 🔺 : 선택한 규칙의 우선순위를 위쪽으로 이동합니다.

❻ 🔻 : 선택한 규칙의 우선순위를 아래쪽으로 이동합니다.

❼ **True일 경우 중지** : 여러 개의 조건부 서식 규칙을 지원하지 않는 엑셀 2007 이전 버전과 호환성을 위해 확인란에
체크 표시하면 이전 버전으로 저장 시 규칙 평가를 중지합니다.

❽ **규칙** : 조건부 서식의 종류가 표시되며 위에 있을수록 우선순위가 높습니다. 둘 이상의 조건부 서식이 True로 평가될
때는 규칙이 충돌할 수도 있습니다. 이때는 우선순위가 높은 규칙만 적용됩니다.

시간별 일정 표시하기

실습 파일 | Part01/Chapter01/05_회의실예약현황.xlsx
완성 파일 | Part01/Chapter01/05_회의실예약현황_완성.xlsx.xlsx

일정표나 예약표는 시작과 종료가 정해진 기간을 나타냅니다. 시간에 따른 간격을 항목마다 표시해주어야 하므로 기간과 시간의 간격을 하나씩 찾아서 표시할 수밖에 없습니다. 이처럼 반복적인 서식 작업을 간편하게 처리하려면 조건부 서식을 활용할 수 있습니다. 사용자 지정 표시 형식으로 선택 범위에 데이터를 표시하지 않고 시작 시간과 종료 시간에 맞춰 서식을 적용하는 방법에 대해 알아보겠습니다.

미리 보기

회사에서 바로 통하는 **키워드** : AND, 사용자 지정 표시 형식, 조건부 서식

한눈에 보는 작업순서

사용자 지정 표시 형식으로 데이터 표시하지 않기 ▶ 시작과 종료 시간에 맞춰 예약 현황표에 색 채우기

01 사용자 지정 표시 형식으로 데이터 표시하지 않기 'ㅇ' 기호를 셀에 표시하지 않도록 수정해보겠습니다. ❶ [E3] 셀을 선택한 후 Ctrl + Shift + ↓를 누르고 ❷ Ctrl + Shift + →를 눌러 범위를 지정합니다. ❸ Ctrl + 1을 누릅니다. ❹ [셀 서식] 대화상자의 [표시 형식] 탭에서 [범주]를 [사용자 지정]으로 선택합니다. ❺ [형식] 입력란에 ;;;을 입력하고 ❻ [확인]을 클릭해서 데이터를 표시하지 않도록 합니다.

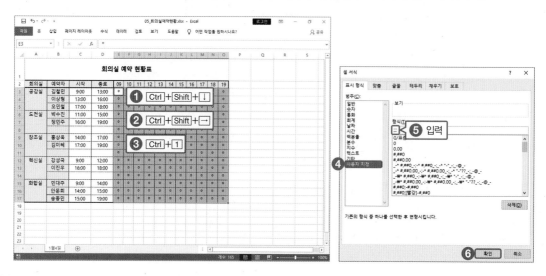

02 시작 시간과 종료 시간에 맞춰 예약 현황표에 색 채우기 ❶ 셀 범위가 선택되어 있는 상태에서 ❷ [홈] 탭-[스타일] 그룹-[조건부 서식]을 클릭하고 ❸ [새 규칙]을 선택합니다. ❹ [새 서식 규칙] 대화상자의 [규칙 유형 선택] 항목에서 [수식을 사용하여 서식을 지정할 셀 결정]을 선택하고 ❺ 수식 입력란에 **=AND($C3<=E$2,$D3>=E$2)**를 입력합니다. ❻ [서식]을 클릭합니다.

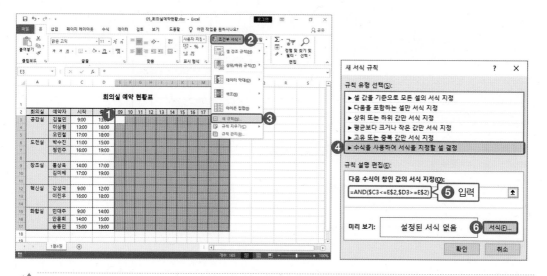

실력향상 시작 시간보다 크고($C3<=E$2), 종료 시간보다 작은($D3>=E$2) 셀을 찾아 규칙을 적용해야 하므로 =AND($C3<=E$2,$D3>=E$2) 수식을 입력합니다. 시작 시간과 종료 시간이 예약표의 09시부터 19시 사이에 포함되면 규칙을 적용합니다.

03 ❶ [셀 서식] 대화상자에서 [표시 형식] 탭을 클릭하고 [범주]에서 [일반]을 선택합니다. ❷ [글꼴] 탭을 클릭하고 글꼴 색을 [흰색]으로 지정합니다. ❸ [채우기] 탭을 클릭하고 ❹ 적당한 채우기 색을 지정합니다. ❺ [확인]을 클릭하고 ❻ [새 서식 규칙] 대화상자에서도 [확인]을 클릭합니다. 시작 시간과 종료 시간 사이의 간격이 채워집니다.

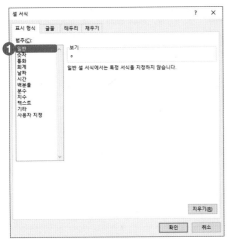

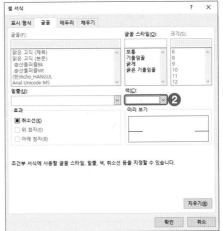

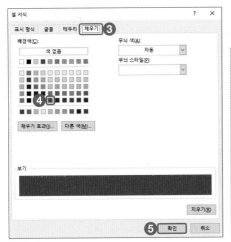

❻ [새 서식 규칙] 대화상자에서 [확인] 클릭

06
셀 이름 정의하여
정의된 이름으로 수식 만들기

실습 파일 | Part01/Chapter01/06_환율표_이름 정의.xlsx
완성 파일 | Part01/Chapter01/06_환율표_이름 정의_완성.xlsx

자주 사용하는 셀이나 셀 범위에 이름을 정의해두면 수식에 셀 주소를 사용하는 대신 이름을 사용할
수 있습니다. 정의된 이름을 사용하면 수식을 직관적으로 이해하기 쉽고, 수정할 때도 편리합니다.
달러로 책정된 상품의 소비자가를 유럽, 한국, 중국, 일본의 통화로 환산했을 때 각각의 가격이 얼마
인지 표시할 수 있도록 셀 이름을 정의하고, 정의된 이름으로 수식을 만들어보겠습니다. 수식의 구조
및 셀 참조 방식은 45쪽을 참고합니다.

미리 보기

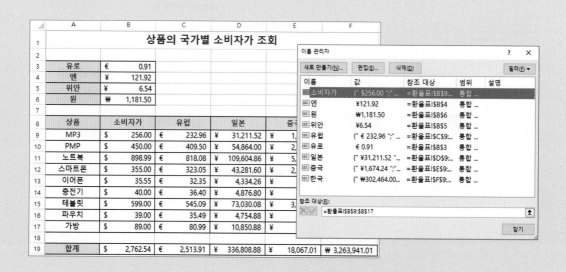

회사에서 바로 통하는 **키워드 :** 이름 정의(선택 영역에서 만들기), SUM, INDIRECT

한눈에 보는 작업순서

셀 이름과 셀 범위 이름 정의하기 ▶ 정의된 이름으로 국가별 소비자가 수식 만들기 ▶ 정의된 이름으로 국가별 소비자가의 합계 구하기

01 셀 이름 정의하기 열 이름인 유로, 엔, 위안, 원으로 셀 이름을 정의해보겠습니다. ❶ [A3:B6] 셀 범위를 선택합니다. ❷ [수식] 탭-[정의된 이름] 그룹에서 [선택 영역에서 만들기]를 클릭합니다. ❸ [선택 영역에서 이름 만들기] 대화상자에서 [왼쪽 열]에 체크 표시한 후 ❹ [확인]을 클릭합니다.

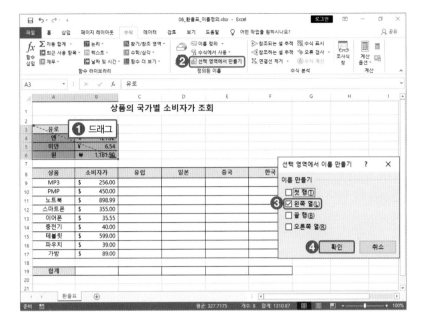

우선
순위

서식
활용

서식
&함수

차트
활용

데이터
편집

데이터
분석

업무
자동화

⏱ **시간단축**

[선택 영역에서 만들기] 단축키
는 Ctrl + Shift + F3 입니다.

📊 **실력향상**

[선택 영역에서 만들기]는 셀
이름을 정의할 때마다 매번 범
위를 지정할 필요 없이 데이터
의 첫 행(제목 행)이나 왼쪽 열
(제목 열)의 이름을 한번에 셀
이름으로 지정합니다.

02 셀 범위 이름 정의하기 열 이름인 유럽, 일본, 중국, 한국으로 셀 범위의 이름을 정의해보겠습니다. ❶ [B8:F17] 셀 범위를 선택합니다. ❷ [수식] 탭-[정의된 이름] 그룹-[선택 영역에서 만들기]를 클릭합니다. ❸ [선택 영역에서 이름 만들기] 대화상자에서 [첫 행]에 체크 표시한 후 ❹ [확인]을 클릭합니다.

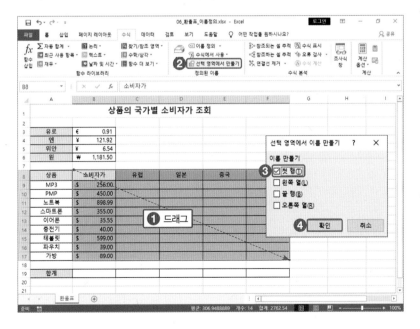

📊 **실력향상**

[이름 상자 목록▼]을 클릭하
면 선택 영역에서 만든 이름
목록이 표시됩니다. 정의된 이
름을 수정/삭제하려면 [수식]
탭-[정의된 이름] 그룹-[이
름 관리자]를 선택합니다.

03 정의된 이름으로 수식 만들기 상품의 소비자가를 유로화, 엔화, 위안화, 원화로 환산했을 때 얼마인지 가격을 계산하겠습니다. ❶ [C9] 셀에 수식 **=B9*유로**를 입력하고 Enter 를 누릅니다. ❷ [D9] 셀에 수식 **=B9*엔**을 입력하고 Enter 를 누릅니다. ❸ [E9] 셀에 수식 **=B9*위안**을 입력하고 Enter 를 누릅니다. ❹ [F9] 셀에 수식 **=B9*원**을 입력하고 Enter 를 누릅니다. ❺ [C9:F9] 셀 범위를 선택한 후 ❻ 채우기 핸들을 더블클릭하여 수식을 복사합니다.

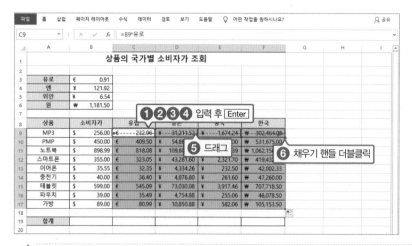

🕐 **시간단축**

수식에서 정의된 이름을 직접 입력하지 않고 목록에서 선택하여 붙여 넣는 단축키는 F3 입니다.

📊 **실력향상** 수식 설명 : =B9*유로, =B9*엔, =B9*위안, =B9*원
각 국가별 소비자가는 [B3], [B4], [B5], [B6] 셀을 절대 참조하여 '=B9*$B$3', '=B9*$B$4', '=B9*$B$5', '=B9*$B$6'으로 수식을 만들 수 있습니다. 하지만 여기서는 정의된 이름인 유로, 엔, 위안, 원으로 수식을 만들었습니다.

04 상품의 소비자가를 유로화, 엔화, 위안화, 원화로 환산했을 때 가격을 계산하겠습니다. ❶ [B19] 셀에 수식 **=SUM(INDIRECT(B8))**를 입력하고 Enter 를 누릅니다. ❷ [B19] 셀의 채우기 핸들을 [F19] 셀까지 드래그합니다. ❸ [자동 채우기 옵션 🖳]에서 [서식 없이 채우기]를 선택해 각 셀에 지정되어 있는 표시 형식의 서식을 제외한 수식만 복사합니다.

상품	소비자가	유럽	일본	중국	한국
MP3	$ 256.00	€ 232.96	¥ 31,211.52	¥ 1,674.24	₩ 302,464.00
PMP	$ 450.00	€ 409.50	¥ 54,864.00	¥ 2,943.00	₩ 531,675.00
노트북	$ 898.99	€ 818.08	¥ 109,604.86	¥ 5,879.39	₩ 1,062,156.69
스마트폰	$ 355.00	€ 323.05	¥ 43,281.60	¥ 2,321.70	₩ 419,432.50
이어폰	$ 35.55	€ 32.35	¥ 4,334.26	¥ 232.50	₩ 42,002.33
충전기	$ 40.00	€ 36.40	¥ 4,876.80	¥ 261.60	₩ 47,260.00
태블릿	$ 599.00	€ 545.09	¥ 73,030.08	¥ 3,917.46	₩ 707,718.50
파우치	$ 39.00	€ 35.49	¥ 4,754.88	¥ 255.06	₩ 46,078.50
가방	$ 89.00	€ 80.99	¥ 10,850.88	¥ 582.06	₩ 105,153.50
합계	$ 2,762.54	€ 2,513.91	¥ 336,808.88	¥ 18,067.01	₩ 3,263,941.01

❶ 입력 후 Enter
❷ 채우기 핸들 드래그
○ 셀 복사(C)
○ 서식만 채우기(F)
❸ ⊙ 서식 없이 채우기(O)

📊 **실력향상**
수식 설명 : =SUM(INDIRECT(B8))
각 국가별 소비자가의 합계는 [B9:B17], [C9:C17], [D9: D17], [E9:E17], [F9:F17] 셀 범위의 정의된 이름을 써서 '=SUM(소비자가)', '=SUM(유럽)', '=SUM(일본)', '=SUM(중국)', '=SUM(한국)'으로 수식을 만들 수 있습니다. 하지만 여기서는 정의한 셀 이름을 직접 입력하지 않고 이름이 입력되어 있는 셀(B8, C8, D8, E8, F8)을 참조하여 수식을 만들었습니다. INDIRECT 함수는 셀 값을 정의된 이름의 범위로 변환하는 함수입니다.

수식의 구조 및 셀 참조 방식

수식은 등호(=)를 처음 입력하고 연산자, 피연산자, 함수 등을 조합하여 만듭니다. 피연산자는 숫자일 수도 있지만 셀 주소와 정의된 이름이 될 수도 있습니다. 연산자는 산술, 문자, 비교 연산자로 데이터를 계산하라는 명령 기호입니다.

1. 수식의 구조

$$= \quad \underset{\substack{\text{숫자 또는 셀 주소} \\ \text{또는 정의된 이름}}}{\text{피연산자}} \quad \underset{\substack{\text{산술, 문자, 비교} \\ \text{연산자 등}}}{\text{연산자}} \quad \underset{\substack{\text{숫자 또는 셀 주소} \\ \text{또는 정의된 이름}}}{\text{피연산자}}$$

등호

2. 연산자 종류와 우선순위

연산자는 산술, 비교, 문자, 참조 연산자가 있습니다. 산술, 문자, 참조 연산자는 수식에 직접 사용하지만 비교 연산자는 TRUE, FALSE 값을 결과로 표시하기 때문에 함수식에 주로 쓰입니다.

① **산술 연산자** : 더하기, 빼기, 곱하기와 같은 기본적인 수학 연산을 수행합니다.

기능	백분율	거듭제곱	곱하기	나누기	더하기	빼기
연산자	%	^	*	/	+	−

② **비교 연산자** : 두 값을 비교하여 참 또는 거짓으로 결괏값이 나타납니다.

기능	같다	크다	크거나 같다	작다	작거나 같다	같지않다
연산자	=	〉	〉=	〈	〈=	〈〉

③ **문자 연결 연산자** : 문자열을 여러 개 연결해서 하나로 만듭니다.

기능	연결
연산자	&

각 연산자 사이의 우선순위는 산술 연산자(−(음수), %, ^, *, /, +, −)→문자 연결 연산자(&)→비교 연산자(=, 〈, 〉, 〈=, 〉=, 〈〉) 순서입니다. 우선순위가 같은 연산자는 왼쪽에 있는 연산자를 먼저 계산합니다. 연산자 우선순위를 바꾸려면 괄호를 씁니다. 괄호 연산자 안에 있는 수식을 가장 먼저 계산합니다.

3. 셀 참조 방식

수식에서 셀을 참조하는 방식에 따라 상대, 절대, 혼합 참조로 나눕니다. 셀 참조에 $를 붙일 때는 직접 입력하거나 F4 를 눌러 [A1]→[$A$1]→[A$1]→[$A1]→[A1] 순으로 바꿀 수 있습니다.

참조	주소 형식	설명	수식복제
상대	A1	일반적인 셀 주소 형식으로 셀을 참조하여 수식을 만드는 방법으로 가장 많이 사용됩니다. 수식을 복제하면 셀 위치에 따라 참조한 셀 주소가 바뀝니다.	A1 →B1, C1, D1 ↓ A2, A3, A4
절대	$A$1	열 머리글과 행 머리글 앞에 $ 기호를 붙입니다. 절대 참조 수식을 입력한 후 수식을 복제하면 셀 위치에 관계없이 참조한 셀 주소가 바뀌지 않고 고정됩니다.	$A$1 →A1(고정) ↓ A1(고정)
혼합	A$1	행 앞에 $를 붙입니다. 행 고정 참조로 수식을 입력한 후 복제하면 셀 위치에 따라 $가 붙은 행이 고정되고 열만 바뀝니다.	A$1 →B1, C1, D1 ↓ A1(고정)
	$A1	열 앞에 $를 붙입니다. 열 고정 참조로 수식을 입력한 후 복제하면 셀 위치에 따라 $가 붙은 열이 고정되고 행만 바뀝니다.	$A1 →A1(고정) ↓ A1, A2, A3

4. 이름 정의하기

자주 참조하는 셀 주소는 이름을 정의할 수 있습니다. 수식이 복잡해지고 길어질수록 정의된 이름을 사용하면 수식을 직관적으로 이해하기 쉽고 수식을 수정할 때 편리합니다. 셀 이름은 [수식] 탭-[정의된 이름] 그룹에 있는 기능을 사용합니다.

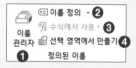

❶ 셀 이름을 새로 만들거나 편집 또는 삭제할 수 있습니다(Ctrl + F3).

❷ 셀이나 셀 범위를 지정한 후 셀 이름을 정의합니다.

❸ 목록에서 정의한 이름을 수식에서 사용하고자 할 때 사용합니다(F3).

❹ 데이터의 제목 행이나 제목 열 등을 이용해서 이름을 정의할 때 사용합니다(Ctrl + Shift + F3).

07

여러 항목을 비교하여
조건에 맞는 협력업체 찾기

실습 파일 | Part01/Chapter01/07_협력업체.xlsx
완성 파일 | Part01/Chapter01/07_협력업체_완성.xlsx

협력업체 선정 기준 및 심사표에 입력된 평가 항목을 바탕으로 조건에 맞는 협력업체를 선정하기 위해 논리 함수 IF, AND, OR을 사용해 수식을 작성해보겠습니다. 제품 심사 기준은 품질이 8점 이상이면서 납품기한이 10일 이하면 통과, 서비스 심사 기준은 A이거나 B이면 통과, 가격 심사 기준은 최저가가 55,000원 이상이면서 60,000원 이하인 경우 통과입니다. 최종 심사에서는 제품, 서비스, 가격 심사가 모두 통과일 경우 협력업체로 선정합니다. 논리 함수의 자세한 형식은 50쪽을 참고합니다.

미리 보기

	공급처	품질	가격	납품기한(일)	서비스	품질심사	서비스심사	가격심사	최종심사
				협력업체 선정 기준 및 심사					
2	1. 품질기준 : 품질이 8점 이상이고, 납품기한이 10일 이하								
3	2. 서비스기준 : 서비스가 A이거나 B일 경우								
4	3. 가격 기준 : 공급가격이 최저가 55000원 이상이면서 60000원 이하인 경우								
5	4. 최종심사 : 품질, 서비스, 가격심사가 모두 '통과'일 경우 협력업체로 선정								
7	공급처	품질	가격	납품기한(일)	서비스	품질심사	서비스심사	가격심사	최종심사
8	영우산업	10	55,000	10	A	통과	통과	통과	선정
9	대명기기	8	62,000	14	B		통과		
10	명진산업	9	52,000	7	C	통과			
11	강진기기	10	50,000	10	A	통과	통과		
12	동진기기	10	57,000	8	A	통과	통과	통과	선정
13	라보산업	9	66,000	12	B		통과		
14	나진셀틱	10	63,000	15	C				
15	민성기기	5	58,000	14	C			통과	
16	영우산업	10	59,000	6	A	통과	통과	통과	선정
17	송명액틱	8	56,700	10	C	통과		통과	
18	한상기기	9	62,000	14	A		통과		

회사에서 바로 통하는 **키워드** : IF, AND, OR

한눈에
보는
작업순서

품질심사
수식 입력하기 ▶ 서비스심사
수식 입력하기 ▶ 가격심사
수식 입력하기 ▶ 협력업체
선정하기

01 품질심사 수식 입력하기 IF와 AND 함수를 중첩해서 품질심사 통과 여부를 파악하겠습니다. ❶ [F8] 셀에 **=IF(AND(B8>=8,D8<=10),"통과","")**를 입력하고 Enter 를 누릅니다. ❷ [F8] 셀의 채우기 핸들을 더블클릭하여 수식을 복사합니다.

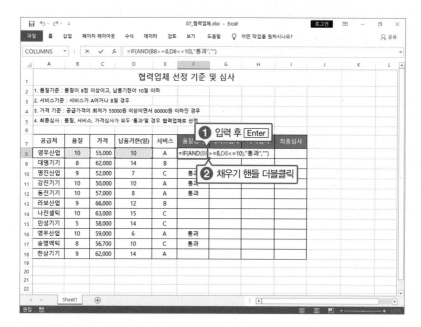

실력향상
논리 함수는 바로 수식을 입력하기보다는 자연어로 대치해보는 것이 수식을 이해하는 데 도움이 됩니다. IF(AND(조건1, 조건2), 참값, 거짓값) 형식을 '만약(그리고(품질이 8점 이상, 납품 기한이 10일 이하), 통과, 공란)'으로 구성해본 후 이를 다시 함수 형식에 맞게 **=IF(AND(B8>=8,D8<=10), "통과","")**로 입력합니다.

02 서비스심사 수식 입력하기 IF와 OR 함수를 중첩하여 서비스심사 통과 여부를 파악하겠습니다. ❶ [G8] 셀에 **=IF(OR(E8="A", E8="B"),"통과","")**를 입력하고 Enter 를 누릅니다. ❷ [G8] 셀의 채우기 핸들을 더블클릭하여 수식을 복사합니다.

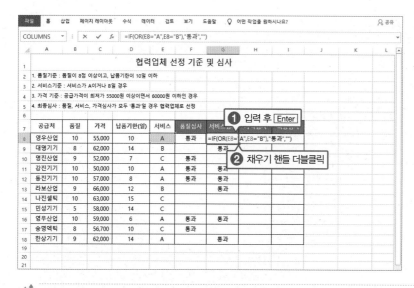

실력향상
IF(OR(조건1, 조건2), 참값, 거짓값) 형식을 '만약(또는(서비스가 A 서비스가 B), 통과, 공란)'으로 구성한 후 다시 함수 형식에 맞게 **=IF(OR(E8="A",E8= "B"),"통과","")**로 입력합니다.

실력향상 IF(NOT(조건), 참값, 거짓값) 형식으로 수식을 입력하면 **=IF(NOT(E8="C"),"통과","")**입니다. 서비스 항목이 C가 아니면 '통과', 그렇지 않으면 공백을 반영합니다. 서비스 항목의 조건이 많을 때 하나하나 비교하면 수식이 길어지므로 특정 항목이 아닌 것을 찾습니다. 수식이 간단해집니다.

03 가격심사 수식 입력하기

IF와 AND 함수를 중첩하여 가격심사 통과 여부를 파악하겠습니다. ❶ [H8] 셀에 **=IF(AND(C8>=55000,C8<=60000),"통과","")**를 입력하고 Enter를 누릅니다. ❷ [H8] 셀의 채우기 핸들을 더블클릭하여 수식을 복사합니다. 가격이 55000 이상이면서 60000 이하면 '통과'를 표기하고, 둘 다 아니면 공백을 표기합니다.

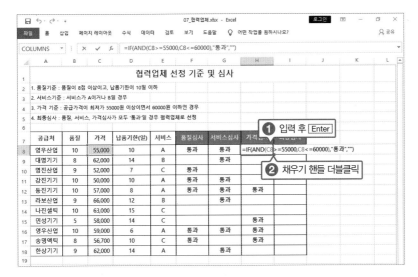

우선
순위

서식
활용

실력향상

IF(AND(조건1, 조건2), 참값, 거짓값) 형식을 '만약(그리고 (가격이 55000 이상, 가격이 60000 이하), 통과, 공란)'으로 구성해본 후 이를 다시 함수 형식에 맞게 **=IF(AND(C8>=55000,C8<=60000),"통과","")**로 입력합니다.

04 협력업체 선정하기

IF와 AND 함수로 최종 선정된 업체를 구하겠습니다. ❶ [I8] 셀에 **=IF(AND(F8="통과",G8="통과",H8="통과"),"선정","")**를 입력하고 Enter를 누릅니다. ❷ [I8] 셀의 채우기 핸들을 더블클릭하여 수식을 복사합니다.

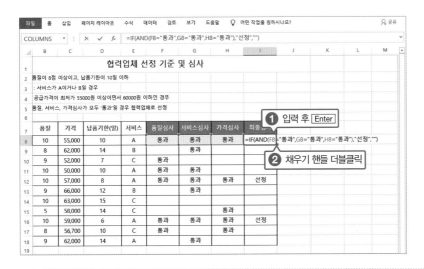

실력향상

IF(AND(조건1, 조건2, 조건3), 참값, 거짓값) 형식을 '만약(그리고(품질심사가 통과, 서비스심사가 통과, 가격심사가 통과), 선정, 공란)'으로 구성해본 다음 이를 다시 함수 형식에 맞게 **=IF(AND(F8="통과",G8="통과",H8="통과"),"선정","")**으로 입력합니다. 하나의 셀이 아닌 셀의 범위를 비교하는 조건을 수식으로 만들고자 할 경우에는 배열 수식을 사용할 수 있습니다. **=IF(AND(F8:H8="통과"),"선정","")**를 입력하고 Ctrl + Shift + Enter를 눌러 수식을 완성하면 수식의 앞뒤로 중괄호({})가 표시됩니다. 배열 수식에 대한 자세한 내용은 핵심기능 18의 105쪽을 참고합니다.

논리 함수

논리 함수는 조건에 따라 값을 다르게 돌려주는 함수입니다. 조건을 만족시키면 참값을 반환하고, 조건을 만족시키지 못하면 거짓값을 반환합니다. 논리 함수에서 자주 사용하는 함수로는 IF, AND, OR, NOT이 있습니다. 엑셀에서 가장 많이 사용하는 함수이고 쓰임새 또한 다양하므로 잘 알아두는 것이 좋습니다.

1. 조건에 따라 결괏값이 달라지는 IF 함수

IF 함수는 조건식에 따라 참 또는 거짓으로 구분할 때 사용합니다.

함수 범주	논리 함수	
함수 형식	**IF(조건식, 참값, 거짓값)**	
사용 예	만약(점수가 70점 이상이면, 합격, 불합격)	=IF(점수>=70,"합격","불합격")

2. IF 함수의 중첩과 IFS 함수

조건이 여러 개일 때 IF 함수 안에 IF 함수를 중첩해서 사용하며 64개까지 중첩할 수 있습니다. 엑셀 2016에서 새로 추가된 IFS 함수는 IF를 중첩하지 않고 127개의 조건식을 만들 수 있습니다

함수 범주	논리 함수	
함수 형식	**IF(조건식1, 참값1,** 　**IF(조건식2, 참값2,** 　　**IF(조건식3, 참값3,** 　　　**...** 　　　**IF(조건식64, 참값64, 거짓값))), ...)**	**IFS(조건식1, 참값1, 조건식2, 참값2, ..., 조건식127,참값127)**
사용 예	만약(점수가 85점 이상이면, 1급, 만약(점수가 70점 이상이면, 2급, 3급))	
사용 수식	=IF(점수>=85,"1급",IF(점수>=70,"2급","3급"))	=IFS(점수>=85,"1급",점수>=70,"2급",점수<70,"3급")

3. 여러 조건을 비교하는 조건식이라면 IF 함수와 AND, OR, NOT 함수

AND 함수는 여러 조건을 모두 만족할 때 참값을 반환하고, OR 함수는 여러 조건 중에 하나라도 만족하면 참값을 반환합니다. NOT 함수는 조건을 만족하지 않을 때 참값을 반환합니다.

함수 범주	논리 함수
함수 형식	**AND(조건식1, 조건식2, 조건식3, ..., 조건식255)** **IF (OR(조건식1, 조건식2, 조건식3, ..., 조건식255), 참값, 거짓값)** **NOT(조건식)**
사용 예	만약(직급이 사원이면서, 근무기간이 1년 미만이면, 직무교육, 역량교육)
사용 수식	=IF(AND(직급="사원",근무기간<1),"직무교육","역량교육")

우선
순위
핵심기능

08

수식의 오류 해결하기

실습 파일 | Part01/Chapter01/08_지불표.xlsx
완성 파일 | Part01/Chapter01/08_지불표_완성.xlsx

수식에서 결괏값에 오류가 발생하는 경우는 함수명을 잘못 입력했을 때(#NAME?) 0으로 나눴을 때 (#DIV/0!), 인수의 데이터 형식이 잘못되었을 때(#VALUE!) 등입니다. 여러 사람이 공유하는 문서라면 정확한 데이터를 표시해주어야 하므로 오류는 늘 사전에 점검하는 습관을 들이는 것이 좋습니다. 오류에 대한 자세한 설명은 53쪽을 참고합니다. IFERROR 함수와 ISERROR 함수를 사용하여 오류를 처리하는 방법에 대해 알아보겠습니다.

미리 보기

	A	B	C	D	E
1			1회별 지불표		
2					
3	지불 총액	지불 횟수	1회지불액	오류해결1	오류해결2
4	300,000	5	60,000	60,000	60,000
5	400,000	6	66,667	66,667	66,667
6	450,000	3	150,000	150,000	150,000
7	500,000	6	83,333	83,333	83,333
8	600,000	0	#DIV/0!	-	-
9	660,000	6	110,000	110,000	110,000
10	670,000		#DIV/0!	-	-
11	720,000	6	120,000	120,000	120,000
12	730,000		#DIV/0!	-	-
13	750,000	5	150,000	150,000	150,000
14	770,000	6	128,333	128,333	128,333
15	860,000		#DIV/0!	-	-
16	900,000	0	#DIV/0!	-	-
17	970,000	3	323,333	323,333	323,333
18	1,000,000	5	200,000	200,000	200,000

회사에서 바로 통하는 키워드 : IFERROR, IF, ISERROR, 수식 오류(#DIV/0!)

**한눈에
보는
작업순서** 1회 지불액 계산하기 ▶ IFERROR 함수로 오류 해결하기 ▶ IF, ISERROR 함수로 오류 해결하기

01 1회 지불액 계산하고 IFERROR 함수로 오류 해결하기 지불 총액에서 지불 횟수를 나눠 1회 지불액을 계산해보겠습니다. ❶ [C4] 셀에 **=A4/B4**를 입력하고 [Enter]를 누릅니다. ❷ [C4] 셀의 채우기 핸들을 더블클릭하여 수식을 채웁니다. '#DIV/0!' 오류 대신 0으로 표시해보겠습니다. ❸ [D4] 셀에 **=IFERROR(A4/B4,0)**를 입력하고 [Enter]를 누릅니다. ❹ [D4] 셀의 채우기 핸들을 더블클릭하여 수식을 채웁니다.

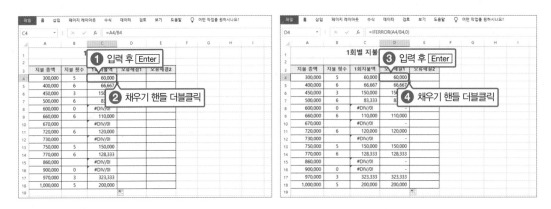

실력향상 나누기 수식은 제수, 피젯수 중에 어느 하나라도 공백이거나 0이면 오류가 발생하므로 수식을 입력할 때부터 오류를 어떻게 처리할지 염두에 두고 수식을 입력하는 것이 좋습니다. IFERROR(오류를 검사할 셀이나 수식, 오류가 있을 때 반환할 오류 메시지) 함수는 수식(A4/B4)에 오류가 있는지 검사하여 오류가 있다면 처리할 값(0)을 입력합니다.

02 IF, ISERROR 함수로 오류해결하기 '#DIV/0!' 오류 대신 0으로 표시해보겠습니다. ❶ [E4] 셀에 **=IF(ISERROR(A4/B4),0,A4/B4)**를 입력하고 [Enter]를 누릅니다. ❷ [E4] 셀의 채우기 핸들을 더블클릭하여 수식을 채웁니다.

실력향상 ISERROR(오류를 검사할 셀이나 수식) 함수는 수식(A4/B4)에 오류가 있으면 참값을, 오류가 없으면 거짓값을 반환합니다. 단독으로 사용되기보다는 IF 함수와 같이 사용하여 참이면 오류 시 처리할 값(0)을, 거짓이면 1회 지불액(A4/B4)을 입력합니다. IFERROR 함수는 엑셀 2007에 추가된 함수로 이전 버전에서는 사용할 수 없으므로 이전 버전과 호환을 생각해 참값과 거짓값에 따른 오류를 처리해야 한다면 ISERROR 함수를 사용하는 것이 좋습니다.

 **오류 알아보기**

1. 수식의 오류 메시지

잘못된 수식을 입력한 셀에는 [오류]가 표시됩니다. 오류가 표시된 셀을 선택하고 [오류 검사 옵션⬥]을 선택하면 오류를 해결할 수 있는 방법이 표시됩니다.

오류 메시지	의미
#### 오류	열 너비가 충분하지 않거나 음수 날짜 또는 시간을 사용했거나 혹은 계산한 결괏값의 자릿수가 엑셀의 숫자 범위를 넘었습니다.
#DIV/0!	숫자를 0으로 나눴습니다.
#N/A	데이터가 없거나 VLOOKUP, LOOKUP, HLOOKUP, MATCH 함수에서 인수가 부적절합니다.
#NAME?	잘못된 이름을 사용했습니다.
#NULL!	교차하지 않는 두 영역의 논리곱을 지정했습니다.
#NUM!	수식이나 함수가 잘못되었거나 숫자가 범위를 벗어났습니다.
#REF!	유효하지 않은 셀을 참조했습니다.
#VALUE!	인수나 피연산자 형식이 잘못되었습니다.

2. 셀이나 수식에 오류가 있는지 검사하는 IFERROR 함수

IFERROR 함수는 엑셀 2007에 추가된 함수로 오류를 판단하는 기준은 수식이나 셀에 오류 값이 있는가 하는 것입니다. 즉, 검사하는 셀 값이 '#NAME?', '#VALUE!', '#DIV/0!', '#NUM!', '#NULL!', '#N/A', '#REF!'이거나 오류 값을 참조하고 있을 때 오류가 있다고 판단합니다.

함수 범주	논리 함수
함수 형식	**=IFERROR(오류를 검사할 셀이나 수식, 오류가 있을 때 반환할 오류 메시지)**

3. 정보 함수

정보 함수는 셀 값의 유형이나 수식 결과의 오류를 검사하여 참 또는 거짓으로 결괏값을 알려줍니다. IFERROR 함수와 유사하지만 엑셀 2007 이전 버전에서 사용하거나 오류 값에 따라 정확하게 오류를 해결할 때 정보 함수를 사용합니다.

함수 범주	정보 함수	
	=ISBLANK(Value)	빈 셀을 참조하면 TRUE/아니면 FALSE
	=ISERROR(Value)	셀이나 수식에 오류가 있으면 TRUE/아니면 FALSE
	=ISERR(Value)	#N/A 를 제외한 오류가 있으면 TRUE/아니면 FALSE
	=ISNA(Value)	#N/A 오류가 있으면 TRUE/아니면 FALSE
	=ISEVEN(Value)	짝수 숫자인 경우 TRUE/아니면 FALSE
함수형식	**=ISODD(Value)**	홀수 숫자인 경우 TRUE/아니면 FALSE
	=ISLOGICAL(Value)	논릿값인 경우 TRUE/아니면 FALSE
	=ISNUMBER(Value)	숫자 값인 경우 TRUE/아니면 FALSE
	=ISNOTEXT(Value)	숫자와 빈 셀인 경우 TRUE/아니면 FALSE
	=ISTEXT(Value)	문자인 경우 TRUE/아니면 FALSE
	=ISRE(Value)	참조 값인 경우 TRUE/아니면 FALSE
인수	Value : 오류를 검사할 셀이나 수식	

IF 함수와 양식 컨트롤을 연결하여 할인가 구하기

실습 파일 | Part01/Chapter01/09_도서입고.xlsx
완성 파일 | Part01/Chapter01/09_도서입고_완성.xlsx

양식 컨트롤은 엑셀의 모든 버전에서 호환되는 기본 컨트롤입니다. VBA 코드를 사용할 필요 없이 셀 데이터를 손쉽게 참조할 수 있습니다. 엑셀에서는 확인란, 콤보 상자, 옵션 단추 등의 양식 컨트롤을 삽입하고 컨트롤을 실행해 수식을 변경하거나 특정 명령을 수행하는 등의 다양한 작업을 할 수 있습니다. 양식 컨트롤과 IF 함수를 연결하여 할인적용 유무에 따른 도서별 할인가를 자동으로 계산해보겠습니다.

미리 보기

	A	B	C	D	E	F	G	H
1			도서 입고 내역서					
2						☑할인적용		
3	도서명	출판사명	저자명	정가	수량	할인율	할인가	금액
4	미움받을 용기	인플루엔션	기시미 이치로	14,900	10	10%	13,410	1,341
5	지적 대화를 위한 넓고 얕은 지식	한빛비즈	채사장	14,900	20	10%	13,410	1,341
6	혼자 있는 시간의 힘	위즈덤하우스	사이토 다카시	12,800	20	10%	11,520	1,152
7	사피엔스	김영사	유발 하라리	19,800	50	10%	17,820	1,782
8	오베라는 남자	다산책방	프레드릭 배크만	13,800	10	10%	12,420	1,242
9	굿자전쟁	새움	김진명	14,200	50	10%	12,780	1,278
10	나미야 잡화점의 기적	현대문학	히가시노 게이고	14,800	10	10%	13,320	1,332
11	리딩으로 리드하라	문학동네	이지성	15,000	20	10%	13,500	1,350
12	멈추면 비로소 보이는 것들	쌤앤파커스	혜민 스님	14,000	10	10%	12,600	1,260
13	봉순이 언니	푸른숲	공지영	12,000	15	10%	10,800	1,080
14	청소부 밥	위즈덤하우스	토드 홉킨스	10,000	80	10%	9,000	900
15	배려	위즈덤하우스	한상복	10,000	10	10%	9,000	900
16	나무야 나무야	돌베개	신영복	6,500	30	20%	5,200	1,040
17	권력 이동	한국경제신문사	엘빈 토플러	19,000	50	20%	15,200	3,040
18	어린왕자	글담	쌩떽쥐베리	9,800	20	10%	8,820	882
19	가시고기	밝은세상	조창인	7,500	15	25%	5,625	1,406
20	마시멜로 이야기	한국경제신문사	호아킴 데 포사다	9,000	25	30%	6,300	1,890
21	우리들의 행복한 시간	푸른숲	공지영	9,500	80	20%	7,600	1,520
22	모모	비룡소	미하엘 엔데	9,500	25	35%	6,175	2,161
23	연금술사	문학동네	파울로 코엘료	8,000	80	30%	5,600	1,680
24	미래 쇼크	한국경제신문사	엘빈 토플러	19,000	40	20%	15,200	3,040

회사에서 바로 통하는 키워드 : [개발 도구] 탭 표시, 양식 컨트롤(확인란), IF, ROUND

한눈에 보는 작업순서

[개발 도구] 탭 표시하기 ▶ 양식 컨트롤 삽입 및 셀과 연결하기 ▶ IF 함수와 확인란을 연결하여 할인가 계산하기 ▶ 확인란과 연결된 셀 값 숨기기

01 개발 도구 탭 표시하기 ❶ [파일]–[옵션]을 선택합니다. ❷ [리본 사용자 지정]을 선택하고 ❸ [리본 메뉴 사용자 지정]에서 [개발 도구]에 체크 표시합니다. ❹ [확인]을 클릭합니다.

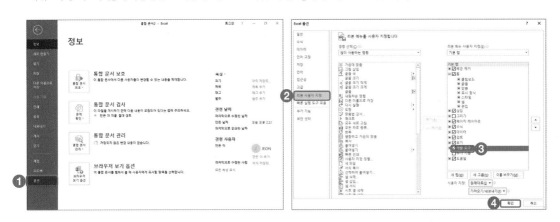

X∃ 엑셀 2007 엑셀 2007에서 [개발 도구] 탭을 표시할 때는 [오피스 단추]–[Excel 옵션]을 선택하고 [Excel 옵션] 대화상자에서 [기본 설정]을 선택하고 [리본 메뉴에서 개발 도구 탭 표시]에 체크 표시합니다.

02 양식 컨트롤 삽입 및 셀과 연결하기 ❶ [개발 도구] 탭–[컨트롤] 그룹–[삽입]을 클릭하고 ❷ [양식 컨트롤]에서 [확인란]를 선택합니다. ❸ [G2] 셀 위치에서 적당한 크기로 드래그하여 확인란을 삽입합니다. ❹ 확인란 안을 클릭하고 **할인적용**으로 텍스트를 수정합니다. ❺ 확인란에서 마우스 오른쪽 버튼을 클릭하고 ❻ [컨트롤 서식]을 선택합니다. ❼ [컨트롤 서식] 대화상자의 [컨트롤] 탭을 클릭한 후 ❽ [셀 연결]에서 [H2] 셀을 지정하고 ❾ [확인]을 클릭합니다. 빈 셀을 클릭해서 확인란 선택을 해제합니다.

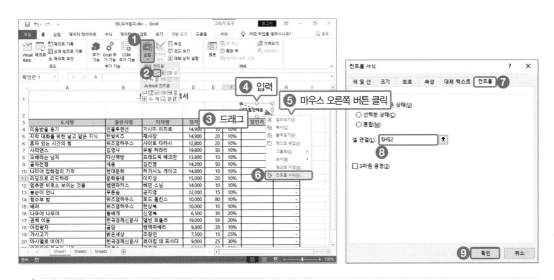

실력향상 양식 컨트롤은 엑셀 이전 버전부터 현재까지 호환되는 기본 컨트롤입니다. 양식 컨트롤은 워크시트에서 셀과 연결하여 사용됩니다. [ActiveX 컨트롤]은 워크시트 양식에서 사용할 수 있지만 주로 VBA 사용자 폼에서 VBA 코드와 함께 사용하며 컨트롤의 모양, 동작, 글꼴 및 기타 특성을 지정할 수 있습니다. 확인란(양식 컨트롤)을 클릭하면 체크 표시 유무에 따라 연결 된 셀 값이 TRUE, FALSE로 표시됩니다.

03 함수와 확인란을 연결하여 할인가 계산하기 할인적용 확인란의 체크 표시 유무에 따라 할인가를 표시해보겠습니다. ❶ [G2] 셀의 확인란에 체크 표시합니다. ❷ [G4] 셀에 **=IF($H$2=TRUE,ROUND(D4*(1-F4),1),D4)**를 입력하고 Enter 를 누릅니다. ❸ [G4] 셀의 채우기 핸들을 더블클릭하여 수식을 채웁니다. 할인적용에 체크 표시를 했을 때와 체크 표시를 해제했을 때 할인가가 바뀝니다.

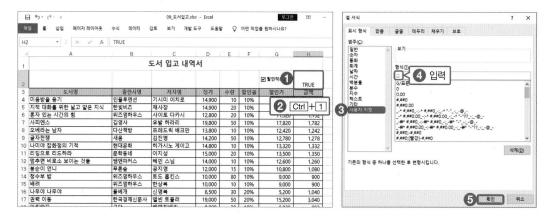

📶 **실력향상** 수식 설명 : **=IF($H$2=TRUE,ROUND(D4*(1-F4),1),D4)**
확인란에 체크 표시하면($H$2=TRUE), 정가에서 할인율을 곱해서 할인가를 표시하고(ROUND(D4*(1-F4)), 체크 표시를 해제하면 정가(D4)를 표시합니다. ROUND(반올림할 값 또는 수식, 반올림할 자릿수) 함수는 지정한 자릿수로 반올림합니다. 자릿수를 조정하는 인수로 0은 소수 첫째 자리에서 반올림해서 정수로 표시, -1은 일의 자리에서 반올림해서 십의 자리로 표시합니다. 1은 소수 둘째 자리에서 반올림해서 소수 첫째 자리로 표시합니다.

04 확인란과 연결된 셀 값 숨기기 확인란과 연결된 [H2] 셀의 값을 숨겨보겠습니다. ❶ [H2] 셀을 선택하고 ❷ Ctrl + 1 을 누릅니다. ❸ [셀 서식] 대화상자의 [표시 형식] 탭에서 [범주]를 [사용자 지정]으로 선택합니다. ❹ [형식] 입력란에 ;;;를 입력하고 ❺ [확인]을 클릭하면 TRUE, FALSE가 표시되지 않습니다.

📶 **실력향상** 사용자 지정 표시 형식에서 ';;;'는 표시 형식을 지정하지 않겠다는 의미로 데이터를 셀에 표시하지 않습니다. 하지만 실제 데이터가 지워진 것은 아니므로 다시 나타나게 하려면 [셀 서식] 대화상자의 [표시 형식] 탭-[범주]에서 데이터 형식에 맞게 선택합니다. 사용자 지정 표시 형식에 대한 자세한 내용은 핵심기능 03의 30쪽을 참고합니다.

📶 **실력향상** 문서를 인쇄할 때 양식 컨트롤을 인쇄하지 않으려면 [양식 컨트롤]에서 오른쪽 버튼을 클릭하고 [컨트롤 서식]을 선택합니다. [속성] 탭에서 [개체 인쇄]의 체크 표시를 해제합니다.

양식 컨트롤 살펴보기

양식 컨트롤을 워크시트에 삽입하려면 [개발 도구] 탭 – [컨트롤] 그룹 – [삽입]에서 양식 컨트롤을 추가합니다. 삽입된 양식 컨트롤은 셀과 연결하거나 매크로와 연결하여 사용합니다. 양식 컨트롤은 연결된 셀에 숫자나 TRUE, FALSE를 반환하고 IF, INDEX, OFFSET 등의 함수를 사용하여 선택한 항목의 값을 표시합니다.

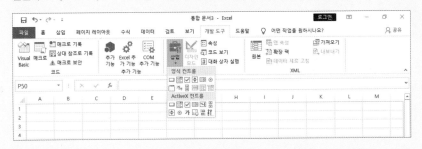

자주 사용하는 양식 컨트롤에 대해 자세히 살펴보겠습니다.

이름	예	설명
확인란		확인란은 여러 항목을 선택하거나 선택을 취소할 경우 사용합니다. 연결된 셀에 반환하는 값은 TRUE(선택), FALSE(취소)입니다.
옵션 단추		옵션 단추는 여러 항목 중에 하나의 항목을 선택하거나 선택을 취소할 경우 사용하며 일반적으로 그룹 상자나 프레임에 포함되어 사용합니다. 연결된 셀에 반환하는 값은 1~n(옵션 단추 개수)입니다.
콤보 상자		입력 상자와 목록 상자 컨트롤이 결합된 형태로 목록에서 항목을 하나만 선택할 경우 사용합니다. 화살표를 클릭하면 목록이 표시됩니다. 연결된 셀에 반환하는 값은 1~n(항목의 개수)입니다.
목록 상자		사용자가 선택할 수 있는 하나 이상의 텍스트 목록을 표시합니다. 연결된 셀에 반환하는 값은 1~n(항목의 개수)입니다.
스핀 단추		스핀 단추는 일정하게 값(숫자, 시간, 날짜)을 감소하거나 증가할 때 사용합니다. 위쪽 화살표를 클릭하면 값이 증가하고, 아래쪽 화살표를 클릭하면 값이 감소합니다. 값의 범위는 1~30,000입니다.
스크롤 막대		스크롤 막대는 일정한 값의 범위에서 값을 감소하거나 증가할 때 사용합니다. 스크롤 화살표를 클릭하거나 스크롤 상자를 드래그할 수 있는 값의 범위는 1~30,000입니다.
단추		단추는 명령을 실행할 때 사용하며 단추를 클릭하면 단추와 연결된 매크로가 실행됩니다.
그룹 상자		서로 관련 있는 컨트롤을 사각형 안에서 시각적 단위로 그룹화합니다.

조건에 맞는 개수와 합계 구하기

실습 파일 | Part01/Chapter01/10_영업실적표.xlsx
완성 파일 | Part01/Chapter01/10_영업실적표_완성.xlsx

엑셀의 가장 기초적인 함수로 SUM, AVERAGE, COUNT 등이 있습니다. 이들 함수의 뒤에 IF를 붙인 함수를 이용하면 조건에 맞는 셀의 합계, 평균, 개수를 구할 수 있습니다. 개인별 판매 실적표에서 전체 인원수와 우수사원의 인원수를 구하고, 부서별 부서원의 수와 성과급의 합계를 구해보겠습니다. 마지막으로 부서별 우수사원의 인원수를 구합니다. 합계, 평균, 개수와 관련된 함수에 대한 자세한 설명은 61쪽을 참고합니다.

미리 보기

	A	B	C	D	E	F	G	H	I	J
1			개인별 판매 실적표							
2										
3	인원수	20		우수사원	11					
4										
5	성명	부서	실적금액	성과급	실적평가		부서	인원수	성과급합계	우수사원수
6	김성철	영업1팀	3,560,000	178,000			영업1팀	8	2,430,000	3
7	이병욱	영업3팀	13,000,000	1,300,000	우수		영업2팀	6	3,580,500	4
8	서기린	영업2팀	11,400,000	1,140,000	우수		영업3팀	6	4,059,000	4
9	유태현	영업1팀	5,660,000	566,000	우수		합계	20	10,069,500	11
10	박민우	영업3팀	5,780,000	578,000	우수					
11	김태성	영업2팀	8,910,000	891,000	우수					
12	남진섭	영업3팀	6,780,000	678,000	우수					
13	강은철	영업1팀	3,450,000	172,500						
14	최진우	영업2팀	5,120,000	512,000	우수					
15	황욱진	영업3팀	12,100,000	1,210,000	우수					
16	김진섭	영업1팀	4,300,000	215,000						
17	박태수	영업2팀	3,220,000	161,000						
18	이민호	영업1팀	2,450,000	122,500						
19	문호철	영업3팀	1,340,000	67,000						
20	전남주	영업2팀	3,110,000	155,500						
21	홍순민	영업1팀	5,660,000	566,000	우수					
22	이나영	영업3팀	4,520,000	226,000						
23	나온미	영업1팀	1,980,000	99,000						
24	민호철	영업2팀	7,210,000	721,000	우수					
25	송수영	영업1팀	5,110,000	511,000	우수					

회사에서 바로 통하는 **키워드** : COUNTA, COUNTIF, SUMIF, COUNTIFS

한눈에 보는 작업순서	전체 인원수 구하기 (COUNTA)	▶	우수사원 인원수 구하기 (COUNTIF)	▶	부서별 인원수 구하기 (COUNTIF)	▶	부서별 성과급의 합계 구하기 (SUMIF)	▶	부서별 우수사원의 인원수 구하기 (COUNTIFS)

01 전체 인원수 및 우수사원 인원수 구하기 COUNTA 함수로 전체 인원수를 구하겠습니다. ❶ [B3] 셀에 **=COUNTA(A6:A25)**를 입력하고 Enter 를 누릅니다. COUNTIF 함수로 실적평가에서 '우수'라고 표시된 항목의 개수를 구하겠습니다. ❷ [E3] 셀에 **=COUNTIF($E$6:$E$25,"=우수")**를 입력하고 Enter 를 누릅니다.

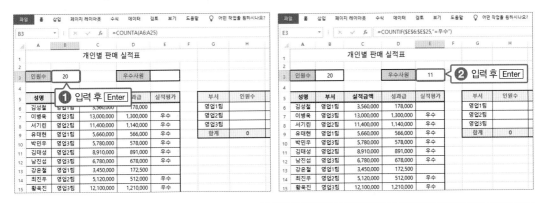

📶 **실력향상** COUNT는 숫자 데이터의 개수, COUNTA는 공백을 제외한 숫자, 문자의 개수를 세는 함수입니다.

📶 **실력향상** 수식 설명 : **=COUNTIF($E$6:$E$25,"=우수")**
실적평가($E$6:$E$25) 셀 범위에서 우수사원("=우수")의 개수를 구합니다.

02 부서별 인원수 및 성과급의 합계 구하기 COUNTIF 함수로 각 부서의 개수를 구하겠습니다. ❶ [H6] 셀에 **=COUNTIF($B$6:$B$25,G6)**를 입력하고 Enter 를 누릅니다. ❷ [H6] 셀의 채우기 핸들을 더블클릭합니다. SUMIF 함수로 각 부서의 성과급의 합계를 구하겠습니다. ❸ [I6] 셀에 **=SUMIF($B$6:$B$25,G6,$D$6:$D$25)**를 입력하고 Enter 를 누릅니다. ❹ [I6] 셀의 채우기 핸들을 더블클릭합니다.

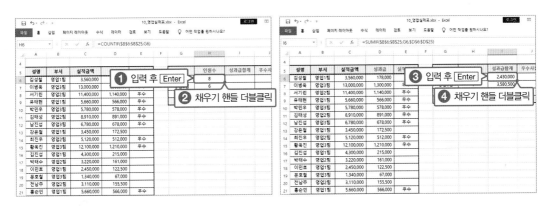

📶 **실력향상** 수식 설명 : **=COUNTIF($B$6:$B$25,G6)**
부서($B$6:$B$25) 셀 범위에서 같은 부서명(G6)의 개수를 구합니다. 조건을 '영업1팀', '영업2팀', '영업3팀'으로 각각 지정하려면 셀마다 수식 조건을 입력해야 하므로 번거롭습니다. 따라서 [G6] 셀을 조건으로 지정하고 수식을 복사해 [G7], [G8] 셀로 부서 조건이 위치에 따라 바뀌도록 합니다.
수식 설명 : **=SUMIF($B$6:$B$25,G6,$D$6:$D$25)**
부서($B$6:$B$25) 셀 범위에서 부서명(G6)이 같은 위치를 찾아 성과급($D$6:$D$25)의 합계를 구합니다.

03 부서별 우수사원의 인원수 구하기 COUNTIFS 함수로 각 부서에서 '우수' 평가를 받은 우수사원의 인원수를 구하겠습니다. ❶ [J6] 셀에 **=COUNTIFS**를 입력하고 ❷ Ctrl+A를 눌러 [함수 인수] 대화상자를 불러옵니다. ❸ [Criteria_range1]에 **$B$6:$B$25**, [Criteria1]에 **G6**, [Criteria_range2]에 **$E$6:$E$25**, [Criteria2]에 **=우수**를 입력한 후 ❹ [확인]을 클릭해서 수식 **=COUNTIFS($B$6:$B$25, G6,$E$6:$E$25,"=우수")**를 완성합니다. ❺ [J6] 셀의 채우기 핸들을 더블클릭합니다.

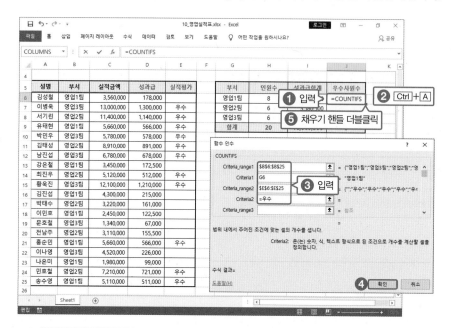

📊 실력향상 수식 설명 : **=COUNTIFS($B$6:$B$25,G6,$E$6:$E$25,"=우수")**

부서($B$6:$B$25) 범위에서 부서명(G6)과 같고, 실적평가($E$6:$E$25) 범위에서 우수(=우수)인 사원수를 구합니다.

⏱ 시간단축 함수는 직접 수식을 입력하고 눈으로 익히는 것도 좋지만, 복잡한 함수인 경우에는 함수 마법사를 사용하는 것이 더 편리합니다.

· Shift+F3 : 함수 마법사 실행
· Ctrl+A : **=함수명**을 입력한 후 Ctrl+A를 누르면 [함수 인수] 대화상자를 표시합니다.

비법 노트 ★★★

개수, 합계, 평균, 곱을 구하는 함수

• 개수를 세는 COUNT, COUNTA, COUNTBLANK 함수

COUNT는 숫자가 입력되어 있는 셀의 개수를, COUNTA는 공백을 제외한 모든 데이터 개수를, COUNTBLANK는 빈 셀의 개수를 세는 함수입니다.

함수 범주	통계
함수 형식	=COUNT(개수를 구할 셀 또는 범위, 셀 또는 범위, …) =COUNTA(개수를 구할 셀 또는 범위, 셀 또는 범위, …) =COUNTBLANK(개수를 구할 셀 또는 범위)

• 조건에 맞는 셀의 개수를 세는 COUNTIF, COUNTIFS 함수

COUNTIF는 조건에 만족하는 셀의 개수를 세고, COUNTIFS는 다중 조건에 만족하는 셀의 개수를 세는 함수입니다.

함수 범주	통계
함수 형식	=COUNTIF(개수를 세고 싶은 범위, 조건) =COUNTIFS(개수를 세고 싶은 범위1, 조건1, 개수를 세고 싶은 범위2, 조건2, …)

• 셀의 합계와 조건에 맞는 셀의 합계를 구하는 SUM, SUMIF, SUMIFS 함수

SUM은 셀의 합계를, SUMIF는 조건에 만족하는 셀의 합계를, SUMIFS는 다중 조건에 만족하는 셀의 합계를 구하는 함수입니다.

함수 범주	수학/삼각
함수 형식	=SUM(합계를 계산할 전체 범위, …) =SUMIF(조건을 검사할 범위, 조건, 합계를 계산할 범위) =SUMIFS(합계를 계산 범위, 조건을 검사할 범위1, 조건1, 조건을 검사할 범위2, 조건2, …)

• 셀의 평균과 조건에 맞는 셀의 평균 구하는 AVERAGE, AVERAGEIF, AVERAGEIFS 함수

AVERAGE는 셀의 평균을, AVERAGEIF는 조건에 만족하는 셀의 평균을, AVERAGEIFS는 다중 조건에 만족하는 셀의 평균을 구하는 함수입니다.

함수 범주	수학/삼각
함수 형식	=AVEAGE(평균을 계산할 전체 범위, …) =AVERAGEIF(조건을 검사할 범위, 조건, 평균을 계산할 범위) =AVERAGEIFS(평균을 계산 범위, 조건을 검사할 범위1, 조건1, 조건을 검사할 범위2, 조건2, …)

• IF 함수의 조건식과 xxxIF 함수의 조건을 지정하는 방법

IF 함수에서 조건식은 '피연산자 연산자 피연산자' 형식으로 작성합니다. 하지만 COUNTIF, SUMIF, AVERAGEIF 등의 함수에서 조건은 '연산자 피연산자' 형식으로 작성합니다.

	A	B	C	D	E	F	G	H	I	J
1										
2					목표	1500				
3										
4	이름	직급	실적	실적1000이상	사원찾기	실적달성				
5	홍길동	사원	960	X	O	X		실적이 1000이상	7	
6	이민욱	대리	1,600	O	X	O				
7	손성길	과장	2,000	O	X	O		사원	4	
8	김수진	대리	1,200	O	X	X				
9	최선주	사원	1,300	O	O	X		실적달성	3	
10	문영회	사원	1,500	O	O	X				
11	이주원	대리	500	X	X	X				
12	강철수	과장	1,550	O	X	O				
13	박철진	과장	690	X	X	X				
14	김수만	사원	1,000	O	O	X				
15										

	IF 함수의 조건식(Logical_Test)	xxxIF 함수의 조건(Criteria)
실적(C5)이 1000 이상	C5>=1000 사용 예 : IF(C5>=1000,"O","X")	">=1000" 사용 예 : COUNTIF(C5:C14,">=1000")
직급(B5)이 사원	B5="사원" 사용 예 : IF(B5="사원","O","X")	"=사원" 사용 예 : COUNTIF(B5:B14,"=사원")
실적(C5)이 목표(F2)보다 크면	C5>F2 사용 예 : IF(C5>$F$2,"O","X")	">"&F2 사용 예 : COUNTIF(C5:C14,">"&F2)

• 여러 값을 곱하는 PRODUCT, 곱하고 더하는 SUMPRODUCT 함수

PRODUCT 함수는 숫자들의 곱을 구할 때 사용합니다. 일반적으로 간단한 곱셈은 곱셈 연산자(*)를 사용하지만, 곱할 숫자가 연속적으로 많을 경우에는 PRODUCT 함수를 사용하는 것이 좋습니다. SUMPRODUCT 함수는 배열 또는 범위에서 서로 대응되는 같은 행에 있는 셀과 셀끼리 값을 곱한 후 곱한 값을 더합니다.

함수 범주	수학/삼각 함수
함수 형식	=PRODUCT(곱하려는 셀 또는 범위, …) =SUMPRODUCT(곱하고 합을 계산할 범위 또는 배열, 곱하고 합을 계산할 범위 또는 배열2, …)

핵심기능

11

중복된 항목 제거하고
다중 조건의 개수와 합계 구하기

실습 파일 | Part01/Chapter01/11_예산지출내역서.xlsx
완성 파일 | Part01/Chapter01/11_예산지출내역서_완성.xlsx

적용하려는 조건이 한 개일 때는 COUNTIF, SUMIF 함수를 사용하지만 조건이 여러 개일 때는 배열 수식이나 COUNTIFS, SUMIFS 함수를 사용합니다. 다중 조건을 목록에서 선택할 수 있도록 부서와 계정항목에서 중복된 항목을 제거하고 데이터 유효성 검사를 설정해보겠습니다. COUNTIFS, SUMIFS 함수로 다중 조건을 검사하여 부서와 계정항목의 개수, 합계를 구하는 수식을 만들어보겠습니다.

미리 보기

	A	B	C	D
1	\<부서/항목별 건수 및 지출 소계 조회\>			
2	부서	계정항목	건수	지출비용
3	관리부	교육훈련비 ▼	2	89,000
4	경영지원팀 구매관리부	접대비 통신비		
5	인사팀 영업부	소모품비 기타경비	출 내역서	
6	관리부	회식비 교육훈련비	계정항목	지출비용
7	01월 03일	경영지원팀	접대비	18,500
8	01월 03일	경영지원팀	통신비	495,000
9	01월 04일	구매관리부	소모품비	150,000
10	01월 04일	인사팀	통신비	55,000
11	01월 04일	영업부	소모품비	68,000
12	01월 05일	경영지원팀	통신비	55,000
13	01월 06일	관리부	기타경비	29,900
14	01월 06일	구매관리부	기타경비	45,000
15	01월 07일	구매관리부	회식비	150,000
16	01월 07일	영업부	회식비	120,000
17	01월 08일	영업부	접대비	297,000
18	01월 08일	인사팀	통신비	370,000
19	01월 08일	경영지원팀	회식비	240,000
20	01월 09일	관리부	접대비	450,000
21	01월 10일	관리부	회식비	140,000
22	01월 10일	구매관리부	소모품비	14,500
23	01월 11일	구매관리부	통신비	78,000
24	01월 14일	영업부	기타경비	320,000

1월_비용지출

회사에서 바로 통하는 키워드 : COUNTIFS, SUMIFS, 데이터 유효성 검사, 중복된 항목 제거

한눈에 보는 작업순서

부서/계정항목에서 중복된 항목 제거하고 목록 표시하기 ▶ 부서/계정항목으로 유효성 목록 만들기 ▶ 부서별, 개정항목별 건수 계산하기 ▶ 부서별, 개정항목별 지출 비용 소계 계산하기

우선 순위

서식 활용

서식 &함수

차트 활용

데이터 편집

데이터 분석

업무 자동화

01 부서에서 중복된 항목 제거하고 목록 표시하기 ❶ [F6:F45] 셀 범위를 선택하고 ❷ [데이터] 탭–[데이터 도구] 그룹–[중복된 항목 제거 ▦]를 클릭합니다. ❸ [중복된 항목 제거] 대화상자에서 [확인]을 클릭합니다. ❹ 중복된 값이 제거되었다는 메시지가 나타나면 [확인]을 클릭합니다. 중복된 부서명이 제거됩니다.

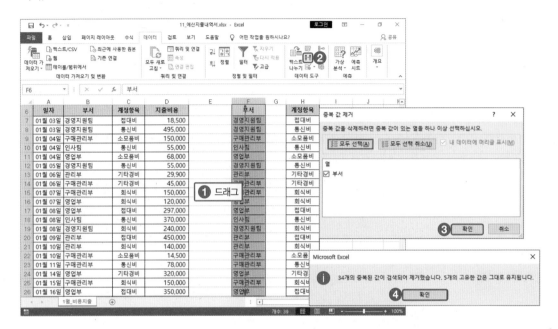

02 계정항목에서 중복된 항목 제거하고 목록 표시하기 ❶ [H6:H45] 셀 범위를 선택하고 ❷ [데이터] 탭–[데이터 도구] 그룹에서 [중복된 항목 제거 ▦]를 클릭합니다. ❸ [중복된 항목 제거] 대화상자에서 [확인]을 클릭합니다. ❹ 중복된 값이 제거되었다는 메시지가 나타나면 [확인]을 클릭합니다. 중복된 계정항목이 제거됩니다.

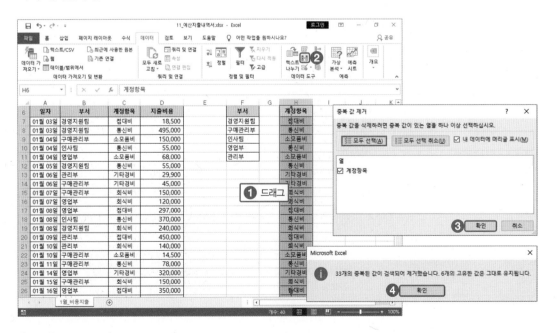

03 부서 항목으로 유효성 목록 만들기 ❶ [A3] 셀을 선택하고 ❷ [데이터] 탭-[데이터 도구] 그룹-[데이터 유효성 검사⬚]를 클릭합니다. ❸ [데이터 유효성] 대화상자의 [설정] 탭에서 [제한 대상]으로 [목록]을 선택합니다. ❹ [원본]을 클릭하고 ❺ [F7:F11] 셀 범위를 선택한 후 ❻ [확인]을 클릭합니다.

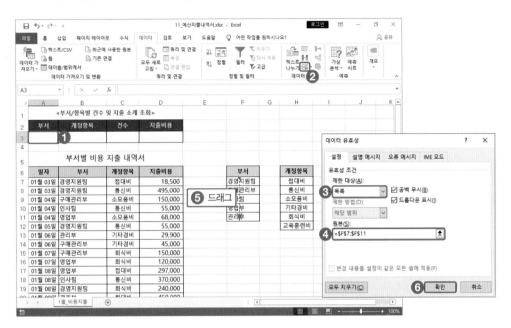

04 계정항목으로 유효성 목록 만들기 ❶ [B3] 셀을 선택하고 ❷ [데이터] 탭-[데이터 도구] 그룹-[데이터 유효성 검사⬚]를 클릭합니다. ❸ [데이터 유효성] 대화상자의 [설정] 탭에서 [제한 대상]으로 [목록]을 선택합니다. ❹ [원본]을 클릭하고 ❺ [H7:H12] 셀 범위를 선택한 후 ❻ [확인]을 클릭합니다.

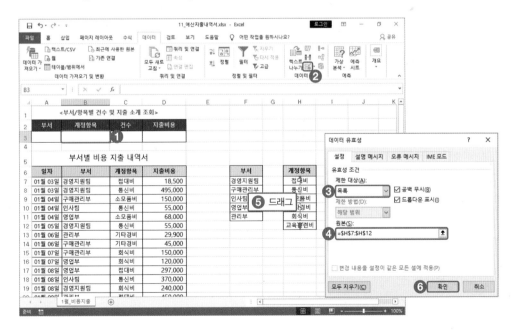

05 부서별, 개정항목별 건수 계산하기 ❶ [A3] 셀에서 [인사팀]을, [B3] 셀에서 [회식비]를 선택합니다. 부서별, 계정항목별로 건수를 계산하겠습니다. ❷ [C3] 셀에 **=COUNTIFS**를 입력하고 ❸ Ctrl + A 를 눌러 [함수 인수] 대화상자를 불러옵니다. ❹ [Criteria_range1]에 **B7:B45**, [Criteria1]에 **A3**, [Criteria_range2]에 **C7:C45**, [Criteria2]에 **B3**을 입력한 후 ❺ [확인]을 클릭해서 수식 **=COUNTIFS(B7:B45,A3,C7:C45,B3)**를 완성합니다.

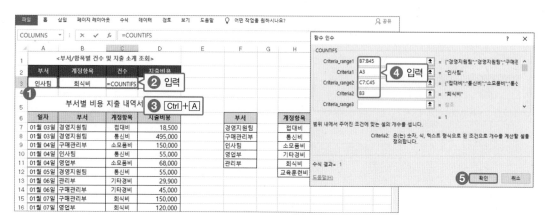

📊 **실력향상** 수식 설명 : =COUNTIFS(B7:B45,A3,C7:C45,B3)
부서(B7:B45) 셀 범위에서 부서명(A3)과 같고, 계정항목(C7:C45) 셀 범위에서 계정항목(B3)과 같은 개수를 구합니다.

06 부서별, 개정항목별 지출 비용 소계 계산하기 부서별, 계정항목별 지출 비용의 소계를 계산하겠습니다. ❶ [D3] 셀에 **=SUMIFS**를 입력하고 ❷ Ctrl + A 를 눌러 [함수 인수] 대화상자를 불러옵니다. ❸ [Sum_range]에 **D7:D45**, [Criteria_range1]에 **B7:B45**, [Criteria1]에 **A3**, [Criteria_range2]에 **C7:C45**, [Criteria2]에 **B3**을 입력한 후 ❹ [확인]을 클릭해서 수식 **=SUMIFS(D7:D45,B7:B45,A3,C7:C45,B3)**를 완성합니다.

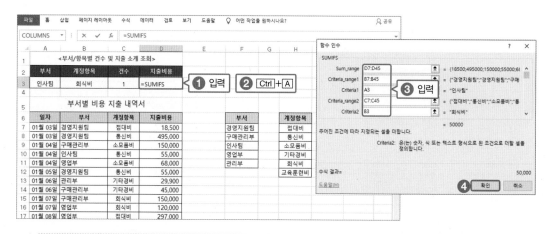

📊 **실력향상** 수식 설명 : =SUMIFS(D7:D45,B7:B45,A3,C7:C45,B3)
부서(B7:B45) 셀 범위에서 부서명(A3)과 같고, 계정항목(C7:C45) 셀 범위에서 계정항목(B3)이 같을 경우 지출비용(D7:D45)의 합계를 구합니다.

우선
순위 핵심기능

12 개인 정보 데이터 암호화하기

실습 파일 | Part01/Chapter01/12_회원명부.xlsx
완성 파일 | Part01/Chapter01/12_회원명부_완성.xlsx

주민등록번호, 카드번호, 계좌번호 등의 개인 신상 정보를 다루는 경우 데이터가 외부로 유출되지 않도록 주의를 기울여야 합니다. 개인 정보를 문서화할 때는 일부 데이터만을 표시하고 나머지 데이터를 보호합니다. 함수를 사용하여 이름의 첫 글자와 마지막 글자, 주민번호의 앞 8자리, 연락처의 마지막 4자리를 추출해보겠습니다. 그리고 주민번호의 7번째 자리에서 한 자리를 추출하여 남자와 여자를 구분하는 방법에 대해 알아보겠습니다. 텍스트 함수에 대한 자세한 설명은 70쪽을 참고합니다.

미리 보기

	A	B	C	D
1			회원 명부	
2				
3	이름	주민번호	연락처	이메일 주소
4	문송신	731248-1345789	010-8497-1456	moon@naver.com
5	김나영	701220-2545612	010-213-5254	abcd@daum.net
6	이민우	560708-1045678	010-3232-5512	lee56@gmail.com
7	최은지	020108-3085741	010-432-1455	choi@hotmail.com
8	김철수	550712-1546891	010-8497-1456	kimmoon@naver.com
9	김희정	760720-2099887	010-7213-6543	jungsu@daum.net
10	나문숙	600530-1045777	010-292-4455	namon@gmail.com
11	이하늘	650407-2145678	010-3244-5656	sky88@naver.com
12	백민호	690530-2545698	010-5757-0912	minho@daum.net
13	박영희	770505-1245781	010-333-4567	zerozero@gmail.com
14	송선주	781212-2014335	010-432-9012	jujusong@hotmail.com
15	최민철	791105-1020112	010-5132-8234	minchul@naver.com
16	문소라	010504-4085741	010-2424-1234	moonsola@daum.net
17	정지수	000914-3078788	010-422-5555	jerryn@gmail.com
18	강문희	840103-1058456	010-7200-0102	kangsuhee@naver.com
19	지현철	580715-1356789	010-1332-1400	hyun700@daum.net
20	홍기호	801009-1045897	010-9861-0099	hong1004@gmail.com
21	이민욱	021106-4567891	010-203-4848	minwook@hotmail.com
22	전영미	010607-4546789	010-323-5599	jeonmi@naver.com
23	최성수	550825-1546789	010-9322-9123	sungsuchoi@daum.net

▶

	F	G	H	I
1		회원 명부 암호화		
2				
3	이름	주민번호	성별	연락처
4	문O신	731248-1******	남	010-****-1456
5	김O영	701220-2******	여	010-***-5254
6	이O우	560708-1******	남	010-****-5512
7	최O지	020108-3******	남	010-***-1455
8	김O수	550712-1******	남	010-****-1456
9	김O정	760720-2******	여	010-****-6543
10	나O숙	600530-1******	남	010-***-4455
11	이O늘	650407-2******	여	010-****-5656
12	백O호	690530-2******	여	010-****-0912
13	박O희	770505-1******	남	010-***-4567
14	송O주	781212-2******	여	010-****-9012
15	최O철	791105-1******	남	010-****-8234
16	문O라	010504-4******	여	010-****-1234
17	정O수	000914-3******	남	010-***-5555
18	강O희	840103-1******	남	010-****-0102
19	지O철	580715-1******	남	010-****-1400
20	홍O호	801009-1******	남	010-****-0099
21	이O욱	021106-4******	여	010-***-4848
22	전O미	010607-4******	여	010-****-5599
23	최O수	550825-1******	남	010-****-9123

회사에서 바로 통하는 **키워드** : LEFT, MID, RIGHT, REPT, FIND, CHOOSE

**한눈에
보는**
작업순서

이름의 앞/뒤
글자 추출하기 ▶ 주민번호 앞자리
추출하고 암호화하기 ▶ 연락처 앞/뒷자리
추출하고 암호화하기 ▶ 성별 표시하기

01 이름의 앞/뒤 글자 추출하기 LEFT와 RIGHT 함수로 이름의 첫 글자와 마지막 글자를 추출하겠습니다. ❶ [F4] 셀에 **=LEFT(A4,1)&"O"&RIGHT(A4,1)**를 입력하고 Enter 를 누릅니다. ❷ [F4] 셀의 채우기 핸들을 [F23] 셀까지 드래그해서 수식을 복사합니다.

실력향상

LEFT(문자열, 왼쪽으로부터 추출할 자릿수)와 RIGHT(문자열, 오른쪽으로부터 추출할 자릿수) 함수로 이름(A4)의 첫 글자(LEFT(A4,1))와 마지막 글자(RIGHT(A4,1))를 추출하고 문자 연결 연산자(&)로 추출한 문자를 연결합니다.

엑셀 2019 엑셀 2019 버전에 새로 추가된 TEXTJOIN(구분 텍스트, 빈 셀 포함 유무, 텍스트1, 텍스트2, …) 함수로 **=TEXTJOIN("O",TRUE,LEFT(A4,1),RIGHT(A4,1))** 수식을 작성할 수 있습니다.

02 주민번호 앞자리 추출하고 암호화하기 LEFT 함수로 주민번호 앞자리를 추출하고 뒷자리를 암호화하겠습니다. ❶ [G4] 셀에 **=LEFT(B4,8)&"******"**를 입력하고 Enter 를 누릅니다. ❷ [G4] 셀의 채우기 핸들을 더블클릭합니다.

실력향상

LEFT(문자열, 왼쪽으로부터 추출할 자릿수) 함수로 주민번호(B4)의 8자(LEFT(B4,8))를 추출하고 나머지 6자리를 '*'로 암호화합니다.

03 **연락처 앞/뒷자리 추출하고 암호화하기** RIGHT, FIND, REPT 함수로 연락처에서 전화번호 앞자리 3자, 뒷자리 4자를 추출하고 가운데 자리는 암호화하겠습니다. ❶ [I4] 셀에 **=LEFT(C4,4)&REPT ("*",FIND("−",C4,5)−5)&RIGHT(C4,5)**를 입력하고 Enter 를 누릅니다. ❷ [I4] 셀의 채우기 핸들을 더블클릭합니다.

실력향상 RIGHT와 LEFT와 FIND(찾을 문자, 문자열, 시작 위치) 함수로 연락처(C4)의 앞자리 4자(LEFT(C4,4))와 뒷자리 5자 (RIGHT(C4,5))를 추출합니다. 가운데 자릿수가 몇 자인지 찾기 위해 두 번째 '−'의 위치(FIND("−",C4,5))를 검색해서 '−' 위치 전까지 추출하여 연락처의 앞자리 3자와 하이픈(−) 2자를 뺀(−5) 나머지 자릿수를 암호화(REPT("*",FIND("−",C4,5)−5))합니다. FIND 대신 LEN 함수로 =LEFT(C4,4) &REPT("*",LEN(C4)−9)&RIGHT(C4,5) 수식을 만들 수도 있습니다.

04 **성별 표시하기** 주민번호에서 성별을 추출하여 '남', '여'로 표시해보겠습니다. 주민번호의 8번째 자리에 첫 글자가 1 또는 3이면 남자고, 2 또는 4이면 여자이므로 ❶ [H4] 셀에 **=CHOOSE(MID(B4,8,1), "남","여","남","여")**를 입력하고 Enter 를 누릅니다. ❷ [H4] 셀의 채우기 핸들을 더블클릭합니다.

실력향상

CHOOSE(인덱스 번호, 값1, 값2, 값3, …)와 MID(문자열, 추출할 시작 위치, 나머지 추출할 문자의 수) 함수로 주민번호의 8번째 위치에서 1자를 추출(MID(B4,8,1))하고, 추출된 1~4에 따라 '남', '여'를 찾아(CHOOSE(MID(B4,8,1),"남","여","남","여")) 표시합니다.

실력향상 MID 함수로 추출한 1, 2, 3, 4는 문자입니다. 이 값을 가지고 연산하거나 숫자와 비교 연산을 할 경우에 숫자 형식으로 변환해야 합니다. CHOOSE 함수는 내부적으로 문자를 숫자로 변환하므로 큰 문제가 없지만 IF 함수나 그밖에 함수를 사용할 경우에는 VALUE 함수(VALUE(MID(D3,8,1)))를 사용하여 문자를 숫자로 변환해야 수식의 오류를 줄일 수 있습니다.

비법 노트

텍스트 함수와 찾기/참조 영역 함수 1

텍스트 함수는 문자열에서 일부 글자만 추출하거나 서로 다른 문자열을 조합하고 셀 서식을 지정할 때 사용할 수 있습니다. 문자열처럼 텍스트와 관련한 작업에는 어디에나 쓸 수 있는 유용한 함수입니다.

1. 일부 글자를 추출하는 LEFT, RIGHT, MID 함수

LEFT, RIGHT, MID 함수는 문자열에서 글자 일부를 추출합니다. 왼쪽으로부터 몇 글자를 추출하려면 LEFT 함수, 오른쪽으로부터 몇 글자를 추출하려면 RIGHT 함수, 문자열 중간에 있는 글자 일부를 추출하려면 MID 함수를 사용합니다.

함수 범주	텍스트 함수
함수 형식	**=LEFT(문자열, 왼쪽으로부터 추출할 문자의 수)** **=MID(문자열, 추출할 시작 위치, 나머지 추출할 문자의 수)** **=RIGHT(문자열, 오른쪽으로부터 추출할 문자의 수)**

2. 일부 글자의 위치를 찾는 FIND 함수

FIND 함수는 문자열에서 글자 일부의 시작 위치를 찾아줍니다. 글자의 위치를 찾지 못했을 경우에는 '#VALUE' 오류를 표시합니다.

함수 범주	텍스트 함수
함수 형식	**=FIND(찾을 문자, 문자열, 시작 위치)** 시작 위치 생략 시 찾기 시작할 문자의 시작 위치는 '1'입니다.

3. 같은 문자를 반복하여 표시하는 REPT 함수

REPT 함수는 주어진 텍스트를 주어진 횟수만큼 반복하여 셀에 표시합니다. 반복적으로 표시되는 텍스트 길이에 따라 시각적인 효과를 주고 싶을 때 사용합니다. 반복 횟수는 양의 정수로 지정하고, 음수일 경우에는 오류를 표시합니다.

함수 범주	텍스트 함수
함수 형식	**=REPT(반복할 문자, 반복 횟수)**

4. 문자열의 길이를 표시하는 LEN 함수

LEN 함수는 문자열의 문자 개수를 표시합니다.

함수 범주	텍스트 함수
함수 형식	**=LEN(문자열)**

5. 서식을 지정하는 TEXT, 텍스트를 숫자로 바꾸는 VALUE 함수

TEXT 함수는 셀 값의 표시 형식을 지정합니다. 일반적으로 셀 서식에서 지정한 표시 형식은 화면에 보이는 형식일 뿐 실제 데이터 형식에는 변화를 주지 않지만 TEXT 함수에서 표시 형식을 지정하면 데이터 형식이 텍스트로 바뀝니다. VALUE 함수는 LEFT, RIGHT, MID 함수로 추출한 숫자처럼 보이는 문자 데이터를 숫자로 바꿀 때 사용합니다. 예를 들어 함수로 추출한 '100'은 숫자처럼 보이지만 문자 데이터입니다. 문자 데이터는 계산할 수 없으므로 VALUE 함수를 사용해서 숫자 데이터로 바꾼 후 계산합니다.

함수 범주	텍스트 함수
함수 형식	=TEXT(사용자 지정 형식을 지정할 값, 사용자 지정 형식) =VALUE(숫자처럼 보이지만 문자인 텍스트)

6. 구분 기호로 여러 범위의 텍스트를 결합하는 TEXTJOIN 함수

엑셀 2019에 새로 추가된 TEXTJOIN 함수는 결합할 각 텍스트 값 사이에 구분 기호를 지정하여 범위 또는 문자열의 텍스트를 결합합니다. TEXTJOIN 함수는 반복적으로 동일한 구분 기호로 텍스트를 연결할 경우 문자 연결 연산자(&)로 수식을 작성하는 것보다 효율적입니다. 결합할 문자의 길이가 32,767 문자(셀 제한)를 초과하는 경우 '#VALUE' 오류를 표시합니다.

함수 범주	텍스트 함수
함수 형식	=TEXTJOIN(구분 기호 텍스트, 빈 셀 포함 옵션, 텍스트1(범위1), 텍스트2(범위2), …) 빈 셀 포함 옵션에서는 빈 셀을 포함하지 않으면 TRUE, 포함하려면 FALSE를 입력합니다.

TEXTJOIN 함수는 여러 범위 또는 문자열의 텍스트를 결합하며, 결합할 각 텍스트 값 사이에 지정되는 구분 기호를 포함합니다. 구분 기호가 빈 텍스트 문자열인 경우 이 함수는 범위를 효율적으로 연결합니다.

7. 목록 값을 번호로 검색하는 CHOOSE 함수

CHOOSE 함수는 인덱스 번호(1~254)에 따라 원하는 목록을 직접 입력하여 인덱스 값에 따른 값을 찾아줍니다. CHOOSE 함수의 인덱스 번호는 반드시 1부터 254까지의 숫자로 입력하고 목록 개수도 인덱스 번호와 일치해야 합니다.

함수 범주	찾기/참조 영역 함수
함수 형식	=CHOOSE(색인 값, 값1, 값2, 값3, …)

생년월일과 근속 연수, 포상금 구하기

실습 파일 | Part01/Chapter01/13_근속포상.xlsx
완성 파일 | Part01/Chapter01/13_근속포상_완성.xlsx

날짜 데이터는 엑셀의 기준일(1900-01-01)부터 특정일(2019-12-30)까지 일련번호가 누적되어 있는 번호(43,829)로, 두 날짜 사이의 간격이나 연, 월, 일 등을 추출하려면 날짜 함수를 사용해야 합니다. 기준일에서 연도를 추출하고 주민번호에서 생년월일을 구한 후 입사일자에서 근속연수를 계산해보겠습니다. 근속연수에 따라 10년은 200만 원, 15년은 250만 원, 20년은 300만 원의 포상금액을 표시하겠습니다. 날짜 함수에 대한 자세한 설명은 75쪽을 참고합니다.

미리 보기

이름	주민번호	생년월일	입사일자	근속연수	장기근속자 포상
				기준일자	2019-12-30
홍정태	850101-1234567	1985-01-01	2006-02-01	13	-
이인수	951220-2545612	1995-12-20	2018-10-02	1	-
강문정	740606-2567891	1974-06-06	2001-05-03	18	-
송덕순	800504-2085741	1980-05-04	1999-12-02	20	3,000,000
박상중	770505-1245781	1977-05-05	2000-03-02	19	-
나문이	700530-1045777	1970-05-30	1995-07-01	24	-
마상태	750407-2145678	1975-04-07	2005-04-05	14	-
이남주	791105-1020112	1979-11-05	1998-02-02	21	-
최성수	750825-1546789	1975-08-25	1996-12-01	23	-
김수철	770712-1546891	1977-07-12	2001-06-01	18	-
김희정	760720-2099887	1976-07-20	1996-05-05	23	-
전미수	801009-1045897	1980-10-09	2005-01-05	14	-
이미현	770607-2546789	1977-06-07	1998-07-07	21	-
정지수	720825-1054789	1972-08-25	1998-10-01	21	-
이지헌	780715-1356789	1978-07-15	1992-05-04	27	-
송선아	781212-2014335	1978-12-12	2012-05-01	7	-
이승철	840103-1058456	1984-01-03	2004-02-05	15	2,500,000
강송구	961126-1345789	1996-11-26	2017-10-01	2	-
최온지	800108-2085741	1980-01-08	2001-06-01	18	-
박민중	790530-2545698	1979-05-30	2003-05-05	16	-
김송인	901208-1045678	1990-12-08	2014-06-04	5	-
정수남	850306-1587988	1985-03-06	2009-12-01	10	2,000,000
이명수	810914-2078788	1981-09-14	2004-02-02	15	2,500,000

2019년 근속연수 계산 및 포상

회사에서 바로 통하는 **키워드** : YEAR, DATE, LEFT, MID, DATEDIF, IF

한눈에 보는 작업순서

연도 추출하기 ▶ 생년월일 구하기 ▶ 근속연수 계산하기 ▶ 장기 근속자 포상금 계산하기

01 연도 추출하기 YEAR 함수로 기준일자에서 연도를 추출하여 제목에 표시하겠습니다. ❶ [A1] 셀을 선택합니다. ❷ 수식 입력줄에 **=YEAR(F2)&"년 근속연수 계산 및 포상"**를 입력하고 Enter 를 누릅니다.

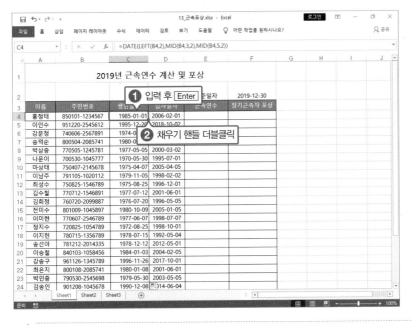

02 생년월일 구하기 주민번호 앞 6자리에서 2자는 연도, 2자는 월, 2자는 일이므로 LEFT, MID 함수로 연, 월, 일을 각각 추출하고, 추출한 문자를 DATE 함수를 사용하여 날짜 형식으로 바꾸겠습니다. ❶ [C4] 셀에 **=DATE(LEFT(B4,2),MID(B4,3,2),MID(B4,5,2))**를 입력하고 Enter 를 누릅니다. ❷ [C4] 셀의 채우기 핸들을 더블클릭합니다.

📊 **실력향상**

날짜 데이터 형식으로 변환하는 DATE(연, 월, 일) 함수를 사용하여 주민번호(B4)의 왼쪽에서 두 글자를 가져와 연도(LEFT(B4,2))를 지정하고, 주민번호의 세 번째 글자부터 두 글자를 가져와 월(MID(B4,3,2))을 지정합니다. 주민번호의 다섯 번째 글자부터 두 글자를 가져와 일(MID(B4,5,2))을 지정합니다.

📊 **실력향상** 2000년 이전에 출생한 경우 연도의 앞자리 2자가 '19'로 시작하고, 2000년 이후에 출생한 경우에는 연도의 앞자리가 '20'으로 시작하므로 2000년 이후에 출생한 사원의 생년월일을 구하려면 IF 함수를 사용하여 **=DATE(IF(VALUE(MID(B4,8,1))>=3, "20","19")&LEFT(B4,2),MID(B4,3,2),MID(B4,5,2))** 수식을 작성합니다.

우선
순위

서식
활용

서식
&함수

차트
활용

데이터
편집

데이터
분석

업무
자동화

03 근속 연수 계산하기 ❶ [E4] 셀에 **=DATEDIF(D4,$F$2,"Y")**를 입력하고 Enter 를 눌러 근속연수를 계산합니다. ❷ [E4] 셀의 채우기 핸들을 더블클릭합니다.

실력향상
DATEDIF(시작일, 종료일, 옵션) 함수를 사용하여 시작일인 입사일(D4)로부터 종료일인 기준일(($F$2)까지의 경과년도("Y")를 구합니다.

04 장기근속자 포상금 계산하기 근속연수에 따라 10년은 200만 원, 15년은 250만 원, 20년은 300만 원의 포상금액을 계산합니다. ❶ [F4] 셀에 **=IF(E4=10,2000000,IF(E4=15,2500000,IF(E4=20, 3000000,0)))**를 입력하고 Enter 를 눌러 포상금액을 계산합니다. ❷ [F4] 셀의 채우기 핸들을 더블클릭합니다.

실력향상 IF(조건식1, 참값1, IF(조건식2, 참값2, IF(조건식3, 참값3, 거짓값))) 중첩 함수 형식은 만약(10년이면 200만 원, 만약(15년이면 250만 원, 만약(20년이면 300만 원, 0)))이므로 **=IF(E4=10,2000000,IF(E4=15,2500000,IF(E4=20,3000000,0)))**로 입력합니다. 만약 엑셀 2016에서 새로 추가된 IFS 함수를 사용한다면 **=IFS(E4=10,2000000,E4=15,2500000,E4=20,3000000, TRUE,0)**로 수식을 입력합니다.

 **날짜 함수**

날짜 및 시간 함수는 두 날짜 사이의 연수, 월수, 일수, 요일을 계산할 때 쓸 수 있는 함수입니다. 날짜 함수를 알아두면 날짜 계산은 물론 날짜를 입력할 때 생기는 번거로움을 줄일 수 있습니다.

1. 연, 월, 일을 표시하는 YEAR, MONTH, DAY 함수

날짜 데이터는 연, 월, 일로 구분되어 있는 것처럼 보이지만 실제로는 1900년 1월 1일을 기준으로 특정 날짜까지 누적해서 숫자로 나타내는 것입니다. 따라서 날짜 데이터에서 연, 월, 일을 추출하여 다른 셀에서 사용하려면 LEFT, RIGHT, MID 함수가 아닌 YEAR, MONTH, DAY 함수를 사용해야 합니다. 즉, 누적된 숫자로 이루어진 오늘 날짜에서 연도를 추출하려면 YEAR, 월을 추출하려면 MONTH, 일을 추출하려면 DAY 함수를 사용합니다.

함수 범주	날짜 및 시간 함수
함수 형식	**=NOW( )** **=TODAY( )** **=DATE(연, 월, 일)** **=YEAR(날짜 데이터 또는 날짜를 일수로 누적한 숫자)** **=MONTH(날짜 데이터 또는 날짜를 일수로 누적한 숫자)** **=DAY(날짜 데이터 또는 날짜를 일수로 누적한 숫자)** NOW와 TODAY 함수는 인수가 없습니다. NOW는 오늘 날짜와 시간을, TODAY는 오늘 날짜를 표시합니다.

2. 날짜 사이의 연, 월, 일 간격을 계산하는 DATEDIF 함수

두 날짜 사이의 간격을 계산하려면 종료 일자에서 시작 일자를 뺍니다. 하지만 두 날짜 사이의 개월 수나 연수를 계산하려면 수식이 조금 복잡해지므로 DATEDIF 함수를 사용합니다. DATEDIF 함수는 두 날짜 사이의 연, 월, 일 간격을 간단하게 계산해줍니다. 단, DATEDIF 함수는 함수 마법사나 수식 자동 완성 목록, 도움말에 함수 설명이 없기 때문에 직접 입력하여 수식을 만들어야 합니다.

함수 범주	날짜 및 시간 함수	
함수 형식	**=DATEDIF(시작일, 종료일, 옵션)**	
	interval	설명
	y	두 날짜 사이 경과된 연수
	m	두 날짜 사이 경과된 개월 수
	d	두 날짜 사이 경과된 일수
	ym	두 날짜 사이 경과 연도를 제외한 나머지 개월 수
	yd	두 날짜 사이 경과 연도를 제외한 나머지 일수
	md	두 날짜 사이 경과 연도와 개월 수를 제외한 나머지 일수

3. 요일을 숫자로 표시하는 WEEKDAY 함수

WEEKDAY 함수는 날짜 데이터에서 요일을 숫자로 알려줍니다.

함수 범주	날짜 및 시간 함수
함수 형식	**=WEEKDAY(날짜 데이터 또는 날짜를 일수로 누적한 숫자, 옵션)** 옵션은 1부터 3까지 입력할 수 있으며 옵션에 따라 다음과 같이 표현합니다. 1 또는 생략 : 1(일요일)~7(토요일) 2 : 1(월요일)~7(일요일) 3 : 0(월요일)~6(일요일)

4. 지정한 날짜의 개월 수를 계산하는 EOMONTH, EDATE 함수

EOMONTH와 EDATE 함수는 업무 계획을 수립할 때나 프로젝트 진행 기간을 개월 단위로 계산하고 싶을 때 사용됩니다. 예를 들어 1월 2일에 프로젝트를 시작하여 앞으로 6개월 후에 프로젝트가 끝난다면 프로젝트가 종료되는 날짜를 EOMONTH나 EDATE 함수를 사용해서 계산할 수 있습니다. EDATE 함수가 날짜의 전이나 후 개월 수를 계산하는 데 비해 EOMONTH 함수는 지정한 날짜의 전이나 후 마지막 날짜를 계산하여 날짜의 일련번호를 반환합니다. 따라서 일련번호를 날짜 형식으로 표시하려면 표시 형식이나 TEXT 함수로 날짜 형식을 지정해야 합니다. 지정한 날짜의 개월 수를 계산하는 EOMONTH와 EDATE 함수 형식과 인수는 다음과 같습니다.

함수 범주	날짜 및 시간 함수
함수 형식	**=EDATE(개월 수를 계산하기 위한 시작일, 전이나 후의 개월 수)** **=EOMONTH(개월 수를 계산하기 위한 시작일, 전이나 후의 개월 수)**

핵심기능

14

행/열 방향으로 데이터를 찾아 지점명과 수수료율 구하기

실습 파일 | Part01/Chapter01/14_대출현황.xlsx
완성 파일 | Part01/Chapter01/14_대출현황_완성.xlsx

세로 방향(Vertical) 또는 가로 방향(Horizontal)으로 데이터를 검색하고, 검색된 데이터의 위치 행 또는 열에서 필요한 정보를 찾는 함수가 VLOOKUP과 HLOOKUP 함수입니다. 지점별 대출 현황표 에서 VLOOKUP 함수로 은행코드를 입력하면 지점코드를 참조하여 지점명과 전화번호가 자동으로 입력되도록 하고, HLOOKUP 함수로 대출기간에 따른 수수료율을 참조하여 입력하겠습니다. 찾기/ 참조 함수에 대한 자세한 설명은 81쪽을 참고합니다.

미리 보기

은행 지점 코드 테이블

은행코드	지점명	전화번호
A023101	압구정 (지)	02-3218-0000
A023126	여의도 (지)	02-2000-1234
A023155	마포 (지)	02-3140-4444
A023168	잠실 (지)	02-2240-8888
A023252	종로 (지)	02-398-6000
A028309	포항(지)	054-288-4000
A028406	시화 (지)	031-496-5555
A028451	안산 (지)	031-412-6666
A028503	구미 (지)	054-450-7777
A028600	수원 (지)	031-220-8888
A028613	안양 (지)	031-380-1212
A028626	분당 (지)	031-789-1515
A028639	평택 (지)	031-659-0606
A028655	일산 (지)	031-920-8888
A028671	화성지점	031-350-4321
A028707	천안 (지)	041-559-8765
A028710	당진지점	041-359-9876
A028804	군산 (지)	063-440-3636
A028901	목포 (지)	
A028956	제주 (지)	

지점별 대출 현황

이름	대출일자	은행코드	지점명	전화번호	대출기간 (월)	대출금	수수료율	수수료
이수진	09월 02일	A023252	종로 (지)	02-398-6000	6	3,000,000	4%	120,000
김민호	09월 03일	A028503	구미 (지)	054-450-7777	12	15,000,000	7%	975,000
황정철	09월 10일	A023101	압구정 (지)	02-3218-0000	11	1,000,000	4%	40,000
안지수	09월 12일	A028309	포항(지)	054-288-4000	3	2,000,000	3%	60,000
강진욱	09월 14일	A028639	평택 (지)	031-659-0606	5	4,000,000	3%	120,000
이시형	09월 17일	A028626	분당 (지)	031-789-1515	24	20,000,000	13%	2,600,000
남경주	09월 20일	A023126	여의도 (지)	02-2000-1234	18	5,000,000	10%	500,000
박철수	09월 20일	A023252	종로 (지)	02-398-6000	10	10,000,000	4%	400,000
송선주	09월 20일	A028309	포항(지)	054-288-4000	36	5,000,000	13%	650,000
문희영	09월 21일	A028503	구미 (지)	054-450-7777	10	10,000,000	4%	400,000
전나영	09월 22일	A023168	잠실 (지)	02-2240-8888	6	5,000,000	4%	200,000
홍성민	09월 23일	A028503	구미 (지)	054-450-7777	3	15,000,000	3%	450,000
김혜우	09월 24일	A028639	평택 (지)	031-659-0606	12	2,000,000	7%	130,000
정진철	09월 24일	A028804	군산 (지)	063-440-3636	18	30,000,000	10%	3,000,000
오나영	09월 26일	A028956	제주 (지)	064-720-2222	10	8,000,000	4%	320,000
김나래	09월 27일	A028613	안양 (지)	031-380-1212	3	3,000,000	3%	90,000
오성주	09월 28일	A028901	목포 (지)	061-280-5555	12	20,000,000	7%	1,300,000
박영우	09월 28일	A028804	군산 (지)	063-440-3636	18	30,000,000	10%	3,000,000
공미정	09월 29일	A028626	분당 (지)	031-789-1515	10	8,000,000	4%	320,000
김철수	09월 29일	A023126	여의도 (지)	02-2000-1234	12	3,000,000	7%	195,000

수수료율 조회 테이블

대출기간	1	6	12	18	24
수수료	3.0%	4.0%	6.5%	10.0%	13.0%

회사에서 바로 통하는 키워드 : VLOOKUP, HLOOKUP, 이름 정의

한눈에 보는 작업순서

지점코드, 수수료율 셀 범위 이름 정의하기 ▶ 은행코드를 찾아 지점명과 전화번호 찾기 ▶ 대출기간을 찾아 수수료율 입력하기 ▶ 수수료 계산하기

01 지점 이름 정의하기 함수식에서 데이터 범위를 참조할 이름을 정의하겠습니다. ❶ [지점코드] 시트를 클릭하고 ❷ [A4:C23] 셀 범위를 선택합니다. ❸ 이름 상자에 **지점**을 입력하고 Enter 를 눌러 셀 범위에 이름을 정의합니다.

📊 **실력향상**

정의한 이름을 수정하거나 삭제하려면 Ctrl + F3 을 눌러 [이름 관리자] 대화상자를 불러온 후 이름을 수정하거나 삭제합니다.

02 수수료율 이름 정의하기 ❶ 계속해서 [수수료율] 시트를 클릭하고 ❷ [B2:F3] 셀 범위를 선택합니다. ❸ [이름 상자]에 **수수료율**을 입력하고 Enter 를 눌러 이름을 정의합니다.

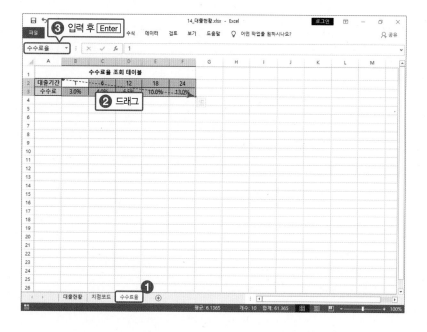

03 은행코드를 찾아 지점명과 전화번호 찾기 VLOOKUP 함수를 이용하여 지점명, 전화번호를 입력하겠습니다. ❶ [대출현황] 시트를 클릭하고 ❷ [D3] 셀에 **=VLOOKUP**을 입력합니다. ❸ Ctrl + A를 눌러 [함수 인수] 대화상자를 불러옵니다. ❹ [Lookup_value]에 C3, [Table_array]에 **지점**, [Col_Index_num]에 2, [Range_lookup]에 **FALSE**를 입력한 후 ❺ [확인]을 클릭해서 수식 **=VLOOKUP(C3,지점,2,FALSE)**를 완성합니다. ❻ [D3] 셀의 채우기 핸들을 더블클릭합니다.

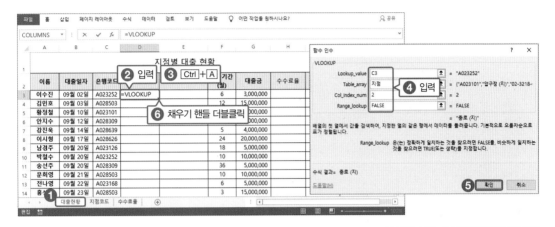

📊 **실력향상** 함수 인수 설명

· **Lookup_value** : 은행코드를 찾아 지점명을 입력해야 하므로 C3 입력
· **Table_array** : [C3] 셀 값을 찾을 범위로 앞서 이름으로 정의한 **지점** 입력([지점코드] 시트의 [A4:C23] 셀 범위)
· **Col_index_num** : 지점 범위에서 [C3] 셀 값을 찾아 반영할 열 번호 2 입력
· **Range_lookup** : 찾는 값과 정확하게 일치하는 값을 찾기 위해서 **FALSE** 또는 0 입력

04 ❶ [E3] 셀에 **=VLOOKUP**을 입력하고 ❷ Ctrl + A를 눌러 [함수 인수] 대화상자를 불러옵니다. ❸ [Lookup_value]에 **C3**, [Table_array]에 **지점**, [Col_Index_num]에 3, [Range_lookup]에 **FALSE**를 입력한 후 ❹ [확인]을 클릭해서 수식 **=VLOOKUP(C3,지점,3,FALSE)**를 완성합니다. ❺ [E3] 셀의 채우기 핸들을 더블클릭합니다.

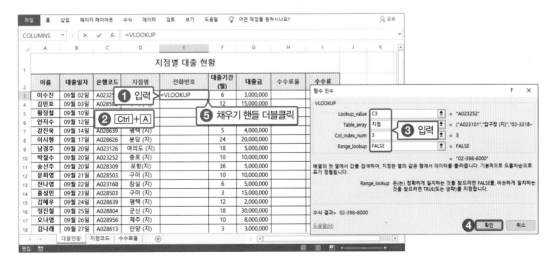

05 대출기간을 찾아 수수료율 입력하기 HLOOKUP 함수로 수수료율을 구하겠습니다. ❶ [H3] 셀에 **=HLOOKUP**을 입력한 후 ❷ Ctrl + A 를 눌러 [함수 인수] 대화상자를 불러옵니다. ❸ [Lookup_value] 에 **F3**, [Table_array]에 **수수료율**, [Row_Index_num]에 **2**, [Range_lookup]에 **TRUE**를 입력한 후 ❹ [확인]을 클릭해서 수식 **=HLOOKUP(F3,수수료율,2,TRUE)**를 완성합니다. ❺ [H3] 셀의 채우기 핸들을 더블클릭합니다.

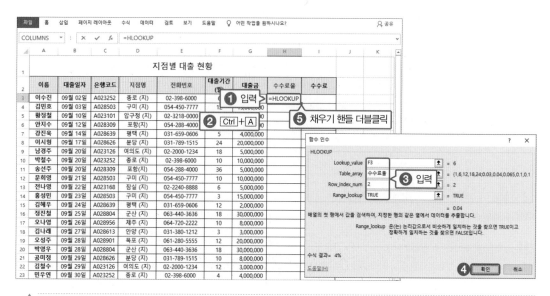

📊 **실력향상** 함수 인수 설명

• Lookup_value : 대출기간을 찾아 수수료율을 입력해야 하므로 F3 입력
• Table_array : [F3] 셀 값을 찾을 범위로 앞서 이름으로 정의한 **수수료율** 입력([수수료율] 시트의 [B2:F3] 셀 범위)
• Row_index_num : 수수료율 범위에서 [F3] 셀 값을 찾아 반영할 행 번호 2 입력
• Range_lookup : 찾는 값과 가까운 근사치를 찾기 위해서 **TRUE** 또는 **1**을 입력

06 대출금과 수수료율을 바탕으로 수수료를 구하겠습니다. ❶ [I3] 셀에 **=G3*H3**을 입력하고 Enter 를 누릅니다. ❷ [I3] 셀의 채우기 핸들을 더블클릭합니다.

찾기/참조 영역 함수 2

1. 원하는 값을 찾고 싶을 때는 VLOOKUP과 HLOOKUP 함수

VLOOKUP 함수는 목록 범위의 첫 번째 열에서 세로(Vertical) 방향으로 검색하면서 원하는 값을 추출하고, HLOOKUP 함수는 목록 범위의 첫 번째 행에서 가로(Horizontal) 방향으로 검색하면서 원하는 값을 추출합니다.

함수 범주	찾기/참조 영역 함수
함수 형식	**=VLOOKUP(찾을 값, 데이터를 검색하고 참조할 범위, 범위에서 추출할 열 번호, 옵션)** ▲ 은행코드를 세로(Vertical) 방향으로 검색 **=HLOOKUP(찾을 값, 데이터를 검색하고 참조할 범위, 범위에서 추출할 행 번호, 옵션)** ▲ 은행코드를 가로(Horizontal) 방향으로 검색

※ 옵션은 TRUE(1) 또는 FALSE(0)
 • TRUE : 근삿값을 찾음(데이터 목록의 첫 번째 열 또는 행의 값이 오름차순으로 정렬되어 있어야 함)
 • FALSE : 정확하게 일치하는 값을 찾음

2. Table_Array(데이터 범위)에 대한 규칙과 에러

VLOOKUP과 HLOOKUP 함수는 사용 방법과 기능이 유사합니다. VLOOKUP은 첫 열에서 원하는 값을 찾아 지정한 열에 있는 값을 반환하고, HLOOKUP은 첫 행에서 원하는 값을 찾아 지정한 행에 있는 값을 반환합니다.

• 찾는 값(Lookup_value)은 반드시 [Table_array]의 첫 번째 행(열)에 있어야 합니다. 예를 들어 VLOOKUP 함수를 이용하여 은행명을 찾아 전화번호를 반환하려 한다면 [Table_array]는 [B3:C7] 셀을 범위로 지정해야 합니다. [A3:C7] 셀을 범위로 지정해서는 안 됩니다.

수식 :

= VLOOKUP(E3,$B$3:$C$7,2,FALSE)

지점명(E3)을 은행지점(B3:C7)에서 찾아 전화번호를 표시합니다.

[Table_array]의 첫 번째 행(열)에서 근삿값을 찾을 경우에는 반드시 오름차순으로 정렬되어 있어야 합니다.

수식 : =HLOOKUP(H3,$B$2:$F$3,2,TRUE)

대출기간(H3)을 수수료율($B$2:$F$3)에서 찾아 '수수료율'을 표시합니다. 대출기간이 정확하지 않을 때는 근삿값(TRUE 옵션)으로 수수료율을 표시합니다.

1 : 대출기간이 1~5 사이면 3%   18 : 대출기간이 18~23 사이면 10%

6 : 대출기간이 6~11 사이면 4%   24 : 대출기간이 24 이상이면 13%

12 : 대출기간이 12~17 사이면 6.5%

- VLOOKUP이나 HLOOKUP 함수를 사용할 때 원하는 값을 찾지 못하면 해당 셀에 '#N/A' 오류가 표시됩니다.

수식 :

=VLOOKUP(E3,$A$3:$C$7,2,FALSE)

은행코드(E3)를 은행지점(A3:C7) 테이블에서 찾아 '지점명'을 찾으려고 할 때 은행코드를 찾지 못하면 '#N/A' 오류가 표시됩니다.

3. 행 또는 열 방향으로 원하는 값을 찾고 싶을 때는 LOOKUP 함수

VLOOKUP(HLOOKUP) 함수가 첫 열(행)의 세로(가로) 방향으로 검색한다면 LOOKUP 함수는 첫 열(행)과 상관없이 세로(가로) 방향으로 원하는 값을 검색하고 추출할 수 있습니다. 단 LOOKUP 함수를 사용하려면 데이터를 검색할 하나의 행(열) 범위가 반드시 오름차순으로 정렬되어 있어야 합니다. 또한 정확하게 일치하는 값을 찾지 못할 때는 근삿값을 찾으므로 주의해야 합니다.

함수 범주	찾기/참조 영역 함수
함수 형식	=LOOKUP(찾을 값, 데이터를 검색할 하나의 행(열) 범위, 결과를 추출할 하나의 행(열) 범위) **은행 지점 코드 테이블** 		A	B	C
1	은행 지점 코드 테이블		
2	은행코드	전화번호	지점명
3	A023155	02-3140-4444	마포
4	A023101	02-3218-0000	압구정
5	A023126	02-2000-1234	여의도
6	A023168	02-2240-8888	잠실
7	A023252	02-398-6000	종로 | |	E	F
2	지점명	은행코드
3	잠실	A023168
4	마포	A023155
5	송파	A023155
6	종로	A023252
7	압구정	A023101	 수식 : =LOOKUP(E3,$C$3:$C$7,$A$3:$A$7) 지점명(E3)을 오름차순으로 정렬된 지점범위(C3:C7)에서 찾아 은행코드를 표시합니다. 단, '송파'는 지점 범위(C3:C7)에 정확하게 일치하는 값이 없으므로 근삿값('ㅁ'~'ㅅ')으로 찾아 '마포' 지점명의 은행코드를 표시합니다.

4. 행/열 번호를 알려주는 ROW와 COLUMN 함수

ROW와 COLUMN 함수는 현재 셀의 행 번호와 열 번호를 알려줍니다. 현재 셀의 번호를 알고 싶다면 ROW 함수를 인수 없이 사용하고, 특정 셀 번호를 알고 싶다면 인수에 셀 주소를 입력합니다.

함수 범주	찾기/참조 영역 함수
함수 형식	=ROW(셀 주소) =COLUMN(셀 주소) ROW나 COLUMN 함수의 인수를 생략하면 현재 위치의 셀 번호를 반환합니다.

핵심기능

15

고유키로 여러 테이블을 비교, 분석해 사원명부 업데이트하기

실습 파일 | Part01/Chapter01/15_교육대상수료명단.xlsx
완성 파일 | Part01/Chapter01/15_교육대상수료명단_완성.xlsx

사번이나 상품코드, 주민등록번호, 사업자번호와 같은 고유키 값으로 여러 시트에 있는 데이터를 비교, 분석해야 할 경우 VLOOKUP 함수를 사용하면 데이터를 통합하기에 좋습니다. 사번을 고유키 값(찾을 값)으로 지정한 후 직무/역량 교육 대상자와 수료자 데이터를 비교해서 사원명부에 교육과정명, 교육수료 유무 및 교육점수를 업데이트해보겠습니다. 교육대상자 명단에 없는 사원인 경우에는 오류 대신 공란을 표시합니다.

미리 보기

사원명부						
사번	이름	부서	직급	교육과정명	수료유무	교육점수
CM001	이송인	인사팀	대리	조직적응과정	O	1
CM002	민호연	기획팀	과정			
CM003	강송민	기획팀	과장	커뮤니케이션심화과정	O	1
CM004	안민국	정보전략팀	사원	조직적응과정	O	1
CM005	김철수	총무팀	대리			
CM006	김희정	영업1팀	과장			
CM007	나문숙	경영전략팀	차장	조직관리과정	O	1
CM008	이하늘	홍보팀	사원			
CM009	백민호	전산실	부장			
CM010	박영희	전산실	사원	OJT교육	X	0
CM011	송선주	영업2팀	사원	Team Building	O	1
CM012	최민철	기획팀	대리	프리젠테이션스킬	O	1
CM013	문소라	기획팀	과장	의사결정방법	X	0
CM014	정지수	정보전략팀	차장	조직관리과정	O	1
CM015	강문희	관리팀	사원	커뮤니케이션초과정	O	1
CM016	지현철	영업1팀	사원			
CM017	홍기호	경영전략팀	부장			
CM018	이민욱	홍보팀	사원			
CM019	전영미	영업2팀	사원	창의력사고과정	O	1
CM020	최성수	전산실	사원	기획/제안서작성기법	O	1
CM021	문송신	인사팀	부장	MBA과정	X	0
CM022	김나영	관리팀	과장	업무관리및문제해결	O	1
CM023	이민우	기획팀	차장			
CM024	최은지	정보전략팀	사원			

회사에서 바로 통하는 **키워드** : VLOOKUP, IFERROR, ISERROR, IF, COLUMN, 이름 정의

한눈에 보는 작업순서

사원명부, 대상명단, 수료명단 이름 정의하기 ▶ 대상명단에서 사번으로 이름, 직급, 교육과정명 표시하기 ▶ 수료명단에서 사번으로 수료유무 표시하기 ▶ 수료 대상자를 찾아 교육점수 표시하기

01 사원명단, 대상명단, 수료명단 영역 이름 정의하기 ❶ [사원명부] 시트에서 ❷ [A3:D36] 셀 범위를 선택하고 ❸ [이름 상자]에 **사원명단**을 입력한 후 Enter를 누릅니다. ❹ [대상자] 시트에서 ❺ [A3:D20] 셀 범위를 선택하고 ❻ [이름 상자]에 **대상명단**을 입력한 후 Enter를 누릅니다. ❼ 같은 방식으로 [수료] 시트에서 ❽ [A3:D15] 셀 범위를 선택하고 ❾ [이름 상자]에 **수료명단**을 입력한 후 Enter를 누릅니다.

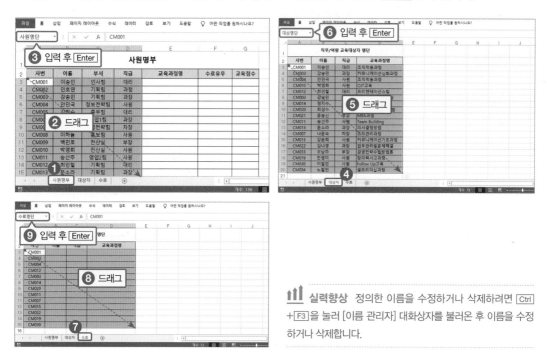

📊 **실력향상** 정의한 이름을 수정하거나 삭제하려면 Ctrl + F3을 눌러 [이름 관리자] 대화상자를 불러온 후 이름을 수정하거나 삭제합니다.

02 대상명단에서 사번을 찾아 이름, 직급, 교육과정명 표시하기 ❶ [수료] 시트의 [B3] 셀에 **=VLOOKUP($A3,대상명단,COLUMN(),0)**를 입력한 후 Enter를 누릅니다. ❷ [B3] 셀의 채우기 핸들을 [D3] 셀까지 드래그합니다. ❸ [D3] 셀의 채우기 핸들을 더블클릭해서 전체 수식을 채웁니다.

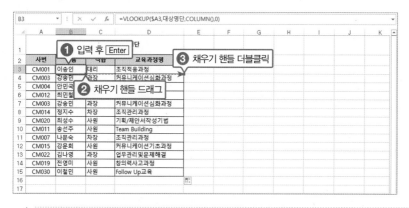

📊 **실력향상** 수식 설명 : **=VLOOKUP($A3,대상명단,COLUMN(),0)**
사번($A3)이 대상명단(대상자!$A$3:$D$20)에서 정확하게 일치(FALSE)하는지 찾은 후 찾은 행의 이름(2열), 직급(3열), 교육과정명(4 열)을 표시합니다. 이때 열 번호는 **COLUMN( )**으로, FALSE 옵션은 **0**으로 입력할 수 있습니다.

03 대상명단에서 사번을 찾아 교육과정명 표시하기 사원명부에서 교육 대상자가 받을 교육과정명을 표시합니다. ❶ [사원명부] 시트에서 ❷ [E3] 셀에 **=VLOOKUP(A3,대상명단,4,0)**를 입력한 후 Enter 를 누릅니다. ❸ [E3] 셀의 채우기 핸들을 더블클릭합니다.

📊 실력향상 수식 설명 : =VLOOKUP(A3,대상명단,4,0)
사번(A3)이 대상명단(대상재$A$3:$D$20)에서 정확하게 일치(FALSE)하는지 찾은 후 찾은 행의 교육과정명(4열)을 표시하고, 사번을 찾지 못하면 '#N/A' 오류를 표시합니다.

04 #N/A 오류 숨기기 전체 사원이 교육대상자가 아니므로 교육대상자 명단에 없는 사원일 경우 오류(#N/A) 대신 공란으로 표시합니다. ❶ [E3] 셀에 **=IFERROR(VLOOKUP(A3,대상명단,4,0),"")**로 수식을 수정한 후 Enter 를 누릅니다. ❷ [E3] 셀의 채우기 핸들을 더블클릭합니다.

📊 실력향상 IFERROR 함수로 수식(VLOOK UP(A3,대상명단,4,0))에 오류(#N/A)가 있으면 공란("")으로 표시합니다.

05 수료명단에서 사번을 찾아 교육 수료유무 표시하기 사원명부에서 교육 수료유무를 표시합니다. 이 때 교육대상자가 아니면 공란, 교육대상자이면서 수료자라면 'O', 아니면 'X'를 표시합니다. ❶ [F3] 셀에 **=IF(E3="","",IF(ISERROR(VLOOKUP(A3,수료명단,1,0)),"X","O"))**를 입력한 후 Enter 를 누릅니다. ❷ [F3] 셀의 채우기 핸들을 더블클릭합니다.

실력향상 수식 설명 : =IF(E3="","",IF(ISERROR(VLOOKUP(A3,수료명단,1,0)),"X","O"))
만약 교육과정명이 공란이면 교육대상자가 아니므로 공란을 표시(IF(E3="",""))합니다. 만약 [수료명단]에 사번이 없다면 (IF(ISERROR(VLOOKUP(A3,수료명단,1,0)))) 'X'를, 있다면 'O'를 표시합니다. ISERROR 함수는 수식에 오류가 있는지 검사하여 오류가 있으면 TRUE 값을, 오류가 없으면 FALSE 값을 돌려줍니다. 여기서는 [수료명단]에 사번이 없을 경우 '#N/A' 오류가 표시되므로 오류 대신 'X'를 표시합니다.

06 수료대상자를 찾아 교육점수 표시하기 사원명부에서 교육점수를 표시합니다. 이때 교육대상자가 아니면 공란, 교육대상자이면서 수료자라면 1, 아니면 0을 표시합니다. ❶ [G3] 셀에 **=IF(F3="","",IF(F3="O",1,0))**를 입력한 후 Enter 를 누릅니다. ❷ [G3] 셀의 채우기 핸들을 더블클릭합니다.

실력향상
수식 =IF(E3="","",IF(ISER ROR(VLOOKUP(A3,수료 명단,1,0)),0,1))를 사용해도 결과는 같습니다.

우선
순위 | 핵심기능

16

행과 열이 교차하는 위치의
데이터 찾기

실습 파일 | Part01/Chapter01/16_판매일지.xlsx
완성 파일 | Part01/Chapter01/16_판매일지_완성.xlsx

행/열 방향의 데이터는 VLOOKUP, HLOOKUP 함수로, 행과 열이 교차하는 위치의 데이터는 INDEX, MATCH 함수로 찾습니다. INDEX 함수는 데이터를 찾을 전체 범위에서 행과 열이 교차하는 위치의 데이터를 행 번호와 열 번호로 찾는데, 행 번호와 열 번호는 MATCH 함수를 이용해 찾습니다. 일자별 판매일지에서 제조사/용량 판매가표를 참조하여 제조사와 용량이 교차하는 위치의 데이터를 찾아 판매가 표시되도록 일자별 판매일지를 완성해보겠습니다. INDEX와 MATCH 함수에 대한 자세한 설명은 91쪽을 참고합니다.

미리 보기

일자별 판매일지

날짜	제조사	용량	행번호	열번호	판매가	수량	금액
2019-03-02	샌드스크	32GB	1	4	78,500	1	78,500
2019-03-02	샌드스크	128GB	1	6	182,000	2	364,000
2019-03-02	트랜샌드	64GB	2	5	122,040	1	122,040
2019-03-05	트랜샌드	16GB	2	3	51,120	1	51,120
2019-03-06	소니	256GB	4	7	462,250	1	462,250
2019-03-06	도시바	128GB	6	6	171,170	2	342,340
2019-03-06	디엠스토리지	64GB	7	5	120,820	1	120,820
2019-03-07	트랜샌드	8GB	2	2	27,720	3	83,160
2019-03-10	삼성전자	128GB	3	6	180,180	5	900,900
2019-03-10	소니	128GB	4	6	216,220	1	216,220
2019-03-12	렉사	64GB	5	5	154,600	1	154,600
2019-03-13	렉사	32GB	5	4	89,500	1	89,500
2019-03-13	렉사	256GB	5	7	443,600	2	887,200
2019-03-15	디엠스토리지	32GB	7	4	69,940	3	209,820
2019-03-16	삼성전자	64GB	3	5	134,240	1	134,240
2019-03-16	샌드스크	32GB	1	4	78,500	1	78,500
2019-03-16	샌드스크	16GB	1	3	56,800	1	56,800
2019-03-19	트랜샌드	64GB	2	5	122,040	2	244,080
2019-03-20	트랜샌드	256GB	2	7	350,190	1	350,190
2019-03-20	소니	128GB	4	6	216,220	4	864,880
2019-03-22	도시바	64GB	6	5	127,530	5	637,650
2019-03-23	디엠스토리지	8GB	7	2	27,440	1	27,440

<제조사/용량 판매가>

제조사/용량	4GB	8GB	16GB	32GB	64GB	128GB	256GB
샌드스크	25,600	30,800	56,800	78,500	135,600	182,000	389,100
트랜샌드	23,040	27,720	51,120	70,650	122,040	163,800	350,190
삼성전자	25,340	30,490	56,230	77,720	134,240	180,180	385,210
소니	30,410	36,590	67,480	93,260	161,090	216,220	462,250
렉사	29,200	35,100	64,800	89,500	154,600	207,500	443,600
도시바	24,070	28,970	53,420	73,830	127,530	171,170	365,950
디엠스토리지	22,810	27,440	50,610	69,940	120,820	162,160	346,690

회사에서 바로 통하는 **키워드** : INDEX, MATCH, 이름 정의, 열 숨기기

**한눈에
보는
작업순서**

이름 정의하기
(제조사/용량/판매가) ▶ 제조사(행)와 용량(열)
번호 찾기(MATCH) ▶ 제조사/용량별
판매가 데이터 찾기
(INDEX) ▶ 열 숨기기

01 제조사/용량/판매가 이름 정의하기 제조사와 용량, 판매가 전체 데이터를 함수식에서 참조하기 위해 이름을 정의하여 사용하겠습니다. ❶ [J4:J10] 셀 범위를 선택하고 ❷ [이름 상자]에 **제조사**를 입력한 후 Enter를 누릅니다. ❸ [K3:Q3] 셀 범위를 선택하고 ❹ [이름 상자]에 **용량**을 입력한 후 Enter를 누릅니다. ❺ [K4:Q10] 셀 범위를 선택하고 ❻ [이름 상자]에 **판매가**를 입력한 후 Enter를 누릅니다.

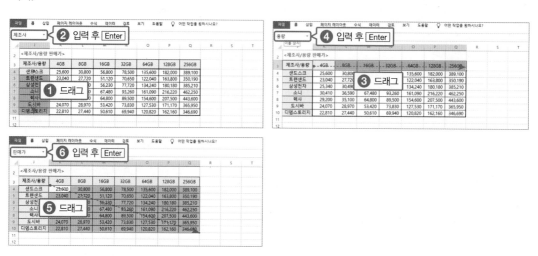

02 제조사의 행 번호 찾기 [판매일지] 시트에 있는 제조사가 제조사/용량 판매가표의 [제조사] 셀 범위에서 몇 번째 위치에 있는지 검색하여 행 번호를 알아내기 위해 MATCH 함수를 사용합니다. ❶ [D4] 셀에 **=MATCH**를 입력하고 ❷ Ctrl+A를 눌러 [함수 인수] 대화상자를 불러옵니다. ❸ [Lookup_value]에서 ❹ [B4] 셀을 클릭해 지정하고 ❺ [Lookup_array]에 **제조사**를 입력한 후 ❻ [Match_type]에 **0**을 입력합니다. ❼ [확인]을 클릭해서 수식 **=MATCH(B4,제조사,0)**를 완성합니다. ❽ [D4] 셀의 채우기 핸들을 더블클릭합니다.

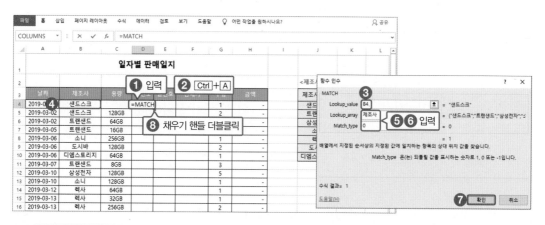

📊 실력향상 함수 인수 설명

- **Lookup_value** : 배열의 번호를 찾고 싶은 값으로 제조사가 입력되어 있는 **B4** 입력
- **Lookup_array** : 배열의 위치를 검색할 제조사 전체 범위로, [이름 상자]에서 정의한 **제조사**(J4:J10) 입력
- **Match_type** : 찾고 싶은 방법을 지정하는 것으로 정확하게 일치하는 첫 번째 위치를 검색할 것이므로 **0** 입력

03 용량의 열 번호 찾기 ❶ [E4] 셀에 **=MATCH(C4,용량,0)**를 입력한 후 Enter를 누릅니다. ❷ [E4] 셀의 채우기 핸들을 더블클릭합니다.

📊 **실력향상** 함수 인수 설명
- Lookup_value : 배열의 번호를 찾고 싶은 값으로 용량이 입력되어 있는 C4 입력
- Lookup_array : 배열의 위치를 검색할 용량의 전체 범위로 [이름 상자]에서 정의한 **용량**(K3:Q3) 입력
- Match_type : 찾고 싶은 방법을 지정하는 것으로 정확하게 일치하는 첫 번째 위치를 검색할 것이므로 0 입력

04 판매가 표시하기 MATCH 함수에서 찾은 제조사의 행 번호와 용량의 열 번호를 참조하여 판매가를 나타내보겠습니다. ❶ [F4] 셀에 **=INDEX**를 입력하고 ❷ Ctrl + A를 눌러 [함수 인수] 대화상자를 불러옵니다. ❸ [인수 선택] 대화상자에서 첫 번째 [array,row_num,column_num]을 선택하고 ❹ [확인]을 클릭합니다.

📊 **실력향상**
한 개의 범위를 참조해서 행 번호와 열 번호로 원하는 데이터를 찾을 때는 [array,row_num,column_num]을, 참조형으로 참조 영역이 여러 개일 때는 [reference,row_num, column_num,area_num]을 선택합니다.

05 ❶ [함수 인수] 대화상자의 [Array]에 **판매가**를 입력하고 ❷ [Row_num]에 **D4**, ❸ [Column_num]에 **E4**를 입력한 후 ❹ [확인]을 클릭해서 수식 **=INDEX(판매가,D4,E4)**를 완성합니다. ❺ [F4] 셀의 채우기 핸들을 더블클릭합니다.

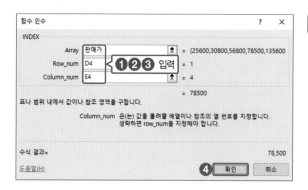

❺ [F4] 셀의 채우기 핸들 더블클릭

📊 실력향상 함수 인수 설명
- **Array** : 행 번호와 열 번호를 사용해서 검색할 데이터 전체 범위를 지정하는 곳으로 [이름 상자]에서 정의한 **판매가**(I4:O10) 입력
- **Row_num** : 행 번호를 지정하는 곳으로 **D4** 입력
- **Column_no** : 열 번호를 지정하는 곳으로 **E4** 입력

06 행 번호와 열 번호 셀 숨기기 제조사별, 용량별 판매가를 구했으므로 필요 없는 행 번호 셀과 열 번호 셀을 숨깁니다. ❶ D열과 E열을 범위로 지정한 후 ❷ 마우스 오른쪽 버튼을 클릭하고 ❸ [숨기기]를 선택합니다.

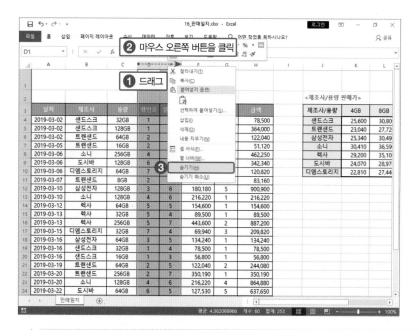

📊 실력향상 판매가를 구할 때 INDEX와 MATCH 함수를 중첩해서 수식으로 만들 수 있습니다.
- 이름을 정의한 수식 : =INDEX(판매가,MATCH(B4,제조사,0),MATCH(C4,용량,0))
- 이름을 정의하지 않은 수식 : =INDEX($I$4:$O$10,MATCH(B4,$J$4:$J$10,0),MATCH(C4,$K$3:$Q$3,0))

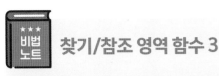 찾기/참조 영역 함수 3

행 번호와 열 번호로 원하는 데이터 찾는 INDEX 함수

INDEX 함수는 배열의 시작 셀(1행 ,1열)부터 마지막 셀(n행, n열)까지 행 번호와 열 번호를 순차적으로 지정하고 지정된 행과 열 번호를 참조하여 필요한 데이터를 찾습니다. INDEX 함수의 형식과 인수는 다음과 같습니다.

함수 범주	찾기/참조 영역 함수
함수 형식	**=INDEX(배열로 된 셀의 범위, 셀의 범위에서 참조할 행 번호, 셀의 범위에서 참조할 열 번호)**

셀 범위(C3:I9)를 참조해서 5행(렉사)과 4열(32GB)이 교차하는 위치의 셀 값 '89,500'을 수식 **=INDEX(C3:I9,5,4)**로 찾을 수 있습니다.

	A	B	C	D	E	F	G	H	I
1			1열	2열	3열	4열	5열	6열	7열
2		제조사/용량	4GB	8GB	16GB	**32GB**	64GB	128GB	256GB
3	1행	샌드스크	25,600	30,800	56,800	78,500	135,600	182,000	389,100
4	2행	트랜샌드	23,040	27,720	51,120	70,650	122,040	163,800	350,190
5	3행	삼성전자	25,340	30,490	56,230	77,720	134,240	180,180	385,210
6	4행	소니	30,410	36,590	67,480	93,260	161,090	216,220	462,250
7	5행	렉사	29,200	35,100	64,800	**89,500**	154,600	207,500	443,600
8	6행	도시바	24,070	28,970	53,420	73,830	127,530	171,170	365,950
9	7행	디엠스토리지	22,810	27,440	50,610	69,940	120,820	162,160	346,690

데이터의 행 번호 또는 열 번호를 찾는 MATCH 함수

MATCH 함수는 특정 범위 내에서 지정된 순서의 지정된 값과 일치하는 항목의 상대 위치를 찾아 번호를 반환합니다. 즉, 찾고자 하는 값이 행 방향 또는 열 방향의 범위 내에 몇 번째 위치에 있는지 찾아줍니다. 위치를 찾지 못할 때는 '#N/A' 오류를 표시합니다. 배열에서 상대적으로 데이터의 행 번호 또는 열 번호를 검색하는 MATCH 함수의 형식과 인수는 다음과 같습니다.

함수 범주	찾기/참조 영역 함수
함수 형식	**=MATCH(행 또는 열 번호를 찾으려는 값, 배열 행 또는 열 범위, Match_type)**
인수	Match_type : • 0 : 배열에서 찾고 싶은 정확하게 일치하는 첫 번째 값 검색 • 1 : 오름차순으로 정렬되어 있는 배열에서 작거나 같은 값 중에 최댓값 검색(생략 시 기본값) • −1 : 내림차순으로 정렬되어 있는 배열에서 크거나 같은 값 중에 최솟값 검색

MATCH 함수에서 MATCH_TYPE(0, 1, −1)의 사용 예는 다음과 같습니다.

TYPE	사용 예	
0	<table><tr><td>▲</td><td>B</td><td>C</td><td>D</td><td>E</td><td>F</td><td>G</td><td>H</td><td>I</td></tr><tr><td>1</td><td></td><td>1월</td><td>2월</td><td>3월</td><td>4월</td><td>5월</td><td>6월</td><td>7월</td></tr><tr><td>2</td><td>용량</td><td>4</td><td>8</td><td>16</td><td>32</td><td>64</td><td>128</td><td>256</td></tr></table>	범위(C2:I2)를 참조하여 '32'인 데이터가 있는 정확한 첫 번째 위치 '4'를 표시합니다. 수식 : **=MATCH(32,C2:I2,0)**
1	<table><tr><td>▲</td><td>B</td><td>C</td><td>D</td><td>E</td><td>F</td><td>G</td><td>H</td><td>I</td></tr><tr><td>1</td><td></td><td>1월</td><td>2월</td><td>3월</td><td>4월</td><td>5월</td><td>6월</td><td>7월</td></tr><tr><td>2</td><td>용량</td><td>4</td><td>8</td><td>16</td><td>32</td><td>64</td><td>128</td><td>256</td></tr></table>	오름차순으로 정렬되어 있는 범위(C2:I2)를 참조하여 '10'인 데이터가 있는 위치가 정확하게 일치하지 않을 때는 '10'보다 작거나 같은 값(C2:D2)인 4, 8에서 최댓값(8)을 찾아 위치 '2'를 표시합니다. 수식 : **=MATCH(10,C2:I2,1)**
−1	<table><tr><td>▲</td><td>B</td><td>C</td><td>D</td><td>E</td><td>F</td><td>G</td><td>H</td><td>I</td></tr><tr><td>1</td><td></td><td>1월</td><td>2월</td><td>3월</td><td>4월</td><td>5월</td><td>6월</td><td>7월</td></tr><tr><td>2</td><td>용량</td><td>256</td><td>128</td><td>64</td><td>32</td><td>16</td><td>8</td><td>4</td></tr></table>	내림차순으로 정렬되어 있는 범위(C2:I2)를 참조하여 '30'인 데이터가 있는 위치가 정확하게 일치하지 않을 때는 '30'보다 크거나 같은 값(C2:F2)인 256, 128, 64, 32에서 최솟값(32GB)을 찾아 위치 '4'를 표시합니다. 수식 : **=MATCH(30,C2:I2,−1)**

17 동적 범위 참조하기

실습 파일 | Part01/Chapter01/17_매출실적.xlsx
완성 파일 | Part01/Chapter01/17_매출실적_완성.xlsx

행과 열이 교차하는 위치의 셀을 찾을 때는 INDEX 함수를 OFFSET 함수로 대치할 수 있습니다. 하지만 OFFSET 함수는 동적인 셀(범위)을 참조하는 수식으로 쓰일 때 더 유용합니다. 월별 매출액을 분기별로 그룹을 지어서 연도/분기별 매출실적표를 완성하고 특정 기간의 매출실적을 조회할 수 있도록 데이터 유효성 검사와 연결해 수식을 만들어보겠습니다. OFFSET 함수에 대한 자세한 설명은 99쪽을 참고합니다.

미리 보기

	A	B	C	D	E	F
16	년도/분기별 매출실적					(단위:백만원)
17	연도/분기	1분기	2분기	3분기	4분기	합계
18	2005년	101	114	120	102	437
19	2006년	93	118	157	209	577
20	2007년	99	114	152	202	566
21	2008년	103	118	156	208	585
22	2009년	104	125	166	221	616
23	2010년	103	129	171	228	632
24	2011년	104	129	172	229	634
25	2012년	104	116	154	205	578
26	2013년	92	102	136	181	512
27	2014년	105	119	158	211	592
28	2015년	117	129	172	229	647

	H	I	J	K
16	연도별/월별 조회			(단위:백만원)
17	연도	시작월	종료월	합계
18	2010년 ▼	7월 ▼	9월 ▼	171
19	2008년	2 월	7 월	
20	2009년	3 월	8 월	
	2010년	4 월	9 월	
21	2011년	5 월	10 월	
22	2012년	6 월	11 월	
	2013년	7 월	12 월	
23	2014년	8 월		
	2015년	9 월 ▼		
24				

회사에서 바로 통하는 **키워드** : OFFSET, MATCH, SUM, ROW, COLUMN, 이름 정의

| 한눈에
보는
작업순서 | 연도별/분기별
매출 합계
구하기 | ▶ | 이름 정의하기
(연도/시작월
/종료월) | ▶ | 연도, 시작월
데이터 유효성
목록 만들기 | ▶ | 종료월/시작월을
연결하여 이중으로
유효성 목록 만들기 | ▶ | 특정 기간의
매출 합계
구하기 |

01 연도별/분기별 매출 합계 구하기 각 연도별 분기 매출 실적의 합계를 SUM, OFFSET, ROW, COLUMN 함수를 사용하여 계산하겠습니다. ❶ [B18] 셀에 **=SUM(OFFSET($B$3,ROW()−18, (COLUMN()−2)*3,1,3))**를 입력하고 Enter 를 누릅니다. ❷ [B18] 셀의 채우기 핸들을 [E18] 셀까지 드래그하고 ❸ [E18] 셀의 채우기 핸들을 더블클릭합니다.

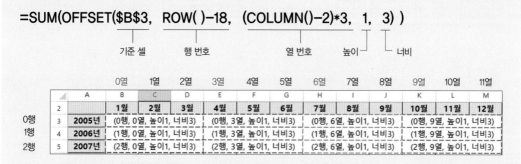

연도/분기별 매출 합계 수식 알아보기

[B18] 셀에 입력한 수식을 살펴보겠습니다. 예를 들어 2005년 1분기 영역을 OFFSET(기준 셀, 행 번호, 열 번호, 높이, 너비) 함수로 참조하려면 기준 셀($B$3)로부터 0행, 0열, 높이 1, 너비 3인 수식은 **=OFFSET($B$3,0,0,1,3)**입니다.

여기서 각 연도의 시작 행 번호는 0~10이므로 **ROW( )−18**로, 분기의 시작 열 번호는 0, 3, 6, 9이므로 **(COLUMN ( )−2)*3**으로 구합니다. [B18]셀에서 [E18]셀까지 수식을 복사할 때 값은 0, 3, 6, 9로 늘어납니다. 분기의 영역은 높이 1과 너비 3으로 나타냅니다.

=SUM(OFFSET($B$3, ROW( )−18, (COLUMN()−2)*3, 1, 3))

기준 셀   행 번호   열 번호   높이   너비

02 연도/시작월 이름 정의하기 연도와 시작월을 데이터 유효성 검사 목록으로 사용하기 위해 이름을 정의하겠습니다. ❶ [A3:A13] 셀 범위를 선택하고 ❷ [이름 상자]에 **연도**를 입력한 후 Enter 를 누릅니다. ❸ [B2:M2] 셀 범위를 선택하고 ❹ [이름 상자]에 **시작월**을 입력한 후 Enter 를 누릅니다.

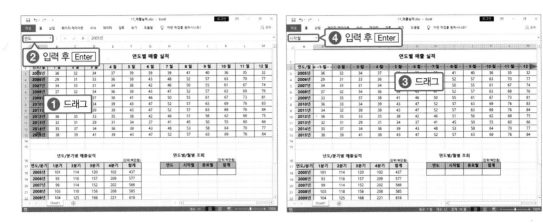

03 종료월 이름 정의하기 종료월을 시작월부터 12월까지 목록으로 표시하기 위해 OFFSET 함수를 사용해 수식으로 이름을 정의하겠습니다. ❶ [J18] 셀을 선택하고 ❷ Ctrl + F3 을 눌러 [이름 관리자] 대화상자를 불러온 후 ❸ [새로 만들기]를 클릭합니다. ❹ [이름 편집] 대화상자에서 [이름]에 **종료월**을 입력하고 ❺ [참조 대상]에 **=OFFSET(Sheet1!$A$2,0,Sheet1!$I$18,1,13−Sheet1!$I$18)**를 입력합니다. ❻ [확인]을 클릭하고 ❼ [닫기]를 클릭하여 [이름 관리자] 대화상자를 닫습니다.

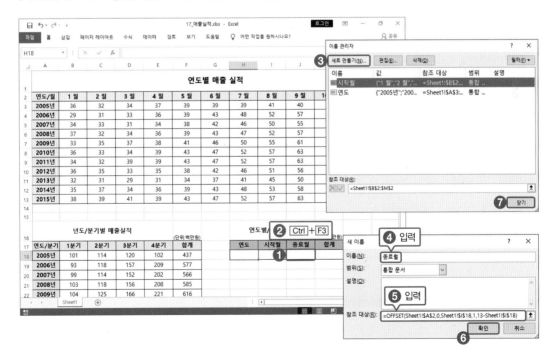

비법 노트 — 종료월의 참조 대상 수식 알아보기

종료월을 1월부터 12월까지 참조하는 수식은 기준 셀($A$2)로부터 0행, 1열, 높이 1, 너비 12인 **=OFFSET($A$2, 0,1,1,12)**입니다. 시작월을 선택하면 시작월부터 12월까지 참조해야 하므로 행 번호는 0행, 열 번호는 시작월($I$18), 높이는 1행이며 너비는 시작월에서부터 12월까지이므로 '13-$I$18'입니다.

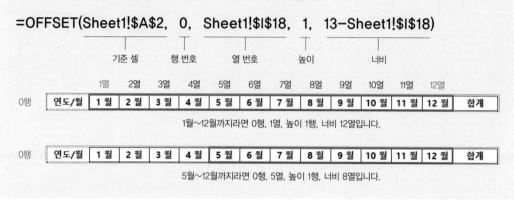

=OFFSET(Sheet1!$A$2, 0, Sheet1!$I$18, 1, 13-Sheet1!$I$18)

| 기준 셀 | 행 번호 | 열 번호 | 높이 | 너비 |

	1열	2열	3열	4열	5열	6열	7열	8열	9열	10열	11열	12열	
0행 연도/월	1월	2월	3월	4월	5월	6월	7월	8월	9월	10월	11월	12월	합계

1월~12월까지라면 0행, 1열, 높이 1행, 너비 12열입니다.

0행 연도/월	1월	2월	3월	4월	5월	6월	7월	8월	9월	10월	11월	12월	합계

5월~12월까지라면 0행, 5열, 높이 1행, 너비 8열입니다.

04 연도/시작월/종료월 데이터 유효성 목록 지정하기 ① [H18] 셀을 선택하고 ② [데이터] 탭–[데이터 도구] 그룹–[데이터 유효성 검사▣]를 클릭합니다. ③ [데이터 유효성] 대화상자의 [설정] 탭에서 [제한 대상]으로 [목록]을 선택합니다. ④ [원본]에 **=연도**를 입력하고 ⑤ [확인]을 클릭합니다.

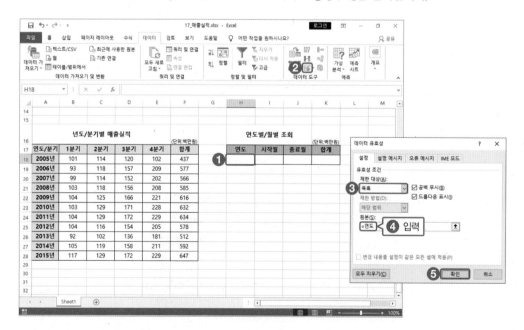

05 ❶ [I18] 셀을 선택하고 ❷ [데이터] 탭–[데이터 도구] 그룹–[데이터 유효성 검사🔲]를 클릭합니다. ❸ [데이터 유효성] 대화상자의 [설정] 탭에서 [제한 대상]으로 [목록]을 선택합니다. ❹ [원본]에 **=시작월**을 입력하고 ❺ [확인]을 클릭합니다.

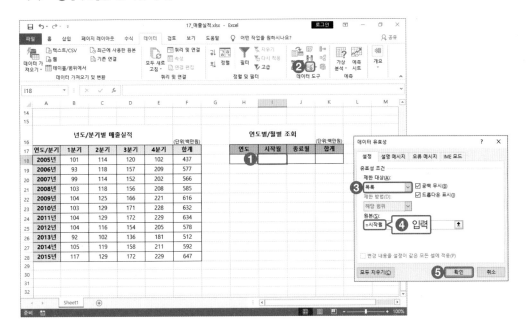

06 ❶ [J18] 셀을 선택하고 ❷ [데이터] 탭–[데이터 도구] 그룹–[데이터 유효성 검사🔲]를 클릭합니다. ❸ [데이터 유효성] 대화상자의 [설정] 탭에서 [제한 대상]으로 [목록]을 선택합니다. ❹ [원본]에 **=종료월**을 입력하고 ❺ [확인]을 클릭합니다.

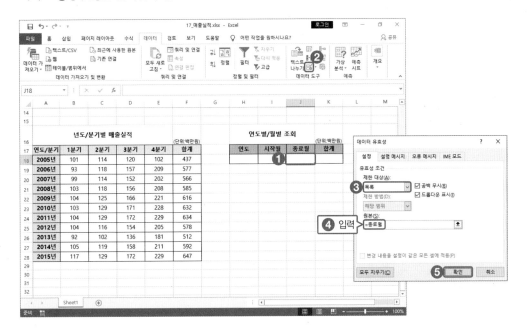

07 연도별 시작월부터 종료월까지 합계 구하기 연도를 선택하고, 시작월, 종료월을 선택합니다. 선택한 기간의 합계를 SUM, OFFSET, MATCH 함수를 사용하여 계산하겠습니다. [K18] 셀에 **=SUM(OFFSET($A$2,MATCH(H18,연도,0),I18,1,J18−I18+1))**를 입력하고 Enter 를 누릅니다.

연도별 시작월부터 종료월까지 합계 구하기

2010년 4월부터 10월까지 영역을 참조하려면 기준 셀($A$2)로부터 6행, 4열, 높이 1, 너비 7인 수식 **=OFFSET($A$2,6,4,1,7)**를 사용합니다.

각 연도의 시작 행 번호는 1~11이므로 **MATCH(H18,연도,0)**로 해당 연도의 행 번호를 찾고 열 번호는 시작월(I18)로, 높이는 1행으로, 너비는 '종료월−시작월+1'이므로 **J18−I18+1**로 구합니다.

=SUM(OFFSET($A$2,　MATCH(H18,연도,0),　I18,　1,　J18−I18+1))

기준 셀 ──── 행 번호 ──── 열 번호 ── 높이 ── 너비

		1열	2열	3열	4열	5열	6열	7열	8열	9열	10열	11열	12열
		A	B	C	D	E	F	G	H	I	J	K	L	M
0행	2	연도/월	1월	2월	3월	4월	5월	6월	7월	8월	9월	10월	11월	12월
1행	3	2005년	36	32	34	37	39	39	39	41	40	36	35	32
2행	4	2006년	29	31	33	36	39	43	48	52	57	63	70	77
3행	5	2007년	34	33	31	34	38	42	46	50	55	61	67	74
4행	6	2008년	37	32	34	36	39	43	47	52	57	63	69	76
5행	7	2009년	33	35	37	38	41	46	50	55	61	67	73	81
6행	8	2010년	36	33	34	39	43	47	52	57	63	69	76	83
7행	9	2011년	34	32	39	39	43	47	52	57	63	69	76	84

찾기/참조 영역 함수 4

OFFSET은 기준 셀(0행, 0열)로부터 시작할 셀(n행, n열)로 이동해서 그 위치로부터 높이(행)와 너비(열)까지의 영역을 참조하는 함수입니다. 고정 셀(범위)뿐만 아니라 동적인 셀(범위)을 참조할 수 있어서 자동화된 양식 문서를 만들 때 꼭 필요한 함수입니다. 동적으로 셀이나 범위를 참조하는 OFFSET 함수 형식과 인수는 다음과 같습니다.

함수 범주	찾기/참조 영역 함수
함수 형식	**=OFFSET(기준 셀, 기준 셀로 이동할 행 번호, 기준으로부터 이동할 열 번호)** 기준 셀로부터 행 번호와 열 번호로 이동한 위치의 셀을 참조합니다. *(표)* 기준 셀(B3)인 0행 0열에서 1행 6열을 참조합니다(2006년 7월 매출액). 수식 : **=OFFSET(B3,1,6)** **=OFFSET(기준 셀 또는 범위, 기준으로부터 참조를 시작할 행 번호, 기준으로부터 참조를 시작할 열 번호, 시작 행과 열로부터 참조할 영역의 높이, 시작 행과 열로부터 참조할 영역의 너비)** 기준 셀(범위)로부터 행 번호와 열 번호로 이동한 위치로 부터 높이와 너비만큼의 영역(셀 또는 범위)을 참조합니다. *(표)* 기준 셀(B3)인 0행 0열에서 1행 6열로 이동하고 그 위치로부터 높이 1행, 너비 3열의 범위를 참조합니다(2006년 7월~9월까지의 매출액 영역). 범위를 참조할 때는 단독으로 사용하지 않고 이름 정의, 배열 수식이나 함수의 인수로 사용합니다. '=OFFSET(B3,1,6,1,3)'는 오류이므로 다음과 같이 사용합니다. 수식 : **=SUM(OFFSET(B3,1,6,1,3))**

첫 번째 표:

	A	B	C	D	E	F	G	H	I	J	K	L	M	N
2	연도/월	1월	2월	3월	4월	5월	6월	7월	8월	9월	10월	11월	12월	합계
3	2005년	36	32	34	37	39	39	39	41	40	36	35	32	437
4	2006년	29	31	33	36	39	43	48	52	57	63	70	77	577
5	2007년	34	33	31	34	38	42	46	50	55	61	67	74	566
6	2008년	37	32	34	36	39	43	47	52	57	63	69	76	585
7	2009년	33	35	37	38	41	46	50	55	61	67	73	81	616

두 번째 표:

	A	B	C	D	E	F	G	H	I	J	K	L	M	N
2	연도/월	1월	2월	3월	4월	5월	6월	7월	8월	9월	10월	11월	12월	합계
3	2005년	36	32	34	37	39	39	39	41	40	36	35	32	437
4	2006년	29	31	33	36	39	43	48	52	57	63	70	77	577
5	2007년	34	33	31	34	38	42	46	50	55	61	67	74	566
6	2008년	37	32	34	36	39	43	47	52	57	63	69	76	585
7	2009년	33	35	37	38	41	46	50	55	61	67	73	81	616

INDEX와 OFFSET 함수의 차이

INDEX와 OFFSET 함수는 함수 형식도 다르고 쓰임도 다릅니다. ① 시작 행과 열의 번호 ② 기준으로부터 참조를 벗어날 수 있는지 ③ 셀이 아닌 범위 참조가 가능한지에 대해 살펴보겠습니다.

	INDEX 참조	OFFSET 참조
① 시작 행/열 번호	<table><tr><td></td><td>A</td><td>B</td><td>C</td></tr><tr><td>1</td><td>(1,1)</td><td>(1,2)</td><td>(1,3)</td></tr><tr><td>2</td><td>(2,1)</td><td>(2,2)</td><td>(2,3)</td></tr><tr><td>3</td><td>(3,1)</td><td>(3,2)</td><td>(3,3)</td></tr><tr><td>4</td><td>(4,1)</td><td>(4,2)</td><td>(4,3)</td></tr></table> 참조 범위(A1:C4)에서 1행 1열은 [A1] 셀을, 3행 2열은 [B3] 셀을 참조합니다. =INDEX(A1:C4,1,1) : [A1] 셀 참조	<table><tr><td></td><td>A</td><td>B</td><td>C</td></tr><tr><td>1</td><td>(0,0)</td><td>(0,1)</td><td>(0,2)</td></tr><tr><td>2</td><td>(1,0)</td><td>(1,1)</td><td>(1,2)</td></tr><tr><td>3</td><td>(2,0)</td><td>(2,1)</td><td>(2,2)</td></tr><tr><td>4</td><td>(3,0)</td><td>(3,1)</td><td>(3,2)</td></tr></table> 기준(A1) 위치에서 0행 0열은 [A1] 셀을, 2행 1열은 [B3] 셀을 참조합니다. =OFFSET(A1,0,0) : [A1] 셀 참조
② 기준 셀(영역) 이탈	INDEX 함수는 참조 범위를 벗어난 영역을 참조할 수 없습니다. 벗어난 영역 참조(INDEX(A1:C4,5,5)) 시 '#REF!' 오류가 표시됩니다.	<table><tr><td></td><td>A</td><td>B</td><td>C</td></tr><tr><td>1</td><td>(−1,−1)</td><td>(−1,0)</td><td>(−1,1)</td></tr><tr><td>2</td><td>(0,−1)</td><td>(0,0)</td><td>(0,1)</td></tr><tr><td>3</td><td>(1,−1)</td><td>(1,0)</td><td>(1,1)</td></tr></table> 기준(B2) 위치에서 −1행 −1열은 [A1] 셀을, 1행 −1열은 [A3] 셀을 참조합니다. =OFFSET(B2,−1,−1) : [A1] 셀 참조
③ 범위 참조	<table><tr><td></td><td>A</td><td>B</td><td>C</td></tr><tr><td>1</td><td>(1,1)</td><td>(1,2)</td><td>(1,3)</td></tr><tr><td>2</td><td>(2,1)</td><td>(2,2)</td><td>(2,3)</td></tr><tr><td>3</td><td>(3,1)</td><td>(3,2)</td><td>(3,3)</td></tr><tr><td>4</td><td>(4,1)</td><td>(4,2)</td><td>(4,3)</td></tr></table> 참조 범위(A1:C4)에서 0행 0열은 [A1:C4] 셀 범위 전체를, 0행 2열이면 [B1:B4] 셀 범위를 참조합니다. =SUM(INDEX(A1:C4,0,2)) : [B1:B4] 셀 범위의 합	<table><tr><td></td><td>A</td><td>B</td><td>C</td></tr><tr><td>1</td><td>(0,0)</td><td>(0,1)</td><td>(0,2)</td></tr><tr><td>2</td><td>(1,0)</td><td>(1,1)</td><td>(1,2)</td></tr><tr><td>3</td><td>(2,0)</td><td>(2,1)</td><td>(2,2)</td></tr><tr><td>4</td><td>(3,0)</td><td>(3,1)</td><td>(3,2)</td></tr></table> 기준(A1) 위치에서 1행 1열로 이동하고, 3행(높이), 2열(너비)인 [B2:C4] 셀 범위를 참조합니다. =SUM(OFFSET(A1,1,1,3,2)) : [B2:C4] 셀 범위의 합

주의 : INDEX와 OFFSET 함수가 범위를 참조할 경우에는 함수의 인수로 쓰거나 배열 수식에서 사용하거나, 혹은 이름을 정의하는 참조 영역의 수식에서 사용합니다. 단독으로 사용(=INDEX(A1:C4,0,2) 또는 =OFFSET(A1,1,1,3,2))하면 '#VALUE!' 오류가 표시되므로 주의합니다.

서식
&함수

차트
활용

데이터
편집

데이터
분석

업무
자동화

우선순위 | 핵심기능

18 배열 수식 만들기

실습 파일 | Part01/Chapter01/18_주간판매.xlsx
완성 파일 | Part01/Chapter01/18_주간판매_완성.xlsx

엑셀에서 배열 수식은 배열과 배열, 배열과 셀 등을 비교해서 배열이 각각 대응하는 셀의 값이 같은지, 배열이 각각 대응하는 셀의 합이 얼마인지 등을 계산합니다. 수식 입력 후 보통 Enter를 누르지만 배열 수식은 Ctrl+Shift+Enter를 눌러 수식을 완성합니다. 판매일자, 상품명, 결제방법을 조건으로 판매금액의 합계를 배열 수식으로 작성해보겠습니다. 이어서 판매일자, 상품별로 막대 차트에서 조회할 수 있도록 차트 범위 영역을 동적 참조할 수 있는 수식을 만들어보겠습니다. 배열 수식에 대한 자세한 설명은 105쪽을 참고합니다.

미리 보기

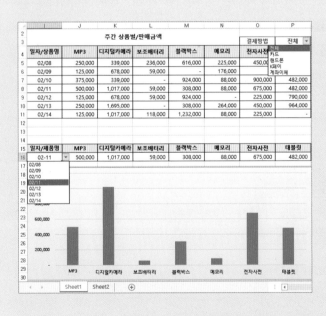

회사에서 바로 통하는 **키워드** : SUM, IF, OFFSET, MATCH, 배열 수식

**한눈에
보는
작업순서** : 선택 영역에서 이름 만들기 ▷ 배열 수식 만들기 ▷ 동적 참조로 차트 범위 지정하기

01 선택 영역에서 이름 만들기 첫 행 이름으로 셀 이름을 정의합니다. ❶ [A5] 셀을 선택하고 Ctrl + A 를 눌러 전체 범위를 지정합니다. ❷ Ctrl + Shift + F3 을 눌러 ❸ [선택 영역에서 이름 만들기] 대화상자에서 [첫 행]에 체크 표시한 후 ❹ [확인]을 클릭합니다.

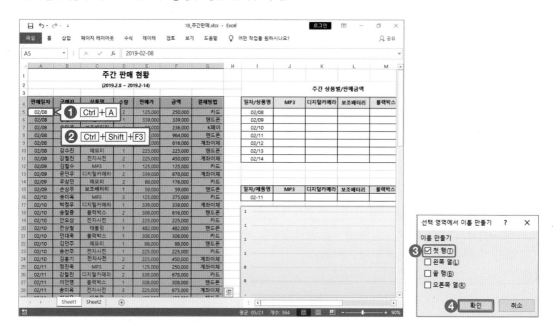

02 선택 영역에서 이름 만들기 배열 수식에서 참조할 범위를 첫 행에서 셀 이름으로 정의합니다. ❶ [J5] 셀에 **=SUM((판매일자=$I5)*(상품명=J$4)*(IF($P$3〈〉"전체", 결제방법=$P$3,1))*금액)**를 입력하고 ❷ Ctrl + Shift + Enter 를 눌러 배열 수식을 완성합니다. ❸ [J5] 셀의 채우기 핸들을 [P5] 셀까지 드래그 하고 ❹ [P5] 셀의 채우기 핸들을 더블클릭하여 수식을 복사합니다.

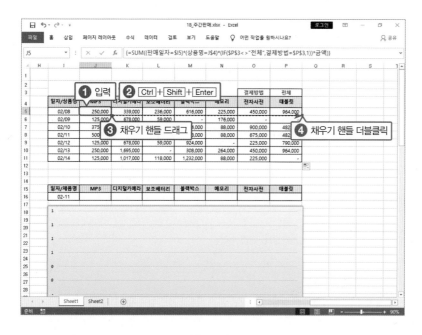

상품별 판매금액 배열 수식 알아보기

①=SUM(②02/08 * ③MP3 * ④카드 * ⑤)

판매일자	구매자	상품명	수량	판매가	금액	결재방법
02/08	이민영	MP3	2	125,000	250,000	카드
02/08	홍민수	디지털카메	1	339,000	339,000	핸드폰
02/08	송미옥	보조배터리	4	59,000	236,000	K페이
02/08	최선우	태블릿	2	482,000	964,000	핸드폰
02/08	이민수	블랙박스	2	308,000	616,000	계좌이체
02/08	강수진	메모리	1	225,000	225,000	핸드폰
02/08	강철진	전자사전	2	225,000	450,000	계좌이체
02/09	김철수	MP3	1	125,000	125,000	카드
02/09	문민우	디지털카메	2	339,000	678,000	계좌이체
02/09	우상민	메모리	2	88,000	176,000	카드
02/09	손상우	보조배터리	1	59,000	59,000	핸드폰
02/10	송미옥	MP3	3	125,000	375,000	카드
02/10	박정우	디지털카메	1	339,000	339,000	계좌이체

➡️

판매일자=$I5	상품명=J$4	결재방법=$P$3	AND(*)	*금액
TRUE	TRUE	TRUE	1	250,000
TRUE	FALSE	FALSE	0	-
TRUE	FALSE	FALSE	0	-
TRUE	FALSE	FALSE	0	-
TRUE	FALSE	FALSE	0	-
TRUE	FALSE	FALSE	0	-
TRUE	FALSE	FALSE	0	-
FALSE	TRUE	TRUE	0	-
FALSE	FALSE	FALSE	0	-
FALSE	FALSE	TRUE	0	-
FALSE	FALSE	FALSE	0	-
FALSE	TRUE	TRUE	0	-
FALSE	FALSE	FALSE	0	-

① =SUM(

② (판매일자=$I5)*

③ (상품명=J$4)*

④ (IF($P$3<>"전체",결제방법=$P$3,1))*

⑤ 금액)

⑥ Ctrl + Shift + Enter

① 판매 금액의 합계를 구하기 위해 SUM 함수로 시작합니다.

② 판매일자 범위에서 판매일자($I5)와 같은 항목을 찾고

③ 상품명 범위에서 상품명(J$4)과 같은 항목을 찾습니다.

④ 결제방법 범위에서 결제($P$3)와 같은 항목을 찾습니다. 만약 결제($P$3)가 '전체'면 1로 표시합니다.

⑤ 금액 범위를 ②*③*④*금액순으로 곱해서 나온 금액의

⑥ 합계를 구하기 위해 Ctrl + Shift + Enter 를 눌러 배열 수식을 완성합니다.

03 [P3] 셀에서 결제방법을 변경하면 판매금액이 결제방법에 따라 표시됩니다.

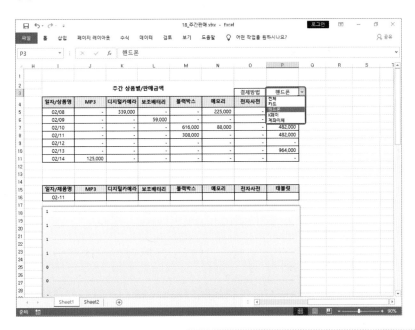

실력향상 결제방법은 [데이터] 탭-[데이터 도구] 그룹-[데이터 유효성 검사]에서 **=결제**(Sheet2!A2:A6)로 연결되어 있습니다.

04 동적 참조로 차트 범위 지정하기 ❶ [J16:P16] 셀 범위를 선택하고 ❷ 수식 **=OFFSET($I$4,MATCH(I16,$I$5:$I$11,0),1,1,7)**를 입력한 후 ❸ Ctrl + Shift + Enter 를 눌러 배열 수식을 완성합니다. ❹ [I16] 셀에서 판매일자를 변경하고 ❺ [P3] 셀에서 결제방법을 변경하면 해당 날짜의 판매금액이 표시되고 차트도 데이터에 맞게 변경됩니다.

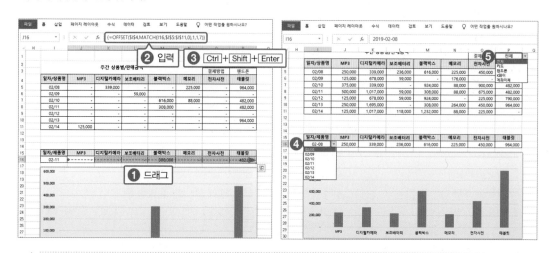

 실력향상 일자는 [데이터] 탭-[데이터 도구] 그룹-[데이터 유효성 검사]에서 [목록]으로 **=$I$5:$I$11**로 연결되어 있습니다.

★★★ 비법노트 판매일자에 따른 제품별 판매금액 수식 알아보기

판매일자 '02–11'에 해당하는 판매금액 영역을 참조하는 수식은 기준 셀($I$4)로부터 4행, 1열, 높이 1, 너비 7인 **=OFFSET($I$4,4,1,1,7)**입니다.

판매일자별로 범위를 동적으로 이동하려면 행 번호는 **MATCH(I16,$I$5:$I$11,0)**을 이용해 해당 날짜의 행 번호를 찾고, 열 번호 1, 높이 1, 너비 7인 영역을 참조합니다.

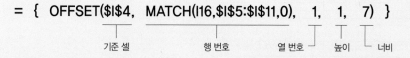

= { OFFSET($I$4, MATCH(I16,$I$5:$I$11,0), 1, 1, 7) }

기준 셀   행 번호   열 번호   높이   너비

동적 참조한 판매금액 영역을 배열(J16:P16) 영역으로 가져오기 위해 Ctrl + Shift + Enter 를 누릅니다.

배열 수식

배열 수식은 특정 범위의 배열과 배열, 배열과 셀, 배열과 비교 값끼리 비교하고 연산하는 수식입니다. 산술 연산자를 사용하면 연산된 결과를, 비교 연산자를 사용하면 TRUE와 FALSE 값을 나타냅니다. 배열 수식은 수식 입력이 끝난 뒤에 반드시 Ctrl + Shift + Enter 를 눌러 입력한 수식이 배열 수식이라는 표시를 해주어야 합니다. 배열 수식이 만들어지면 배열 수식 앞뒤에는 중괄호({ }) 기호가 표시되며 배열 수식의 일부는 수정하거나 삭제할 수 없습니다.

1. 배열 산술 연산자 배열

배열과 배열을 연산하는 배열 수식은 동일한 배열1의 행과 배열2의 행을 연산한 결괏값이 표시됩니다. 수량(A2:A10) 배열과 단가(B2:B10) 배열을 곱한 값을 금액에 표시하려면 다음과 같습니다.

배열 수식 : = A2:A10 * B2:B10 입력 후 Ctrl + Shift + Enter

배열 1 * 배열 2   배열 수식임을 알림

	A		B		C
1	수량		단가		금액
2	3		3,000		9000
3	2		2,000		4000
4	1		2,500		2500
5	5	*	4,500	=	22500
6	6		3,000		18000
7	2		3,200		6400
8	1		1,200		1200
9	5		2,400		12000
10	3		1,250		3750

① [C2:C10] 셀 범위 지정

② =A2:A10*B2:B10 입력

③ Ctrl + Shift + Enter

완성 수식 : {=A2:A10*B2:B10}

2. 배열 관계 연산자 배열

배열과 배열, 또는 값을 비교하는 배열 수식은 논릿값(TRUE, FALSE)이 배열 수식의 결과로 나타납니다. TRUE는 1 값을, FALSE는 0 값을 가집니다. 각 논릿값을 논리곱(*)과 논리합(+)으로 비교하여 AND, OR 조건을 만들 수 있습니다. 부서(A2:A10) 배열에서 '인사팀'과 같은 항목, 직급(B2:B10) 배열에서 '대리'와 같은 항목을 곱하는 수식은 다음과 같습니다.

	A	B	C	D	E	F	G	H	I
1	부서	직급	수당		부서=인사팀		직급=대리		AND(*)
2	인사팀	대리	100,000		TRUE		TRUE		1
3	총무팀	사원	30,000		FALSE		FALSE		0
4	인사팀	대리	110,000		TRUE		TRUE		1
5	인사팀	부장	120,000		TRUE		FALSE		0
6	총무팀	사원	80,000		FALSE		FALSE		0
7	총무팀	사원	70,000		FALSE		FALSE		0
8	인사팀	사원	850,000		TRUE		FALSE		0
9	인사팀	과장	120,000		TRUE		FALSE		0
10	총무팀	사원	60,000		FALSE		FALSE		0

① ② ③

① [E2:E10] : =A2:A10="인사팀" 입력 후 Ctrl + Shift + Enter

② [G2:G10] : =B2:B10="대리" 입력 후 Ctrl + Shift + Enter

③ [I2:I10] : =(A2:A10="인사팀")*(B2:B10 ="대리") 입력 후 Ctrl + Shift + Enter

이와 같이 배열 수식과 함수, 논리합, 논리곱을 사용하여 보다 다양한 배열 수식을 만들 수 있습니다.

1. 부서가 '인사팀'이면서 직급이 '대리'인 수당의 합을 배열 수식으로 구하면 다음과 같습니다.

① =SUM((A2:A10="인사팀")*(B2:B10="대리")*C2:C10)   입력 후 Ctrl + Shift + Enter
② =SUM(IF((A2:A10="인사팀")*(B2:B10="대리"),C2:C10,0))   입력 후 Ctrl + Shift + Enter
③ =SUMPRODUCT((A2:A10="인사팀")*(B2:B10="대리"),C2:C10)   입력 후 Enter
④ =SUMIFS(C2:C10,A2:A10,"=인사팀",B2:B10,"=대리")   입력 후 Enter

2. 부서가 '인사팀'이면서 직급이 '대리'인 인원수를 배열 수식으로 구하면 다음과 같습니다.

① =SUM((A2:A10="인사팀")*(B2:B10="대리"))   입력 후 Ctrl + Shift + Enter
② =SUM(IF((A2:A10="인사팀")*(B2:B10="대리"),1,0))   입력 후 Ctrl + Shift + Enter
③ =SUMPRODUCT((A2:A10="인사팀")*(B2:B10="대리"))   입력 후 Enter
④ =COUNTIFS(A2:A10,"=인사팀",B2:B10,"=대리")   입력 후 Enter

이와 같이 배열 수식은 정해진 수식이 있는 것이 아니므로 다양한 방법으로 수식을 만들 수 있습니다. 엑셀 2007에 추가된 SUMIFS, COUNTIFS 함수로도 똑같은 결괏값을 얻을 수 있지만 상황에 따라서는 함수나 배열 수식을 써야 할 때가 있으므로 모두 알아두면 좋습니다.

CHAPTER

02

엑셀 함수 활용

하나의 과정을 익힌 후 차근히 다음 과정을 익히면 각각의 배움이 디딤돌이 되어 그 분야의 전문가가 될 수 있습니다. 엑셀도 마찬가지이지만 편집 기능, 서식 기능, 함수 기능, 인쇄 기능 등을 모두 익힌다고 해서 엑셀을 능숙하게 다룰 수 있는 것은 아닙니다. 엑셀의 단편적인 기능은 잘 다룰 수 있을지 몰라도 그 각각의 기능을 복합적으로 연계해서 다루려면 어디부터 손을 대야할지 막막하기 때문입니다. CHAPTER 01에서 살펴본 다양한 기능과 실무 함수를 복합적으로 연계해서 업무에서 자주 사용하는 양식을 만들어보고 이를 통해 업무의 능률을 끌어올려보겠습니다.

01

양식 컨트롤과 서식을 활용한 연간 계획표 만들기

실습 파일 | Part01/Chapter02/01_연간일정표.xlsx   완성 파일 | Part01/Chapter02/01_연간일정표_완성.xlsx

---

01 프로젝트 시작하기

일간, 주간, 월간, 연간 일정표는 업무 내용, 업무 계획, 사업 일정 등을 효율적으로 관리하기 위해 작성하는 양식 문서입니다. 보통 연간 일정표에는 연, 월, 일, 요일, 공휴일, 일정, 메모 등이 포함되어 있습니다. 연도를 변경하면 자동으로 해당 연, 월, 일로 날짜가 변경되도록 양식 컨트롤과 날짜 함수, 그리고 조건부 서식 등을 활용하여 연간 계획표를 완성해보겠습니다.

회사에서 바로 통하는 키워드 DATE, YEAR, MONTH, WEEKDAY, IFERROR, VLOOKUP, [개발 도구] 탭 표시, 양식 컨트롤 삽입 (스핀 단추), 사용자 지정 표시 형식, 조건부 서식, 이동 옵션, [Excel 옵션] 대화상자

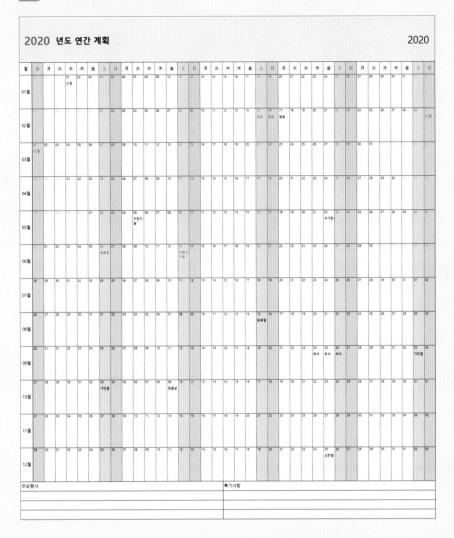

한눈에 보는 작업순서

스핀 단추 컨트롤을 삽입하고 셀과 연결하기 ▶ 연도와 월 표시하기 ▶ 월 증가하기 ▶ 월별 일요일 날짜 표시하기 ▶ 일자 증가하기

▶ 공휴일 표시하기 ▶ 한자로 요일 표시하기 ▶ 일요일/토요일 강조하기 ▶ 해당 월이 아닌 날짜 찾아 글꼴 색 지정하기

STEP 01 양식 컨트롤 삽입하고 함수, 수식으로 연간 계획표 작성하기

❶ [개발 도구] 탭을 표시하고 연간 계획표에서 연도를 선택할 수 있는 스핀 단추 컨트롤을 삽입한 후 셀과 연결합니다.

❷ 연결된 셀을 연도로 연간 계획표 연도와 월을 DATE 함수로 표시합니다.

❸ 연간 계획표에서 DATE, MONTH, YEAR 함수로 월을 증가시킵니다.

❹ 연간 계획표에서 월별 시작일이 일요일 날짜로 표시되도록 WEEKDAY 함수를 사용합니다.

❺ 이동 옵션에서 빈 셀을 선택한 후 공휴일 시트를 참조하여 IFERROR, VLOOKUP 함수로 휴일을 표시합니다.

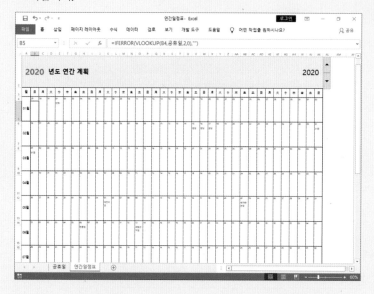

STEP 02 사용자 지정 표시 형식 및 조건부 서식 지정하기

❶ 연간 계획표에 기념일을 표시한 수식의 오류 표시를 숨겨보겠습니다.

❷ 연간 계획표에서 사용자 지정 표시형식으로 요일을 한자로 표시합니다.

❸ 연간 계획표에서 조건부 서식으로 일요일, 토요일 셀을 강조합니다.

❹ 연간 계획표에서 조건부 서식으로 해당 월이 아닌 날짜를 찾아 글꼴 색의 서식을 지정합니다.

STEP 01 양식 컨트롤 삽입하고 함수, 수식으로 연간 계획표 작성하기

연간 계획표에서 연도를 선택할 수 있는 스핀 단추 컨트롤을 삽입하고 셀과 연결합니다. 연결된 셀의 값을 함수와 수식을 사용해서 연간계획표의 연도, 월, 일, 공휴일을 나타내보겠습니다.

01 [개발 도구] 탭 표시하기 ❶ [파일]–[옵션]을 클릭합니다. ❷ [Excel 옵션] 대화상자에서 [리본 사용자 지정]을 선택하고 ❸ [리본 메뉴 사용자 지정]에서 [개발 도구]에 체크 표시한 후 ❹ [확인]을 클릭합니다.

X➂ 엑셀 2007 엑셀 2007에서는 [오피스 단추]–[Excel 옵션]을 클릭하고, [일반]에서 [리본 메뉴에서 개발 도구 탭 표시]에 체크 표시합니다.

02 양식 컨트롤 삽입 및 셀과 연결하기 ❶ [연간일정표] 시트를 선택합니다. ❷ [개발 도구] 탭–[컨트롤] 그룹–[삽입]을 클릭하고 ❸ [양식 컨트롤]에서 [스핀 단추]를 선택합니다. ❹ [AL2] 셀 위치에서 적당한 크기로 드래그하여 스핀 단추를 삽입합니다.

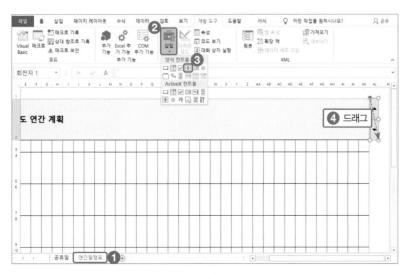

🏋 실력향상

[양식 컨트롤]은 엑셀 이전 버전에서 현재까지 호환되는 기본 컨트롤입니다. [양식 컨트롤]은 워크시트에서 셀과 연결하여 사용합니다. [ActiveX 컨트롤]은 워크시트 양식에서 사용할 수 있지만 주로 VBA 사용자 폼에서 VBA 코드와 함께 사용하며, 컨트롤의 모양, 동작, 글꼴 및 기타 특성을 지정할 수 있습니다.

03 ❶ 스핀 단추에서 마우스 오른쪽 버튼을 클릭하고 ❷ [컨트롤 서식]을 선택합니다. ❸ [컨트롤 서식] 대화상자의 [컨트롤] 탭에서 ❹ [현재값]에 **2019**, [최소값]에 **2000**, [최대값]에 **2999**를 입력합니다. ❺ [셀 연결]에 [AI2] 셀을 지정하고 ❻ [확인]을 클릭합니다.

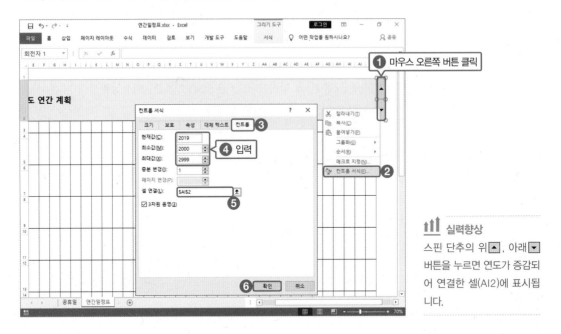

> **실력향상**
> 스핀 단추의 위▲, 아래▼ 버튼을 누르면 연도가 증감되어 연결한 셀(AI2)에 표시됩니다.

04 날짜 함수를 사용하여 연도/월 표시하기 ❶ [A2] 셀에 **=DATE(AI2,1,1)**를 입력하여 연도를 표시합니다. ❷ [A4] 셀에 **=A2**를 입력하여 월을 표시합니다.

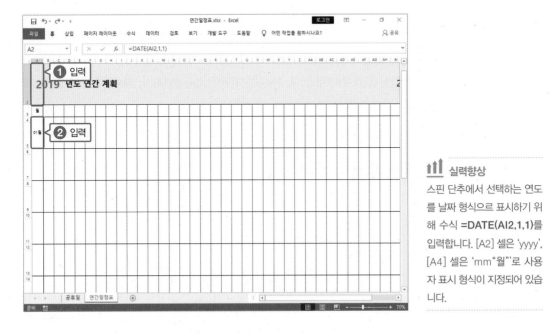

> **실력향상**
> 스핀 단추에서 선택하는 연도를 날짜 형식으로 표시하기 위해 수식 =DATE(AI2,1,1)를 입력합니다. [A2] 셀은 'yyyy', [A4] 셀은 'mm"월"'로 사용자 표시 형식이 지정되어 있습니다.

05 월 증가하기 ① [A6:A26] 셀 범위를 선택하고 ② **=DATE(YEAR(A4),MONTH(A4)+1,1)**를 입력한 후 Ctrl + Enter 를 눌러 수식을 채웁니다.

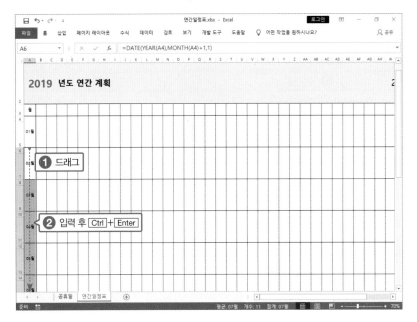

실력향상 월은 전월보다 1씩 증가(MONTH(A4)+1)되어야 하므로 수식 =DATE(YEAR(A4), MONTH(A4)+1,1)를 입력합니다. Ctrl + Enter는 채우기 핸들(✚)로 수식을 복사하거나 동일한 값을 채우는 방법과 같습니다.

06 월별 일요일 날짜 표시하기 ① 먼저 [B6], [B8], [B10], [B12], [B14], [B16], [B18], [B20], [B22], [B24], [B26] 셀을 Ctrl 을 누른 채 선택하고 ② 마지막으로 Ctrl 을 누른 상태에서 [B4] 셀을 선택합니다. ③ **=A4-WEEKDAY(A4)+1**을 입력하고 Ctrl + Enter 를 눌러 수식을 채웁니다.

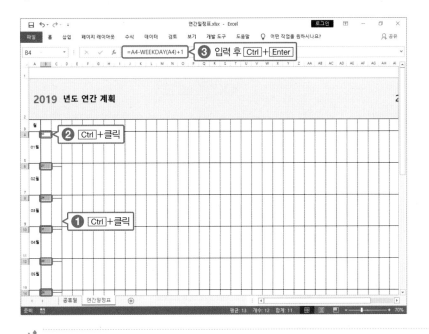

실력향상 날짜(2019-1-1)에서 가까운 이전 토요일(A4-WEEKDAY(A4))을 찾아 일요일(+1)을 표시하는 수식 **=A4-WEEKDAY(A4)+1**을 입력합니다. 월요일은 **=A4-WEEKDAY(A4)+2**, 화요일은 **=A4-WEEKDAY(A4)+3**, 토요일을 찾을 때는 **=A4-WEEKDAY(A4)+0**을 공식처럼 사용합니다.

07 일자 증가하기 ❶ [C4:AK4] 셀 범위를 선택하고 ❷ **=B4+1**을 입력한 후 Ctrl + Enter 를 눌러 수식을 채웁니다. ❸ Ctrl + C 를 눌러 수식을 복사합니다. ❹ [C6], [C8], [C10], [C12], [C14], [C16], [C18], [C20], [C22], [C24], [C26] 셀을 Ctrl 을 눌러 선택합니다. ❺ Ctrl + V 를 눌러 수식을 붙여 넣습니다. ❻ ESC 를 눌러 복사 모드를 해제합니다.

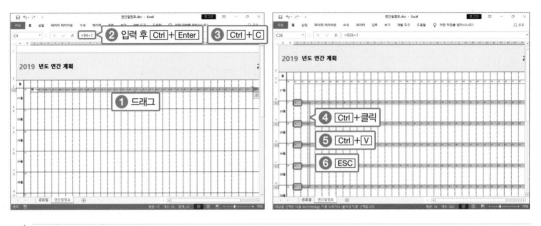

실력향상 시작 일자(2018-12-30)에서 1일씩 증가시키는 수식 **=B4+1**을 입력합니다.

08 빈 셀 선택하기 ❶ [B4:AK27] 셀 범위를 선택합니다. ❷ [홈] 탭-[편집] 그룹-[찾기 및 선택]을 클릭한 후 ❸ [이동 옵션]을 선택합니다. ❹ [이동 옵션] 대화상자에서 [빈 셀]을 선택하고 ❺ [확인]을 클릭합니다.

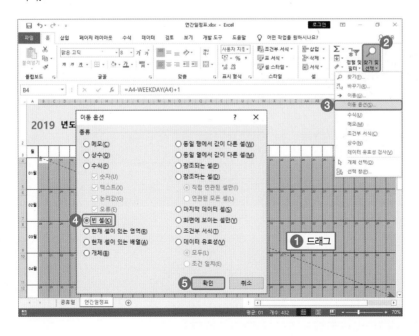

09 공휴일 수식 연결하기 [공휴일] 시트에서 기념일을 연간 계획표의 해당 날짜에 표시하겠습니다. 범위가 선택된 상태에서 수식 입력줄에 **=IFERROR(VLOOKUP(B4,공휴일,2,0),"")**를 입력하고 `Ctrl`+`Enter`를 누릅니다.

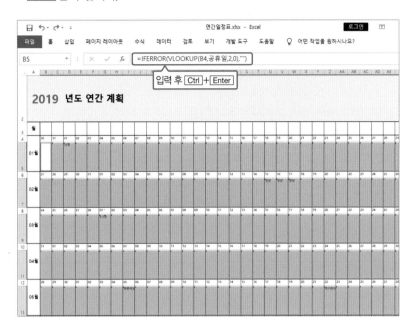

 법정공휴일을 찾아 기념일 표시하기

수식 **=IFERROR(VLOOKUP(B4,공휴일,2,0)),"")**는 [공휴일] 시트의 공휴일(A4:E35) 영역에서 해당 일자(B4)를 세로 방향으로 검색하여 정확하게 일치하는(0) 법정공휴일을 찾아 기념일(2열)을 표시합니다. 만약 값을 찾지 못할 경우 '#N/A' 오류가 표시되므로 IFERROR 함수로 오류 시 처리할 값인 공란("")을 표시합니다.

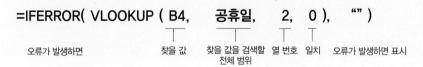

=IFERROR(VLOOKUP (B4,   공휴일,   2,   0),   "")

     오류가 발생하면   찾을 값   찾을 값을 검색할   열 번호   일치   오류가 발생하면 표시
                                             전체 범위

사용자 지정 표시 형식 및 조건부 서식 지정하기

연간 계획표에서 수식에 오류 표시를 숨기고, 사용자 지정 표시 형식으로 한자를 요일로 표시합니다. 조건부 서식을 지정해 토요일, 일요일에 해당하는 셀의 색을 강조하고, 해당 월이 아닌 날짜를 찾아 글꼴 색의 서식을 지정합니다.

10 수식에 오류 숨기기 법정공휴일이 아닌 셀에 표시되는 오류□를 무시하고 오류 표시를 숨겨보겠습니다. ❶ [파일]-[옵션]을 클릭합니다. ❷ [Excel 옵션] 대화상자에서 [수식]을 선택하고 ❸ [오류 검사]에서 [다른 작업을 수행하면서 오류 검사]의 체크 표시를 해제한 후 ❹ [확인]을 클릭합니다.

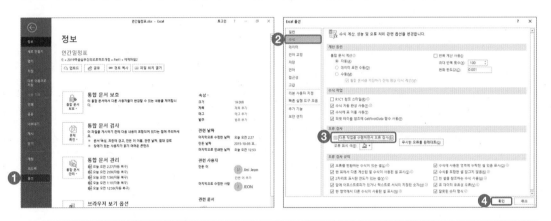

📊 **실력향상** 수식을 입력한 셀에 오류□가 표시되면 셀 옆에 나타나는 [오류 검사◈]를 클릭해 오류가 일어나는 원인을 찾아볼 수 있습니다. 오류를 무시하려면 [오류 무시]를 선택하면 되지만 각 셀마다 [오류 무시]를 선택하려면 번거롭기 때문에 [Excel 옵션] 대화상자-[수식]에서 [다른 작업을 수행하면서 오류 검사]의 체크 표시를 해제하여 전체 오류 표시를 숨깁니다.

📧 **엑셀 2007** [오피스 단추]-[Excel 옵션]을 클릭하고, [수식]-[다른 작업을 수행하면서 오류 검사]의 체크 표시를 해제합니다.

11 한자로 요일 표시하기 ❶ [B3:AK3] 셀 범위를 선택합니다. ❷ **=B4**를 입력한 후 Ctrl + Enter 를 눌러 수식을 채우고 요일을 표시합니다. ❸ Ctrl + 1 을 누릅니다.

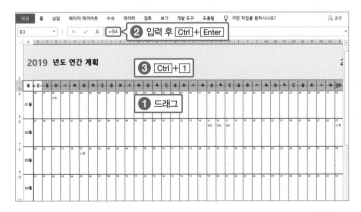

12 ❶ [셀 서식] 대화상자의 [표시 형식] 탭에서 [범주]를 [사용자 지정]으로 선택합니다. ❷ [형식] 입력란에 **[$-ja-JP]aaa**를 입력하고 ❸ [확인]을 클릭해서 한자 요일을 표시합니다.

🏔 **실력향상** [$-ja-JP]는 일본 국가 코드로, 요일(aaa)을 한자(日月火水木金土)로 표시하는 기호 **[$-ja-JP]aaa**를 입력합니다.

X 엑셀 2010 엑셀 2013 이전 버전에서는 일본 국가 코드로 [$-411]을 사용합니다. 요일(aaa)를 한자로(日月火水木金土)로 표시하는 기호는 엑셀 버전에 따라 **[$-411]aaa**나 **[$-ja-JP]aaa**를 입력합니다.

13 일요일 강조하기 ❶ [B3:AK27] 셀 범위를 선택합니다. ❷ [홈] 탭-[스타일] 그룹- [조건부 서식]을 클릭하고 ❸ [새 규칙]을 선택합니다.

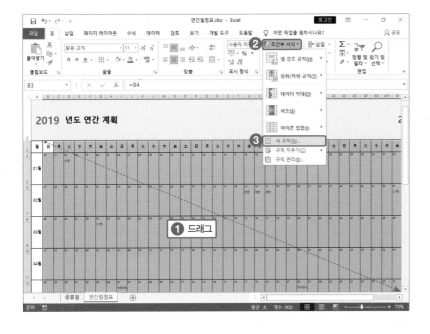

14 ❶ [새 서식 규칙] 대화상자의 [규칙 유형 선택] 항목에서 [수식을 사용하여 서식을 지정할 셀 결정]을 선택하고 ❷ 일요일을 강조하기 위해 수식 입력란에 **=WEEKDAY(B$3)=1**을 입력합니다. ❸ [서식]을 클릭합니다.

📶 실력향상 일요일을 찾기 위해 수식 **=WEEKDAY(B$3)=1**을 입력합니다. WEEKDAY(날짜) 함수는 1(일요일)~7(토요일) 사이 숫자로 요일을 알려줍니다.

15 ❶ [셀 서식] 대화상자에서 [글꼴] 탭을 클릭하고 ❷ 글꼴 색을 [빨강]으로 지정합니다. ❸ [채우기] 탭을 클릭하고 ❹ [배경색]에서 빨강 계열의 채우기 색을 지정합니다. ❺ [확인]을 클릭하고 ❻ [새 서식 규칙] 대화상자에서도 [확인]을 클릭합니다. 일요일일 경우 글꼴 색은 빨강, 셀에는 채우기 색이 적용됩니다.

 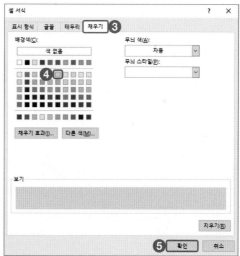

❻ [새 서식 규칙] 대화상자에서 [확인] 클릭

16 토요일 강조하기 ❶ [B3:AK27] 셀 범위가 지정되어 있는 상태에서 ❷ [홈] 탭-[스타일] 그룹-[조건부 서식]을 클릭하고 ❸ [새 규칙]을 선택합니다.

17 ❶ [새 서식 규칙] 대화상자의 [규칙 유형 선택] 항목에서 [수식을 사용하여 서식을 지정할 셀 결정]을 선택하고 ❷ 토요일을 강조하기 위해 수식 입력란에 **=WEEKDAY(B$3)=7**을 입력합니다. ❸ [서식]을 클릭합니다.

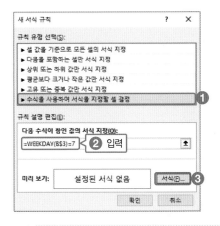

📊 **실력향상** 토요일을 찾기 위해 수식 **=WEEKDAY(B$3)=7**을 입력합니다. WEEKDAY(날짜) 함수는 1(일요일)~7(토요일) 사이 숫자로 요일을 알려줍니다.

18 ❶ [셀 서식] 대화상자에서 [글꼴] 탭을 클릭하고 ❷ 글꼴 색을 [파랑]으로 지정합니다. ❸ [채우기] 탭을 클릭하고 ❹ [배경색]에서 파랑 계열의 채우기 색을 지정합니다. ❺ [확인]을 클릭하고 ❻ [새 서식 규칙] 대화상자에서도 [확인]을 클릭합니다. 토요일일 경우 글꼴 색은 파랑, 셀에는 채우기 색이 적용됩니다.

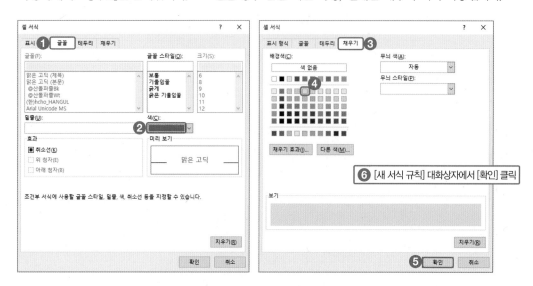

19 해당 월이 아닌 날짜 찾아 글꼴 색 지정하기 ❶ [B4:AK27] 셀 범위를 선택합니다. ❷ [홈] 탭–[스타일] 그룹–[조건부 서식]을 클릭하고 ❸ [새 규칙]을 선택합니다.

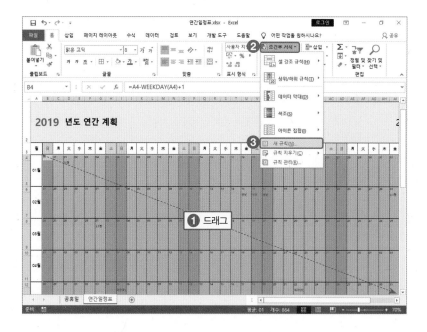

20 ① [새 서식 규칙] 대화상자의 [규칙 유형 선택] 항목에서 [수식을 사용하여 서식을 지정할 셀 결정]을 선택하고 ② 해당 월이 아닌 날짜를 찾기 위해 수식 입력란에 **=MONTH($A4)<>MONTH(B4)**를 입력합니다. ③ [서식]을 클릭합니다.

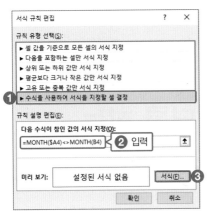

🔺 **실력향상** 해당 월(MONTH($A4))과 다른 월(MONTH(B4))을 찾기 위해 수식 **=MONTH($A4)<>MONTH(B4)**를 입력합니다.

21 ① [셀 서식] 대화상자에서 [글꼴] 탭을 클릭하고 ② 글꼴 색을 회색 계열을 선택합니다. ③ [확인]을 클릭하고 ④ [새 서식 규칙] 대화상자에서도 [확인]을 클릭합니다. 해당 월이 아닌 날짜는 회색 계열로 글꼴색이 적용됩니다. [AL2] 셀 위치에서 스핀 단추의 위▲, 아래▼ 버튼을 클릭하면 해당 연도의 날짜가 자동으로 바뀝니다.

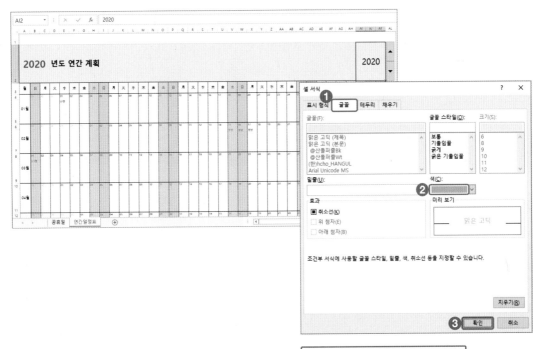

하나의 키 값으로 데이터를 찾는
경력(재직) 증명서 작성하기

실습 파일 | Part01/Chapter02/02_경력재직증명서.xlsx   완성 파일 | Part01/Chapter02/02_경력재직증명서_완성.xlsx

01 프로젝트 시작하기

재직 증명서는 회사에 소속되어 있다는 사실을 증명하는 문서 양식이고, 경력 증명서는 이직을 하거나 퇴사를 한 후 경력을 증명하는 문서 양식입니다. 보통 재직/경력 증명서에는 문서번호, 성명, 회사명, 재직 사항(소속, 직위, 재직 기간), 사용 목적 등이 포함되어 있습니다. 증명서의 출력을 원하는 주민등록번호와 동일한 위치의 재직 정보를 사원명부 데이터베이스에서 찾아 경력(재직) 증명서에 나타내보겠습니다.

**회사에서
바로 통하는
키워드**
VLOOKUP, LOOKUP, TEXT, DATE, LEFT, MID, DATEDIF, TODAY, IF, 이름 정의, 데이터 유효성 검사, 데이터 정렬, 그림 삽입, 인쇄 영역 설정

02 프로젝트 예제 미리 보기

사번	성명	한자	주민번호	부서	직위	입사일	퇴사일	주소
A198429	김철수	金撤收	550712-1546891	기획팀	차장	1984-10-05		인천 남구 학익2동 610-9호 105호
A198540	최성수	最盛水	550825-1546789	총무팀	대리	1985-10-05	1992-10-05	서울 구로구 구로동 222-14 하이엔드
A198611	최성수	崔盛水	550825-1546789	총무팀	차장	1986-12-01	2001-09-10	서울 강남구 역삼동 645-29 두민안
A198528	이민우	李民宇	560708-1045678	관리팀	부장	1985-03-10		서울 종로구 세종로 55 경복 103-10
A199117	이지헌	李志憲	580715-1356789	영업2팀	차장	1991-05-04		서울 중무로 2가 203 연호 103-109
A199638	지헌철	之玄綴	580715-1356789	정보전략팀	부장	1996-03-02	2010-02-10	경기도 수원시 영통구 매탄 3동 416
A198821	최은지	崔恩地	600108-2085741	관리팀	과장	1988-06-01	2002-09-20	서울 중무로 2가 65-99 연한 201호
A199031	나문숙	拿問淑	600530-1045777	총무팀	대리	1990-11-10		인천 남동구 간석 3동 210-20호 215
A199108	나문이	拿問李	600530-1045777	기획팀	과정	1991-07-01	2008-12-03	서울 강남구 역삼동 735-11 신일오
A198716	정지수	鄭志水	620825-1054789	전산실	과장	1987-10-01	2004-10-28	인천 계양구 계산4동 1085-3 태우
A199509	마상태	馬上太	650407-2145678	기획팀	과장	1995-04-05	2003-05-10	서울 중무로 2가 65-99 연한 201호
A199432	이하민	李下民	650407-2145678	영업1팀	과장	1994-03-02		서울 영등포구 문래동 54-66 에이스
A199522	박민중	朴民中	690530-2545698	영업1팀	과장	1995-05-05		서울 구로구 구로동 222-14 하이엔드
A199933	백민호	柏民護	690530-2545698	경영전략팀	대리	1999-12-10	2005-03-10	서울 강남구 역삼동 645-29 장미타운
A199272	김나영	金羅英	701220-2545612	인사팀	과장	1996-10-05		서울 중무로 2가 65-99 연한 201호
A199604	이인수	李人水	701220-2545612	영업2팀	차장	1996-10-02	2005-03-02	서울 강남구 삼성동 45-23 태경 3동
A199620	강송구	姜誦九	721126-1345789	정보전략팀	과장	1996-10-01		서울 강남구 삼성동 10-55 홍익 304
A200026	문송신	文送信	731248-1345789	전산실	대리	2003-03-01		서울 강남구 역삼동 645-29 두광타워
A200105	강문정	姜門政	740606-4567891	기획팀	과장	2001-05-03		서울 강남구 역삼동 876-33 미광 10
A200163	오용표	吳用表	740820-1077461	기획팀	과장	2001-04-02	2014-05-20	인천 중구 신흥동 3가 정성 3층 310.
A199824	정수남	鄭水南	750306-1587988	홍보팀	과장	1998-12-01		서울 영등포구 문래동 54-66 에이스
A200173	우민석	愚民石	750330-1099461	기획팀	과장	2001-04-02	2013-10-05	서울 구로구 구로동 100-14 뉴타워
A200347	강성태	姜性太	750825-1502796	경영전략팀	과장	2003-01-09	2015-05-20	인천 남동구 간석 3동 210-20호 215
A199613	김희정	金熙政	760720-2099887	경영전략팀	차장	1996-05-05	2011-11-08	인천 중구 신흥동 3가 정성 3층 310.
A200230	김희정	金熙政	760720-2099887	정보전략팀	사원	2002-05-10	2006-04-10	인천 남구 학익2동 국민아파트 105호
A200449	이미차	李民嘆	770306-1896722	홍보팀	과장	2004-05-07		인천 계양구 계산4동 1085-3 두광

사원명부 | 증명서 | 용도 | ⊕

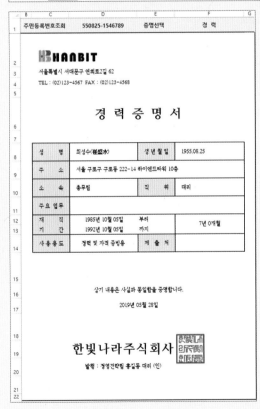

주민등록번호조회 550825-1546789 증명선택 경 력

HBHANBIT

서울특별시 서대문구 연희로2길 62
TEL : (02)123-4567 FAX : (02)123-4568

경 력 증 명 서

성 명	최성수(崔盛水)	생 년 월 일	1955.08.25
주 소	서울 구로구 구로동 222-14 하이엔드타워 10층		
소 속	총무팀	직 위	대리
주요 업무			
재 직 기 간	1985년 10월 05일 부터 1992년 10월 05일 까지		7년 0개월
사용용도	경력 및 자격 증빙용	제 출 처	

상기 내용은 사실과 동일함을 증명합니다.

2019년 05월 28일

한빛나라주식회사

발행: 경영전략팀 홍길동 대리 (인)

한눈에 보는 작업순서

사원명부, 용도 이름 정의 및 데이터 유효성 목록 설정하기 ▶ 함수와 수식으로 경력(재직) 증명서 작성하기

▶ 회사 직인 그림 삽입하기 ▶ 인쇄 영역 설정하기

우선
순위

서식
활동

서식
&함수

차트
활용

데이터
편집

데이터
분석

업무
자동화

STEP 01 이름 정의하고 데이터 유효성 목록 지정하기

❶ 경력(재직) 증명서에서 참조할 사원명부 데이터베이스의 선택 영역에서 이름을 정의하고 전체 데이터베이스 이름을 정의합니다.

❷ 경력(재직) 증명서에서 사용용도로 사용할 목록을 이름 정의합니다.

❸ 경력(재직) 증명서에서 조회할 주민등록번호와 증명 선택, 사용용도를 선택할 수 있도록 데이터 유효성 목록 만듭니다.

STEP 02 함수와 수식으로 경력(재직) 증명서 작성하기

❶ 경력(재직) 증명서에서 증명을 선택하고 수식으로 제목을 변경합니다.

❷ 경력(재직) 증명서에서 주민등록번호를 선택하고 생년월일, 주소, 소속, 직위 등이 입력되도록 VLOOKUP, DATE, LEFT, MID, TEXT 함수를 사용합니다.

❸ 재직 기간과 오늘 날짜를 IF, VLOOKUP, DATEDIF, TODAY 함수로 표시합니다.

❹ 주민등록번호를 오름차순으로 정렬한 후 LOOKUP 함수를 사용하여 성명(한자)을 표시합니다.

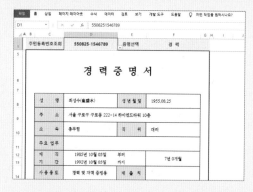

STEP 03 그림 삽입하고 인쇄 영역 설정하기

❶ 경력(재직) 증명서에 회사 직인 그림을 삽입합니다.

❷ 경력(재직) 증명서를 인쇄할 인쇄 영역을 설정합니다.

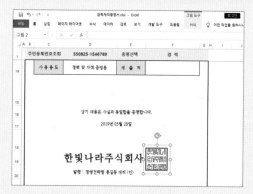

STEP
01

이름 정의하고 데이터 유효성 목록 지정하기

출력할 경력(재직) 증명서의 양식을 만들기 전에 수식에서 참조할 사원명부 데이터베이스와 사용용도
목록의 이름을 정의합니다. 경력(재직) 증명서에서 조회할 주민등록번호와 사용용도를 데이터 유효성
목록으로 지정합니다.

01 이름 정의하기 경력(재직) 증명서에서 참조할 사원명부 데이터베이스 선택 영역에서 첫 행을 이름 정
의해보겠습니다. ❶ [사원명부] 시트에서 ❷ [A2] 셀을 선택하고 Ctrl + A 를 눌러 전체 범위를 지정합니
다. ❸ Ctrl + Shift + F3 을 누릅니다. ❹ [선택 영역에서 이름 만들기] 대화상자에서 [첫 행]에 체크 표시
한 후 ❺ [확인]을 클릭합니다.

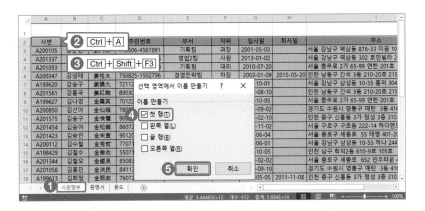

02 경력(재직) 증명서에서 참조할 사원명부에서 주민등록번호에서부터 주소까지 전체 데이터베이스의 이
름을 정의해보겠습니다. ❶ [사원명부] 시트에서 ❷ [D3] 셀을 선택한 후 Ctrl + Shift + ↓ 를 누르고 ❸
Ctrl + Shift + → 를 두 번 눌러 제목을 제외한 범위를 지정합니다. ❹ [이름 상자]에 **사원명부**를 입력하고
Enter 를 누릅니다.

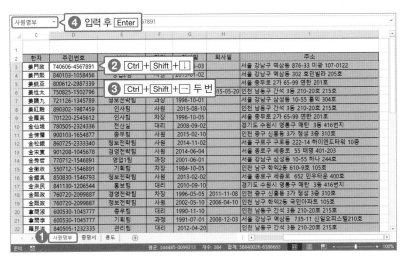

🕐 **시간단축**

Ctrl + Shift + 방향키 는 현재 셀
의 위치로부터 데이터가 있는 마
지막 셀까지의 범위를 지정합
니다. 여기서는 퇴사일이 비어
있어 입사일까지만 범위가 지
정되므로 한 번 더 Ctrl + Shift
+ → 를 눌러 주소까지 범위를
지정합니다.

03 경력(재직) 증명서에서 사용용도로 사용할 목록을 이름 정의합니다. ❶ [용도] 시트에서 ❷ [A2] 셀을 선택하고 Ctrl + Shift + ↓ 를 눌러 제목을 제외한 범위를 지정합니다. ❸ [이름 상자]에 **용도**를 입력하고 Enter 를 누릅니다.

04 데이터 유효성 목록 지정하기 경력(재직) 증명서에서 조회할 '주민등록번호'와 '증명선택', '사용용도'를 선택할 수 있도록 데이터 유효성 목록을 만듭니다. ❶ [증명서] 시트에서 ❷ [D1] 셀을 선택하고 ❸ [데이터] 탭-[데이터 도구] 그룹-[데이터 유효성 검사 📊]를 클릭합니다. ❹ [데이터 유효성] 대화상자의 [설정] 탭에서 [제한 대상]으로 [목록]을 선택합니다. ❺ [원본]에 **=주민번호**를 입력하고 ❻ [확인]을 클릭합니다.

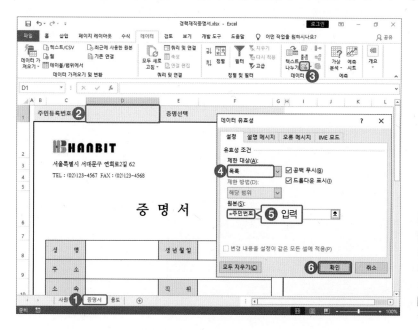

⏱ **시간단축**

[데이터 유효성 검사] 대화상자에서 [원본]에 정의된 이름을 직접 입력하지 않고 목록에서 선택하여 붙여 넣는 단축키는 F3 입니다.

05 ❶ [F1] 셀을 선택하고 ❷ [데이터] 탭–[데이터 도구] 그룹–[데이터 유효성 검사 📊]를 클릭합니다. ❸ [데이터 유효성] 대화상자의 [설정] 탭에서 [제한 대상]으로 [목록]을 선택합니다. ❹ [원본]에 **경 력,재 직**을 입력하고 ❺ [확인]을 클릭합니다.

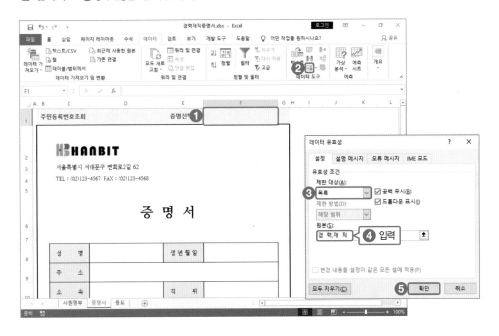

06 ❶ [D14] 셀을 선택하고 ❷ [데이터] 탭–[데이터 도구] 그룹–[데이터 유효성 검사 📊]를 클릭합니다. ❸ [데이터 유효성] 대화상자의 [설정] 탭에서 [제한 대상]으로 [목록]을 선택합니다. ❹ [원본]에 **=용도**를 입력하고 ❺ [확인]을 클릭합니다.

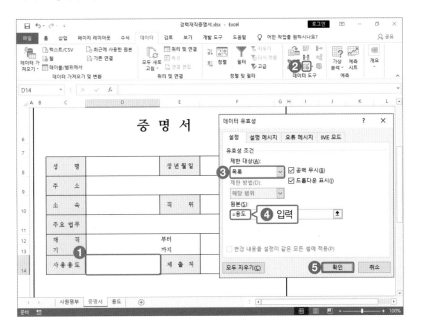

STEP 02 함수와 수식으로 경력(재직) 증명서 작성하기

함수와 수식을 사용하여 증명서로 출력할 주민등록번호와 동일한 위치의 재직 정보를 사원명부 데이터베이스에서 찾고 경력(재직) 증명서에 표시해보겠습니다.

07 경력(재직) 증명서 작성하기 경력(재직) 증명서에서 증명을 선택하여 증명서의 수식으로 제목을 변경해보겠습니다. ❶ [F1] 셀에서 증명서 종류를 선택합니다. ❷ [C6] 셀을 선택하고 ❸ 수식 입력줄에서 **=F1&" 증 명 서"**로 수식을 수정한 후 Enter 를 누릅니다.

08 경력(재직) 증명서에서 주민등록번호를 선택하여 DATE, MID, LEFT 함수로 생년월일을 표시합니다. ❶ [D1] 셀에서 조회할 주민등록번호를 선택합니다. ❷ [F8] 셀을 선택하고 ❸ 수식 입력줄에서 **=TEXT(DATE(LEFT(D1,2),MID(D1,3,2),MID(D1,5,2)),"YYYY.MM.DD")**로 수식을 입력한 후 Enter 를 누릅니다.

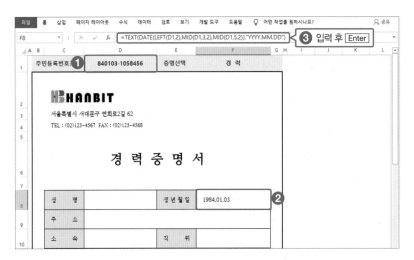

📶 **실력향상**
주민등록번호에서 연(LEFT(D1, 2)), 월(MID(D1,3,2)), 일(MID (D1,5,2))을 추출하고, 추출된 데이터를 날짜(DATE)로 바꿉니다. TEXT 함수를 사용하여 셀에 보이는 형식을 '연. 월. 일' 형식("YYYY.MM.DD")으로 표시합니다.

📶 **실력향상** 주민등록번호의 앞자리 6자리를 표시하고 뒷자리를 암호화하려면 **=LEFT(D1,6)&"-******"**로 수식을 입력하고, 주민등록번호의 앞자리 7자리를 표시하고 뒷자리를 암호화하려면 **=LEFT(D1,6)&"-"&MID(D1,7,1)&"******"**로 수식을 입력합니다.

09 주민등록번호를 사원명부에서 찾아 주소, 소속, 직위가 입력되도록 VLOOKUP 함수를 사용합니다. **❶** [D9] 셀에 **=VLOOKUP(D1,사원명부,6,0)**로 수식을 입력하고 Enter 를 눌러 주소를 표시합니다. **❷** [D10] 셀에 **=VLOOKUP(D1,사원명부,2,0)**로 수식을 입력하고 Enter 를 눌러 소속을 표시합니다. **❸** [F10] 셀에 **=VLOOKUP(D1,사원명부,3,0)**로 수식을 입력하고 Enter 를 눌러 직위를 표시합니다. **❹** [D12] 셀에 **=VLOOKUP(D1,사원명부,4,0)**로 수식을 입력하고 Enter 를 눌러 입사일을 표시합니다.

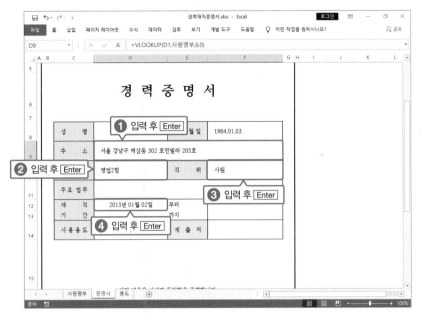

⏹⏹⏹ 실력향상

VLOOKUP(찾을 값, 데이터를 검색하고 참조할 범위, 범위에서 추출할 열 번호, 옵션) 함수는 주민등록번호(D1)를 사원명부(사원명부!D3:I75)에서 세로 방향으로 검색하여 정확하게 일치할 때(0) 주소(6열), 소속(2열), 직위(3열), 입사일(4열)을 표시합니다.

10 주민등록번호를 사원명부에서 찾아 퇴사일을 입력하고, 퇴사일이 비어 있으면 현재가 입력되도록 IF, VLOOKUP 함수를 사용합니다. [D13] 셀에 **=IF(VLOOKUP(D1,사원명부,5,0)="","현재",VLOOKUP(D1,사원명부,5,0))**로 수식을 입력하고 Enter 를 눌러 퇴사일을 표시합니다.

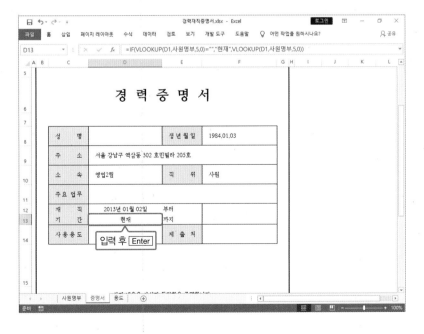

11 DATEDIF, TODAY() 함수로 입사일과 퇴사일의 간격을 계산하여 재직 기간을 표시합니다. [F12] 셀에 **=DATEDIF(D12,IF(D13="현재",TODAY(),D13),"Y")&"년 "&DATEDIF(D12,IF(D13="현재",TODAY(),D13),"YM")&"개월"** 수식을 입력하고 Enter 를 누릅니다.

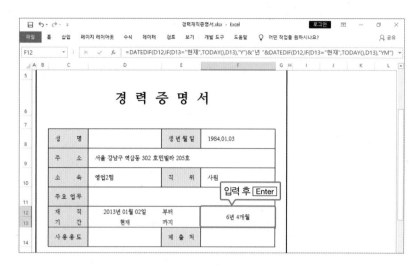

실력향상 DATEDIF (시작일, 종료일, 옵션) 함수는 시작일과 종료일 사이의 기간을 연("Y"), 월("M"), 일("D"), 연도를 제외하고 남은 개월 수 ("YM") 등으로 구할 수 있습니다. 여기서는 시작일인 입사일 (D12)로부터 종료일(D13 또는 TODAY())까지의 경과 연도("Y")와 개월("YM") 수를 구합니다.

12 주민등록번호 오름차순으로 정렬하기 주민등록번호를 사원명부에서 찾아 성명이 입력되도록 LOOKUP 함수를 사용합니다. LOOKUP 함수를 사용하려면 찾을 주민등록번호가 오름차순으로 정렬되어 있어야 합니다. ❶ [사원명부] 시트에서 ❷ [D2] 셀을 선택하고 ❸ [홈] 탭-[편집] 그룹-[정렬 및 필터]를 클릭하고 ❹ [텍스트 오름차순 정렬]을 선택하여 주민번호 항목을 오름차순으로 정렬합니다.

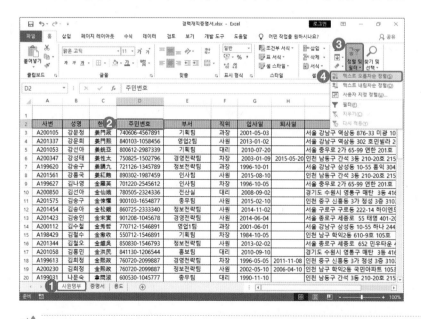

실력향상 VLOOKUP 함수는 찾을 값이 테이블의 첫 번째 열에 있어야 찾을 수 있습니다. 찾을 값이 첫 번째 열이 아닐 경우에는 LOOKUP 함수를 사용합니다. LOOKUP(찾을 값, 데이터를 검색할 범위, 결과를 표시할 범위) 함수는 반드시 찾을 값의 범위가 오름차순으로 정렬되어 있어야 하며 VLOOKUP(HLOOKUP) 함수의 TRUE 옵션과 같이 정확하게 일치하지 않을 경우 근삿값을 찾습니다. 만약 정확하게 일치할 때만 결과를 표시하려면 잘못된 결과가 나올 수 있으므로 이때는 INDEX, MATCH 함수를 사용하는 것이 좋습니다.

13 LOOKUP 함수로 성명과 한자 표시하기 ❶ [증명서] 시트에서 ❷ [D8] 셀에 **=LOOKUP(D1,주민번호,성명)&"("&LOOKUP(D1,주민번호,한자)&")"** 수식을 입력하고 Enter 를 눌러 성명(한자)을 표시합니다.

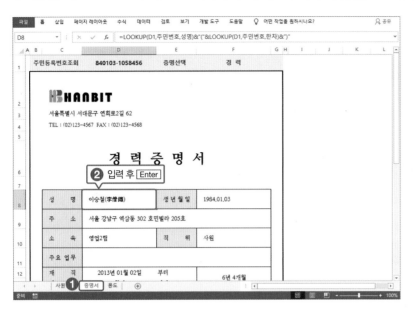

📊 **실력향상** LOOKUP(찾을 값, 찾을 범위, 결과를 표시할 범위) 함수를 사용하여 주민 등록번호(D1)를 주민번호(사원명부!D3:D75) 범위에서 찾아 성명(사원명부!B3:B75)과 한자(사원명부!C3:C75)를 표시합니다.

⏱ **시간단축** INDEX, MATCH 함수로 표시하려면 수식 **=INDEX(성명,MATCH(D1,주민번호,0),1)&"("&INDEX(한자,MATCH(D1,주민번호,0),1)&")"**를 입력합니다.

14 ❶ [D14] 셀에 사용용도를 선택합니다. ❷ [C17] 셀에 **=TODAY()**를 입력하고 Enter 를 눌러 오늘 날짜를 표시합니다.

15 ❶ [F1] 셀에서 증명서를 선택하고 ❷ [D1] 셀에서 주민등록번호를 선택합니다. ❸ [D14] 셀에서 사용용도를 선택하여 각 항목에 내용이 표시되는지 확인합니다.

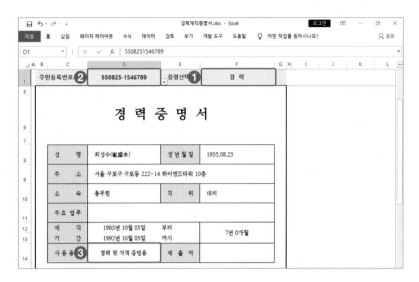

그림 삽입하고 인쇄 영역 설정하기

증명서 하단에 회사 직인 그림을 삽입하고, 출력 시 증명서 용지에 불필요한 영역이 인쇄되지 않도록 인쇄 영역을 설정합니다.

16 인감 도장 사진 삽입하기 경력(재직) 증명서에 인감 그림을 삽입합니다. ❶ [F19] 셀을 선택하고 ❷ [삽입] 탭-[일러스트레이션] 그룹-[그림]을 클릭합니다.

17 ❶ [그림 삽입] 대화상자에서 [그림] 폴더의 '인감.png' 파일을 선택하고 ❷ [삽입]을 클릭합니다.

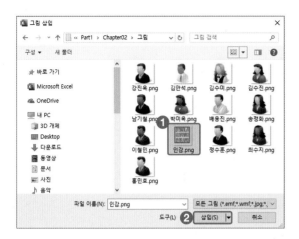

18 삽입된 그림을 클릭하고 적당히 위치를 이동한 후 크기를 조정합니다.

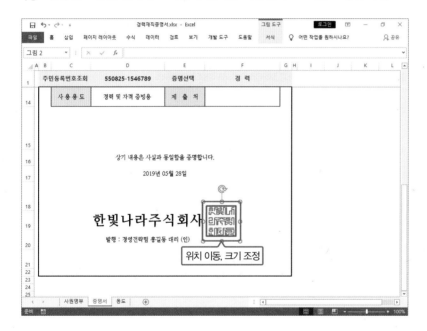

19 인쇄 영역 설정하기 경력(재직) 증명서를 인쇄할 인쇄 영역을 설정합니다. ❶ [B2:G22] 셀 범위를 선택합니다. ❷ [페이지 레이아웃] 탭-[페이지 설정] 그룹-[인쇄 영역]을 클릭한 후 ❸ [인쇄 영역 설정]을 선택합니다.

20 페이지 가로 가운데 위치하기 ❶ [페이지 레이아웃] 탭-[페이지 설정] 그룹-[페이지 설정] 대화상자 표시 아이콘을 클릭합니다. ❷ [페이지 설정] 대화상자에서 [여백] 탭을 클릭하고 ❸ [페이지 가운데 맞춤]에서 [가로], [세로]에 모두 체크 표시한 후 ❹ [인쇄 미리 보기]를 클릭합니다.

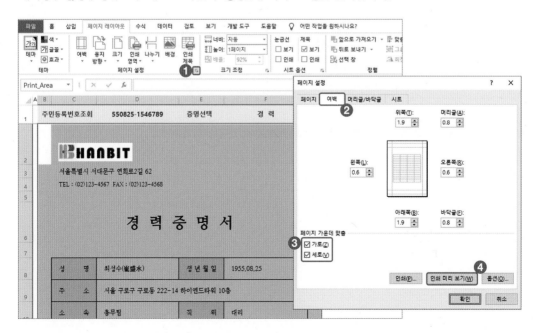

21 인쇄될 모양을 확인한 후 인쇄합니다.

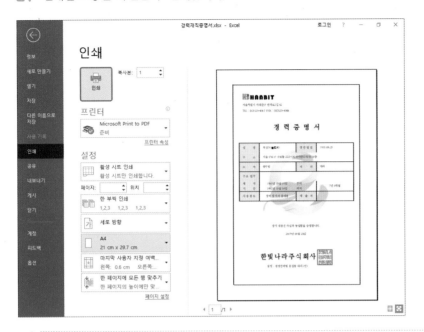

실력향상 증명서의 배경 그림은 [페이지 레이아웃 보기 ▦] 모드를 클릭한 후 머리글 영역에서 [머리글/바닥글 도구]–[디자인] 탭–[머리글/바닥글 요소] 그룹–[그림]을 클릭해 삽입합니다. [머리글/바닥글 도구]–[디자인] 탭–[머리글/바닥글 요소] 그룹–[그림 서식]에서 배경 그림의 크기와 이미지 색을 조절합니다.

03

자릿수에 맞춰 입력하는 세금계산서 작성하기

실습 파일 | Part01/Chapter02/03_세금계산서.xlsx   완성 파일 | Part01/Chapter02/03_세금계산서_완성.xlsx

01 프로젝트 시작하기

세금계산서는 사업자가 물품을 판매한 후 구매자에게 부가가치세를 징수하고자 발급하는 영수증입니다. 세금계산서에는 공급자와 공급받는자의 정보, 품목, 공급가액, 수량, 금액, 세액 등의 항목이 기재되어 있고, 각 항목에 거래 내역을 입력하여 세금 영수증을 발급합니다. 교통비, 간이계산서 등의 영수증 양식에 쓰는 숫자 및 일부 데이터는 단위에 맞춰 칸칸이 입력되어야 하므로 직접 입력하기보다는 수식을 사용하는 것이 더 편리합니다. 여기서는 공급자, 공급받는자, 거래정보 등의 데이터를 세금계산서 양식에 맞춰 표시하고, 공급가액과 세액은 숫자 자릿수에 맞춰 나타내보겠습니다.

회사에서 바로 통하는 키워드	TEXT, MID, COLUMN, IF, LEN, MONTH, DAY, CHOOSE, 이름 정의, 양식 컨트롤 삽입(확인란, 옵션 단추), 선택하여 붙여넣기, 조건부 서식, 셀 잠금 및 시트 보호, 인쇄 영역 설정

[별지 제11호 서식]

세 금 계 산 서 (공급자 보관용)

책 번 호 1 권 10 호
일련번호 1100012

등록번호	1 2 3 - 4 5 - 6 7 8 9 5		등록번호	3 1 2 - 9 8 - 1 2 3 4 5
상 호 (법인명)	오피스가구	성명 홍길동 인	상 호 (법인명)	태명전자 성명 김철수 인
사업장 주 소	서울시 중구 충무로4가 100		사업장 주 소	경기도 화성시 팔탄면 구장 120-2
업 태	사무용가구	종목 도소매	업 태	제조업 종목 유통

작 성 / 공 급 가 액 / 세 액 / 비고

년	월	일	공란	천 백 십 억 천 백 십 만 천 백 십 일		백 십 억 천 백 십 만 천 백 십 일
2019	3	5	5	3 3 9 8 0 0 0		3 3 9 8 0 0

월	일	품 목	규격	수량	단 가	공 급 가 액	세 액	비고
3	5	일자형 사무용 책상	147*150*74	4	456,000	1,824,000	182,400	
		사무용 의자	73*28*115	4	350,000	1,400,000	140,000	
		미니서류함	29*33*34	2	87,000	174,000	17,400	

☐ VAT 포함 FALSE
☐ VAT 포함 FALSE
☐ VAT 포함 FALSE
☐ VAT 포함 FALSE

합계금액	현 금	수 표
3,737,800	3,737,800	

22226-28131일 '96,3,27승인

기본정보 / 세금계산서

[별지 제11호 서식]

세 금 계 산 서 (공 급 자 보 관 용)

책 번 호 1 권 10 호
일련번호 1100012

등록번호	1 2 3 - 4 5 - 6 7 8 9 5		등록번호	3 1 2 - 9 8 - 1 2 3 4 5
상 호 (법인명)	오피스가구	성명 홍길동 인	상 호 (법인명)	태명전자 성명 김철수 인
사업장 주 소	서울시 중구 충무로4가 100		사업장 주 소	경기도 화성시 팔탄면 구장 120-2
업 태	사무용가구	종목 도소매	업 태	제조업 종목 유통

작 성 / 공 급 가 액 / 세 액 / 비고

년	월	일	공란	천 백 십 억 천	백 십 만 천 백 십 일	백 십 억 천 백 십 만 천	백 십 일
2019	3	5	5		3 3 9 8 0 0 0		3 3 9 8 0 0

월	일	품 목	규격	수량	단 가	공 급 가 액	세 액	비고
3	5	일자형 사무용 책상	147*150*74	4	456,000	1,824,000	182,400	
		사무용 의자	73*28*115	4	350,000	1,400,000	140,000	
		미니서류함	29*33*34	2	87,000	174,000	17,400	

합계금액	현 금	수 표	어 음	외상미수금	이 금액을	영수 함
3,737,800	3,737,800	-	-			

22226-28131일 '96,3,27승인　　　인쇄용지(특급)34g/m2 182mmx128mm

기본정보 / 세금계산서

한눈에 보는 작업순서

공급자, 공급받는자 이름 정의하기 ▶ [개발 도구] 탭 표시하기 ▶ 부가세 포함 확인란과 발행 방법의 옵션 단추 양식 컨트롤 삽입하고 셀 연결하기

▶ 함수와 수식으로 세금계산서 작성하기 ▶ 세금계산서 내용 연결하여 붙여넣기 및 조건부 서식 지정하기 ▶ 셀 잠금/해제 및 시트 보호하기 ▶ 인쇄 영역 설정하기

STEP 01 이름 정의하고 양식 컨트롤 삽입하기

❶ 세금계산서에서 참조할 기본 정보의 공급자와 공급받는자 내용을 선택 영역에서 이름 정의합니다.

❷ [개발 도구] 탭을 표시합니다.

❸ 세금계산서의 부가세 포함을 선택할 확인란 양식 컨트롤을 삽입하고 셀을 연결합니다.

❹ 세금계산서의 발행 방법을 선택할 수 있도록 옵션 컨트롤을 삽입하고 셀을 연결합니다.

STEP 02 함수와 수식으로 세금계산서 작성하기

❶ 세금계산서에서 공급자와 공급받는자 내용을 수식으로 연결합니다.

❷ 공급자의 등록번호, 공급받는자의 등록번호를 MID, COLUMN 함수를 사용하여 표시합니다.

❸ '년', '월', '일' 항목을 입력하고 사용자 지정 표시 형식을 지정한 후 MONTH, DAY 함수를 사용하여 월, 일을 표시합니다.

❹ 확인 컨트롤과 연결하여 공급가액과 세액을 IF 함수로 계산합니다.

❺ 합계금액을 SUM 함수로 계산합니다.

❻ 옵션 컨트롤과 연결하여 발행 방법을 CHOOSE 함수로 표시합니다.

❼ 공급가액과 세액을 TEXT, MID, COLUMN, SUM 함수로 표시합니다.

STEP 03 선택하여 붙여넣기와 셀 해제/잠금 및 시트 보호하기

❶ 공급받는자 세금계산서 내용을 복사하고 공급자 세금계산서에 연결하여 붙여 넣습니다.

❷ 조건부 서식을 사용하여 0으로 표시된 내용을 숨깁니다.

❸ 공급받는자 세금계산서에서 수정할 내용은 셀의 잠금을 해제하고, 나머지는 잠급니다.

❹ 세금계산서 시트를 보호합니다.

❺ 세금계산서를 인쇄할 인쇄 영역을 설정합니다.

STEP 01 이름 정의하고 양식 컨트롤 삽입하기

세금계산서 양식을 만들기 전에 수식에서 참조할 공급자와 공급받는자 목록의 이름을 정의합니다. 세금계산서 각 품목의 부가세(VAT) 포함 여부와 발행 방법을 선택할 수 있도록 확인란 양식 컨트롤을 삽입합니다. 발행 방법을 선택할 수 있도록 옵션 컨트롤을 삽입합니다.

01 선택 영역에서 이름 정의하기 세금계산서에서 참조할 공급자와 공급받는자의 정보를 이름 정의해보겠습니다. ❶ [기본정보] 시트에서 ❷ [A3:B8] 셀 범위를 선택하고 ❸ Ctrl 을 누른 채 [D3:E8] 셀 범위를 선택합니다. ❹ Ctrl + Shift + F3 을 누릅니다. ❺ [선택 영역에서 이름 만들기] 대화상자에서 [왼쪽 열]에 체크 표시한 후 ❻ [확인]을 클릭합니다.

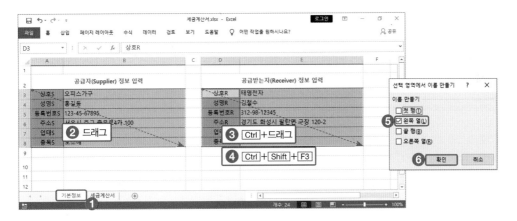

02 개발 도구 탭 표시하기 [개발 도구] 탭을 표시해보겠습니다. ❶ [파일]-[옵션]을 클릭합니다. ❷ [리본 사용자 지정]을 클릭하고 ❸ 리본 메뉴 사용자 지정에서 [개발 도구]에 체크 표시한 후 ❹ [확인]을 클릭합니다.

엑셀 2007 엑셀 2007에서는 [오피스 단추]-[Excel 옵션]을 클릭하고, [기본 설정]에서 [리본 메뉴에서 개발 도구 탭 표시]에 체크 표시합니다.

03 양식 컨트롤 삽입하고 셀과 연결하기 세금계산서 각 품목에서 부가세(VAT) 포함 여부를 선택할 수 있도록 확인란 양식 컨트롤을 삽입하고 셀을 연결합니다. ❶ [세금계산서] 시트에서 ❷ [AI17] 셀을 선택합니다. ❸ [개발 도구] 탭-[컨트롤] 그룹-[삽입]을 클릭하고 ❹ [양식 컨트롤]에서 [확인란]을 선택합니다. ❺ [AI17] 셀 위치에서 적당한 크기로 드래그하여 확인란을 삽입합니다. ❻ 확인란 안을 클릭하고 **VAT 포함**으로 텍스트를 수정합니다. ❼ [AI17] 셀을 선택하고 Ctrl + C 를 누릅니다. ❽ [AI18:AI20] 셀 범위를 선택하고 ❾ Ctrl + V 를 눌러 확인란 컨트롤을 붙여 넣습니다. ❿ ESC 를 눌러 복사 모드를 해제합니다.

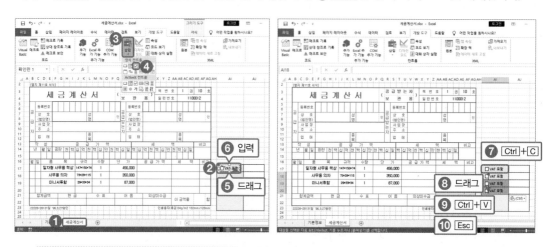

실력향상 확인란 컨트롤은 여러 항목을 선택하거나 선택을 취소할 경우 사용합니다. 확인란 컨트롤 선택을 해제하려면 임의의 빈 셀을 클릭합니다. 확인란 선택이 해제되면 텍스트를 수정하거나 이동, 삭제, 복사 등을 할 수 없습니다. 따라서 확인란 단추를 다시 선택하려면 Ctrl 을 누르고 확인란 단추를 클릭합니다.

04 ❶ [AI17] 셀의 확인란에서 마우스 오른쪽 버튼을 클릭하고 ❷ [컨트롤 서식]을 선택합니다. ❸ [컨트롤 서식] 대화상자의 [컨트롤] 탭에서 ❹ [셀 연결]에 [AJ17] 셀을 지정하고 ❺ [확인]을 클릭합니다.

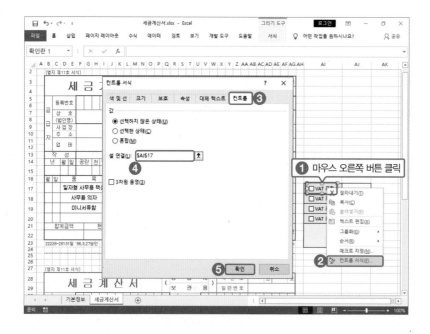

05 마찬가지 방법으로 각각의 [AI18], [AI19], [AI20] 셀의 확인란에서 마우스 오른쪽 버튼을 클릭하고 [컨트롤 서식]을 선택한 후 [컨트롤 서식] 대화상자의 [컨트롤] 탭에서 [셀 연결]에 [AJ18] 셀, [AJ19] 셀, [AJ20] 셀을 지정하고 [확인]을 클릭합니다.

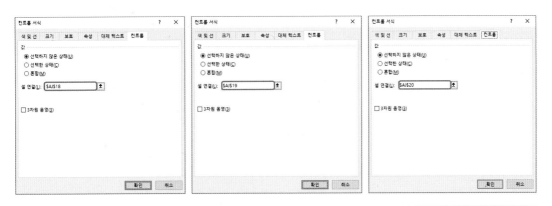

실력향상 확인란 컨트롤에 체크 표시하면 연결된 셀에 반환하는 값은 TRUE(선택)입니다. 체크 표시를 해제하면 셀에 반환하는 값은 FALSE(취소)입니다.

06 옵션 단추는 여러 항목 중 하나의 항목을 선택하거나 취소하는 컨트롤입니다. 세금계산서의 발행 방법을 선택할 수 있도록 옵션 컨트롤을 삽입하고 셀을 연결하겠습니다. ❶ [AI21] 셀을 선택합니다. ❷ [개발 도구] 탭-[컨트롤] 그룹-[삽입]을 클릭하고 ❸ [양식 컨트롤]에서 [옵션 단추]를 선택합니다. ❹ [AI21] 셀 위치에서 적당한 크기로 드래그하여 옵션 단추를 삽입합니다. ❺ 옵션 단추 안을 클릭하고 **청구**로 텍스트를 수정합니다. ❻ Ctrl + Shift 를 누른 상태에서 옵션 단추를 클릭하고 아래로 드래그해서 옵션 단추를 복사합니다. ❼ 옵션 단추 안을 클릭하여 **영수**로 텍스트를 수정합니다.

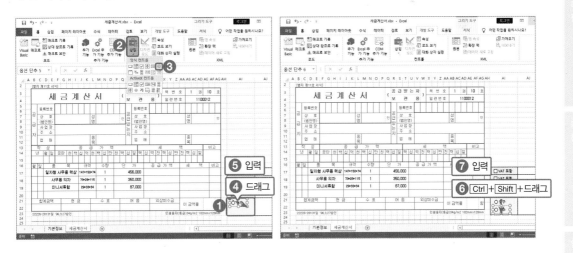

07 ❶ 청구 옵션 단추에서 마우스 오른쪽 버튼을 클릭하고 ❷ [컨트롤 서식]을 선택합니다. ❸ [컨트롤 서식] 대화상자의 [컨트롤] 탭에서 ❹ [셀 연결]에 [AJ21] 셀을 지정하고 ❺ [확인]을 클릭합니다. ❻ 빈 셀을 클릭해서 청구 옵션 단추 선택을 해제합니다.

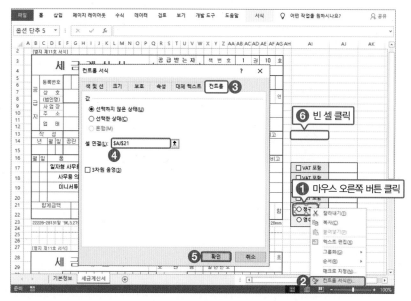

실력향상

옵션 단추를 클릭한 다음 연결된 셀에 반환하는 값은 1(청구 선택) 또는 2(영수 선택)입니다.

STEP 02 함수와 수식으로 세금계산서 작성하기

세금계산서 양식의 항목에 맞게 공급자와 공급받는자, 연도와 월, 일, 공급가액, 세액 등이 표시되도록 수식과 함수를 사용합니다.

08 수식으로 셀 연결하기 [기본정보] 시트에서 이름 정의한 공급자와 공급받는자 항목을 세금계산서에서 수식으로 연결합니다. ❶ [F7] 셀에 **=상호S**를 입력하고 Enter를 누릅니다. ❷ [M7] 셀에 **=성명S**를 입력하고 Enter를 누릅니다. ❸ [F9] 셀에 **=주소S**를 입력하고 Enter를 누릅니다. ❹ [F11] 셀에 **=업태S**를 입력하고 Enter를 누릅니다. ❺ [M11] 셀에 **=종목S**를 입력하고 Enter를 눌러 공급자 내용을 연결합니다.

09 ❶ [V7] 셀에 **=상호R**을 입력하고 Enter를 누릅니다. ❷ [AC7] 셀에 **=성명R**을 입력하고 Enter를 누릅니다. ❸ [V9] 셀에 **=주소R**을 입력하고 Enter를 누릅니다. ❹ [V11] 셀에 **=업태R**을 입력하고 Enter를 누릅니다. ❺ [AC11] 셀에 **=종목R**을 입력하고 Enter를 눌러 공급받는자 내용을 연결합니다.

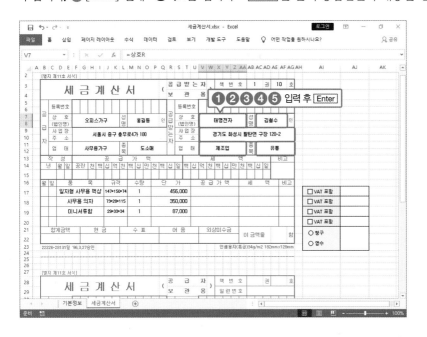

10 함수식으로 등록번호 칸에 맞춰 표시하기 공급자와 공급받는자의 등록번호를 MID, COLUMN 함수를 사용하여 표시합니다. ❶ [F5] 셀에 **=MID(등록번호S,COLUMN(A1),1)**를 입력하고 Enter를 누릅니다. ❷ [F5] 셀의 채우기 핸들을 [Q5] 셀까지 드래그합니다. ❸ [자동 채우기 옵션🔳]에서 [서식 없이 채우기]를 선택해 각 셀에 지정되어 있는 서식을 제외한 수식만 복사합니다.

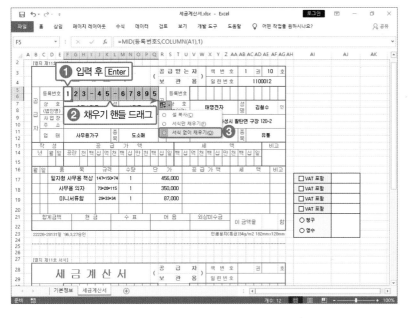

📶 실력향상

공급자 등록번호를 칸칸에 입력해야 하므로 각각의 셀에 MID(등록번호S,1,1), MID(등록번호S,2,1), …, MID(등록번호S,12,1)의 수식을 하나하나 입력해야 합니다. 열 번호를 알려주는 COLUMN(셀 주소) 함수를 사용하여 등록번호를 추출할 시작 번호의 위치를 'COLUMN(A1)'으로 지정하면 1열, 2열, …, 12열의 열 번호가 바뀌므로 **=MID(등록번호S,COLUMN(A1),1)** 수식으로 완성할 수 있습니다.

11 ❶ [V5] 셀에 **=MID(등록번호R,COLUMN(A1),1)**를 입력하고 Enter를 누릅니다. ❷ [V5] 셀의 채우기 핸들을 [AG5] 셀까지 드래그합니다. ❸ [자동 채우기 옵션]에서 [서식 없이 채우기]를 선택해 각 셀에 지정되어 있는 서식을 제외한 수식만 복사합니다.

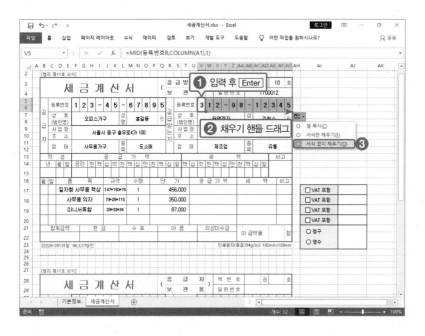

12 작성일자 입력하고 연도, 월, 일 표시하기 작성일자를 입력하고 MONTH, DAY 함수를 사용하여 월, 일을 표시합니다. ❶ [B15] 셀에 **2019-3-5**를 입력하고 Enter를 눌러 작성일자를 입력합니다. ❷ [D15] 셀에 **=MONTH(B15)**를 입력하고 Enter를 누릅니다. ❸ [E15] 셀에 **=DAY(B15)**를 입력하고 Enter를 누릅니다. ❹ [B17] 셀에 **=MONTH(B15)**를 입력하고 Enter를 누릅니다. ❺ [C17] 셀에 **=DAY(B15)**를 입력하고 Enter를 눌러 월, 일을 표시합니다.

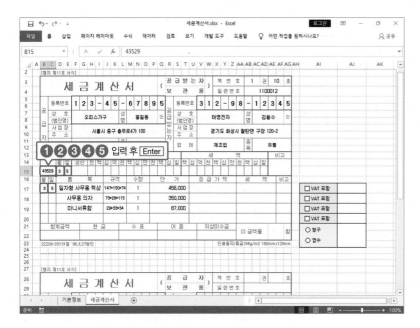

실력향상

[B15] 셀에 **2019-3-5**를 입력하고 사용자 지정 표시 형식 'YYYY'를 지정하면 연도 '2019'가 표시됩니다. 날짜에서 연도는 YEAR 함수, 월은 MONTH 함수, 일은 DAY 함수를 사용하여 연, 월, 일을 추출할 수 있습니다.

13 작성일자에서 사용자 지정 표시 형식을 지정하여 연도만 표시합니다. ❶ [B15] 셀을 선택하고 ❷ Ctrl + ①을 눌러 [셀 서식] 대화상자를 불러옵니다. ❸ [표시 형식] 탭의 [범주] 목록에서 [사용자 지정]을 선택하고 ❹ 형식 입력란에 **YYYY**를 입력하여 연도를 표시합니다. ❺ [확인]을 클릭하여 [셀 서식] 대화상 자를 닫습니다.

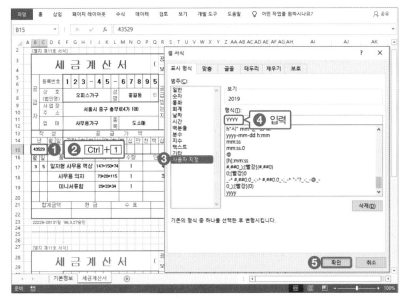

실력향상

연도는 Y, 월은 M, 일은 D 기 호를 사용하여 사용자 지정 표 시 형식을 지정할 수 있습니 다. 셀에 보이는 형식만 바뀔 뿐이지 실제 값이 변하지는 않 습니다. 셀에 값 자체를 바꾸 려면 **=TEXT(B15,"YYYY")** 수식을 입력합니다.

14 **공급가액과 세액 계산하기** 확인 컨트롤과 연결하여 공급가액과 세액을 IF 함수로 계산합니다. ❶ [AI17:AI20] 셀 위치의 [VAT 포함] 확인란을 클릭하여 체크 표시합니다. ❷ [U17] 셀에 **=IF(AJ17, (M17*P17)/1.1,M17*P17)**를 입력하고 Enter를 누릅니다. ❸ [U17] 셀의 채우기 핸들을 [U20] 셀까지 드 래그하여 수식을 복사합니다.

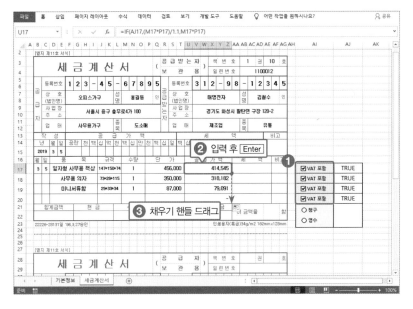

실력향상

[VAT 포함] 확인란에 체크 표 시하면 연결된 셀(AJ17)에 TRUE가 표시되고, 체크 표시 를 해제하면 FALSE로 표시 됩니다. 이를 공급가액 수식 과 연결하여 TRUE면 부가세 가 포함된 단가에 수량을 곱 한 후 부가세를 제외한 공급가 액((M17*P17)/1.1)을 계산하 고, FALSE면 단가에 수량을 곱한 공급가액(M17*P17)을 계산하여 표시합니다.

15 ❶ [AA17] 셀에 **=IF(AJ17,(P17*M17)−U17,U17*10%)**를 입력하고 Enter 를 누릅니다. ❷ [AA17] 셀의 채우기 핸들을 [AA20] 셀까지 드래그하여 수식을 복사합니다.

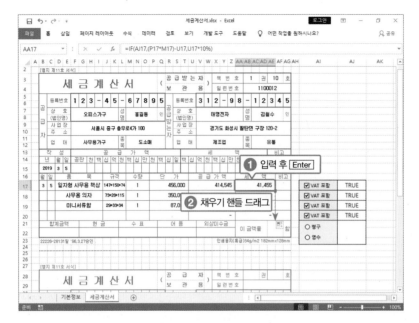

16 **합계와 발행 방법 표시하기** 합계금액을 SUM 함수로, 발행 방법을 옵션 컨트롤과 연결하여 CHOOSE 함수를 사용하여 표시합니다. ❶ [B22] 셀에 **=SUM(U17:AE20)**를 입력하고 Enter 를 누릅니다. ❷ [G22] 셀에 **=B22**를 입력하고 Enter 를 누릅니다. ❸ [AI21] 셀 위치에 청구 옵션 단추를 클릭합니다. ❹ [AE21] 셀에 **=CHOOSE(AJ21,"청구","영수")**를 입력하고 Enter 를 누릅니다.

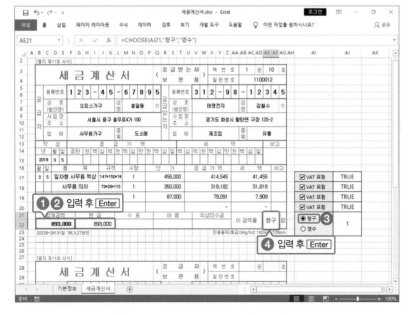

17 공급가액, 세액을 TEXT, MID, COLUMN, SUM 함수를 사용하여 표시해보겠습니다. ❶ [H15] 셀에 **=MID(TEXT(SUM($U$17:$Z$20),"????????????"),COLUMN(A1),1)**를 입력하고 [Enter]를 누릅니다. ❷ [H15] 셀의 채우기 핸들을 [S15] 셀까지 드래그합니다. ❸ [자동 채우기 옵션]에서 [서식 없이 채우기]를 선택해 각 셀에 지정되어 있는 서식을 제외한 수식만 복사합니다.

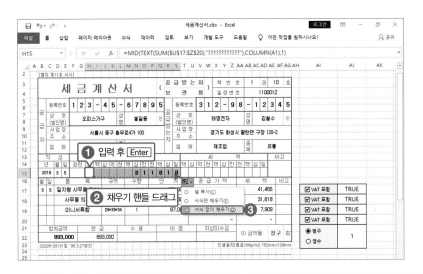

📊 **실력향상** 공급가액은 12자리로 각각의 칸에 나눠 입력해야 합니다. 공급가액의 합계금액(SUM($U$17:$Z$20))이 12자리면 자리에 맞춰 한 글자씩 추출하여 각각의 칸에 맞춰 숫자(MID(SUM($U$17:$Z$20),COLUMN(A1),1))를 표시합니다. 하지만 합계금액이 12자리 미만이라면 12자리를 맞춰야 합니다. 예를 들어 '1234567890'은 12자리 미만이므로 12자리를 맞추기 위해 0(000000000000)으로 채울 경우 '001234567890'이며, 공백(????????????)으로 채울 경우 '공백공백1234567890'으로 표시할 수 있습니다. 'TEXT(SUM($U$17:$Z$20),"????????????")' 수식으로 앞에 부족한 자릿수를 공백으로 채우고 한 자씩 추출하는 **=MID(TEXT(SUM($U$17:$Z$20),"????????????"),COLUMN(A1),1)** 수식으로 공급가액을 표시합니다.

18 ❶ [T15] 셀에 **=MID(TEXT(SUM($AA$17:$AE$20),"???????????"),COLUMN(A1),1)**를 입력하고 [Enter]를 누릅니다. ❷ [T15] 셀의 채우기 핸들을 [AD15] 셀까지 드래그합니다. ❸ [자동 채우기 옵션]에서 [서식 없이 채우기]를 선택해 각 셀에 지정되어 있는 서식을 제외한 수식만 복사합니다.

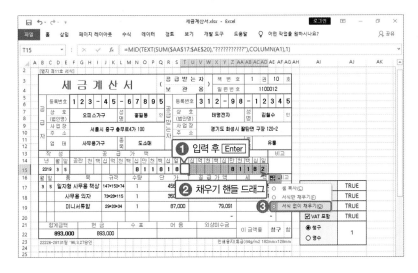

📊 **실력향상**

세액의 11자리로 각각의 칸에 나눠 입력해야 합니다. 세액의 합계금액(SUM($AA$17:$AE$20))이 11자리 미만이면 **=MID(TEXT(SUM($AA$17:$AE$20),"???????????"),COLUMN(A1),1)** 수식으로 앞에 부족한 자릿수를 공백으로 채우고 한 자씩 추출하여 세액을 표시합니다.

19 공란을 표시하는 [F15] 셀에 **=12-LEN(B22)**를 입력하고 Enter 를 눌러 공란의 수를 계산합니다.

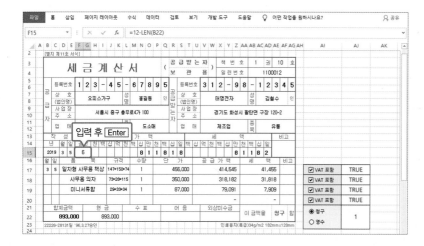

실력향상
공란의 수는 공급가액의 칸 수 (12)에서 합계금액의 글자수 (LEN(B22))를 빼서 표시합니다.

STEP
03
선택하여 붙여넣기와 셀 해제/잠금 및 시트 보호하기

공급받는자 세금계산서의 항목을 채워 넣고 수식을 완성했으므로 공급자 세금계산서의 같은 항목 위치에 내용을 연결하여 붙여 넣어보겠습니다. 품목, 규격, 수량, 단가를 제외한 나머지 항목을 임의로 변경할 수 없게 셀을 잠그고 시트를 보호합니다.

20 연결하여 붙여넣기 공급받는자 세금계산서 내용을 복사해서 공급자 세금계산서에 연결하여 붙여 넣습니다. ❶ [AB3:AB4] 셀 범위를 선택합니다. ❷ Ctrl + C 를 누르고 ❸ [AB28:AB29] 셀 범위를 선택하고 ❹ Ctrl + Alt + V 를 누릅니다. ❺ [선택하여 붙여넣기] 대화상자에서 [연결하여 붙여넣기]를 클릭하고 ❻ [확인]을 클릭합니다.

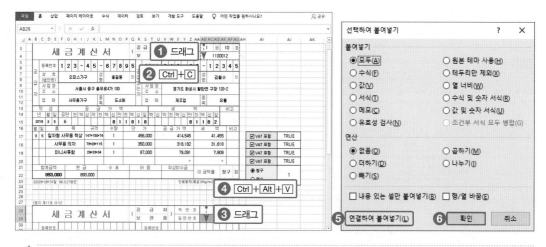

실력향상 [선택하여 붙여넣기] 대화상자에서 [연결하여 붙여넣기]는 값만 붙여 넣는 것이 아니라 셀 주소를 연결하여 붙여 넣는 것입니다. 따라서 공급받는자 세금계산서의 내용이 변경되면 공급자 세금계산서의 내용도 같이 변경됩니다.

21 ❶[B5:AG21] 셀 범위를 선택하고 ❷ Ctrl + C 를 누릅니다.

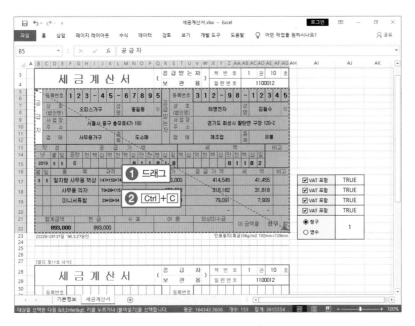

📊 **실력향상** 셀이 병합되어 있어 [AG21] 셀까지 선택하면 전체 범위가 선택됩니다.

---

22 ❶[B30:AG46] 셀 범위를 선택하고 ❷ Ctrl + Alt + V 를 누릅니다. ❸ [선택하여 붙여넣기] 대화상자에서 [연결하여 붙여넣기]를 클릭하고 ❹ [확인]을 클릭합니다.

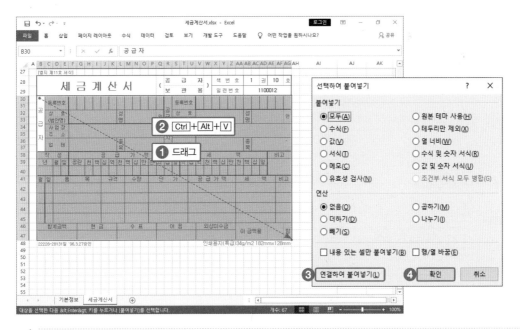

📊 **실력향상** 셀이 병합되어 있어 [AG46] 셀까지 선택하면 전체 범위가 선택됩니다.

---

23 수식으로 조건부 서식 지정하기 공급자 보관용 세금계산서 영역에 연결하여 붙여 넣은 값이 비어 있으면 0으로 표시됩니다. 따라서 조건부 서식을 이용해 0을 숨겨보겠습니다. ❶ [B42:AG45] 셀 범위를 선택하고 ❷ Ctrl 을 누른 후 [AE39] 셀을 선택합니다. ❸ [홈] 탭-[스타일] 그룹-[조건부 서식]을 클릭하고 ❹ [새 규칙]을 선택합니다. ❺ [새 서식 규칙] 대화상자의 [규칙 유형 선택] 항목에서 [수식을 사용하여 서식을 지정할 셀 결정]을 선택하고 ❻ 수식 입력란에 **=AE39=0**을 입력합니다. ❼ [서식]을 클릭합니다.

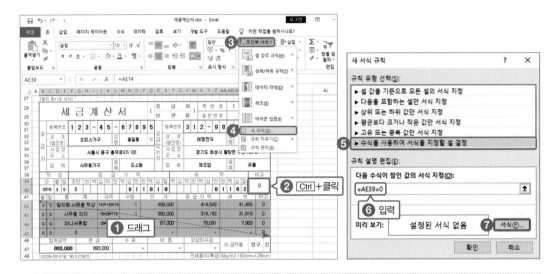

실력향상 셀이 0일 때만 규칙을 적용해야 하므로 =AE39=0으로 수식을 입력합니다. 범위를 지정한 첫 번째 셀부터 마지막 셀까지 반복해서 규칙 적용 유무를 판단합니다.

24 ❶ [셀 서식] 대화상자에서 [표시 형식] 탭에서 [범주]를 [사용자 지정]으로 선택합니다. ❷ 형식 입력란에 ;;;를 입력합니다. ❸ [확인]을 클릭하고 ❹ [새 서식 규칙] 대화상자에서도 [확인]을 클릭합니다. 셀 값이 0이면 값이 표시되지 않습니다.

❹ [새 서식 규칙] 대화상자에서 [확인] 클릭

실력향상

사용자 지정 표시 형식에서 ';;;'는 표시 형식을 지정하지 않겠다는 의미로 데이터를 셀에 표시하지 않습니다.

25 셀 잠금/해제 및 시트 보호하기 공급받는자 세금계산서에서 수정할 내용의 셀은 잠금을 해제하고, 나머지는 셀을 잠급니다. ❶ [전체 선택]을 클릭하고 ❷ Ctrl + 1 을 누릅니다. ❸ [셀 서식] 대화상자에서 [보호] 탭을 클릭하고 ❹ [잠금]과 [숨김]에 체크 표시합니다. ❺ [확인]을 클릭하여 전체 셀을 수정하지 못하도록 셀을 잠급니다.

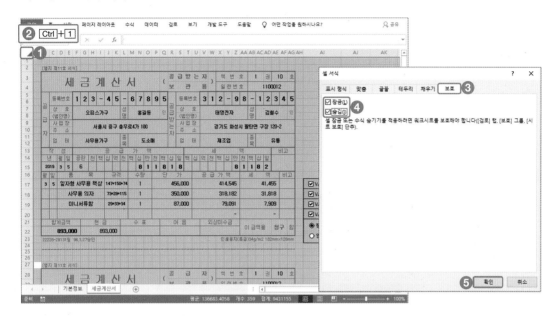

26 ❶ Ctrl 을 누른 채 [AB3], [AE3], [AB4] 셀과 ❷ [B15], ❸ [AE14] 셀과 ❹ [D17:P20], ❺ [G22:V22], ❻ [AJ17:AJ21] 셀 범위를 각각 선택합니다. ❼ Ctrl + 1 을 누릅니다. ❽ [셀 서식] 대화상자에서 [보호] 탭을 클릭하고 ❾ [잠금]과 [숨김]에 체크 표시를 해제한 후 ❿ [확인]을 클릭하여 범위 지정한 셀은 수정할 수 있게 셀 잠금을 해제합니다.

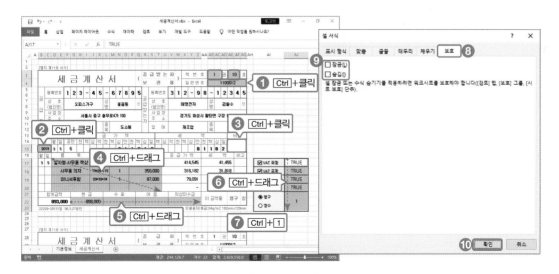

27 세금계산서 시트를 보호합니다. ❶ 임의의 셀을 클릭한 후 ❷ [검토] 탭-[보호] 그룹-[시트 보호]를 클릭합니다. ❸ [시트 보호] 대화상자의 [잠긴 셀]과 [잠기지 않은 셀]이 체크 표시되어 있는 상태에서 더 이상 보호할 내용이 없다면 ❹ [확인]을 클릭합니다.

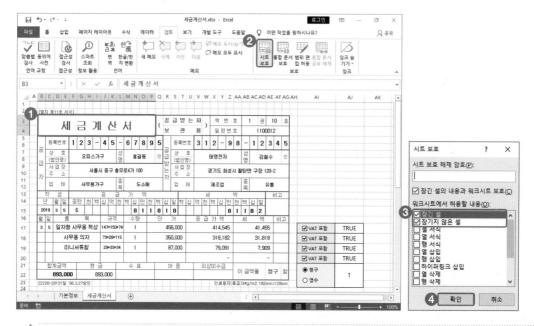

실력향상 시트 보호를 해제할 경우 [검토] 탭-[보호] 그룹-[시트 보호 해제]를 클릭합니다. 만약 [시트 보호] 대화상자에서 암호를 지정한 경우 암호를 입력해야 시트 보호를 해제할 수 있으므로 암호를 잊어버리지 않도록 주의합니다.

28 ❶ 공급받는자 보관용 세금계산서에서 잠금을 해제한 셀의 책번호, 일련번호, ❷ 작성일자, ❸ 수량을 수정하고, ❹ [VAT 포함] 확인란, 발행 방법의 옵션 단추를 클릭합니다.

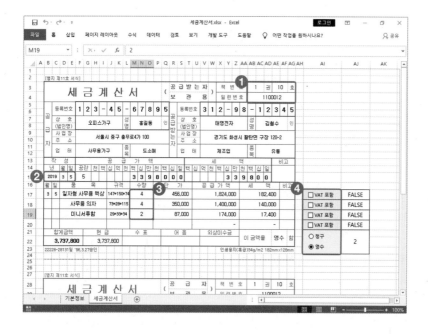

29 공급자 보관용 세금계산서에도 앞서 수정한 내용이 표시됩니다. 수정을 마친 후 잠긴 세액의 수식을 수정하려고 하면 경고 메시지가 나타납니다.

30 인쇄 영역 설정하기 ❶ [B2:AG48] 셀 범위를 선택한 후 ❷ [페이지 레이아웃] 탭-[페이지 설정] 그룹-[인쇄 영역]-[인쇄 영역 설정]을 선택합니다. 세금계산서 인쇄 영역을 지정하면 세금계산서 이외에 양식 컨트롤과 연결된 셀은 인쇄되지 않습니다.

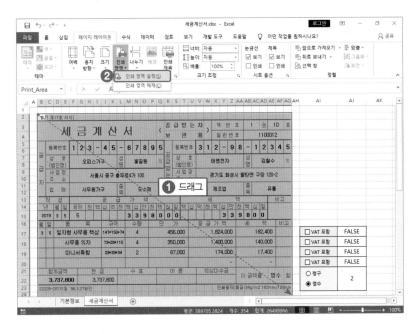

두 개의 키 값으로 데이터를 찾아
출장비 청구서 작성하기

실습 파일 | Part01/Chapter02/04_출장비청구서.xlsx   완성 파일 | Part01/Chapter02/04_출장비청구서_완성.xlsx

01 프로젝트 시작하기

출장비 청구서는 회사의 외부 업무를 처리하기 위해 출장 업무 시 발생하는 비용을 청구하기 위한 문서로 출장자, 출장목적, 출장기간, 일비, 교통비, 숙박비, 식비, 기타 경비 등의 항목이 기재되어 있습니다. 숙박비, 식비, 교통비 등은 실비를 청구하지만, 출장 일수에 따른 일일 비용(일비)은 직급과 출장지별로 회사에서 규정된 비용을 청구해야 합니다. 또한 출장 업무 시 이동 수단으로 자동차를 이용할 경우 거리에 따른 유류비와 고속도로의 출발지, 도착지에 따른 통행비를 청구해야 합니다. 여기서는 직급과 출장지가 교차하는 위치의 데이터를 찾아 일비를 표시하고, 출발지와 도착지, 그리고 차종 구분에 따른 통행비를 표시하기 위해 두 개의 키 값으로 데이터를 찾을 때 사용하는 INDEX, MATCH, VLOOKUP 함수로 출장비 청구서를 완성해보겠습니다.

회사에서 바로 통하는 키워드	INDEX, MATCH, HLOOKUP, VLOOKUP, IF, IFERROR, 이름 정의, 중복된 항목 제거, 그림으로 붙여넣기

통행요금표

한국도로공사(http://www.ex.co.kr/)참조

출발	도착	출발도착	1종	2종	3종	4종	5종	경차
서울	서울	서울서울	3,800	3,900	4,000	5,000	5,800	1,900
서울	동수원	서울동수원	1,900	2,000	2,000	2,400	2,600	950
서울	수원신갈	서울수원신갈	1,800	1,800	1,900	2,200	2,400	900
서울	지곡	서울지곡	13,000	13,200	13,700	18,100	21,200	6,500
서울	기흥	서울기흥	2,100	2,100	2,200	2,600	2,900	1,050
서울	오산	서울오산	2,600	2,600	2,700	3,300	3,700	1,300
서울	안성	서울안성	3,500	3,600	3,700	4,600	5,300	1,750
서울	천안	서울천안	4,600	4,700	4,800	6,100	7,100	2,300
서울	계룡	서울계룡	9,000	9,200	9,500	12,500	14,600	4,500
서울	목천	서울목천	5,100	5,200	5,400	6,900	8,000	2,550
서울	청주	서울청주	6,500	6,600	6,800	8,800	10,200	3,250
서울	남청주	서울남청주	7,100	7,300				
서울	신탄진	서울신탄진	7,700	7,900				
서울	남대전	서울남대전	8,900	9,000				
서울	대전	서울대전	8,200	8,300				
서울	옥천	서울옥천	8,900	9,000				
서울	금강	서울금강	9,400	9,500				
서울	영동	서울영동	10,100	10,300				
서울	판암	서울판암	8,600	8,700				
서울	황간	서울황간	10,700	10,900				
서울	추풍령	서울추풍령	11,200	11,400				
서울	김천	서울김천	11,800	12,000				

직급/출장지별 일비

직급/출장지	경기	대전	광주	대구	울산	부산	제주	충청	전라	경상	강원
대표이사	20,000	50,000	70,000	70,000	80,000	90,000	100,000	50,000	70,000	70,000	60,000
상무	20,000	40,000	50,000	50,000	60,000	60,000	80,000	40,000	50,000	50,000	40,000
전무	20,000	40,000	50,000	50,000	60,000	60,000	80,000	40,000	50,000	50,000	40,000
이사	20,000	35,000	40,000	40,000	55,000	55,000	70,000	35,000	40,000	40,000	35,000
부장	10,000	30,000	35,000	35,000	45,000	45,000	50,000	30,000	35,000	35,000	30,000
차장	10,000	25,000	30,000	30,000	35,000	35,000	50,000	25,000	30,000	30,000	25,000
과장	10,000	25,000	30,000	30,000	35,000	35,000	50,000	25,000	30,000	30,000	25,000
대리	5,000	15,000	20,000	20,000	30,000	30,000	40,000	15,000	20,000	20,000	20,000
주임	5,000	10,000	10,000	10,000	20,000	20,000	40,000	10,000	10,000	10,000	10,000
사원	5,000	10,000	10,000	10,000	20,000	20,000	40,000	10,000	10,000	10,000	10,000

거리별 유류비

연비: 1ℓ(1390)

50	100	150	200	250	300	400	450	500	550
13900	19460	26410	33360	40310	47260	54210	61160	69500	76450

출장비 청구서

결				
	담당	부서장	임원	대표이사
재	/	/	/	/

출 장 자	홍길동 외 3인		
출 장 목 적	정보시스템 인프라 및 보안 점검		
출 장 기 간	2019-05-10	~ 2019-05-12	2박3일
청구금액(출장비+교통비)	₩ 907,050		

출장비 청구 내역

부서	직급	출장지	일비	숙박비	식비	교통비	합계
전략팀	대리	부산	30,000	50,000	15,000	-	95,000
전산실	대리	부산	30,000	50,000	15,000	-	95,000
전산실	사원	부산	20,000	50,000	15,000	-	85,000
보안팀	과장	부산	35,000	50,000	15,000	-	100,000
전략팀	대리	광주	20,000	45,000	15,000	-	80,000
전산실	대리	광주	20,000	45,000	15,000	-	80,000
전산실	사원	광주	10,000	45,000	15,000	-	70,000
보안팀	과장	광주	30,000	45,000	15,000	-	90,000
						-	
	합계		195,000	380,000	120,000		695,000

유류 교통비 청구

						차종선택	2종
출발지	도착지	출발(km)	도착(km)	총거리(km)	유류비	통행비	합계
서울	대전	12,345	12,506	161	26,410	8,400	34,810
대전	부산	12,506	12,767	261	40,310	13,500	53,810
부산	광주	12,767	13,030	263	40,310	13,900	54,210
광주	대전	13,030	13,197	167	26,410	8,600	35,010
대전	동수원	13,197	13,351	154	26,410	7,800	34,210
							-
							-
							-
	합계				159,850	52,200	212,050

한눈에 보는 작업순서

직급, 출장지, 출장비, 유류비 이름 정의하기 ▶ 출발지, 도착지 중복된 항목 제거 및 통행료 이름 정의하기

▶ 직급, 출장지, 차종 구분, 출발지, 도착지 데이터 유효성 목록 설정하기 ▶ 결재 양식 그림으로 붙여넣기 ▶ 함수와 수식으로 출장비 청구서 작성하기

STEP 01   이름 정의하고 데이터 유효성 목록 지정하기

❶ 출장비 청구 내역에서 입력할 직급과 출장지, 일비 영역을 이름 정의합니다.

❷ 유류 교통비 청구에서 거리에 따라 유류비를 찾을 범위를 이름 정의합니다.

❸ 유류 교통비 청구에서 사용할 출발지와 도착지의 범위에서 중복된 항목 제거로 목록을 만들고 이름 정의합니다.

❹ 통행 요금표에서 출발지와 도착지를 합치고 전체 데이터베이스와 차종의 범위를 이름 정의합니다.

❺ 출장비 청구서에서 입력할 직급, 지역, 출발, 도착지, 차종을 선택할 수 있도록 데이터 유효성 목록 만듭니다.

STEP 02   함수와 수식으로 출장비 청구서 작성하기

❶ 결재양식을 복사하여 출장비 청구서에 그림으로 붙여 넣습니다.

❷ 출장비 청구서에서 출장 기간을 수식으로 표시합니다.

❸ 직급과 출장지를 찾아 일비를 IFERROR, INDEX, MATCH 함수로 표시합니다.

❹ 거리별 유류비를 IFERROR, HLOOKUP 함수로 표시합니다.

❺ 출발지와 도착지를 찾아 차종 구분에 따라 통행비를 IFERROR, VLOOKUP, MATCH 함수로 표시합니다.

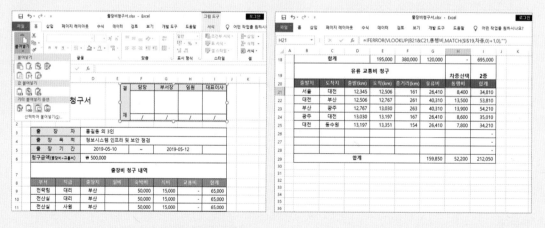

이름 정의하고 데이터 유효성 목록 지정하기

출장비 청구 내역에서 사용할 직급, 지역, 출발, 도착지, 차종을 이름을 정의하고 데이터 유효성 목록으로 지정하여 사용자가 선택할 수 있도록 합니다. 통행 요금표의 데이터베이스와 차종 구분의 범위를 이름을 정의하고 유류 교통비 청구에서 사용할 출발지와 도착지의 범위에서 중복된 항목 제거로 목록을 만들고 이름을 정의한 후 데이터 유효성 목록으로 지정하여 사용자가 선택할 수 있도록 합니다.

01 출장비 청구 내역에서 입력할 영역의 이름 정의하기 ① [상세비용] 시트에서 ② [B3] 셀을 선택하고 Ctrl + Shift + →를 눌러 지역 범위를 지정합니다. ③ [이름 상자]에 **출장지**를 입력하고 Enter 를 누릅니다.

02 ① [A4] 셀을 선택하고 Ctrl + Shift + ↓를 눌러 직급 범위를 지정합니다. ② [이름 상자]에 **직급**을 입력하고 Enter 를 누릅니다.

03 ❶ [B4] 셀을 선택한 후 Ctrl + Shift + ↓를 누르고 ❷ Ctrl + Shift + →를 눌러 제목을 제외한 범위를 지정합니다. ❸ [이름 상자]에 **출장일비**를 입력하고 Enter 를 누릅니다.

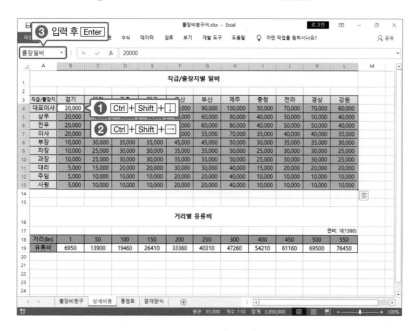

04 유류 교통비 청구에서 유류비를 찾을 범위의 이름 정의하기 ❶ [B18] 셀을 선택한 후 Ctrl + Shift + ↓를 누르고 ❷ Ctrl + Shift + →를 범위를 지정합니다. ❸ [이름 상자]에 **유류비**를 입력하고 Enter 를 누릅니다.

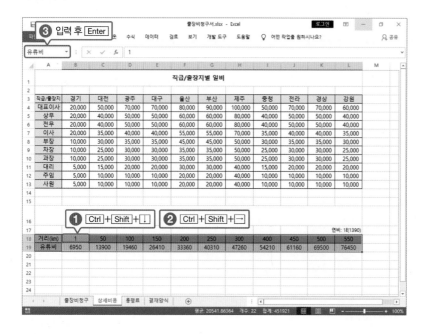

05 출발과 도착 범위에서 중복 항목 제거하고 목록 표시 및 이름 정의하기 출발지와 도착지의 범위에서 중복된 항목 제거로 목록을 만들고 이름을 정의합니다. ❶ [통행료] 시트에서 ❷ [J3] 셀을 선택하고 Ctrl + Shift + ↓를 눌러 출발지 범위를 선택합니다. ❸ [데이터] 탭−[데이터 도구] 그룹−[중복된 항목 제거 📑]를 클릭합니다. ❹ [중복 값 제거] 대화상자에서 [확인]을 클릭합니다. ❺ 중복된 값이 제거되었다는 메시지가 나타나면 [확인]을 클릭합니다. 중복된 출발지가 제거됩니다.

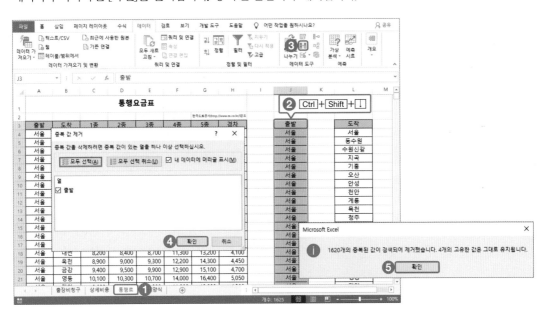

06 ❶ [L3] 셀을 선택하고 Ctrl + Shift + ↓를 눌러 도착지 범위를 선택합니다. ❷ [데이터] 탭−[데이터 도구] 그룹−[중복된 항목 제거 📑]를 클릭합니다. ❸ [중복 값 제거] 대화상자에서 [확인]을 클릭합니다. ❹ 중복된 값이 제거되었다는 메시지가 나타나면 [확인]을 클릭합니다. 중복된 도착지가 제거됩니다.

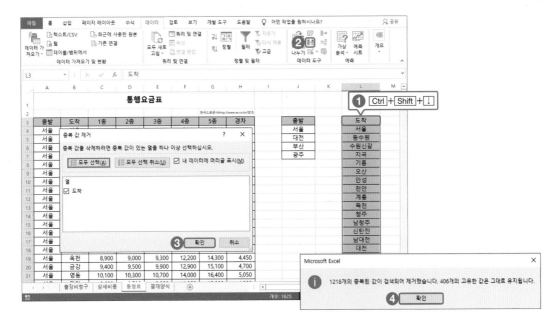

07 ❶ [J4] 셀을 선택하고 Ctrl + Shift + ↓를 누릅니다. ❷ [이름 상자]에 **출발지**를 입력하고 Enter를 누릅니다. ❸ [L4] 셀을 선택하고 Ctrl + Shift + ↓를 누릅니다. ❹ [이름 상자]에 **도착지**를 입력하고 Enter를 누릅니다.

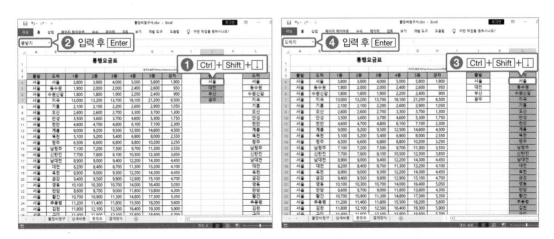

08 셀을 합치고 이름 정의하기 통행 요금표에서 출발지와 도착지를 합치고 전체 데이터베이스와 차종의 범위를 이름 정의합니다. ❶ C열을 선택하고 ❷ Ctrl + Shift + +를 눌러 빈 열을 삽입합니다.

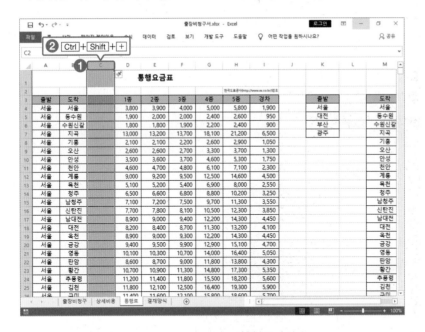

09 ❶ [C3] 셀에 **=A3&B3**을 입력하고 Enter 를 누릅니다. ❷ [C3] 셀의 채우기 핸들을 더블클릭합니다.

💹 **실력향상** VLOOKUP은 하나의 키 값으로 데이터를 찾는 함수로 두 개의 키 값으로 데이터를 찾을 수 없습니다. 따라서 두 개의 키 값을 하나의 키 값으로 만들어야 하므로 통행 요금표에서 출발지와 도착지의 두 개 열을 하나의 열로 합칩니다.

10 ❶ [C4] 셀을 선택하고 Ctrl + Shift + →, ❷ Ctrl + Shift + ↓ 를 눌러 범위를 지정합니다. ❸ [이름 상자]에 **통행비**를 입력하고 Enter 를 누릅니다.

11 ❶ [D3:I3] 셀 범위를 선택하고 ❷ [이름 상자]에 **차종**을 입력한 후 Enter 를 누릅니다.

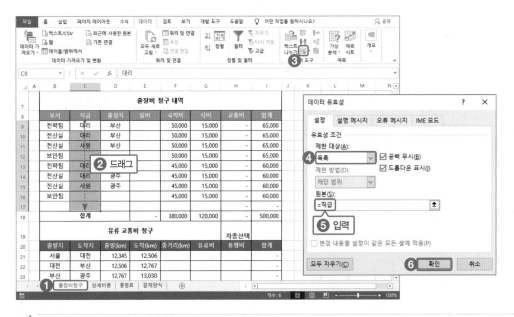

실력향상 통행 요금표는 예제에 맞춰 출발지와 도착지의 일부만 입력되어 있습니다. 만약 전체 통행 요금표 데이터가 필요한 경우 한국도로공사 사이트(http://www.ex.co.kr/)에서 통행 요금표를 검색합니다. 2018년 12월 기준 데이터를 참조하려면 PART 01\CHAPTER 02\04_평일요금(20181212).XLSX 파일을 참고합니다.

12 **부서 항목으로 유효성 목록 만들기** 출장비 청구서에서 입력할 직급, 지역, 출발, 도착지, 차종을 선택할 수 있도록 데이터 유효성 목록 만듭니다. ❶ [출장비청구] 시트에서 ❷ [C9:C17] 셀 범위를 선택하고 ❸ [데이터] 탭-[데이터 도구] 그룹-[데이터 유효성 검사📋]를 클릭합니다. ❹ [데이터 유효성] 대화상자의 [설정] 탭에서 [제한 대상]으로 [목록]을 선택합니다. ❺ [원본]을 클릭하고 **=직급**을 입력한 후 ❻ [확인]을 클릭합니다.

실력향상 [데이터 유효성 검사] 대화상자에서 [원본]에 정의된 이름을 직접 입력하지 않고 목록에서 선택하여 붙여 넣는 단축키는 F3 입니다.

13 ❶ [D9:D17] 셀 범위를 선택합니다. ❷ [데이터] 탭-[데이터 도구] 그룹-[데이터 유효성 검사📋]를 클릭합니다. ❸ [데이터 유효성] 대화상자의 [설정] 탭에서 [제한 대상]으로 [목록]을 선택합니다. ❹ [원본]을 클릭하고 **=출장지**를 입력한 후 ❺ [확인]을 클릭합니다.

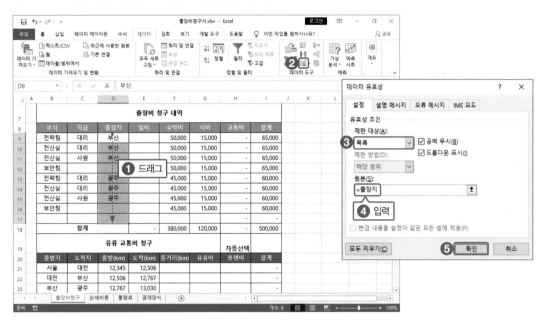

14 ❶ [I19] 셀을 선택하고 ❷ [데이터] 탭-[데이터 도구] 그룹-[데이터 유효성 검사📋]를 클릭합니다. ❸ [데이터 유효성] 대화상자의 [설정] 탭에서 [제한 대상]으로 [목록]을 선택합니다. ❹ [원본]을 클릭하고 **=차종**을 입력한 후 ❺ [확인]을 클릭합니다.

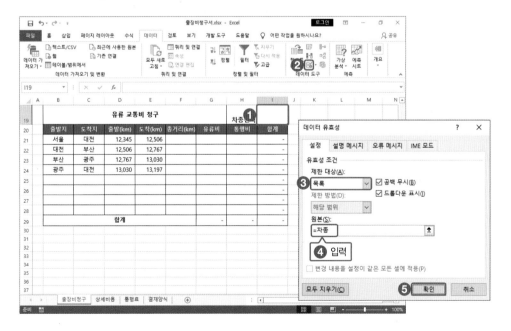

15 ❶[B21:B28] 셀 범위를 선택하고 ❷[데이터] 탭-[데이터 도구] 그룹-[데이터 유효성 검사▤]를 클릭합니다. ❸[데이터 유효성] 대화상자의 [설정] 탭에서 [제한 대상]으로 [목록]을 선택합니다. ❹[원본]을 클릭하고 **=출발지**를 입력한 후 ❺[확인]을 클릭합니다.

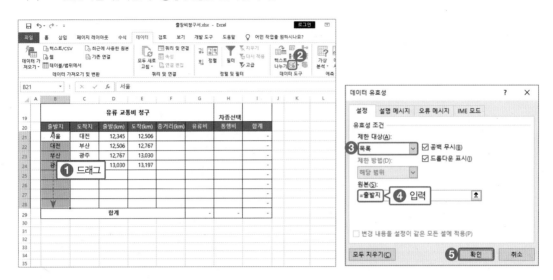

16 ❶[C21:C28] 셀 범위 선택합니다. ❷[데이터] 탭-[데이터 도구] 그룹-[데이터 유효성 검사▤]를 클릭합니다. ❸[데이터 유효성] 대화상자의 [설정] 탭에서 [제한 대상]으로 [목록]을 선택합니다. ❹[원본]을 클릭하고 **=도착지**를 입력한 후 ❺[확인]을 클릭합니다.

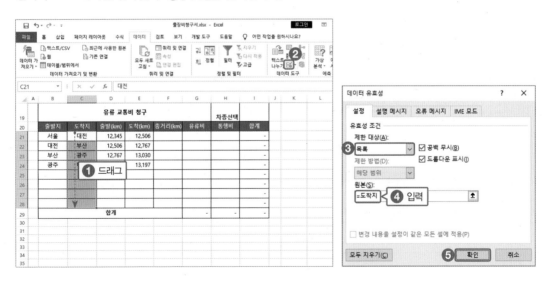

함수와 수식으로 출장비 청구서 작성하기

출장비 청구서에 결재양식을 그림으로 붙여 넣고, 출장기간, 출장일비, 총거리, 유류비, 통행비를 함수와 수식으로 구할 수 있도록 출장비 청구서를 작성합니다.

17 결재표 복사하기 [결재양식] 시트에 있는 결재표를 복사해 출장비 청구서에 그림으로 붙여 넣어보겠습니다. ❶ [결재양식] 시트를 클릭하고 ❷ [B3:F5] 셀 범위를 선택한 후 ❸ Ctrl + C 를 누릅니다.

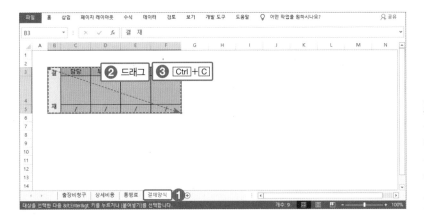

📊 실력향상

그림으로 붙여 넣을 때는 데이터를 복사하기 전에 눈금선이 복사되지 않도록 [보기] 탭-[표시] 그룹-[눈금선]의 체크 표시를 해제합니다.

18 ❶ [출장비청구] 시트에서 ❷ [E1] 셀을 선택합니다. ❸ [홈] 탭-[클립보드] 그룹-[붙여넣기]를 클릭한 후 ❹ [기타 붙여넣기 옵션]에서 [그림 📋]을 선택합니다. ❺ ESC 를 눌러 복사 모드를 해제합니다. ❻ 그림 개체를 드래그해서 적당한 위치로 옮깁니다.

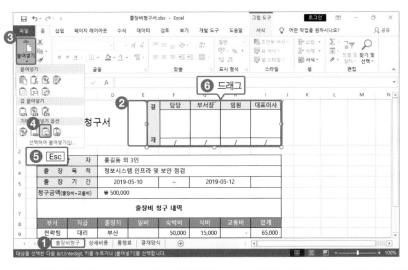

📊 실력향상

결재표는 매번 달라지는 내용이 아니므로 복사한 데이터를 원본과 연결하지 않고 붙여 넣습니다. 따라서 원본 데이터가 수정되어도 그림 개체는 수정되지 않습니다.

⊠ 엑셀 2007 엑셀 2007에서는 [홈] 탭-[클립보드] 그룹-[붙여넣기]를 클릭하고 [그림 형식]-[그림 붙여넣기]를 선택합니다.

19 출장 기간 계산하기 출장비 청구서에서 출장 기간을 수식으로 표시합니다. [I5] 셀에 **=(G5-D5)&"박"&(G5-D5+1)&"일"**을 입력하고 Enter를 누릅니다.

20 출장일비 표시하기 직급과 출장지를 찾아 일비를 IFERROR, INDEX, MATCH 함수로 표시합니다. ❶ [C12], [D12] 셀에서 **과장, 부산**을 선택하고, ❷ [C16], [D16] 셀에서 **과장, 광주**를 선택합니다. ❸ [E9] 셀에 **=IFERROR(INDEX(출장일비,MATCH(C9,직급,0),MATCH(D9,출장지,0)),"")**를 입력하고 Enter를 누릅니다. ❹ [E9] 셀의 채우기 핸들을 [E17] 셀까지 드래그합니다.

비법노트 출장 일비 계산하기

출장일비 범위(상세비용!$B$4:$L$13)에서 행 번호(MATCH(C9,직급,0))와 열 번호(MATCH(D9,출장지,0))가 교차하는 위치의 값을 찾습니다.

행 번호는 직급(C9)을 직급 범위((상세비용!$A$4:$A$13)에서 정확하게 일치하는 위치(0)인 1행~10행의 번호를 찾습니다.

열 번호는 출장지(D9)를 출장지 범위(상세비용!$B$3:$L$3)에서 정확하게 일치하는 위치(0)인 1열~11열의 번호를 찾습니다.

만약 값을 찾지 못할 경우 '#N/A' 오류가 표시되므로 IFERROR 함수로 오류 시 처리할 값인 공란("")을 표시합니다.

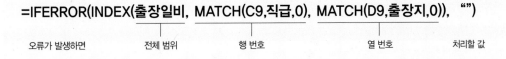

=IFERROR(INDEX(출장일비, MATCH(C9,직급,0), MATCH(D9,출장지,0)), "")

| 오류가 발생하면 | 전체 범위 | 행 번호 | 열 번호 | 처리할 값 |

---

21 총거리 계산하고 유류비 표시하기 출발지와 도착지의 거리 차이로 총거리를 계산합니다. ❶ [F21] 셀에 **=IF(E21="","",E21-D21)**를 입력하고 Enter를 누릅니다. ❷ [F21] 셀의 채우기 핸들을 [F28] 셀까지 드래그합니다.

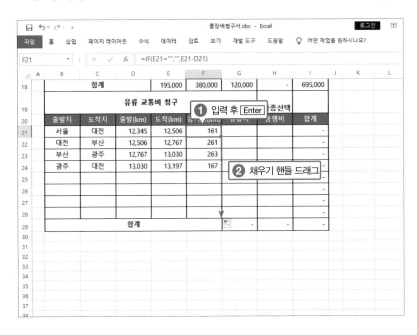

22 거리별 유류비를 IFERROR, HLOOKUP 함수로 표시합니다. ❶ [G21] 셀에 **=IFERROR
(HLOOKUP(F21,유류비,2,1),"")**를 입력하고 Enter를 누릅니다. ❷ [G21] 셀의 채우기 핸들을 [G28] 셀
까지 드래그합니다.

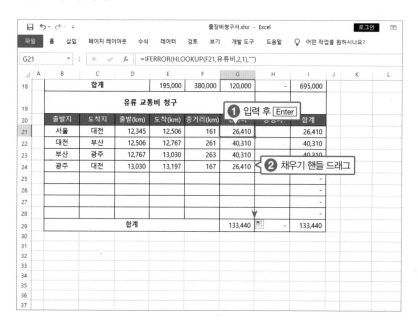

거리별 유류비 계산하기

총거리(F21)를 유류비(상세비용!B18:L19)에서 가로 방향으로 검색하여 근사치(1)에 해당하는 거리를 찾아 유류비(2
행)를 표시합니다. 만약 값을 찾지 못할 경우 '#N/A' 오류가 표시되므로 IFERROR 함수로 오류 시 처리할 값인 공란("")
을 표시합니다. 거리는 1~49, 50~99, 100~149, 150~199, 200~249, 250~299, 300~399, 400~449,
450~499, 500~549, 550 이상에 해당하는 위치를 찾아 유류비를 표시합니다.

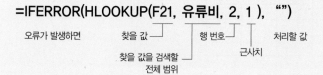

=IFERROR(HLOOKUP(F21, 유류비, 2, 1), "")

오류가 발생하면   찾을 값   행 번호   처리할 값

찾을 값을 검색할   근사치
전체 범위

23 통행비 표시하기 출발지와 도착지를 찾아 차종에 따라 통행비를 IFERROR, VLOOKUP, MATCH 함수로 표시합니다. ❶ [I19] 셀에서 2종을 선택합니다. ❷ [B25], [C25], [D25], [E25] 셀에 각각 대전, 동수원, 13197, 13351을 입력합니다. ❸ [H21] 셀에 **=IFERROR(VLOOKUP(B21&C21,통행비,MATCH($I$19,차종,0)+1,0),"")**를 입력하고 Enter 를 누릅니다. ❹ [H21] 셀의 채우기 핸들을 [H28] 셀까지 드래그합니다.

▲	A	B	C	D	E	F	G	H	I	J	K	L
18			합계		195,000	380,000	120,000		695,000			
19				유류 교통비 청구				차종선택	2종			
20		출발지	도착지	출발(km)	도착(km)	총거리(km)	유류비	통행비	합계			
21		서울	대전	12,345	12,506	161	26,410	8,400				
22		대전	부산	12,506	12,767	261	40,310	13,500	53,810			
23		부산	광주	12,767	13,030	263	40,310	13,900	54,210			
24		광주	대전	13,030	13,197	167	26,410	8,600				
25		대전	동수원	13,197	13,351	154	26,410	7,800				
26									-			
27									-			
28									-			
29			합계				159,850	52,200	212,050			

H21 ▾ : × ✓ fx =IFERROR(VLOOKUP(B21&C21,통행비,MATCH($I$19,차종,0)+1,0),"")

❶ / ❸ 입력 후 Enter / ❹ 채우기 핸들 드래그 / ❷ 입력

📊 **실력향상** 필요에 따라 출장비 청구서 양식을 보호하려면 수정할 영역은 셀 잠금을 해제한 후 [검토] 탭-[변경 내용] 그룹-[시트 보호]를 클릭합니다.

비법 노트 통행비 계산하기

출발지와 도착지(B21&C21)를 통행비(통행료!$C$4:$I$1378)에서 세로 방향으로 검색하여 정확하게 일치(0)하는 출발지와 도착지 값(B21&C21)을 찾아 차종의 위치 열(2열~7열)을 표시합니다. 해당 차종($I$19)이 차종 범위(통행료!$D$3:$I$3)에서 정확하게 일치(0)하는 위치를 찾으면 1~6의 값이 나타나므로 더하기 1(+1)을 하여 열 번호의 위치를 2~7로 표시합니다. 만약 값을 찾지 못할 경우 '#N/A' 오류가 표시되므로 IFERROR 함수로 오류 시 처리할 값인 공란("")을 표시합니다.

=IFERROR(VLOOKUP(B21&C21, 통행비, MATCH($I$19,차종, 0)+1, 0), "")

오류가 발생하면 / 찾을 값 / 검색할 전체 범위 / 행 번호를 찾을 값 / 전체 범위 일치 / 열 번호 / 일치 / 처리할 값

사진을 조회할 수 있는
개인 정보 관리 양식 작성하기

실습 파일 | Part01/Chapter02/05_개인정보조회.xlsx   완성 파일 | Part01/Chapter02/05_개인정보조회_완성.xlsx

01 프로젝트 시작하기

엑셀에서 주로 다루는 자료는 텍스트, 숫자, 날짜 등의 문자 데이터입니다. 하지만 필요에 따라 상품, 공사 진행 사항, 인물 등의 사진 정보 데이터를 다루는 경우도 있습니다. 사원의 정보에는 사원번호, 주민등록번호, 이름, 성별, 입사일, 부서, 직급 등의 문자 데이터와 사원의 프로필 사진 데이터가 있습니다. 사원 정보를 조회하고자 할 때 문자 정보는 VLOOKUP 함수로 찾을 수 있지만 사진 정보는 INDEX 함수로 찾아야 합니다. 여기서는 사원이 추가될 때마다 범위가 동적으로 변할 수 있도록 이름을 정의하고, 문자와 그림을 찾아서 개인 정보를 조회할 수 있는 개인 정보 조회 양식을 완성해보겠습니다.

**회사에서
바로 통하는
키워드** VLOOKUP, INDEX, MATCH, OFFSET, COUNTA, 이름 정의, 그림으로 붙여넣기, 데이터 유효성 검사

・사진 참조 사이트 : Hopnguyen Mr 'Business & avatar'(https://www.iconfinder.com/Mr.hopnguyen)

한눈에 보는 작업순서

전체 인원수 및 사원번호, 인사명부, 사진 범위를 동적으로 이름 정의하기 ▶ 함수와 수식으로 개인 정보 조회 양식 작성하기

▶ 데이터 추가 후 개인 정보 조회하기

STEP 01 동적 참조로 이름 정의하기

❶ 전체 인원수를 COUNTA 함수로 계산합니다.

❷ OFFSET 함수로 사원번호를 동적 범위로 이름 정의합니다.

❸ OFFSET 함수로 사진을 동적 범위로 이름 정의합니다.

❹ OFFSET 함수로 인사명부 전체 데이터베이스를 동적 범위로 이름 정의합니다.

❺ 검색할 사진 위치를 INDEX, MATCH 함수로 이름 정의합니다.

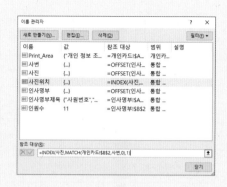

STEP 02 함수와 수식으로 개인 정보 조회 양식 작성하기

❶ 개인 정보 조회에서 이름, 입사일, 성별, 생년월일, 경력, 부서, 직급, 고과등급, 주소, 연락처, 특기사항을 VLOOKUP, MATCH 함수로 표시합니다.

❷ 인사명부에서 사진을 복사하여 개인 정보 조회 양식의 프로필 사진 위치에 그림으로 연결하여 붙여 넣습니다.

❸ 붙여 넣은 사진 개체를 정의된 이름으로 수식을 연결합니다.

❹ 사원번호를 변경하여 개인 정보와 프로필 사진을 조회합니다.

STEP 03 데이터 추가 후 개인 정보 조회하기

❶ 추가 입력할 사원 데이터를 복사하여 인사명부에 붙여 넣습니다.

❷ 추가할 사원 데이터 위치에 프로필 사진 삽입 및 위치 정렬하기

❸ 개인 정보 조회 화면에서 새로 추가한 데이터를 조회합니다.

동적 참조로 이름 정의하기

인사명부에서 개인 정보를 조회할 수 있도록 참조할 인사명부 데이터베이스의 사원번호, 사진, 인사명부 등을 이름 정의해두었습니다. 정의된 이름은 고정 범위를 참조하므로 OFFSET 함수를 사용하여 동적 범위를 참조할 수 있도록 참조 대상을 수정합니다.

01 전체 인원수 계산하기 전체 인원수를 COUNTA 함수로 계산합니다. ❶ [인사명부] 시트에서 ❷ [B2] 셀에 **=COUNTA(A:A)-3**을 입력하고 Enter를 누릅니다.

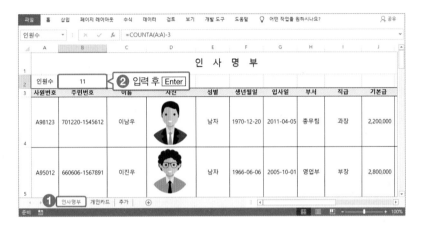

02 동적 참조로 이름 정의하기 [사번], [사진], [인사명부]로 정의된 이름을 OFFSET 함수를 사용하여 동적 참조로 수정합니다. ❶ [B2] 셀을 선택하고 ❷ Ctrl + F3을 눌러 [이름 관리자] 대화상자를 불러옵니다.

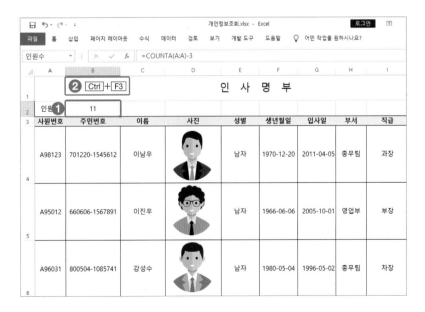

03 ❶ [이름 관리자] 대화상자에서 [사번]을 선택하고 ❷ [참조 대상] 입력란을 클릭하면 사원번호 전체 범위가 초록색 점선으로 표시됩니다. ❸ 사원번호를 동적 범위로 정의하기 위해 [참조 대상]에 **=OFFSET(인사명부!$A$4,0,0,인원수,1)**를 입력하고 ❹ [적용✔]을 클릭하여 변경 내용을 저장합니다.

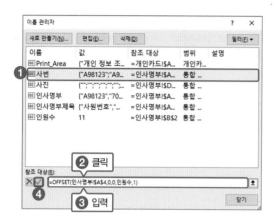

 사번의 참조 대상 수식 알아보기

사원번호의 범위(A4:A14)를 동적 참조할 때 기준 셀($A$4)로부터 0행, 0열, 높이 11, 너비 1인 수식은 **=OFFSET(인사명부!$A$4,0,0,11,1)**입니다. 여기서 높이를 전체 인원수가 계산된 [B2] 셀의 정의된 이름인 **인원수**로 수정하면 **=OFFSET(인사명부!$A$4,0,0,인원수,1)**입니다.

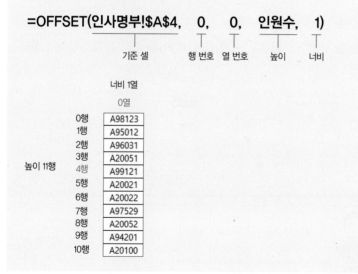

04 ❶ [이름 관리자] 대화상자에서 [사진]을 선택하고 ❷ [참조 대상] 입력란을 클릭하면 사진 전체 범위가 초록색 점선으로 표시됩니다. ❸ 사진을 동적 범위로 정의하기 위해 [참조 대상]에 **=OFFSET(인사명부!$A$4,0,3,인원수,1)**를 입력하고 ❹ [적용▢]을 클릭하여 변경 내용을 저장합니다.

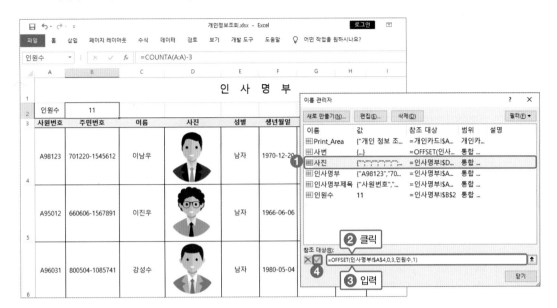

 사진의 참조 대상 수식 알아보기

사진의 범위(D4:D14)를 동적 참조할 때 기준 셀($A$4)로부터 0행, 3열, 높이 11, 너비 1인 수식은 **=OFFSET(인 사명부!$A$4,0,3,11,1)**입니다. 여기서 높이를 전체 인원수가 계산된 [B2] 셀의 정의된 이름인 **인원수**로 수정하면 **=OFFSET(인사명부!$A$4,0,3,인원수,1)**입니다.

$$\text{=OFFSET(인사명부!\$A\$4,} \quad 0, \quad 3, \quad \text{인원수,} \quad 1)$$

기준 셀   행 번호   열 번호   높이   너비

05 OFFSET 함수로 인사명부 전체 데이터베이스를 동적 범위로 이름 정의합니다. ❶ [이름 관리자] 대화상자에서 [인사명부]를 선택하고 ❷ [참조 대상] 입력란을 클릭하면 인사명부 전체 범위가 초록색 점선으로 표시됩니다. ❸ 인사명부를 동적 범위로 정의하기 위해 [참조 대상]에 **=OFFSET(인사명부!$A$4,0,0,인원수,16)**를 입력하고 ❹ [적용✅]을 클릭하여 변경 내용을 저장합니다.

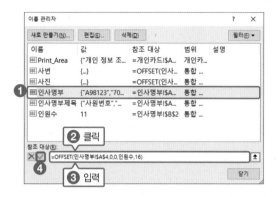

인사명부의 참조 대상 수식 알아보기

인사명부의 범위(A4:P14)를 동적 참조할 때 기준 셀($A$4)로부터 0행, 0열, 높이 11, 너비 16인 수식은 **=OFFSET(인사명부!$A$4,0,0,11,16)**입니다. 높이를 전체 인원수가 계산된 [B2] 셀의 정의된 이름인 **인원수**로 수정하면 **=OFFSET(인사명부!$A$4,0,0,인원수,16)**입니다.

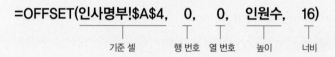

=OFFSET(인사명부!$A$4,　0,　0,　인원수,　16)

　　　　　　기준 셀　　행 번호　열 번호　높이　　너비

06 검색할 사진 위치를 INDEX, MATCH 함수로 이름 정의합니다. ❶ [이름 관리자] 대화상자에서 [새로 만들기]를 클릭합니다. ❷ [새 이름] 대화상자에서 [이름]에 **사진위치**를 입력하고 ❸ [참조 대상]에 **=INDEX(사진,MATCH(개인카드!$B$2,사번,0),1)**를 입력합니다. ❹ [확인]을 클릭합니다.

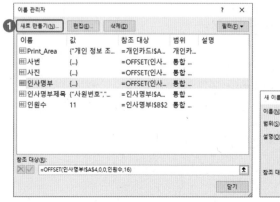

사진위치의 참조 대상 수식 알아보기

사진의 범위(인사명부!$D$4:$D$14)에서 행 번호(MATCH(개인카드!$B$2,사번,0))와 열 번호 1이 교차하는 위치의 값을 찾습니다. 행 번호는 사원번호(개인카드!$B$2)를 사원번호 범위(인사명부!$A$4:$A$14)에서 정확하게 일치하는 위치(0)를 찾습니다.

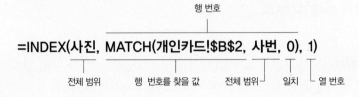

07 ❶ [이름 관리자] 대화상자에서 [사진위치]를 선택하고 ❷ [참조 대상] 입력란을 클릭하면 사번의 첫 번째 위치가 초록색 점선으로 표시됩니다. ❸ [닫기]를 클릭하여 [이름 관리자] 대화상자를 닫습니다.

실력향상 [이름 관리자] 대화상자에서 정의된 이름을 선택하고 [참조 대상] 입력상자를 클릭하면 참조된 범위가 초록색 점선으로 표시됩니다. 만약 초록색 점선이 표시되지 않거나 참조하지 않는 다른 위치에 초록색 점선이 표시된다면 참조 대상에 수식 오류가 있는 경우이므로 참조 대상을 수정해야 합니다.

STEP 02 함수와 수식으로 개인 정보 조회 양식 작성하기

사원명부에서 텍스트 정보와 사진 정보를 찾아 개인 정보 조회 양식을 작성해봅니다. 텍스트 정보는 사원번호를 인사명부에서 찾아 개인 정보 조회의 이름, 입사일, 성별, 생년월일, 경력, 부서, 직급, 고과등급, 주소, 연락처, 특기사항 등을 함수로 표시합니다. 사진정보는 인사명부의 개인 사진을 복사하여 개인 정보 조회 양식의 프로필 사진 위치에 그림으로 붙여 넣은 후 붙여 넣은 사진 개체에 정의된 이름으로 수식을 연결하여 사진 정보를 표시합니다.

08 인사명부에서 개인 정보 조회하기 사원번호를 인사명부에서 찾아 개인 정보 조회의 이름, 입사일, 성별, 생년월일, 경력, 부서, 직급, 고과등급, 주소, 연락처, 특기사항을 VLOOKUP, MATCH 함수로 표시해보겠습니다. ❶ [개인카드] 시트의 ❷ [D2] 셀에 **=VLOOKUP($B$2,인사명부,MATCH(C2,인사명부제목,0),0)**를 입력하고 Enter를 누릅니다. ❸ [D2] 셀을 선택하고 Ctrl + C를 누릅니다.

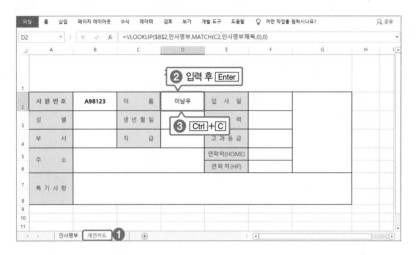

인사명부에서 개인 정보 조회하기

사원번호($B$2)를 인사명부(인사명부!$A$4:$P$14)에서 세로 방향으로 검색하여 정확하게 일치(0)하는 값을 찾아 이름의 위치 열(3열)을 나타내는 수식은 **=VLOOKUP($B$2,인사명부,3,0)**입니다. 여기서 주민등록번호의 위치는 2열, 이름의 위치는 3열, 성별의 위치는 5열,…, 특기사항의 위치는 16열로 수식에서 열 번호가 매번 바뀌므로 열 번호를 수정한 수식은 **=VLOOKUP($B$2,인사명부,**MATCH(C2,인사명부제목,0),**0)**입니다.

09 ❶ Ctrl 을 누른 상태에서 [F2], [B3], [D3], [F3], [B4], [D4], [F4], [B5], [F5], [F6], [B7] 셀을 각각 선택하고 ❷ Ctrl + Alt + V 를 누릅니다. ❸ [선택하여 붙여넣기] 대화상자에서 [수식]을 선택하고 ❹ [확인]을 클릭합니다. ❺ ESC 를 눌러 복사 모드를 해제합니다.

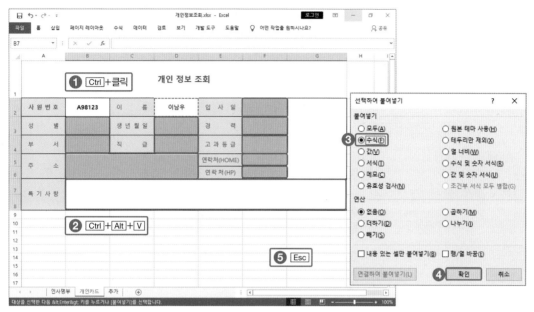

10 ❶ [G2] 셀에 **=VLOOKUP(B2,인사명부,4,0)**를 입력하고 Enter 를 누르면 0이 표시됩니다. VLOOKUP 함수로 사진을 찾을 수 없으므로 ❷ Delete 를 눌러 수식을 지웁니다.

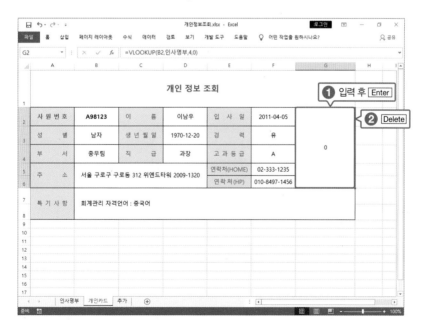

11 인사명부 서식 수정하기 인사명부에서 표 테두리를 지우고 눈금선을 해제합니다. ❶ [인사명부] 시트를 선택합니다. ❷ [이름 상자]에 **인사명부**를 입력하고 Enter 를 눌러 제목을 제외한 데이터 범위를 지정합니다. ❸ [홈] 탭-[글꼴] 그룹-[테두리]를 클릭하고 ❹ [테두리 없음]을 선택합니다.

12 [보기] 탭-[표시] 그룹-[눈금선]의 체크 표시를 해제합니다.

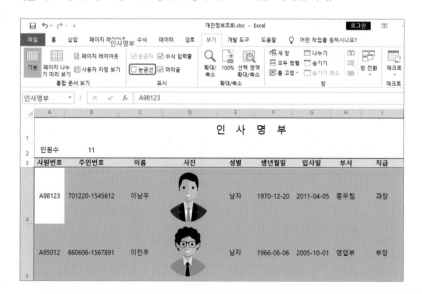

실력향상 그림 복사 기능을 사용하여 데이터를 복사하면 화면에 보이는 데이터는 물론 눈금선도 복사되므로 인사명부의 표 테두리가 복사됩니다. 따라서 눈금선이 표시되지 않도록 [눈금선]의 체크 표시를 해제하는 것이 좋습니다.

13 인사명부에서 사진 복사하기 인사명부에서 사진을 복사하여 개인 정보 조회 양식의 프로필 사진 위치에 그림으로 연결하여 붙여 넣습니다. ❶ [D4] 셀을 선택하고 ❷ Ctrl + C 를 눌러 프로필 사진을 복사합니다.

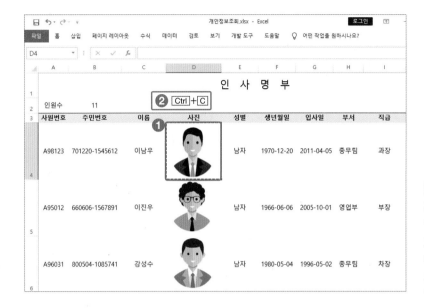

실력향상

프로필 사진 위치에 그림으로 연결하여 붙여 넣어야 하므로 그림 개체를 복사하지 않고 그림이 삽입되어 있는 [D4] 셀을 복사합니다.

14 ❶ [개인카드] 시트에서 ❷ [G2] 셀을 선택합니다. ❸ [홈] 탭−[클립보드] 그룹−[붙여넣기]를 클릭하고 ❹ [기타 붙여넣기 옵션]에서 [연결된 그림 📋]을 선택합니다. ❺ ESC 을 눌러 복사 모드를 해제합니다. ❻ 그림 개체를 드래그해서 적당한 위치로 옮깁니다.

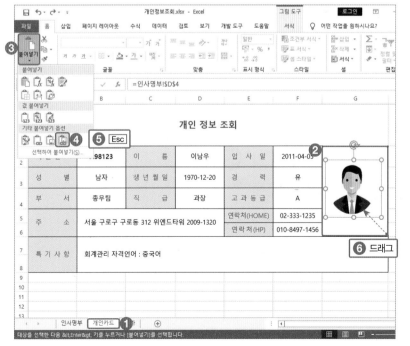

엑셀 2007

엑셀 2007에서는 [홈] 탭−[클립보드] 그룹−[붙여넣기]를 클릭하고 [그림 형식]−[그림 연결 붙여넣기]를 선택합니다.

15 사진 개체에 수식 연결하기 붙여 넣은 사진 개체에 정의된 이름으로 수식을 연결합니다. **1** 사진 개체를 선택합니다. **2** 수식 입력줄을 클릭하여 수식을 **=사진위치**로 수정하고 [Enter]를 누릅니다.

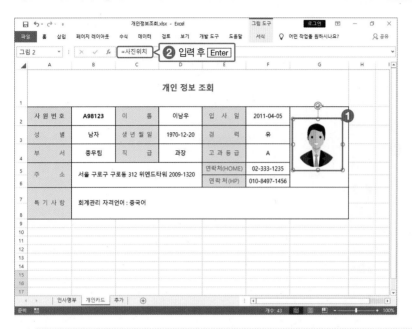

실력향상 **사진위치**는 STEP 01의 **06**에서 정의한 동적 위치(INDEX(사진,MATCH(개인카드!$B$2,사번,0),1))로, 사원번호의 행 번호를 찾아 사진의 위치를 변경합니다.

16 개인 정보와 사진 조회하기 사원번호를 변경하여 개인 정보와 프로필 사진을 조회합니다. [B2] 셀에서 사원번호를 선택하면 이름, 입사일, 성별 등의 문자 데이터와 프로필 사진이 조회됩니다.

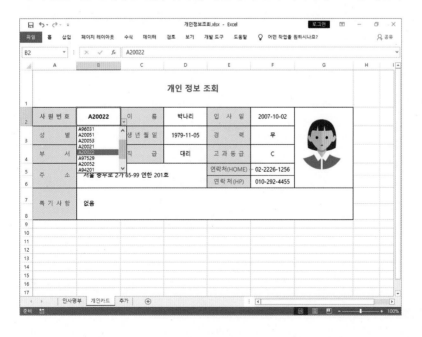

데이터 추가 후 개인 정보 조회하기

앞서 이름 정의한 인사명부, 사번, 사진의 범위가 동적 참조를 하는지 확인하기 위해 추가로 입력할 사원 데이터를 복사하여 인사명부에 붙여 넣고, 사진을 삽입한 후 개인 정보 조회 화면에서 새로 추가된 사원번호를 선택합니다. 사번, 이름, 입사일, 성별 등의 문자 데이터와 프로필 사진을 조회해보겠습니다.

17 인사명부에 데이터 추가하기 앞서 이름 정의한 인사명부, 사번, 사진의 범위가 동적 참조를 하는지 확인하기 위해 추가로 입력할 사원 데이터를 복사하여 인사명부에 붙여 넣어보겠습니다. ❶ [추가] 시트에서 ❷ [A4:P4] 셀 범위를 선택하고 ❸ Ctrl + C 를 누릅니다.

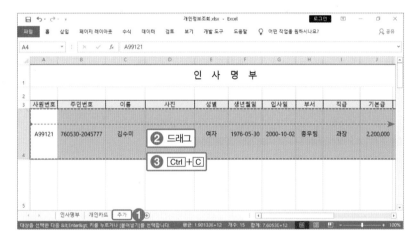

18 ❶ [인사명부] 시트에서 ❷ [A15] 셀을 선택하고 ❸ Ctrl + V 를 눌러 인사명부에 데이터를 추가합니다.

19 추가한 사원 데이터 위치에 프로필 사진 삽입하기 ❶ [D15] 셀을 선택합니다. ❷ [삽입] 탭-[일러스트레이션] 그룹-[그림]을 클릭합니다. ❸ [그림 삽입] 대화상자에서 [그림] 폴더의 '김수미.png' 파일을 선택하고 ❹ [삽입]을 클릭합니다. 삽입한 그림을 클릭하고 적당하게 위치를 이동한 후 크기를 조정합니다.

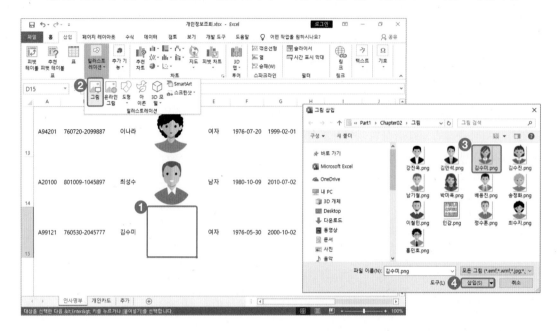

20 사진 위치 정렬하기 인사명부에서 사진 개체를 왼쪽으로 맞춰 정렬하고 크기를 지정해보겠습니다. ❶ [D15] 셀 위치의 그림 개체를 선택한 후 ❷ Ctrl + A 를 눌러 그림 개체 전체를 선택합니다. ❸ [그림 도구]-[서식] 탭-[정렬] 그룹-[개체 맞춤]을 클릭하고 ❹ [왼쪽 맞춤]을 선택합니다.

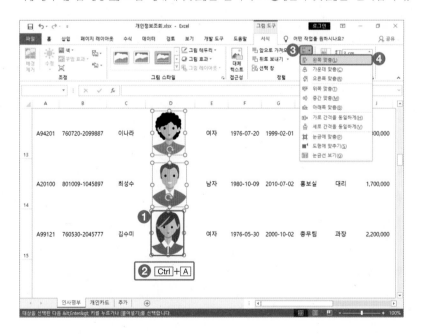

21 사진 크기 지정하기 ❶ [그림 도구]-[서식] 탭-[크기] 그룹-[높이]에 **3**을 입력한 후 Enter 를 눌러 동일한 크기를 지정합니다. ❷ Esc 를 눌러 전체 선택을 해제합니다.

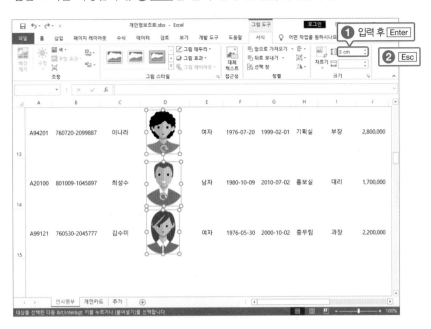

22 추가 데이터를 개인 정보 조회하기 수식에서 사용한 범위는 동적 참조로 이름을 정의했으므로 수식을 수정하지 않아도 새로 추가된 데이터를 개인 정보 조회 화면에서 조회할 수 있습니다. ❶ [개인카드] 시트에서 ❷ [B2] 셀의 사원번호를 새로 추가된 [A99121]로 선택하면 추가된 사번, 이름, 입사일, 성별 등의 문자 데이터와 프로필 사진이 조회됩니다.

다중 유효성 목록과
다중 키 값을 찾는 견적서 작성하기

실습 파일 | Part01/Chapter02/06_견적서.xlsx   완성 파일 | Part01/Chapter02/06_견적서_완성.xlsx

01 프로젝트 시작하기

견적서는 구입이나 제작을 의뢰한 물품의 금액이나 어떤 일을 진행할 때 발생할 견적 비용을 예상하여 계산 내역을 기록하는 문서 양식입니다. 물품 제작을 의뢰하는 경우 견적의 상세 내용은 매우 중요한 부분이므로 정확하게 입력해야 합니다.

제작을 의뢰받은 품명을 대분류, 중분류, 소분류별로 선택할 수 있도록 목록을 정리하고, 정리한 목록을 참조하여 견적서에서 견적할 상품을 토대로 견적 비용을 산출해보겠습니다.

**회사에서
바로 통하는
키워드**

IF, VLOOKUP, INDEX, MATCH, INDIRECT, COUNTIF, IFERROR, ROW, 배열 수식, 이름 정의, 다중 데이터 유효성 검사, 이동 옵션, 선택하여 붙여넣기

품명	종류	규격제작	단가
		(주문단위 : 1세트:200매)	
일반명함	무코팅	88*54	10,000
일반명함	무코팅	86*52	11,000
일반명함	코팅	88*54	10,000
일반명함	코팅	86*52	11,000
일반명함	코팅	90*50	15,000
고급명함	휘레라펄	92*52	21,000
고급명함	휘레라펄	90*50	20,000
고급명함	반누보	92*52	18,500
고급명함	반누보	90*50	18,000
고급명함	럭셔리누보	92*52	20,000
고급명함	럭셔리누보	90*50	19,000
고급명함	럭셔리누보	91*51	23,000
고급명함	스타드림실버	90*50	22,000
고급명함	에단폭스	92*52	38,000
고급명함	에단폭스	90*50	36,000
고급명함	투명하이브리드	90*50	33,000
고급명함	우드라인	90*50	37,000
고급명함	우드라인	92*52	39,000
고급명함	한지	90*50	15,000
고급명함	한지	92*52	17,000
일반명함봉투	모조지	96*56	10,000
일반명함봉투	레이크백	96*56	14,000

견적목록

품명별 종류 목록표

옵션	일반명함	고급명함	일반명함봉투	고급명함봉투	
단면	무코팅	휘레라펄	모조지	블랙패브릭	명힘
양면	코팅	반누보	레이크백	화이트패브릭	명힘
없음		럭셔리누보	체크레자크백	황금펄	제직
		스타드림실버	레이드연청	그라프트지	
		에단폭스			
		투명하이브리드			
		우드라인			
		한지			

목록 / 견적서

No .

견 적 서

발 행 일 : 2019-10-04(금)

수 신 하나전자 귀하

담 당 홍길동 귀하

공급자	사업자번호	122-01-23451		
	상 호	컴닷컴	대표	홍길동
	주 소	서울시 용산구 한강로 3가 23 용당 빌딩 204호		
	업 태	도소매	종목	가구/제작
	전 화 번 호	1588-1234	팩스	1588-1223

합 계 금 액 (공급가액 + 세액)	일금 오십일만사천팔백원정	(₩ 514,800)

번호	품명	종류	규격/제작	옵션	수량	단가	공급가액	세액
01	일반명함	코팅	86*52	단면	1	11,000	11,000	1,100
02	고급명함	에단폭스	92*52	양면	3	41,000	123,000	12,300
03	고급명함봉투	황금펄	100*60	없음	2	140,000	280,000	28,000
04	디자인	명함	단순편집	없음	4	11,000	44,000	4,400
05	디자인	함봉투	단순편집	음	2	5,000	10,000	1,000
	계						468,000	46,800

일반명함 / 고급명함 / 일반명함봉투 / 고급명함봉투 / 디자인
명함 / 인쇄/재주문 / 단순편집 / 제작옵션 / 기획의뢰

비 고	※ 주문단위 : 1세트:200매
	※ 견적 유효 기간 : 견적일로 부터 15일
	※ 납기 : 발주 후 약 1주 이내(배송기간, 주말제외)
	※ 대금지불조건 : 고객사 지불 조건
	※ 디자인 기획 의뢰시 추가 문의

한눈에 보는 작업순서

견적목록 이름 정의하기 ▶ 품목, 종류 중복된 항목 제거하기 ▶ 견적서에서 참조할 목록 만들기 및 이름 정의하기 ▶ 견적서에서 품목, 종류 이중 데이터 유효성 목록 설정하기

▶ 규격/제작 동적 참조 이름 정의하고 유효성 목록 설정하기 ▶ 함수와 수식으로 단가, 공급가액, 세액 계산하기 ▶ 셀 해제/잠금 및 시트 보호하기

STEP 01 이름 정의하고 데이터 유효성 목록 지정하기

❶ 견적서에서 참조할 견적목록을 선택 영역에서 이름 정의합니다.

❷ 품명목록과 종류목록 범위에서 중복된 항목 제거로 목록을 만듭니다.

❸ 품명목록을 선택하여 붙여넣기로 행/열을 바꿔 붙여 넣습니다.

❹ 종류목록이 표시되도록 VLOOKUP 함수를 사용합니다.

❺ 이동 옵션에서 오류 셀을 선택한 후 삭제합니다.

❻ 선택하여 붙여넣기로 값을 붙여 넣고, 이동 옵 션에서 상수를 선택한 후 선택 영역에서 이름 정의합니다.

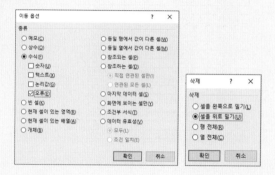

STEP 02 이중 데이터 유효성 목록 지정하고 견적서 작성하기

❶ 견적서에서 번호를 IF와 ROW 함수로 표시합니다.

❷ 견적서에서 품명, 종류를 선택할 수 있도록 이중 데이터 유효성 목록을 설정합니다.

❸ 견적서에서 품명과 종류에 맞는 규격/제작의 범위를 동적 참조할 수 있도록 OFFSET, COUNTIF 함 수로 이름 정의합니다.

❹ 견적서에서 품명, 종류를 선택하면 규격/제작 목록이 표시되도 록 데이터 유효성 목록을 지정합니다.

❺ 견적서에서 단가를 표시하기 위해 IFERROR, INDEX, MATCH 함수 및 배열 수식을 사용합니다.

❻ 공급가액, 세액은 IFERROR 함수로 수식의 오류를 처리합니다.

STEP 03 셀 잠금 해제 후 나머지 잠그고 시트 보호하기

❶ 견적서에서 수정할 내용은 셀의 잠금을 해제하고, 나머지는 셀을 잠급니다.

❷ [견적서] 시트를 보호합니다.

❸ 견적서를 인쇄할 인쇄 영역을 설정합니다.

이름 정의하고 데이터 유효성 목록 지정하기

STEP 01

견적서 양식을 만들기 전에 수식에서 참조할 견적목록 데이터베이스를 이름 정의합니다. 품명, 종류 범위에서 중복된 항목을 제거한 후 수식과 함수로 견적서에서 견적할 품목과 종류를 선택할 수 있는 '품목별 종류 목록표'를 만들고, 데이터 유효성 목록으로 지정해보겠습니다.

01 견적목록 이름 정의하기 견적서에서 참조할 견적목록의 첫 행을 이름 정의해보겠습니다. ❶ [목록] 시트에서 ❷ [A3] 셀을 선택하고 ❸ Ctrl + Shift + → 를 누릅니다. ❹ Ctrl + Shift + ↓ 를 눌러 전체 범위를 선택합니다. ❺ Ctrl + Shift + F3 을 누른 후 ❻ [선택 영역에서 이름 만들기] 대화상자에서 [첫 행]에 체크 표시합니다. ❼ [확인]을 클릭합니다.

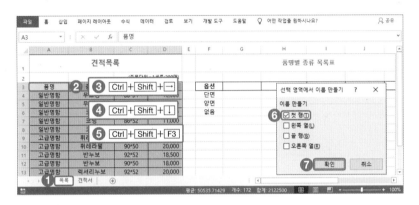

02 중복된 항목 제거로 목록 만들기 견적서의 품명목록 범위에서 중복된 항목 제거로 목록을 만듭니다. ❶ [M3] 셀을 선택하고 ❷ Ctrl + Shift + ↓ 를 눌러 품명목록 범위를 선택합니다. ❸ [데이터] 탭-[데이터 도구] 그룹-[중복된 항목 제거 📰]를 클릭합니다. ❹ [중복된 항목 제거 경고] 대화상자에서 [현재 선택 영역으로 정렬]을 선택하고 ❺ [중복된 항목 제거]를 클릭합니다. ❻ [중복 값 제거] 대화상자에서 [확인]을 클릭합니다. ❼ 중복된 값이 제거되었다는 메시지가 나타나면 [확인]을 클릭합니다. 중복된 품명목록이 제거됩니다.

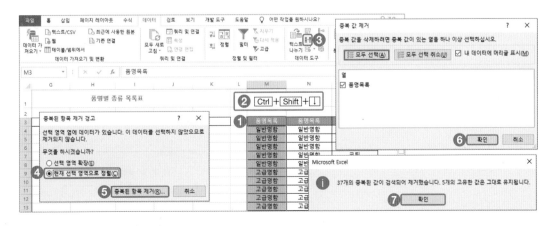

03 품명목록과 종류목록 범위에서 중복된 항목 제거로 목록을 만듭니다. **❶** [N3] 셀을 선택하고 **❷** Ctrl + Shift + →를 누르고, **❸** Ctrl + Shift + ↓를 눌러 종류목록 범위를 선택합니다. **❹** [데이터] 탭-[데이터 도구] 그룹-[중복된 항목 제거]를 클릭합니다. **❺** [중복 값 제거] 대화상자에서 [확인]을 클릭합니다. **❻** 중복된 값이 제거되었다는 메시지가 나타나면 [확인]을 클릭합니다. 품명목록 중 종류목록 이 중복되어 있던 항목이 제거됩니다.

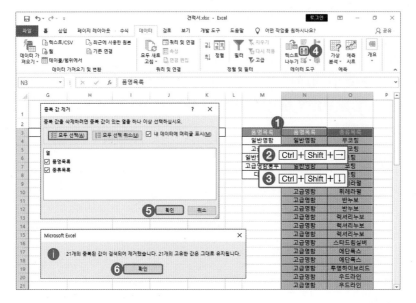

실력향상
품명목록과 종류목록의 두 개 값이 중복되어 있을 경우 삭제 합니다. 예를 들어 품목목록이 '일반명함'인 경우에는 종류목 록에서 '무코팅', '무코팅', '코 팅', '코팅', '코팅'에 해당하는 규격의 사이즈가 다르므로 종 류목록이 중복되어 나타납니 다. 견적서에는 '일반명함'을 선택할 때 종류목록에서 '무코 팅', '코팅'만을 선택할 수 있도 록 표시해야 하므로 품목목록 과 종류목록이 같다면 중복 항 목을 제거합니다.

04 선택하여 붙여넣기로 행/열을 바꿔 품명목록 붙여넣기 **❶** [M4:M8] 셀 범위를 선택하고 **❷** Ctrl + C를 눌러 품명목록을 복사합니다. **❸** [G3:K3] 셀 범위를 선택하고 **❹** Ctrl + Alt + V를 누릅니다. **❺** [선택하여 붙여넣기] 대화상자에서 [행/열 바꿈]에 체크 표시하고 **❻** [확인]을 클릭합니다. **❼** ESC를 눌 러 복사 모드를 해제합니다.

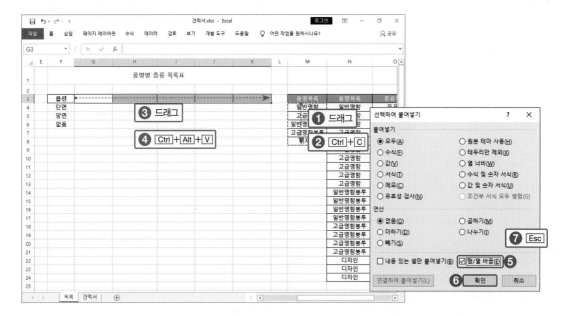

05 품명목록에 해당하는 종류목록을 VLOOKUP 함수로 표시하기 ❶ [G4] 셀에 **=VLOOKUP(G$3, $N4:$O4,2,0)**를 입력하고 Enter를 누릅니다. ❷ [G4] 셀의 채우기 핸들을 [G24] 셀까지 드래그하고 ❸ [G24] 셀의 채우기 핸들을 [K24] 셀까지 드래그합니다. 품명을 품명목록에서 찾아 종류목록을 표시하며, 품명을 찾지 못하면 '#N/A' 오류가 표시됩니다.

종류목록을 표시하는 수식 알아보기

품명(G3)을 품명/종류 범위($N$4:$O$24)에서 세로 방향으로 검색하여 정확하게 일치(0)하는 값을 찾아 종류의 위치 열(2열)을 나타내는 수식은 **=VLOOKUP(G3,$N$4:$O$24,2,0)**입니다. 여기서 품명은 G3, H3…, K3로 변해야 하므로 **G$3**으로 수정합니다. 이어서 품명과 같은 값을 찾아 종류목록을 표시해야 하는데, 품명목록이 중복되어 있어 품명이 '일반명함'이라면 중복된 값 중에 첫 번째 값의 종류를 찾아 '무코팅'만 표시합니다. 따라서 하나를 찾은 후 다음 행으로 범위를 바꿔 찾을 수 있도록 품명/종류 범위를 수정($N4:$O4)한 수식은 **=VLOOKUP(G$3,$N$:$O4,2,0)**입니다.

=VLOOKUP(G$3,	$N4:$O4,	2,	0)
찾을 값	찾을 값을 검색할 전체 범위	열 번호	일치

① $N4:$O4 : | 일반명함 | 무코팅 | : '일반명함'을 찾아 두 번째 열의 값은 '무코팅' 표시

② $N5:$O5 : | 일반명함 | 코팅 | : '일반명함'을 찾아 두 번째 열의 값은 '코팅' 표시

③ $N6:$O6 : | 고급명함 | 휘레라펄 | : '고급명함'을 찾아 두 번째 열의 값은 '휘레라펄' 표시

06 이동 옵션으로 오류 셀 선택한 후 삭제하기 [G4:K24] 셀 범위가 선택된 상태에서 ❶ [홈] 탭-[편집] 그룹-[찾기 및 선택]을 클릭한 후 ❷ [이동 옵션]을 선택합니다. ❸ [이동 옵션] 대화상자에서 [수식]을 선택하고 ❹ [오류]에만 체크 표시합니다. ❺ [확인]을 클릭하면 오류 셀만 선택됩니다.

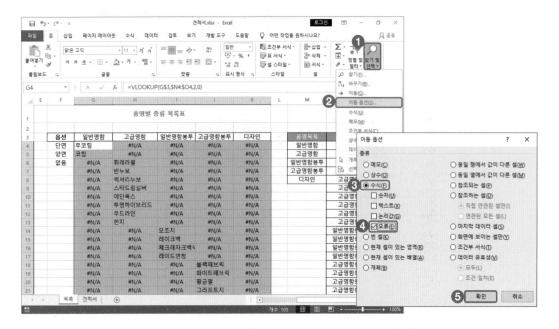

07 ❶ Ctrl + ― 를 누르고 ❷ [삭제] 대화상자에서 [셀을 위로 밀기]를 선택한 후 ❸ [확인]을 클릭합니다.

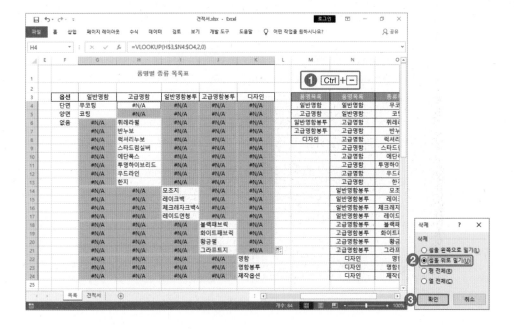

08 수식을 값으로 붙여넣기 품명별 종류 목록표가 완성되었으면 [선택하여 붙여넣기] 대화상자에서 수식 셀을 값으로 붙여 넣어보겠습니다. ❶ [G3:K11] 셀 범위를 선택하고 ❷ Ctrl + C 를 누른 후 ❸ Ctrl + Alt + V 를 누릅니다. ❹ [선택하여 붙여넣기] 대화상자에서 [값]을 선택하고 ❺ [확인]을 클릭합니다. ❻ Esc 를 눌러 복사 모드를 해제합니다.

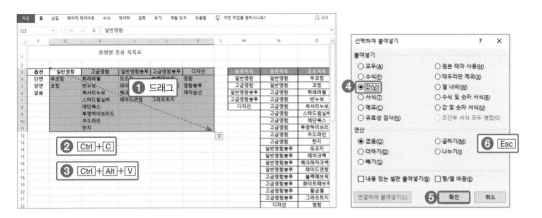

📶 **실력향상** 품명별 종류 목록표를 완성한 후에는 [M:O] 열이 필요 없으므로 이후 단계에서 삭제할 예정입니다. 따라서 수식을 값으로 붙여 넣어야 오류가 발생하지 않습니다. 또한 값으로 붙여 넣으면 이름 정의를 위해서 일일이 범위를 지정하지 않고 [상수] 값만 선택할 수 있습니다.

09 이동 옵션에서 상수 셀 선택하고 선택 영역에서 이름 정의하기 ❶ [F3:I11] 셀 범위를 선택하고 ❷ Ctrl 을 누른 상태에서 [J3:K7] 셀 범위를 선택합니다. ❸ [홈] 탭-[편집] 그룹-[찾기 및 선택]을 클릭한 후 ❹ [이동 옵션]을 선택합니다. ❺ [이동 옵션] 대화상자에서 [상수]를 선택하고 ❻ [확인]을 클릭하면 상수 셀만 선택됩니다.

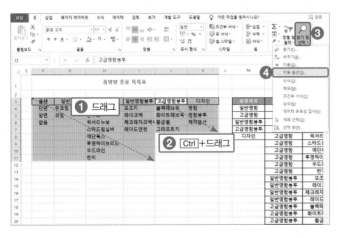

📶 **실력향상** 품명별 종류목록 표 전체 범위(F3:K11)를 지정하지 않고 일부 범위(F3:I11, J3:K7)를 각각 지정한 이유는 이동 옵션으로 [상수]만 범위를 지정할 때 품명(일반명함봉투, 고급명함봉투)의 마지막 데이터의 행(7행)이 같으면 중복으로 범위를 지정하는 오류가 발생하여 이름 정의 시 에러가 표시되기 때문입니다. 따라서 마지막 데이터가 입력되어 있는 행의 데이터는 따로 지정해야 하므로 범위(F3:F11, J3:K7)를 따로 지정해야 오류가 나지 않습니다. 이동 옵션으로 범위 지정하지 않으려면 Ctrl 을 누르고 [F3:F6], [G3:G5], [H4:H11], [I3:I7], [J3:J7], [K3:K6] 셀 범위를 각각 지정할 수도 있습니다.

10 ① 범위가 지정되어 있는 상태에서 Ctrl + Shift + F3 을 누릅니다. ② [선택 영역에서 이름 만들기] 대화상자에서 [첫 행]에 체크 표시한 후 ③ [확인]을 클릭합니다.

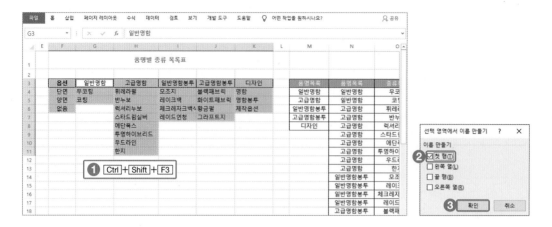

11 품명목록의 이름을 정의합니다. ① [G3:K3] 셀 범위를 선택한 후 ② [이름 상자]에 **품명목록**을 입력하고 Enter 를 누릅니다.

12 견적목록 등 필요 없는 목록은 삭제합니다. ① [M:O] 열을 선택하고 ② Ctrl + − 를 눌러 삭제합니다.

이중 데이터 유효성 목록 지정하고 견적서 작성하기

품목을 선택하면 품목에 맞는 종류를 표시하고, 종류를 선택하면 종류에 맞는 규격을 표시하여 선택할
수 있도록 다중 유효성 목록을 지정합니다. 품목과 종류, 규격, 옵션을 선택하고 수량을 입력하면 자동
으로 단가, 공급가액, 세액을 수식과 함수로 계산할 수 있습니다.

13 견적서에 일련번호 표시하기 ❶ [견적서] 시트에서 **❷** [B15:B24] 셀 범위를 선택합니다. **❸** **=IF(D15**
〈〉"",ROW()–14,"")를 입력하고 Ctrl + Enter 를 눌러 일련번호를 표시합니다. 품목이 입력되어 있지 않기
때문에 일련번호는 표시되지 않습니다. **❹** 범위가 선택된 상태에서 Ctrl + 1 을 눌러 [셀 서식] 대화상자를
불러옵니다.

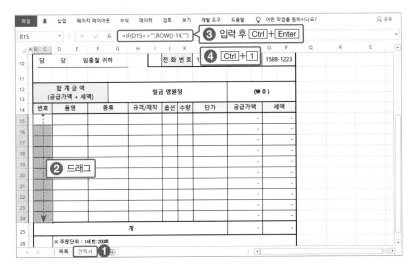

ꑕꑕꑕ 실력향상

만약에 품명 셀이 비어 있지
않으면(D15〈〉""), 행 번호를
표시하고(ROW()–14), 품명
셀이 비어 있으면 공란을 표시
("")합니다.

14 ❶ [셀 서식] 대화상자의 [표시 형식] 탭에서 [범주]를 [사용자 지정]으로 선택하고 **❷** [형식] 입력란에
00을 입력하여 일련번호를 두 자리로 표시합니다. **❸** [확인]을 클릭합니다.

15 이중 데이터 유효성 목록 지정하기 견적서에서 품명, 종류를 이중 유효성 목록으로 지정하여 품명을 선택했을 때 품명에 맞는 종류 목록이 표시되도록 하겠습니다. ❶ [견적서] 시트에서 ❷ [D15:D24] 셀 범위를 선택하고 ❸ [데이터] 탭-[데이터 도구] 그룹-[데이터 유효성 검사📋]를 클릭합니다. ❹ [데이터 유효성 검사] 대화상자의 [설정] 탭에서 [제한 대상]으로 [목록]을 선택합니다. ❺ [원본]에 **=품명목록**을 입력하고 ❻ [확인]을 클릭합니다.

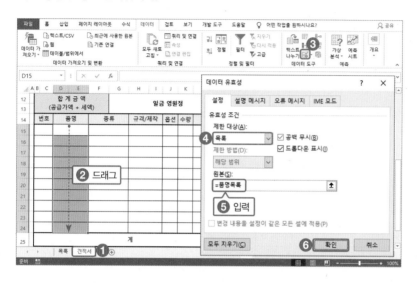

16 ❶ [D15] 셀에서 [고급명함]을 선택합니다. ❷ [F15:F24] 셀 범위를 선택하고 ❸ [데이터] 탭-[데이터 도구] 그룹-[데이터 유효성 검사📋]를 클릭합니다. ❹ [데이터 유효성 검사] 대화상자의 [설정] 탭에서 [제한 대상]으로 [목록]을 선택합니다. ❺ [원본]에 **=INDIRECT($D15)**를 입력하고 ❻ [확인]을 클릭합니다.

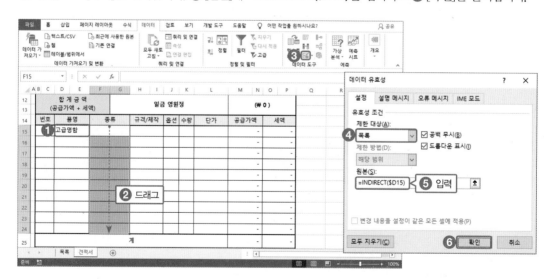

📊 **실력향상** 수식 설명 : **=INDIRECT($D15)**
원본에 **=$D15**를 입력하면 품명의 텍스트 값인 '고급명함'이 목록으로 표시됩니다. 하지만 종류목록은 앞서 이름으로 정의한 범위(**목록!H4:H11**)이므로 INDIRECT 함수로 수식을 만듭니다. INDIRECT 함수는 셀 값을 정의된 이름의 범위로 변환하는 함수입니다.

17 범위가 동적 참조되도록 이름 정의하기 품명과 종류에 맞는 규격/제작 범위가 동적 참조되도록 OFFSET, COUNTIF 함수로 이름을 정의해보겠습니다. ❶ [F15] 셀에서 **럭셔리누보**를 선택합니다. ❷ [H15] 셀을 선택하고 ❸ Ctrl + F3 을 눌러 [이름 관리자] 대화상자를 불러옵니다. ❹ [이름 관리자] 대화상자에서 [새로 만들기]를 클릭합니다.

18 이름을 정의할 때 다른 시트의 셀을 참조해야 한다면 수식을 직접 입력하는 것이 좋습니다. ❶ [이름]에 **규격제작목록**을 입력하고 ❷ [참조 대상]에 **=OFFSET(목록!$C$3,MATCH(견적서!F15,종류,0),0, COUNTIF(종류,견적서!F15),1)**를 입력합니다. ❸ [확인]을 클릭합니다.

19 ❶ [이름 관리자] 대화상자에서 [규격제작목록]을 선택하고 ❷ [참조 대상] 입력 상자란을 클릭하면 품목과 종류에 맞는 규격/제작 범위가 초록색 점선으로 표시됩니다. ❸ [닫기]를 클릭하여 [이름 관리자] 대화상자를 닫습니다.

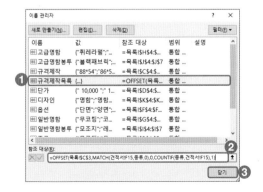

규제제작목록의 참조 대상 수식 알아보기

고급명함이면서 럭셔리누보의 규격 영역을 참조할 때 기준 셀(목록!$C$3)로부터 10행, 0열, 높이 3, 너비 1인 수식은 **=OFFSET(목록!$C$3,10,0,3,1)**입니다.

각 종류의 시작 행 번호는 1, 3, 6, 8, 10, 13, 14, …, 38, 41이므로 'MATCH(견적서!F15,종류,0)'로 해당 종류의 행 번호를 찾습니다. 열 번호는 0열, 높이는 'COUNTIF(종류,견적서!F15)'로 찾을 값의 개수, 너비는 1로 구합니다.

=OFFSET(목록!$C$3, MATCH(견적서!F15,종류,0), 0, COUNTIF(종류,견적서!F15), 1)

기준 셀 　　　 행 번호 　　　 열 번호 　　　 높이 　　　 너비

		A	B	C	D
	3	품명	종류	규격제작	단가
1행	4	일반명함	무코팅	88*54	10,000
2행	5	일반명함	무코팅	86*52	11,000
3행	6	일반명함	코팅	88*54	10,000
4행	7	일반명함	코팅	86*52	11,000
5행	8	일반명함	코팅	90*50	15,000
6행	9	고급명함	휘레라펄	92*52	21,000
7행	10	고급명함	휘레라펄	90*50	20,000
8행	11	고급명함	반누보	92*52	18,500
9행	12	고급명함	반누보	90*50	18,000
10행	13	고급명함	럭셔리누보	92*52	20,000
11행	14	고급명함	럭셔리누보	90*50	19,000
12행	15	고급명함	럭셔리누보	91*51	23,000
13행	16	고급명함	스타드림실버	90*50	22,000
14행	17	고급명함	에단폭스	92*52	38,000
15행	18	고급명함	에단폭스	90*50	36,000
16행	19	고급명함	투명하이브리드	90*50	33,000

① 행 번호 : 럭셔리누보의 행 번호 10
② 높이 : 럭셔리 누보의 개수 3
③ 행 번호 10, 열 번호 0, 높이 3, 너비 1

20 이중 데이터 유효성 목록 지정하기 규격/제작을 이중 데이터 유효성 목록으로 지정해보겠습니다. ❶ [H15:H24] 셀 범위를 선택하고 ❷ [데이터] 탭–[데이터 도구] 그룹–[데이터 유효성 검사🔲]를 클릭합니다. ❸ [데이터 유효성 검사] 대화상자의 [설정] 탭에서 [제한 대상]으로 [목록]을 선택합니다. ❹ [원본]에 **=규격제작목록**을 입력하고 ❺ [확인]을 클릭합니다.

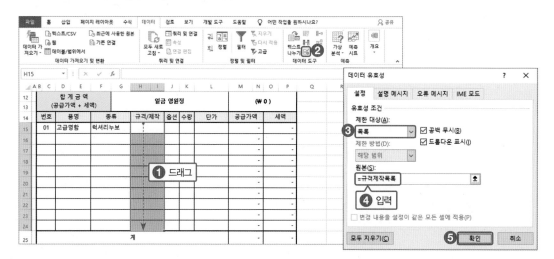

21 옵션을 데이터 유효성 목록으로 지정해보겠습니다. ❶ [J15:J24] 셀 범위를 선택하고 ❷ [데이터] 탭-[데이터 도구] 그룹-[데이터 유효성 검사圓]를 클릭합니다. ❸ [데이터 유효성 검사] 대화상자의 [설정] 탭에서 [제한 대상]으로 [목록]을 선택합니다. ❹ [원본]에 **=옵션**을 입력하고 ❺ [확인]을 클릭합니다.

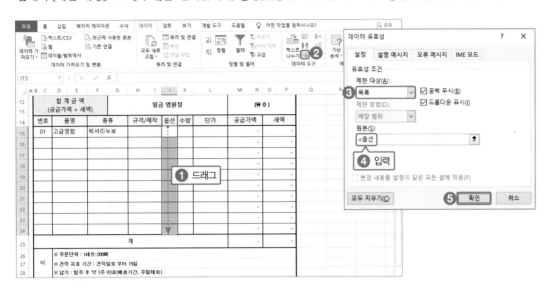

22 견적서에 단가 표시하기 규격, 옵션을 선택하고, 수량을 입력한 후 단가를 INDEX, MATCH 함수 와 배열 수식을 사용하여 구합니다. 단, 옵션에서 양면인 경우 단가에 3,000원을 추가합니다. ❶ [H15], [J15] 셀에서 **90*50, 양면**을 선택하고 ❷ [K15] 셀에 **2**를 입력합니다. ❸ [L15] 셀에 **=IFERROR(INDEX (단가,MATCH(D15&F15&H15,품명&종류&규격제작,0),1)+IF(J15="양면",3000,0),"")**를 입력하고 Ctrl +Shift+Enter를 누릅니다. ❹ [L15] 셀의 채우기 핸들을 [L24] 셀까지 드래그하고 ❺ [자동 채우기 옵션] 에서 [서식 없이 채우기]를 선택합니다.

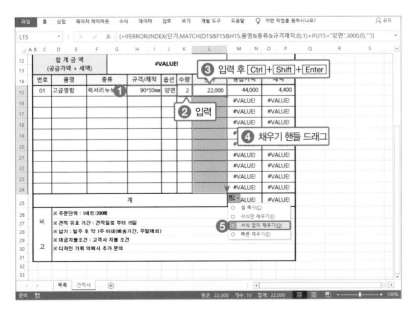

단가를 표시하는 수식 알아보기

INDEX 함수는 단가 범위(목록!$D$4:$D$45)에서 행 번호(MATCH(D15&F15&H15,품명&종류&규격제작,0))와 열 번호(1)가 교차하는 위치의 값을 찾습니다. 행 번호는 MATCH 함수를 사용하여 '고급명함&럭셔리누보&90*50(D15&F15&H15)'를 '품명&종류&규격제작'에서 정확하게 일치하는 위치(0)인 1행~42행의 번호로 찾습니다. 열 번호는 단가에서만 찾기 때문에 1열을 입력합니다. 만약 값을 찾지 못할 경우 '#N/A' 오류가 표시되므로 IFERROR 함수로 오류 시 처리할 값인 공백("")을 표시합니다. 행 번호를 찾는 수식은 배열과 배열을 비교하는 수식이기 때문에 수식이 끝날 때 Ctrl + Shift + Enter 를 눌러 배열 수식을 완성합니다.

행 번호

=| IFERROR(INDEX(단가, MATCH(D15&F15&H15, 품명&종류&규격제작, 0), 1), "") |

오류가 발생하면   전체 범위   찾을 값   전체 범위   일치 열 번호 처리할 값

배열 수식이므로 수식이 끝날 때 Ctrl + Shift + Enter 를 눌러 수식을 완성합니다.

	A	B	C	D
3	**품명**	**종류**	**규격제작**	**단가**
4	일반명함	무코팅	88*54	10,000
5	일반명함	무코팅	86*52	11,000
6	일반명함	코팅	88*54	10,000
7	일반명함	코팅	86*52	11,000
8	일반명함	코팅	90*50	15,000
9	고급명함	휘레라펄	92*52	21,000
10	고급명함	휘레라펄	90*50	20,000
11	고급명함	반누보	92*52	18,500
12	고급명함	반누보	90*50	18,000
13	고급명함	럭셔리누보	92*52	20,000
14	고급명함	럭셔리누보	90*50	19,000
15	고급명함	럭셔리누보	91*51	23,000
16	고급명함	스타드림실버	90*50	22,000

1행, 2행, 3행, 4행, 5행, 6행, 7행, 8행, 9행, 10행, 11행, 12행, 13행

① MATCH(D15&F15&H15,품명&종류&규격제작,0)
② 고급명함&럭셔리누보&90*50의 위치 11행
③ 단가에서 11행, 1열의 값 19,000원을 찾음

23 수식 오류 처리하기 공급가액, 세액에서 발생하는 수식의 오류를 IFERROR 함수로 처리합니다. ❶ [M15:M24] 셀의 범위를 선택합니다. ❷ 수식 입력줄에서 수식을 **=IFERROR(K15*L15,"")**로 수정한 후 Ctrl + Enter 를 눌러 공급가액 수식 전체를 수정합니다.

M15   fx =IFERROR(K15*L15,"")   ❷ 입력 후 Ctrl + Enter

번호	품명	종류	규격/제작	옵션	수량	단가	공급가액	세액
	합계 금액 (공급가액 + 세액)			#VALUE!			#VALUE!	
01	고급명함	럭셔리누보	90*50mm	양면	2	22,000	44,000	4,400
								#VALUE!
								#VALUE!
				❶ 드래그				
								#VALUE!
								#VALUE!
								#VALUE!
								#VALUE!
								#VALUE!
	계						44,000	#VALUE!

24 ❶ [O15:O24] 셀의 범위를 선택하고 ❷ 수식을 **=IFERROR(M15*10%,"")**로 수정한 후 Ctrl +
Enter 를 눌러 세액 수식 전체를 수정합니다.

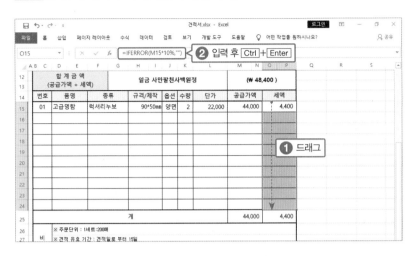

실력향상

IFERROR 함수는 수식에서 오류가 발생할 경우 처리할 값을 입력하는 함수입니다. 공급가액(K15*L15)은 수량과 단가가 입력되어 있지 않으면 0("–") 값 대신에 공란("")을 표시합니다. 공급가액이 공란("")이면 세액(M15*10%)에는 오류(#VALUE!)가 발생하므로 오류 대신에 공란("")을 표시합니다.

STEP 03 셀 잠금 해제 후 나머지 잠그고 시트 보호하기

견적서 양식에서 사용자가 견적할 내용 이외의 수식은 수정하지 못하도록 셀을 잠그고 시트를 보호한 후 인쇄 영역을 설정합니다.

25 수정할 내용의 셀 잠금 해제하고 나머지는 잠그기 견적서에서 수정할 내용의 셀은 잠금을 해제하고, 나머지는 셀을 잠급니다. ❶ [전체 선택]을 클릭하고 ❷ Ctrl + 1 을 누릅니다. ❸ [셀 서식] 대화상자에서 [보호] 탭을 클릭하고 ❹ [잠금], [숨김]에 모두 체크 표시합니다. ❺ [확인]을 클릭하여 전체 셀을 수정하지 못하도록 셀을 잠급니다.

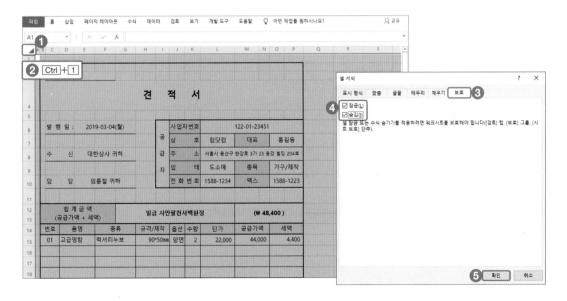

26 ❶ Ctrl 을 누른 채 ❷ [D3], [E6], [E8], [E10] 셀과 ❸ [D15:K24] 셀 범위를 각각 선택합니다. ❹ Ctrl +1 을 누릅니다. ❺ [셀 서식] 대화상자에서 [보호] 탭을 클릭하고 ❻ [잠금]과 [숨김]에 체크 표시를 해제합니다. ❼ [확인]을 클릭하여 범위를 지정한 셀의 잠금을 해제합니다.

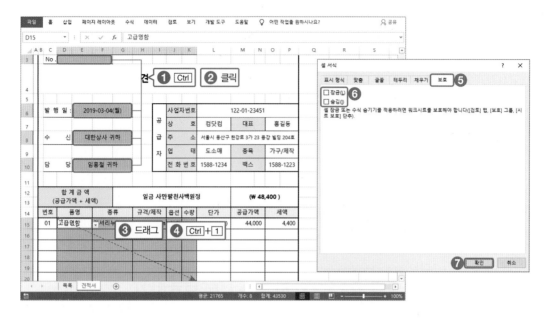

27 견적서 시트 보호하기 ❶ 임의의 셀을 클릭한 후 ❷ [검토] 탭-[보호] 그룹-[시트 보호]를 클릭합니다. ❸ [시트 보호] 대화상자의 [잠긴 셀]과 [잠기지 않은 셀]에 체크 표시한 상태에서 ❹ 더 이상 보호할 내용이 없다면 [확인]을 클릭합니다.

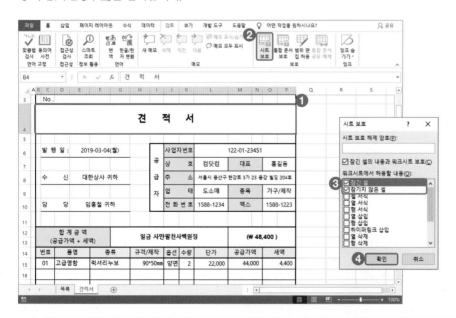

📊 실력향상 시트 보호를 해제할 경우 [검토] 탭-[보호] 그룹-[시트 보호 해제]를 클릭합니다. 만약 [시트 보호] 대화상자에서 암호를 지정했다면 암호를 입력해야 시트 보호를 해제할 수 있으므로 암호를 잊어버리지 않도록 주의합니다.

28 잠금 해제한 셀은 Tab 을 눌러 다음 셀로 이동할 수 있으므로 데이터를 입력할 때 유용합니다. ❶ [E6] 셀에 **2019-10-4**를 입력하고 Tab 을 누르면 [E8] 셀로 이동합니다. ❷ [E8] 셀에 **하나전자**를 입력하고 Tab 을 누른 후 [E10] 셀에 **홍길동**을 입력하고 Tab 을 누릅니다. ❸ [D15] 셀에서 **일반명함**을 선택하고 Tab 을 누릅니다. ❹ [F15] 셀에서 **코팅**을 선택하고 Tab 을 누릅니다. ❺ [H15] 셀에서 **86*52**를 선택하고 Tab 을 누른 후 ❻ [J15] 셀에서 **단면**을 선택하고 Tab 을 누릅니다. ❼ [K15]에 **1**을 입력하고 Tab 을 누릅니다. ❽ 같은 방식으로 [D16], [F16], [H16], [J16] 셀에서 각각 **고급명함**, **에단폭스**, **92*52**, **양면**을 선택한 후 ❾ [K16] 셀에 **3**을 입력하고 Tab 을 누릅니다. 나머지 견적 내용도 모두 입력합니다.

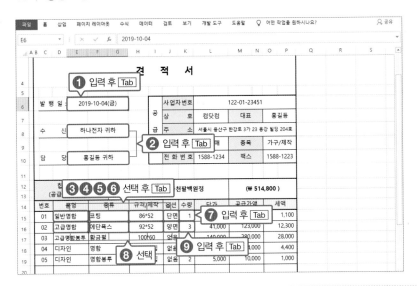

⏱ **시간단축**

데이터 유효성 목록이 설정되어 있는 셀은 마우스로 선택해야 하는 불편함이 있으므로 키보드로만 작업하기를 원하는 사용자한테는 조금 불편합니다. 데이터 유효성 목록이 설정되어 있는 셀을 선택하고 Alt 를 누른 상태에서 ↓ 를 누르면 목록이 표시됩니다. 방향키로 원하는 값이 있는 위치로 이동하고 Enter 를 누르면 선택한 값이 입력됩니다.

📊 **실력향상** 단가, 공급가액, 세액 등의 잠긴 셀을 수정하려고 하면 경고 메시지가 나타나 수정할 수 없습니다. 만약 일부 내용이나 수식을 수정하려면 [검토] 탭-[보호] 그룹-[시트 보호 해제]를 선택합니다.

29 인쇄 영역 설정하기 ❶ [B2:P31] 셀 범위를 선택하고 ❷ [페이지 레이아웃] 탭-[페이지 설정] 그룹-[인쇄 영역]을 클릭한 후 ❸ [인쇄 영역 설정]을 선택합니다. 인쇄 영역이 설정됩니다.

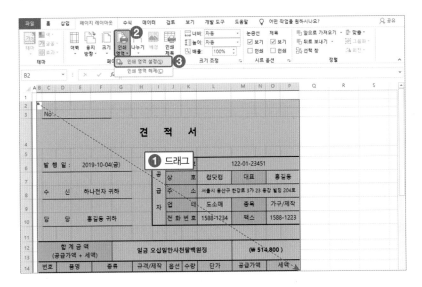

07

한눈에 파악할 수 있도록
입출고/재고현황 관리하기

실습 파일 | Part01/Chapter02/07_입출고현황.xlsx   완성 파일 | Part01/Chapter02/07_입출고현황_완성.xlsx

01 프로젝트 시작하기

입출고/재고 관리 양식은 상품을 납품받고 출고하는 내역을 관리하는 양식으로, 현재 재고를 파악하기 위해 작성하는 문서입니다. [상품목록] 시트에는 상품별로 입고가, 판매가가 입력되어 있습니다. 이 시트를 참조하여 [입출고현황] 시트에 일자별로 상품명, 입고, 출고량을 입력하면 자동으로 재고량을 계산하고, [재고현황] 시트에서 전체 상품별, 이월재고, 입고, 출고, 현재의 재고현황을 한눈에 살펴볼 수 있도록 관리해보겠습니다.

회사에서 바로 통하는 키워드

VLOOKUP, SUM, IF, IFERROR, OFFSET, AND, COUNTA, INDEX, MATCH, MONTH, 배열 수식, 이름 정의, 데이터 유효성 검사, 조건부 서식, 틀 고정, 시트 보호

상품 입출고 내역

일자	입출고	상품코드	상품명	규격	입고단가	입고수량	입고금액	출고단가	출고수량	출고금액	재고량	입고누적	출고누적	비고
		거래현황			입고현황			판매현황			재고 및 기타현황			
2019-01-01	입고	DS0009	모카커피믹스	1kg	7,000	20	140,000				420	20	0	
2019-01-02	입고	DS0009	모카커피믹스	1kg	7,000	10	70,000				430	30	0	
2019-01-03	출고	DS1201	레몬맛아이스티	1kg				7,500	30	225,000	370	0	30	
2019-01-04	출고	DS3212	보이차 100티백	1box				8,500	50	425,000	150	0	50	
2019-01-05	입고	DS0093	아메리카노미니 100스틱	1box	16,400	10	164,000				360	10	0	
2019-01-06	출고	DS0094	코코아차	1kg				7,375	55	405,625	145	0	55	
2019-01-07	출고	DS0094	코코아차	1kg	5,900	10	59,000				155	10	55	
2019-01-08	출고	DS0009	모카커피믹스	1kg				8,750	400	3,500,000	30	30	400	
2019-01-09	입고	DS1201	레몬맛아이스티	1kg	6,000	100	600,000				470	100	30	
2019-01-09	입고	DS3215	종이컵 2000	1box	18,000	10	180,000				60	10	0	
2019-01-09	출고	DS0103	생수컵 2400	1box				21,875	30	656,250	20	0	30	
2019-01-10	입고	DS3210	옥수수염차80티백	1box	5,200	20	104,000				170	20	0	
2019-01-11	출고	DS3211	둥굴레차100티백	1box				8,000	12	96,000	288	0	12	
2019-01-12	출고	DS3213	율무차50스틱	1box				8,250	30	247,500	370	0	30	
2019-01-13	입고	DS1202	현미녹차100티백	1box	5,000	100	500,000				300	100	0	
2019-01-14	입고	DS0093	아메리카노미니 100스틱	1box	16,400	30	492,000				390	40	0	
2019-01-15	출고	DS1202	현미녹차100티백	1box				6,250	15	93,750	285	100	15	
2019-01-16	출고	DS3211	둥굴레차100티백	1box				8,000	20	160,000	268	0	20	
2019-01-17	출고	DS3212	보이차 100티백	1box				8,500	30					
2019-01-18	입고	DS0009	모카커피믹스	1kg	7,000	50	350,000							
2019-01-19	입고	DS3213	율무차50스틱	1box	6,600	100	660,000							
2019-01-22	입고	DS3215	종이컵 2000	1box				22,500	20					
2019-01-23	입고	DS0103	생수컵 2400	1box	17,500	30	525,000							
2019-02-01	입고	DS1202	현미녹차100티백	1box	5,000	200	######							
2019-02-02	입고	DS1200	아이스커피믹스60티백	1box	11,700	300	######							
2019-02-03	출고	DS1201	레몬맛아이스티	1kg				7,500	200					
2019-02-04	출고	DS3213	율무차50스틱	1box				8,250	30					

시트 탭: 상품목록 | 입출고현황 | 재고현황

상품목록

상품코드	상품명	규격	입고가	출고가	이월재고
DS0009	모카커피믹스	1kg	7,000	8,750	400
DS0093	아메리카노미니 100스틱	1box	16,400	20,500	350
DS0094	코코아차	1kg	5,900	7,375	200
DS1200	아이스커피믹스60티백	1box	11,700	14,625	450
DS1201	레몬맛아이스티	1kg	6,000	7,500	400
DS1202	현미녹차100티백	1box	5,000	6,250	200
DS3210	옥수수수염차80티백	1box	5,200	6,500	150
DS3211	둥굴레차100티백	1box	6,400	8,000	300
DS3212	보이차 100티백	1box	6,800	8,500	200
DS3213	율무차50스틱	1box	6,600	8,250	400
DS3214	홍차60티백	1box	8,500	10,625	100
DS3215	종이컵 2000	1box	18,000	22,500	50
DS0103	생수컵 2400	1box	17,500	21,875	50
DS3300	허브티 카모마일	1box	12,500	15,625	0

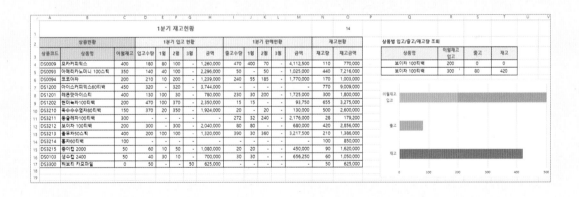

한눈에 보는 작업순서

상품목록, 재고현황 동적으로 이름 정의하기 ▶ 데이터 유효성 검사 지정하기 ▶ 조건부 서식 지정하기 ▶ 함수와 수식으로 입출고현황표 작성하기

▶ 일자, 입출고, 입고수량, 출고수량 동적으로 이름 정의하기 ▶ 함수와 수식으로 재고현황표 작성하기

STEP 01 이름 정의하고 데이터 유효성 검사와 조건부 서식 지정하기

❶ 입출고현황에서 참조할 상품목록과 재고현황을 OFFSET 함
수를 이용해 동적으로 이름 정의합니다.

❷ 상품 입출고 내역에서 데이터 유효성 검사로 입고수량을
1000개 이하가 되도록 제한합니다.

❸ 상품 입출고 내역에서 조건부 서식으로 테두리를 그립니다.

❹ 상품 입출고 내역에서 조건부 서식으로 입고/출고수량 셀을
강조합니다.

❺ 상품 입출고 내역에서 조건부 서식으로 재고량이 20개 이하일 때 강조합니다.

STEP 02 함수와 수식으로 입출고현황 작성하기

❶ 상품 입출고 내역에서 상품명, 규격을 IFERROR, VLOOKUP 함수로 표시합니다.

❷ 상품 입출고 내역에서 입고단가와 입고금액, 출고단가와 출고금액을 IFERROR, VLOOKUP, IF 함수
로 표시합니다.

❸ 상품 입출고 내역에서 재고량을 IFERROR, VLOOKUP 함수로 구합니다.

❹ 상품 입출고 내역에서 입고누적과 출고누적을 IF, SUM 함수와 배열 수식으로 구합니다.

STEP 03 이름 정의하고 함수와 수식으로 재고현황 작성하기

❶ 재고현황에서 참조할 일자, 입출고, 입고수량, 출고수량, 상품명을 OFFSET 함수를 이용해 동적으로
이름 정의합니다.

❷ 재고현황에서 입고/출고수량, 1월~3월 수량을 SUM, MONTH 함수와 배열 수식으로 구합니다.

❸ 재고현황에서 입고/출고 금액을 VLOOKUP 함수로 구합니다.

❹ 재고현황에서 재고량을 구합니다.

❺ 상품별 이월재고, 입고, 출고, 재고량을 INDEX, MATCH 함수로 표시합니다.

이름 정의하고 데이터 유효성 검사와 조건부 서식 지정하기

상품 입출고 내역에서 참조할 상품목록과 재고현황 범위를 고정되지 않은 동적인 범위로 지정하면 상품
목록을 추가/삭제하기 쉽습니다. 따라서 수식을 사용하여 상품목록과 재고현황 범위를 동적 참조로 이
름 정의해보겠습니다. 상품 입출고 내역에서 입고수량은 데이터 유효성 검사로 1000개 이하로만 입력
하도록 제한하고, 출고수량은 재고량 이하로 입력할 수 없도록 제한합니다. 또한 조건부 서식을 지정해
입고수량, 출고수량, 재고량 부족에 따라 해당 셀 또는 행을 채우기 색으로 강조해보겠습니다.

01 범위가 동적으로 참조되도록 이름 정의하기 상품을 새로 추가하거나 상품을 삭제하려면 상품목록
의 범위가 동적이어야 하므로 입출고현황에서 참조할 상품목록은 OFFSET 함수를 이용해 동적으로 이
름 정의해보겠습니다. ❶ [상품목록] 시트에서 ❷ [A3] 셀을 선택합니다. ❸ Ctrl + F3 을 눌러 [이름 관리
자] 대화상자를 불러옵니다. ❹ [이름 관리자] 대화상자에서 [새로 만들기]를 클릭합니다.

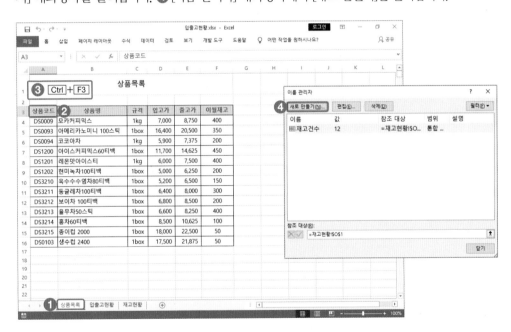

02 ❶ [이름]에 **상품목록**을 입력하고 ❷ [참조 대상]에 **=OFFSET(상품목록!$A$3,1,0,COUNTA(상품목
록!$A:$A)-2,6)**를 입력합니다. ❸ [확인]을 클릭합니다.

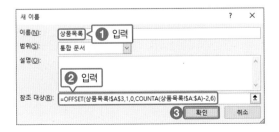

상품목록의 참조 대상 수식 알아보기

제목을 제외한 상품목록 전체 영역을 동적 참조할 때 기준 셀(상품목록!$A$3)로부터 1행, 0열, 높이 13, 너비 6인 수식은 **=OFFSET(상품목록!$A$3,1,0,13,6)**입니다. 여기서 높이는 상품목록의 개수에 따라 다르므로 COUNTA 함수로 A열의 개수를 세고, 제목과 표 제목을 뺀 수식인 **COUNTA(상품목록!$A:$A)−2**로 높이를 찾습니다.

$$\text{=OFFSET(상품목록!\$A\$3, \quad 1, \quad 0, \quad COUNTA(상품목록!\$A:\$A)-2, \quad 6)}$$

| 기준 셀 | 행 번호 | 열 번호 | 높이 | 너비 |

① 너비 6열
② 높이 13행

03 ❶ [이름 관리자] 대화상자에서 [상품목록]을 선택하고 ❷ [참조 대상] 입력란을 클릭하면 해당 범위가 초록색 점선으로 표시됩니다. ❸ [닫기]를 클릭하여 [이름 관리자] 대화상자를 닫습니다.

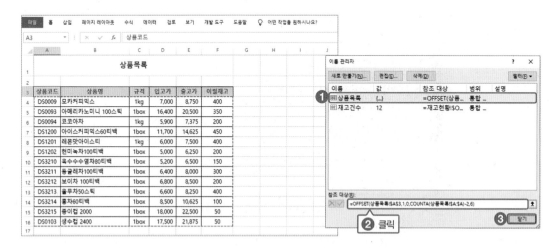

📊 **실력향상** [이름 관리자] 대화상자에서 정의된 이름을 선택하고 [참조 대상] 입력 상자를 클릭하면 참조된 범위가 초록색 점선으로 표시됩니다. 만약 초록색 점선이 표시되지 않거나 참조하지 않는 다른 위치에 초록색 점선이 표시된다면 참조 대상의 수식에 오류가 있는 경우이므로 참조 대상을 수정해야 합니다.

04 데이터 유효성 검사 설정하기 입출고현황에서 데이터 유효성 검사를 설정해 입고수량을 1000개 이하로만 입력하도록 제한하고 입고수량 셀에 설정한 유효한 데이터 값을 설명하기 위한 메시지를 입력해보 겠습니다. ❶ [입출고현황] 시트의 ❷ [이름 상자]에 **G5:G1000**을 입력하고 Enter 를 눌러 입고수량 영역의 범위를 선택합니다. ❸ [데이터] 탭-[데이터 도구] 그룹- [데이터 유효성 검사🔲]를 클릭합니다.

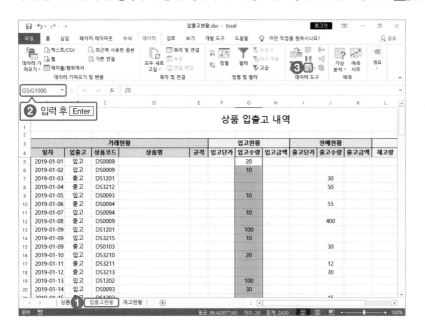

05 ❶ [데이터 유효성] 대화상자의 [설정] 탭에서 [제한 대상]으로 [사용자 지정]을 선택합니다. ❷ [수식] 에 **=AND(B5="입고",G5>=1,G5<=1000)**를 입력합니다. ❸ [데이터 유효성] 대화상자에서 [설명 메시지] 탭을 클릭하고 ❹ [제목]에 **입고수량**을 입력합니다. ❺ [설명 메시지]에 **1이상 1000이하**를 입력하고 ❻ [확 인]을 클릭합니다.

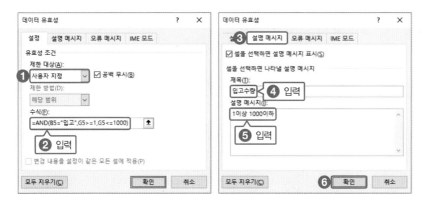

실력향상 입고수량(G5:G1000)은 데이터가 추가로 계속 입력될 예정이므로 범위를 고정하지 않고 임의로 1000행까지 범위 지 정합니다. 입고수량은 데이터 유효성 검사에서 유효한 값의 조건으로 입출고 입력 셀(B5)이 '입고'이면서 입고수량이 1 이상, 1000 이 하만 입력되도록 수식 **=AND(B5="입고",G5>=1,G5<=1000)**를 입력합니다.

06 상품 입출고현황에서 데이터 유효성 검사로 출고수량은 재고량 이하로 입력할 수 없도록 제한하고 출고수량 셀에 설정한 유효한 데이터 값을 설명하기 위한 메시지를 입력해보겠습니다. ❶ [입출고현황] 시트의 [이름 상자]에 **J5:J1000**을 입력하고 Enter 를 눌러 입고수량 영역을 범위 지정합니다. ❷ [데이터] 탭–[데이터 도구] 그룹–[데이터 유효성 검사📋]를 클릭합니다.

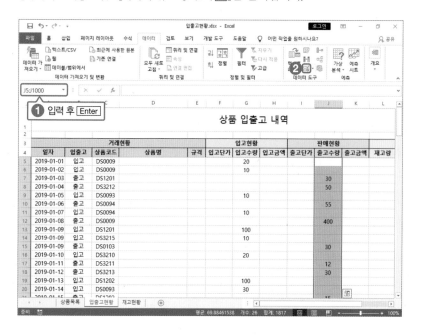

07 ❶ [데이터 유효성] 대화상자의 [설정] 탭에서 [제한 대상]으로 [사용자 지정]을 선택하고 ❷ [수식]에 **=AND(B5="출고",J5)=0,J5〈=L5+J5)**를 입력합니다. ❸ [설명 메시지] 탭을 클릭하고 ❹ [제목]에 **출고수량**을 입력합니다. ❺ [설명 메시지]에 **0이상 재고수량 이하**를 입력하고 ❻ [확인]을 클릭합니다.

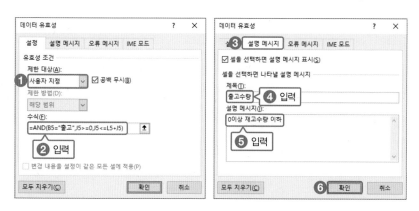

📊 실력향상 출고수량(J5:J1000)은 데이터가 추가로 계속 입력될 예정이므로 범위를 고정하지 않고 임의로 1000행까지 범위 지정합니다. 출고수량은 데이터 유효성 검사에서 유효한 값의 조건으로 입출고 입력 셀(B5)이 '출고', 출고량(J5)이 0 이상이고, 재고량(L5) 이하만 입력되도록 수식 **=AND(B5="출고",J5)=0,J5〈=L5)**를 입력할 수 있습니다. 이후 과정에서 재고량(L5)을 계산하는 수식이 입력되면 출고량 입력 시 재계산되어 재고량의 50%를 초과해서 입력할 수 없게 됩니다. 예를 들어 재고량이 100개 있을 때 출고량을 50개를 입력하면 재고량은 재계산(100-50=50)되므로 50개를 출고(50〈=50(TRUE))할 수 있습니다. 하지만 출고량을 80개를 입력하면 재고량이 재계산(100-80=20)되어 80개를 출고(80〈=20(FALSE))할 수 없으므로 유효성 검사에서 오류 메시지가 나타납니다. 따라서 재고수량(L5)에 출고수량(J5)을 더한 값(L5+J5) 이하만 입력되도록 수식 **=AND(B5="출고",J5)=0,J5〈=L5+J5)**를 입력합니다.

08 조건부 서식으로 테두리 그리기 상품 입출고 내역에서 조건부 서식으로 일자에 데이터가 입력되어 있으면 테두리를 그려보겠습니다. ❶ [이름 상자]에 **A5:O1000**을 입력하고 Enter 를 눌러 범위를 지정합니다. ❷ [홈] 탭-[스타일] 그룹-[조건부 서식]을 클릭하고 ❸ [새 규칙]을 선택합니다. ❹ [새 서식 규칙] 대화상자의 [규칙 유형 선택] 항목에서 [수식을 사용하여 서식을 지정할 셀 결정]을 선택하고 ❺ 수식 입력란에 **=$A5〈〉""**를 입력합니다. ❻ [서식]을 클릭합니다. ❼ [셀 서식] 대화상자에서 [테두리] 탭을 클릭하고 ❽ [선]의 [스타일]에서 [실선], ❾ [테두리]에서 [윤곽선▢]을 클릭합니다. ❿ [확인]을 클릭하고 ⓫ [새 서식 규칙] 대화상자에서도 [확인]을 클릭합니다. 일자가 입력되어 있으면 그 행 전체에 테두리가 그려집니다.

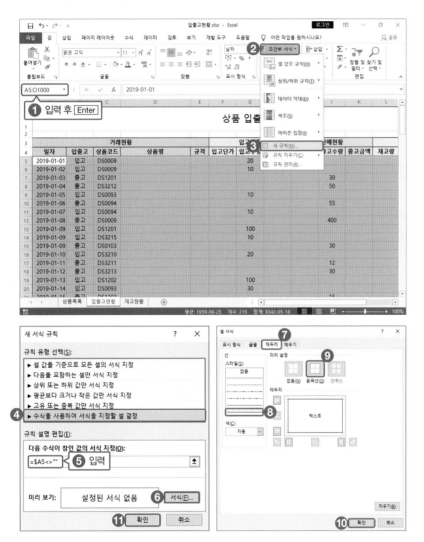

▥ **실력향상** 데이터가 추가로 얼마나 입력될지 알 수 없으므로 데이터가 있는 영역만 범위 지정하는 것이 아니라 임의의 영역 (A5:O1000)까지 범위를 지정합니다. 조건부 서식의 수식은 일자 셀이 비어 있지 않으면 규칙을 적용해야 하므로 **=$A5〈〉""**를 입력 합니다.

09 조건부 서식으로 셀 강조하기 입출고현황에서 조건부 서식으로 입출고 상태에 따라 입력 셀을 확인할 수 있도록 입고/출고수량 셀을 강조해보겠습니다. ❶ [이름 상자]에 **G5:G1000**을 입력하고 Enter를 눌러 범위를 지정합니다. ❷ [홈] 탭-[스타일] 그룹-[조건부 서식]을 클릭하고 ❸ [새 규칙]을 선택합니다. ❹ [규칙 유형 선택] 항목에서 [수식을 사용하여 서식을 지정할 셀 결정]을 선택하고 ❺ 수식 입력란에 **=AND($B5="입고",$G5="")**를 입력합니다. ❻ [서식]을 클릭합니다.

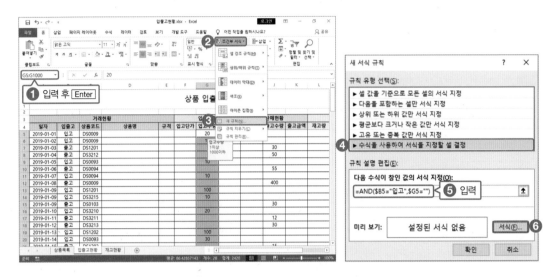

10 ❶ [셀 서식] 대화상자에서 [채우기] 탭을 클릭하고 ❷ 적당한 채우기 색을 지정한 후 ❸ [확인]을 클릭합니다. ❹ [새 서식 규칙] 대화상자에서도 [확인]을 클릭합니다.

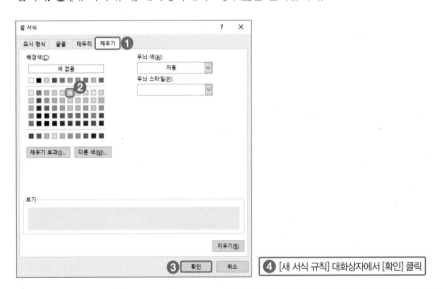

❹ [새 서식 규칙] 대화상자에서 [확인] 클릭

📊 **실력향상** 입출고 항목에 "입고"가 선택되면 입고수량을 입력해야 하므로 해당하는 입고수량 셀에 ▨▨▨채우기 색이 표시됩니다. 여기서는 입고수량이 입력되어 있으므로 조건부 서식을 지정해도 강조되지 않습니다. 추후 [A60] 셀에 데이터를 추가로 입력하고 입출고 항목을 **입고**로 선택하면 입고수량 셀에 강조색이 표시됩니다.

11 ❶ [이름 상자]에 **J5:J1000**을 입력하고 Enter를 눌러 범위를 지정합니다. ❷ [홈] 탭-[스타일] 그룹-[조건부 서식]을 클릭하고 ❸ [새 규칙]을 선택합니다. ❹ [규칙 유형 선택] 항목에서 [수식을 사용하여 서식을 지정할 셀 결정]을 선택하고 ❺ 수식 입력란에 **=AND($B5="출고",$J5="")**를 입력합니다. ❻ [서식]을 클릭합니다.

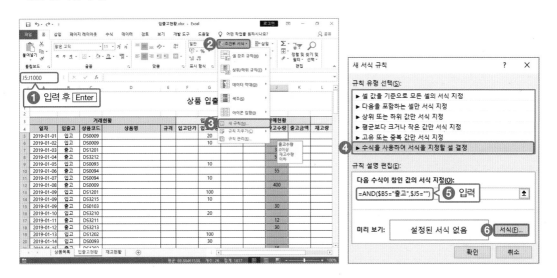

12 ❶ [셀 서식] 대화상자에서 [채우기] 탭을 클릭하고 ❷ 적당한 채우기 색을 지정한 후 ❸ [확인]을 클릭합니다. ❹ [새 서식 규칙] 대화상자에서도 [확인]을 클릭합니다.

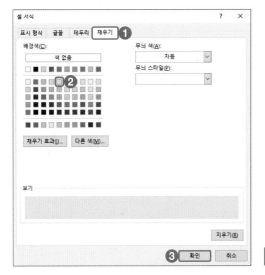

❹ [새 서식 규칙] 대화상자에서 [확인] 클릭

실력향상 입출고 항목에 [출고]가 선택되면 출고수량을 입력해야 하므로 해당하는 출고수량 셀에 ▢▢▢ 채우기 색이 표시됩니다. 여기서는 출고수량이 입력되어 있으므로 조건부 서식을 지정해도 강조되지 않습니다. 추후에 [A59] 셀에 데이터를 추가로 입력하고 입출고 항목을 **출고**로 선택하면 출고수량 셀에 강조색이 표시됩니다.

13 **조건부 서식으로 행 강조하기** 상품 입출고현황에서 조건부 서식으로 재고량이 20개 이하일 때 추가 주문을 할 수 있도록 재고량 셀이 공백이 아니면서 재고량이 20 이하인 경우 행 전체를 강조하겠습니다. ❶ [이름 상자]에 **A5:O1000**을 입력하고 [Enter]를 눌러 범위를 선택합니다. ❷ [홈] 탭-[스타일] 그룹-[조건부 서식]을 클릭하고 ❸ [새 규칙]을 선택합니다.

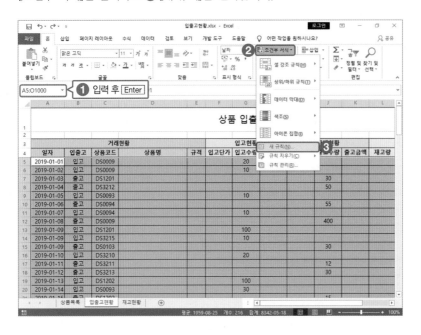

14 ❶ [새 서식 규칙] 대화상자의 [규칙 유형 선택] 항목에서 [수식을 사용하여 서식을 지정할 셀 결정]을 선택하고 ❷ 수식 입력란에 **=AND($L5<>"",$L5<=20)**를 입력합니다. ❸ [서식]을 클릭합니다. ❹ [셀 서식] 대화상자에서 [채우기] 탭을 클릭하고 ❺ 적당한 채우기 색을 지정한 후 ❻ [확인]을 클릭합니다. ❼ [새 서식 규칙] 대화상자에서도 [확인]을 클릭합니다.

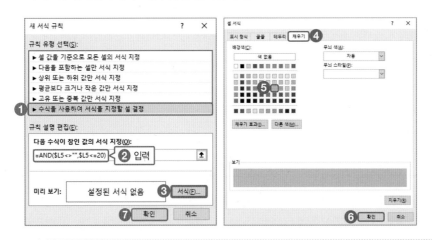

📊 **실력향상** 재고량 셀이 공백이 아니면서 재고량이 20 이하인 경우 행 전체를 ▨▨▨채우기 색으로 강조합니다. 여기서는 재고량이 입력되기 전이므로 조건부 서식을 지정해도 강조되지 않습니다. 추후 재고량이 입력될 때 해당 조건에 맞으면 행 전체에 강조색이 표시됩니다.

함수와 수식으로 입출고현황 작성하기

상품 입출고현황에서 상품코드에 해당하는 상품명과 규격, 입고단가, 입고금액, 출고단가, 출고금액, 입고누적, 출고누적, 재고량을 함수와 배열 수식으로 표시합니다.

15 상품명과 규격을 IFERROR, VLOOKUP 함수로 표시하기 ❶ [이름 상자]에 **D5:E1000**을 입력하고 Enter 를 눌러 범위를 선택합니다. ❷ 수식 입력줄에 **=IFERROR(VLOOKUP($C5,상품목록, COLUMN(B1),0),"")** 를 입력하고 Ctrl + Enter 를 누릅니다.

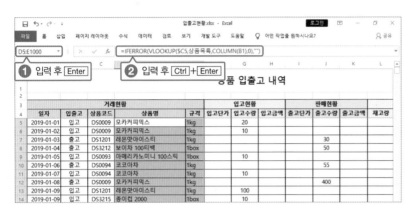

📊 **실력향상** 상품코드(C5)를 상품목록에서 세로 방향으로 검색하여 정확하게 일치(0)하는 값을 찾아 상품명의 위치 열(2열)을 나타내는 수식은 **=VLOOKUP(C5,상품목록,2,0)**, 규격의 위치 열(3열)을 나타내는 수식은 **=VLOOKUP(C5,상품목록,3,0)**입니다. 열의 위치는 'COLUMN(B1)'으로 수정하면 자동으로 2열, 3열로 변경되므로 완성 수식은 **=IFERROR(VLOOKUP($C5,상품목록, COLUMN(B1),0),"")**입니다.

16 입고단가와 입고금액을 VLOOKUP, IF, IFERROR 함수로 표시하기 ❶ [F5] 셀에 **=IF(B5="입고",VLOOKUP(C5,상품목록,4,0),"")** 를 입력하고 Enter 를 누릅니다. ❷ [F5] 셀의 채우기 핸들을 더블클릭합니다. ❸ [H5] 셀에 **=IFERROR(F5*G5,"")** 를 입력하고 Enter 를 누릅니다. ❹ [H5] 셀의 채우기 핸들을 더블클릭합니다.

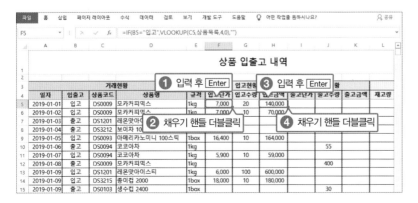

17 출고단가와 출고금액을 VLOOKUP, IF, IFERROR 함수로 표시하기 ① [I5] 셀에 **=IF(B5="출고", VLOOKUP(C5,상품목록,5,0),"")** 를 입력하고 Enter를 누릅니다. ② [I5] 셀의 채우기 핸들을 더블클릭합니다. ③ [K5] 셀에 **=IFERROR(I5*J5),"")** 를 입력하고 Enter를 누릅니다. ④ [K5] 셀의 채우기 핸들을 더블클릭합니다.

18 입고누적과 출고누적을 SUM 함수와 배열 수식으로 표시하기 ① [M5] 셀에 **=IF(A5="","",SUM(($B$5:B5="입고")*($C$5:C5=C5)*$G$5:G5))** 를 입력하고 ② Ctrl + Shift + Enter를 눌러 배열 수식을 완성합니다. ③ [M5] 셀의 채우기 핸들을 더블클릭하여 수식을 복사합니다.

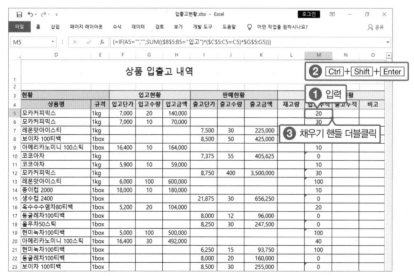

📊 실력향상

① =SUM(	① 입고수량의 누적량을 구하기 위해 SUM 함수로 시작해서
② ($B$5:B5="입고")*	② 입출고 범위에서 '입고'와 같은 항목을 찾고
③ ($C$5:C5=C5)*	③ 상품코드 범위에서 상품코드(C5)와 같은 항목을 찾고
④ $G$5:G5)	④ 입고 수량의 범위를 ②*③*입고수량 순서로 곱해서 나온 수량의
⑤ Ctrl + Shift + Enter	⑥ 합계를 구하기 위해 Ctrl + Shift + Enter를 눌러 배열 수식을 완성합니다.

19 ❶ [N5] 셀에 **=IF(A5="","",SUM(($B$5:B5="출고")*($C$5:C5=C5)*$J$5:J5))**를 입력하고 Ctrl +Shift+ Enter 를 눌러 배열 수식을 완성합니다. ❷ [N5] 셀의 채우기 핸들을 더블클릭하여 수식을 복사합니다.

N5 {=IF(A5="","",SUM(($B$5:B5="출고")*($C$5:C5=C5)*$J$5:J5))}

상품 입출고 내역

❶ 입력 후 Ctrl + Shift + Enter
❷ 채우기 핸들 더블클릭

상품명	규격	입고단가	입고수량	입고금액	출고단가	출고수량	출고금액	재고량	입고누적	출고누적	비고
모카커피믹스	1kg	7,000	20	140,000				20		0	
모카커피믹스	1kg	7,000	10	70,000				30		0	
레몬맛아이스티	1kg				7,500	30	225,000	0		3	
보이차 100티백	1box				8,500	50	425,000	0		5	
아메리카노미니 100스틱	1box	16,400	10	164,000				10		0	
코코아차	1kg				7,375	55	405,625	0		55	
코코아차	1kg	5,900	10	59,000				10		55	
모카커피믹스	1kg				8,750	400	3,500,000	30		400	
레몬맛아이스티	1kg	6,000	100	600,000				100		30	
종이컵 2000	1box	18,000	10	180,000				10		0	
생수컵 2400	1box				21,875	30	656,250	0		30	
옥수수염차80티백	1box	5,200	20	104,000				20		0	
둥굴레차100티백	1box				8,000	12	96,000	0		12	
율무차50스틱	1box				8,250	30	247,500	0		30	
현미녹차100티백	1box	5,000	100	500,000				100		0	
아메리카노미니 100스틱	1box	16,400	30	492,000				40		0	

실력향상

① =SUM(	① 출고수량의 누적량을 구하기 위해 SUM 함수로 시작해서
② ($B$5:B5="출고")*	② 입출고 범위에서 '출고'와 같은 항목을 찾고
③ ($C$5:C5=C5)*	③ 상품코드 범위에서 상품코드(C5)와 같은 항목을 찾아
④ $J$5:J5)	④ 출고수량의 범위를 ②*③*출고수량 순서로 곱해서 나온 수량의
⑤ Ctrl + Shift + Enter	⑥ 합계를 구하기 위해 Ctrl + Shift + Enter 를 눌러 배열 수식을 완성합니다.

20 재고량을 IFERROR, VLOOKUP 함수로 표시하기 ❶ [L5] 셀에 **=IFERROR(VLOOKUP(C5, 상품목록,6,0)+M5-N5,"")**를 입력하고 Enter 를 누릅니다. ❷ [L5] 셀의 채우기 핸들을 더블클릭하여 수식을 복사합니다. 재고량이 표시되면 앞서 조건부 서식에서 지정한 조건인 재고량이 20개 이하인 행이 강조되어 나타납니다.

L5 =IFERROR(VLOOKUP(C5,상품목록,6,0)+M5-N5,"")

상품 입출고 내역

❶ 입력 후 Enter
❷ 채우기 핸들 더블클릭

상품명	규격	입고단가	입고수량	입고금액	출고단가	출고수량	출고금액	재고량	입고누적	출고누적	비고
모카커피믹스	1kg	7,000	20	140,000				420	20	0	
모카커피믹스	1kg	7,000	10	70,000				430	30	0	
레몬맛아이스티	1kg				7,500	30	225,000	37			
보이차 100티백	1box				8,500	50	425,000	15			
아메리카노미니 100스틱	1box	16,400	10	164,000				360	10	0	
코코아차	1kg				7,375	55	405,625	145	0	55	
코코아차	1kg	5,900	10	59,000				155	10	55	
모카커피믹스	1kg				8,750	400	3,500,000	30	30	400	
레몬맛아이스티	1kg	6,000	100	600,000				470	100	30	
종이컵 2000	1box	18,000	10	180,000				60	10	0	
생수컵 2400	1box				21,875	30	656,250	20	0	30	
옥수수염차80티백	1box	5,200	20	104,000				170	20	0	
둥굴레차100티백	1box				8,000	12	96,000	288	0	12	
율무차50스틱	1box				8,250	30	247,500	370	0	30	
현미녹차100티백	1box	5,000	100	500,000				300	100	0	
아메리카노미니 100스틱	1box	16,400	30	492,000				390	40	0	
현미녹차100티백	1box				6,250	15	93,750	285	100	15	
둥굴레차100티백	1box				8,000	20	160,000	268	0	32	
보이차 100티백	1box				8,500	30	255,000	120	0	80	

실력향상

재고량을 구하는 수식은 **=이월재고량+입고누적량 – 출고누적량**입니다. 이월재고량은 [상품목록] 시트의 상품목록에서 VLOOKUP 함수로 찾습니다.

오류 표시 숨기기

입고누적과 출고누적 셀에 오류가 표시됩니다. 오류 표시를 숨기고 싶다면 오류가 표시된 [M8] 셀을 선택하고 Ctrl +Shift+↓를 눌러 셀 범위를 선택한 후 [오류 검사 옵션 🔹]을 클릭하여 [오류 무시]를 선택합니다. 전체 셀에 오류를 숨기려면 [파일]-[Excel 옵션]-[수식]에서 [다른 작업을 수행하면서 오류 검사]의 체크 표시를 해제합니다. 만약 셀에 오류가 표시되지 않는다면 116쪽 프로젝트 01의 10 과정에서 수식 오류를 숨겼기 때문입니다.

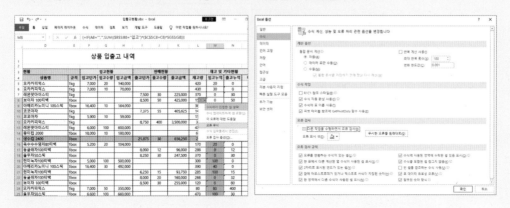

STEP 03 이름 정의하고 함수와 수식으로 재고현황 작성하기

상품 입출고 내역의 일자, 입출고, 상품코드, 입고수량, 출고수량과 재고현황의 상품명을 동적 범위로 이름 정의합니다. 1분기 재고현황에서 재고/출고수량, 1월~3월 수량을 배열 수식으로 구하고 입고/출고금액과 재고량, 재고금액을 함수와 수식으로 계산해보겠습니다. 완성된 1분기 재고현황에서 상품별로 조회할 이월재고, 입고, 출고, 재고수량을 함수로 표시합니다. 상품 입고출 내역에 새로운 데이터 입력하여 재고현황에서 새로 추가된 데이터의 입고량이 표시되는지 조회합니다.

21 **전체건수를 COUNTA 함수로 구하고 이름 정의하기** ❶ [O2] 셀에 **=COUNTA(A5: A1000)**를 입력하고 Enter를 누릅니다. ❷ [O2] 셀을 선택한 후 [이름 상자]에 **전체건수**를 입력하고 Enter를 누릅니다.

22 범위가 동적으로 참조되도록 이름 정의하기 재고현황에서 참조할 상품 입출고 내역의 일자, 입출고, 상품코드, 입고수량, 출고수량을 OFFSET 함수를 이용해 동적으로 이름 정의합니다. ❶ [A5] 셀을 선택합니다. ❷ Ctrl + F3 을 눌러 [이름 관리자] 대화상자를 불러옵니다. ❸ [이름 관리자] 대화상자에서 [새로 만들기]를 클릭합니다.

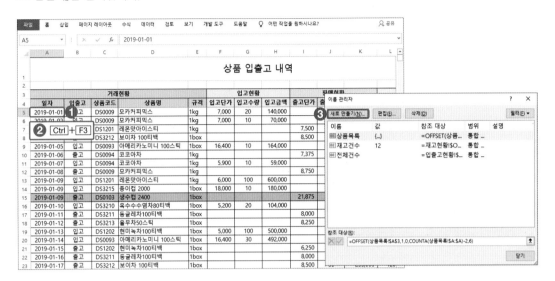

23 ❶ [이름]에 **일자**를 입력하고 ❷ [참조 대상]에 **=OFFSET(입출고현황!$A$4,1,0,전체건수,1)**를 입력합니다. ❸ [확인]을 클릭합니다.

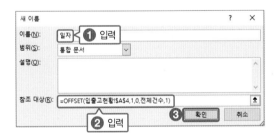

 일자의 참조 대상 수식 알아보기

제목을 제외한 일자 영역을 동적 참조하기 위해 기준 셀(입출고현황!$A$4)로부터 1행, 0열, 높이 54, 너비 1인 수식으로 나타내면 **=OFFSET(입출고현황!$A$4,1,0,54,1)**입니다.

여기서 높이는 **21** 과정에서 상품입출고 내역의 전체건수를 [O2] 셀(COUNTA(A5:A1000))에 구하고 이름을 **전체건수**로 정의했으므로, '전체건수'로 높이를 지정합니다.

=OFFSET(입출고현황!$A$4, 1, 0, 전체건수, 1)
기준 셀 / 행 번호 / 열 번호 / 높이 / 너비

24 ❶ [이름 관리자] 대화상자에서 [새로 만들기]를 클릭합니다. ❷ [이름]에 **입출고**를 입력하고, ❸ [참조 대상]에 **=OFFSET(입출고현황!$B$4,1,0,전체건수,1)**를 입력합니다. ❹ [확인]을 클릭합니다.

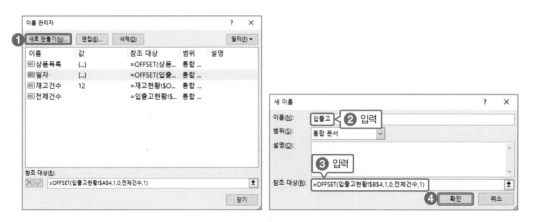

25 ❶ [이름 관리자] 대화상자에서 [새로 만들기]를 클릭합니다. ❷ [이름]에 **상품코드**를 입력하고, ❸ [참조 대상]에 **=OFFSET(입출고현황!$C$4,1,0,전체건수,1)**를 입력합니다. ❹ [확인]을 클릭합니다.

26 ❶ [이름 관리자] 대화상자에서 [새로 만들기]를 클릭합니다. ❷ [이름]에 **입고수량**을 입력하고, ❸ [참조 대상]에 **=OFFSET(입출고현황!$G$4,1,0,전체건수,1)**를 입력합니다. ❹ [확인]을 클릭합니다.

27 ❶ [이름 관리자] 대화상자에서 [새로 만들기]를 클릭합니다. ❷ [이름]에 **출고수량**을 입력하고, ❸ [참조 대상]에 **=OFFSET(입출고현황!$J$4,1,0,전체건수,1)**을 입력합니다. ❹ [확인]을 클릭합니다.

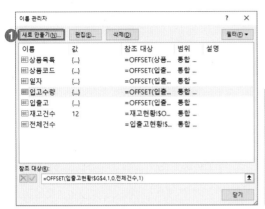
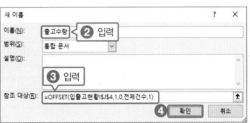

28 재고현황에서 상품명을 OFFSET 함수를 이용해 동적으로 이름 정의합니다. ❶ [이름 관리자] 대화상자에서 [새로 만들기]를 클릭합니다. ❷ [이름]에 **상품명**을 입력하고 ❸ [참조 대상]을 클릭한 후 **=OFFSET(재고현황!$B$3,1,0,재고건수,1)**를 입력합니다. ❹ [확인]을 클릭하고 ❺ [닫기]를 클릭합니다.

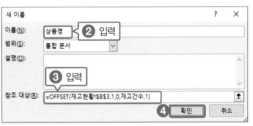

실력향상 [재고현황] 시트의 [O1] 셀에 수식 **=COUNTA(A4:A1000)−COUNTBLANK(A4:A1000)**를 입력하고 '재고건수'로 이름을 정의했습니다.

29 **입고수량 표시하기** 재고현황에서 입고/출고수량, 1월~3월 수량을 SUM, MONTH 함수와 배열 수식으로 구해보겠습니다. ❶ [재고현황] 시트의 ❷ [D4] 셀에 **=IF(A4="","",SUM((상품코드=A4)*(입출고 ="입고")*입고수량))**를 입력하고 Ctrl + Shift + Enter 를 눌러 배열 수식을 완성합니다. ❸ [D4] 셀의 채우기 핸들을 더블클릭하여 수식을 복사합니다.

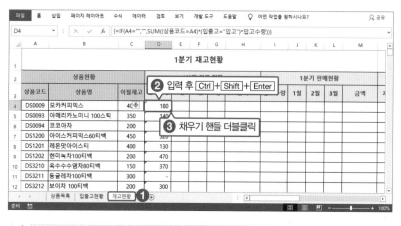

실력향상

① =IF(A4="","",
② SUM(
③ (상품코드=A4)*
④ (입출고="입고")*
⑤ 입고수량))
⑥ Ctrl + Shift + Enter

① 만약 상품코드(A4)가 비어 있으면 입고수량(D4)에 공란을 표시하고,
② 상품코드(A4)가 입력되어 있으면 입고수량을 구하기 위해 SUM 함수로 시작해서
③ 상품코드 범위에서 상품코드(A4)와 같은 항목을 찾고
④ 입출고 범위에서 '입고'와 같은 항목을 찾아
⑤ 입고수량의 범위를 ②*③*입고수량 순서로 곱해서 나온 수량의
⑥ 합계를 구하기 위해 Ctrl + Shift + Enter 를 눌러 배열 수식을 완성합니다.

30 **1월~3월 입고수량 표시하기** ❶ [E4] 셀에 **=IF(A4="","",SUM((상품코드=$A4)*(입출고="입고")* (MONTH(일자)=E$3)*입고수량))**를 입력하고 Ctrl + Shift + Enter 를 눌러 배열 수식을 완성합니다. ❷ [E4] 셀의 채우기 핸들을 [G4] 셀까지 드래그한 후 ❸ [G4] 셀의 채우기 핸들을 더블클릭하여 수식을 복사합니다.

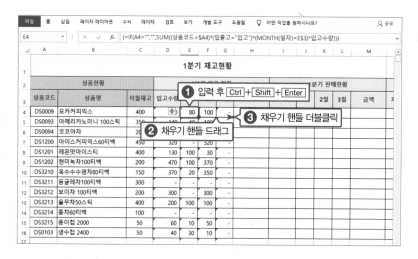

실력향상

① =IF(A4="","",	① 만약 상품코드(A4)가 비어 있으면 1월 입고수량(E4)에 공란을 표시하고,
② =SUM(	② 아니면, 입고수량을 구하기 위해 SUM 함수로 시작해서
③ (상품코드=$A4)*	③ 상품코드 범위에서 상품코드($A4)와 같은 항목을 찾고
④ (입출고="입고")*	④ 입출고 범위에서 '입고'와 같은 항목을 찾습니다.
⑤ (MONTH(일자)=E$3)	⑤ 일자 범위에서 1월~3월을 찾고
⑥ 입고수량)	⑥ 입고수량의 범위를 ②*③*④*입고수량 순서로 곱해서 나온 수량의
⑦ Ctrl + Shift + Enter	⑦ 합계를 구하기 위해 Ctrl + Shift + Enter 를 눌러 배열 수식을 완성합니다.

31 출고수량 표시하기 ❶ [I4] 셀에 **=IF(A4="","",SUM((상품코드=A4)*(입출고="출고")*출고수량))**를 입력하고 Ctrl + Shift + Enter 를 눌러 배열 수식을 완성합니다. ❷ [I4] 셀의 채우기 핸들을 더블클릭하여 수식을 복사합니다.

실력향상

① =IF(A4="","",	① 만약 상품코드(A4)가 비어 있으면 출고수량(I4)에 공란을 표시하고,
② =SUM(	② 아니면, 출고수량을 구하기 위해 SUM 함수로 시작해서
③ (상품코드=A4)*	③ 상품코드 범위에서 상품코드(A4)와 같은 항목을 찾고
④ (입출고="출고")*	④ 입출고 범위에서 '출고'와 같은 항목을 찾아
⑤ 출고수량)	⑤ 출고수량의 범위를 ②*③*출고수량 순서로 곱해서 나온 수량의
⑥ Ctrl + Shift + Enter	⑥ 합계를 구하기 위해 Ctrl + Shift + Enter 를 눌러 배열 수식을 완성합니다.

32 1월~3월 출고수량 표시하기 ❶ [J4] 셀에 **=IF(A4="","",SUM((상품코드=$A4)*(입출고="출고")*(MONTH(일자)=J$3)*출고수량))** 를 입력하고 Ctrl + Shift + Enter 를 눌러 배열 수식을 완성합니다. ❷ [J4] 셀의 채우기 핸들을 [L4] 셀까지 드래그한 후 ❸ [L4] 셀의 채우기 핸들을 더블클릭하여 수식을 복사합니다.

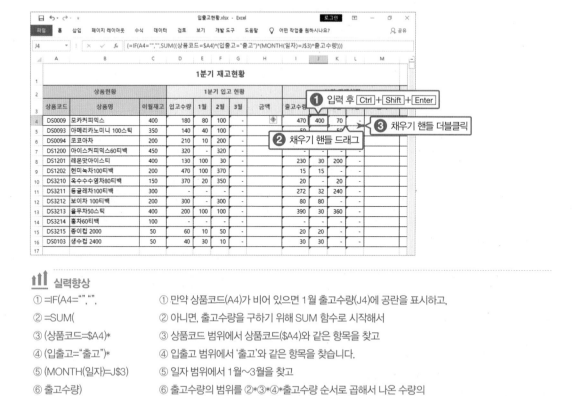

실력향상

① =IF(A4="","",   ① 만약 상품코드(A4)가 비어 있으면 1월 출고수량(J4)에 공란을 표시하고,

② =SUM(② 아니면, 출고수량을 구하기 위해 SUM 함수로 시작해서

③ (상품코드=$A4)*   ③ 상품코드 범위에서 상품코드($A4)와 같은 항목을 찾고

④ (입출고="출고")*   ④ 입출고 범위에서 '출고'와 같은 항목을 찾습니다.

⑤ (MONTH(일자)=J$3)   ⑤ 일자 범위에서 1월~3월을 찾고

⑥ 출고수량)   ⑥ 출고수량의 범위를 ②*③*④*출고수량 순서로 곱해서 나온 수량의

⑦ Ctrl + Shift + Enter   ⑦ 합계를 구하기 위해 Ctrl + Shift + Enter 를 눌러 배열 수식을 완성합니다.

---

33 입고/출고 금액을 VLOOKUP 함수로 표시하기 ❶ [H4] 셀에 **=IFERROR(VLOOKUP(A4,상품목록,4,0)*D4,"")** 를 입력하고 Enter 를 누릅니다. ❷ [H4] 셀의 채우기 핸들을 더블클릭합니다.

34 ❶ [M4] 셀에 **=IFERROR(VLOOKUP(A4,상품목록,5,0)*I4,"")**를 입력하고 [Enter]를 누릅니다. ❷ [M4] 셀의 채우기 핸들을 더블클릭합니다.

35 재고량과 금액 표시하기 ❶ [N4] 셀에 **=IFERROR(C4+D4-I4,"")**를 입력하고 [Enter]를 누릅니다. ❷ [N4] 셀의 채우기 핸들을 더블클릭합니다. ❸ [O4] 셀에 **=IFERROR(VLOOKUP(A4,상품목록,4,0)*N4,"")**를 입력하고 [Enter]를 누릅니다. ❹ [O4] 셀의 채우기 핸들을 더블클릭합니다.

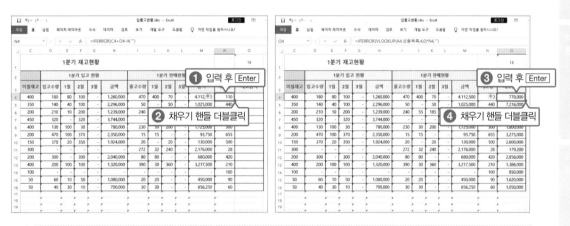

📶 실력향상 재고량은 **=이월재고+입고수량-출고수량**, 금액은 **=입고단가*재고량**입니다.

36 차트로 상품별 입고, 출고, 재고량을 조회할 데이터를 입력합니다. 상품명을 데이터 유효성 목록으로 설정하고 상품별 이월재고, 입고, 출고, 재고수량은 INDEX, MATCH 함수로 표시합니다. ❶ [Q4] 셀을 선택하고 ❷ [데이터] 탭-[데이터 도구] 그룹-[데이터 유효성 검사📊]를 클릭합니다. ❸ [데이터 유효성] 대화상자의 [설정] 탭에서 [제한 대상]으로 [목록]을 선택합니다. ❹ [원본]에 **=상품명**을 입력하고 ❺ [확인]을 클릭합니다.

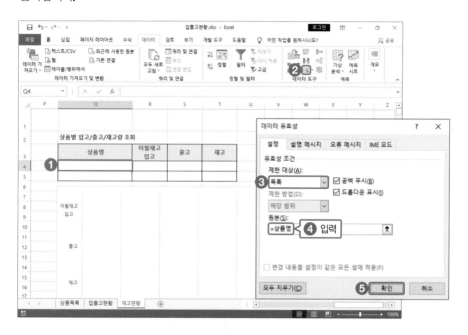

37 ❶ [Q4] 셀에서 **모카커피믹스**를 선택합니다. ❷ [R4] 셀에 **=INDEX(C4:C1000,MATCH(Q4,상품명, 0),1)**를 입력하고 Enter를 눌러 이월재고를 표시합니다. ❸ [S4] 셀에 **0**, [T4] 셀에 **0**을 입력합니다.

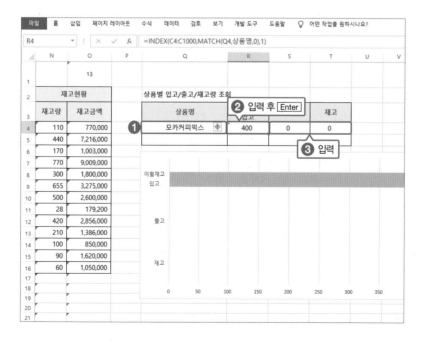

이월재고 입고를 표시하는 수식 알아보기

이월재고 범위(C4:C1000)에서 행 번호(MATCH(Q4,상품명,0))와 열 번호 1 위치의 값을 찾습니다.

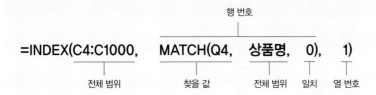

행 번호

=INDEX(C4:C1000,   MATCH(Q4,   상품명,   0),   1)

전체 범위   찾을 값   전체 범위   일치   열 번호

38 ❶ [Q5] 셀에서 **=Q4**를 입력하고 Enter를 누릅니다. ❷ [R5] 셀에 **=INDEX(D4:D1000,MATCH (Q5,상품명,0),1)**를 입력하고 Enter를 눌러 입고수량을 표시합니다. ❸ [S5] 셀에 **=INDEX(I4:I1000, MATCH(Q5,상품명,0),1)**를 입력하고 Enter를 눌러 출고수량을 표시합니다. ❹ [T5] 셀에 **=INDEX(N4: N1000,MATCH(Q5,상품명,0),1)**를 입력하고 Enter를 눌러 재고수량을 표시합니다.

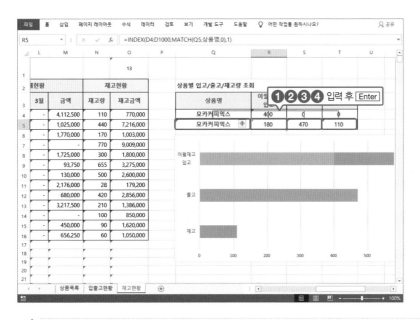

📶 **실력향상** 입고수량 범위(D4:D1000)에서 행 번호(MATCH(Q4,상품명,0))와 열 번호 1 위치 값을 찾습니다.
출고수량 범위(I4:I1000)에서 행 번호(MATCH(Q4,상품명,0))와 열 번호 1 위치의 값을 찾습니다.
재고수량 범위(N4:N1000)에서 행 번호(MATCH(Q4,상품명,0))와 열 번호 1 위치의 값을 찾습니다.

39 시트보호 하기 ❶ 임의의 셀을 클릭한 후 ❷ [검토] 탭-[보호] 그룹-[시트 보호]를 클릭합니다. ❸ [시트 보호] 대화상자에서 [잠긴 셀 선택]과 [잠기지 않은 셀 선택]에 체크 표시가 되어 있는 상태에서 더 이상 보호할 내용이 없다면 ❹ [확인]을 클릭합니다.

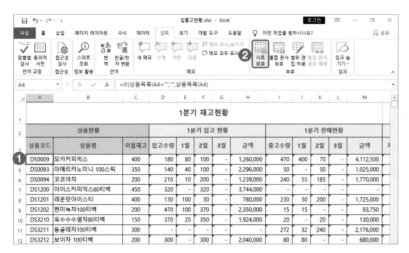

실력향상 상품현황(A4:C1000)은 상품목록이 추가 또는 삭제되면 동시에 [재고현황] 시트에도 상품코드(A4:A1000), 상품명(B4:B1000), 이월재고(C4:C1000) 값이 표시되도록 [상품목록] 시트를 참조한 수식이 입력되어 있습니다.

상품코드 : =IF(상품목록!A4="","",상품목록!A4)

상품명 : =IFERROR(VLOOKUP(A4,상품목록,2,0),"")

이월재고 : =IFERROR(VLOOKUP(A4,상품목록,6,0),"")

상품현황(A4:C1000)의 수식을 보호하기 위해 [셀 서식] 대화상자의 [보호] 탭에서 [잠금]과 [숨김]에 체크 표시했습니다.

40 상품목록에 새로운 데이터 입력하기 [상품목록] 시트에서 [A17] 셀에 **DS3300**, [B17] 셀에 **허브티 카모마일**, [C17] 셀에 **1box**, [D17] 셀에 **12500**, [F17] 셀에 **0**을 입력합니다.

41 **상품 입출고 내역에 새로운 데이터 입력하기** ❶ [입출고현황] 시트에서 ❷ [A59] 셀에 **2019-3-2**, [B59] 셀에 **입고**, [C59] 셀에 **DS3300**, ❸ [G59] 셀에 **50**을 입력합니다. 앞서 지정한 조건부 서식에서 지정한 테두리가 자동으로 그려지고, 입고수량 셀에 강조색이 표시되면서 수식이 자동 채워집니다.

💡 실력향상

39 과정과 같이 상품 입출고 내역과 재고현황에서 수식 셀은 잠금. 나머지 셀은 잠금 해제를 지정하고 [검토] 탭–[보호] 그룹–[시트 보호]를 지정하여 시트를 보호하는 것이 좋습니다.

42 **추가 데이터 조회하기** 재고현황에서 새로 추가된 데이터의 입고량이 표시되는지 조회합니다. [재고현황] 시트에서 [A17], [B17], [C17], [D17], [G17], [H17] 셀에 상품코드, 상품명, 이월재고, 입고수량, 3월, 금액이 업데이트되어 나타납니다.

43 [Q4] 셀에서 **보이차 100티백**을 선택하면 차트에서 입고/출고/재고량을 한눈에 조회할 수 있습니다.

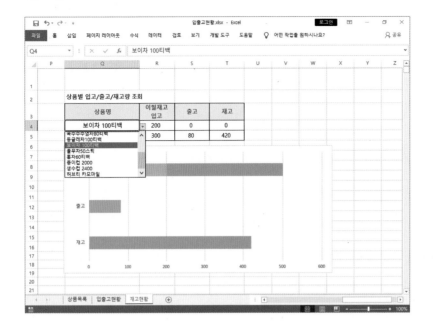

CHAPTER

03

데이터가
한눈에 보이는
최적 차트

차트는 데이터가 담고 있는 내용을 그래픽으로 표현해서 시각적으로 볼 수 있도록 꾸민 것입니다. 데이터를 한눈에 파악할 수 있고 데이터를 효과적으로 분석할 수 있도록 도와주기 때문에 보고서나 제안서에서 보조 자료로 자주 사용됩니다. 간트 차트, 계단식 차트, 양방향 차트, 동적 참조 차트, 스파크라인 차트 등 분석하고자 하는 데이터의 용도에 어울리는 최적의 차트를 만들어보도록 하겠습니다.

프로젝트 일정을
한눈에 볼 수 있는
간트 차트(Gantt chart) 만들기

실습 파일 | Part01/Chapter03/01_프로젝트일정표.xlsx　완성 파일 | Part01/Chapter03/01_프로젝트일정표_완성.xlsx

01 프로젝트 시작하기

간트 차트(Gantt chart)는 프로젝트 관리, 일정 관리 등에 유용한 차트로 전체 일정을 한눈에 볼 수 있습니다. 엑셀에서는 간트 차트를 바로 작성하는 기능이 없지만 누적형 가로 막대 차트로 구현할 수 있습니다. 시스템 구축에 따른 프로젝트 일정의 흐름을 간트 차트로 만들어보겠습니다.

이 프로젝트의 차트는 엑셀 2013 이후 버전(엑셀 2013, 엑셀 2016, 엑셀 2019)을 기준으로 작성되었습니다.

**회사에서
바로 통하는
키워드**　IF, 사용자 지정 표시 형식, 누적 가로 막대형 차트, 도형 복사/붙여넣기

	A	B	C	D	E	F	G
1			시스템 구축 프로젝트 일정표				
2						오늘날짜:	2019-04-08
3	항목	세부사항	시작일	종료일	기간	경과일	잔여일
4		기획제안	2019-03-02	2019-03-12	10	10	
5	1. 기획및수립	수행계획	2019-03-04	2019-03-14	10	10	
6		수행보고	2019-03-10	2019-03-20	10	10	
7		자료조사	2019-03-10	2019-03-29	19	19	
8	2. 시스템분석	콘텐츠분석	2019-03-10	2019-03-29	19	19	
9		시스템환경분석	2019-03-18	2019-04-03	16	16	
10		시스템모듈설계	2019-03-25	2019-04-17	23	14	9
11	3. 시스템설계	인터페이스설계	2019-03-25	2019-04-17	23	14	9
12		DB설계	2019-03-22	2019-04-12	21	17	4
13		그래픽시안작성	2019-03-28	2019-04-17	20	11	9
14		시스템모듈개발	2019-04-15	2019-05-06	21		21
15		인터페이스개발	2019-04-15	2019-05-06	21		21
16	4. 시스템개발	DB구축	2019-04-10	2019-04-30	20		20
17		보안구축	2019-04-20	2019-05-10	20		20
18		그래픽제작	2019-04-10	2019-05-02	22		22
19		프로세스통합관리	2019-05-02	2019-06-20	49		49
20	5. 유지보수	면담계획수립	2019-05-13	2019-05-28	15		15
21							
22							

한눈에 보는 작업순서

기간, 경과일, 잔여일의 수식을 입력하여 원본 데이터 만들기 ▶ 누적형 가로 막대 차트 삽입하기 ▶ 차트 데이터 원본 수정하기 ▶ 차트 요소 서식 꾸미기

▶ 도형으로 가로 막대 바꾸기 ▶ 데이터 레이블 표시하기 ▶ 차트 영역 서식 지정하기

STEP 01 차트 원본 데이터 만들기

❶ 프로젝트 일정표에서 시작일과 종료일, 오늘 날짜를 기준으로 기간, 경과일, 잔여일을 계산합니다.

❷ 기간, 경과일, 잔여일의 0 값을 표시하지 않기 위해 사용자 지정 표시 형식을 지정합니다.

❸ 프로젝트 일정표에서 시작일과 종료일 값을 연결하여 날짜 형식을 일련번호 형식으로 변경합니다.

STEP 02 누적형 가로 막대로 간트 차트 만들기

❶ 원본 데이터의 항목, 시작일, 경과일, 잔여일 데이터를 범위로 하는 누적 가로 막대형 차트를 작성한 후
데이터 원본을 수정합니다.

❷ 가로축 눈금의 최댓값, 최솟값을 지정한 후 세로축 위치를 뒤집고, 시작일 데이터 요소 서식에서 채
우기 색과 선 색을 삭제합니다. 데이터 계열의 간격 너비를 조정합니다.

STEP 03 도형으로 데이터 계열 가로 막대 모양 바꾸기

❶ 도형을 복사하여 경과일, 잔여일 데이터 계열에 붙여넣기를 하여 도형으로 가로 막대 모양을 변경합
니다.

❷ 경과일과 잔여일에 레이블을 표시하고, 차트 영역의 서식으로 채우기 색상을 그라데이션으로 지정합
니다.

STEP
01 차트 원본 데이터 만들기

프로젝트 진행 사항을 볼 수 있는 간트 차트를 만들기 전에 차트의 원본 데이터를 만듭니다. 프로젝트의 세부 사항별로 시작일과 종료일을 기준으로 며칠이 소요되는지(기간), 오늘 날짜를 기준으로 며칠이 지났는지(경과일), 며칠이 남았는지(잔여일)를 계산하고 프로젝트 시작일과 종료일을 구합니다.

01 기간, 잔여일, 경과일 계산하기 일반적으로 날짜는 기준일을 1일로 포함하여 계산(종료일−시작일+1)합니다. 간트 차트에서는 1일을 더한 만큼 막대가 길어지기 때문에 1일을 더하지 않는 수식(종료일−시작일)으로 날짜를 계산하겠습니다. 시작일과 종료일, 오늘 날짜를 기준으로 기간, 잔여일, 경과일을 계산합니다. ❶ [E4] 셀에 **=D4−C4**를 입력한 후 Enter를 눌러 기간을 구합니다. ❷ [G4] 셀에 **=IF(C4)=$G$2,E4,IF($G$2)=D4,0,D4−$G$2))**를 입력한 후 Enter를 눌러 잔여일을 구합니다. ❸ [F4] 셀에 **=E4−G4**를 입력한 후 Enter를 눌러 경과일을 구합니다. ❹ [E4:G4] 셀 범위를 선택한 후 ❺ [G4] 셀의 채우기 핸들을 더블클릭하여 수식을 복사합니다. ❻ [자동 채우기 옵션]에서 [서식 없이 채우기]를 선택해 점선 테두리를 제외하고 수식만 복사합니다.

실력향상

• 기간(E4) : 종료일−시작일

시작일(03-02)과 종료일(03-12) 사이의 기간을 수식(종료일−시작일+1)으로 계산하면 11일입니다. 하지만 간트 차트에서는 시작일(03-02)에서 기간(11일)을 누적시켜 막대로 표시하면 종료일은 '03-13'이 되므로 실제 종료일과 다릅니다. 간트 차트의 기간을 계산하기 위해서 수식 **=종료일−시작일**로 계산합니다.

• 잔여일(G4) : IF(시작일)=오늘 날짜,기간,IF(오늘 날짜)=종료일,0,종료일−오늘 날짜))

잔여일은 시작일이 오늘 날짜보다 크면(시작일)=오늘 날짜) 아직 프로젝트 일정을 시작하지 않았기 때문에 '기간'을 표시합니다. 오늘 날짜가 종료일보다 크면(오늘 날짜)=종료일) 프로젝트 일정이 종료되었으므로 잔여일은 0입니다. 반대로 오늘 날짜보다 종료일이 더 크면 프로젝트가 진행 중이므로 잔여일은 '종료일−오늘 날짜'의 차이 값을 표시합니다.

• 경과일(F4) : 기간−잔여일

기간에서 잔여일을 뺀 경과일을 계산합니다.

02 사용자 지정 표시 형식 지정하기

0 값을 셀에 표시하지 않기 위해 사용자 지정 표시 형식을 지정합니다. ❶ [E4:G22] 셀 범위가 지정된 상태에서 ❷ Ctrl + 1 을 눌러 [셀 서식] 대화상자를 불러옵니다. ❸ [셀 서식] 대화상자의 [표시 형식] 탭에서 [범주]를 [사용자 지정]으로 선택하고 ❹ [형식] 입력란에 **0;−0;#** 을 입력하여 0을 표시하지 않습니다. ❺ [확인]을 클릭합니다.

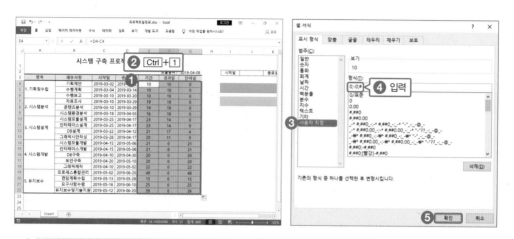

> **실력향상** 기간~잔여일(E4:G22) 범위의 사용자 지정 표시 형식은 '양수 서식;음수 서식;0의 서식' 순서로 표시 형식을 지정합니다. '0'을 지정하면 양수/음수일 때는 값을 표시하고, '#'을 지정하면 0일 때 값을 표시하지 않습니다.

03 시작일, 종료일 셀 연결 및 표시 형식 지정하기

차트의 날짜 축에서 사용할 프로젝트의 시작일과 종료일을 연결하고 표시 형식을 지정합니다. ❶ [J2] 셀에 **=C4**를 입력한 후 Enter 를 누릅니다. ❷ [L2] 셀에 **=D22**를 입력한 후 Enter 를 누릅니다. ❸❹ Ctrl 을 눌러 [J2] 셀과 [L2] 셀을 각각 범위 지정합니다. ❺ [홈] 탭-[표시 형식] 그룹에서 [표시 형식 목록]을 클릭하고 ❻ [일반]을 선택해 날짜를 일련번호 형식으로 표시합니다.

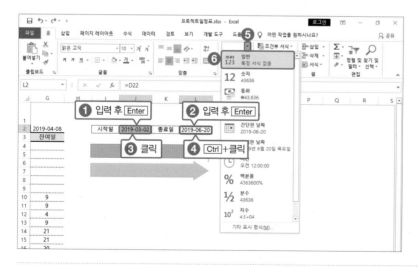

> **실력향상** 시작일(J2)과 종료일(L2)은 차트의 날짜 축에서 최솟값과 최댓값을 지정하기 위해 프로젝트의 시작일과 종료일 셀을 연결한 후 날짜 데이터 표시 형식을 일련번호 표시 형식으로 바꿉니다.

STEP
02

누적형 가로 막대로 간트 차트 만들기

시작일, 경과일, 잔여일을 가로 방향으로 누적하여 막대로 표시하는 누적형 가로 막대 차트를 삽입합니다.
간트 차트를 만들기 위해 차트 데이터 범위를 수정하고, 데이터 계열 서식, 축 서식 등을 설정합니다.

04 차트 영역 범위 지정하고 누적형 가로 막대 차트 만들기 항목, 시작일, 경과일, 잔여일 데이터를
범위로 누적형 가로 막대 차트를 만들어보겠습니다. ❶ Ctrl 을 누르고 차트로 만들 데이터인 ❷❸❹
[A3:A22], [C3:C22], [F3:G22] 셀 범위를 선택합니다. ❺ [삽입] 탭-[차트] 그룹-[세로 또는 가로 막대형
차트 삽입 📊]을 클릭하고 ❻ [누적 가로 막대형]을 선택합니다. ❼ [A23] 셀 위치로 차트를 이동하고 크기
를 적당히 조정합니다. ❽ 차트 제목을 클릭하고 Delete 를 눌러 차트 제목을 지웁니다.

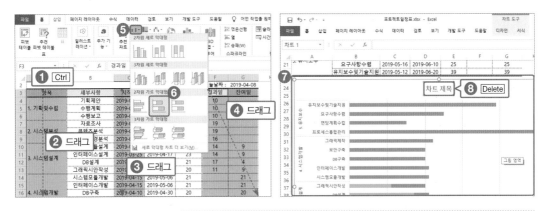

X **엑셀 2007, 2010** 엑셀 2010 이전 버전에서는 [삽입] 탭-[차트] 그룹-[가로 막대형]-[누적 가로 막대형]을 선택합니다.

05 데이터 범위 변경하기 시작일에 경과일과 잔여일의 데이터 계열이 누적되어 나타나지 않으므로 데
이터의 범위를 수정해보겠습니다. ❶ 차트 영역을 선택합니다. ❷ [차트 도구]-[디자인] 탭-[데이터] 그
룹-[데이터 선택]을 클릭합니다. ❸ [데이터 원본 선택] 대화상자가 나타나면 [범례 항목(계열)]에서 [추가]
를 클릭합니다.

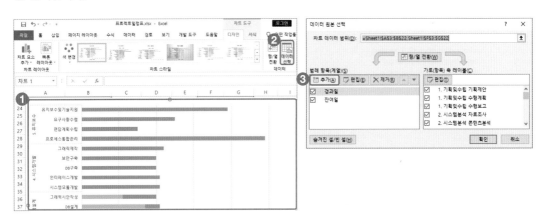

06 데이터 계열 범위 추가하기 ❶ [계열 편집] 대화상자가 나타나면 [계열 이름]에는 시작일 이름이 있는 [C3] 셀(=Sheet1!$C$3)을 지정하고 ❷ [계열 값]에는 시작일 데이터 범위인 [C4:C22] 셀 범위(=Sheet1!$C$4:$C$22)를 지정합니다. ❸ [확인]을 클릭합니다. ❹ [범례 항목(계열)]에서 ▲, ▼를 클릭하여 시작일, 경과일, 잔여일 순서로 위치를 변경합니다.

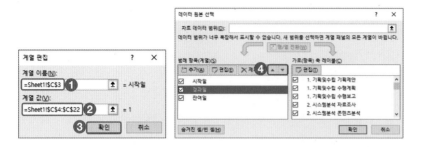

07 가로축 레이블 범위 지정하기 ❶ [가로(항목) 축 레이블]에서 [편집]을 클릭합니다. ❷ [축 레이블] 대화상자가 나타나면 [축 레이블 범위]를 [A4:A22] 셀 범위(=Sheet1!$A$4:$A$22)로 지정합니다. ❸ [확인]을 클릭합니다. ❹ [데이터 원본 선택] 대화상자에서도 [확인]을 클릭합니다.

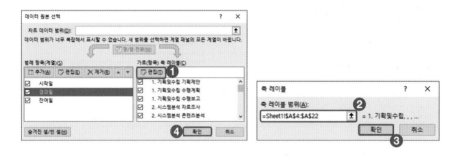

08 가로축 간격 지정하기 가로축 날짜의 [최소값](시작일)과 [최대값](종료일+2)을 지정합니다. ❶ 가로(값)축을 더블클릭합니다. ❷ [축 서식] 작업 창의 [축 옵션▥]을 클릭하고 ❸ [경계]에서 [최소값]에 **43526**, [최대값]에 **43638**을 입력합니다. ❹ [단위]의 [기본]에 **10**, [보조]에 **1**을 입력합니다.

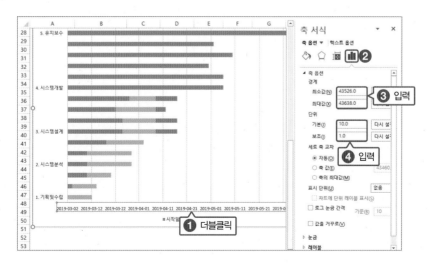

실력향상 [최소값]은 프로젝트 일정이 시작되는 날짜(2019-03-02)의 일련번호인 43526, [최대값]은 일정이 끝나는 날짜 (2019-06-20)에서 2일을 더한 일련번호 43638을 입력합니다. 엑셀에서 날짜는 1900년 1월 1일 부터 특정 날짜까지의 일련번호가 누적되어 표시됩니다. 따라서 2019-03-02은 1900년 1월 1일부터 43526일째가 되는 날을 의미합니다.

엑셀 2007, 2010 엑셀 2010 이전 버전에서는 [축 서식] 대화상자의 [축 옵션]에서 [최소값]에 **43526**, [최대값]에 **43638**, [주 단위]에 **10**, [보조 단위]에 **1**을 입력합니다.

09 세로축 위치 뒤집기 세로축의 레이블 위치를 거꾸로 변경하여 레이블의 순서를 바꿉니다. ❶ 세로 (가로 서식)축을 더블클릭해 [축 서식] 작업 창을 불러옵니다. ❷ [축 옵션▥]의 ❸ [축 위치]에서 [항목을 거꾸로]에 체크 표시하여 세로축 위치를 뒤집습니다. ❹ [가로축 교차]에서 [최대 항목]을 클릭하여 가로(세로 서식)축 제목 위치를 위에서 아래로 내립니다.

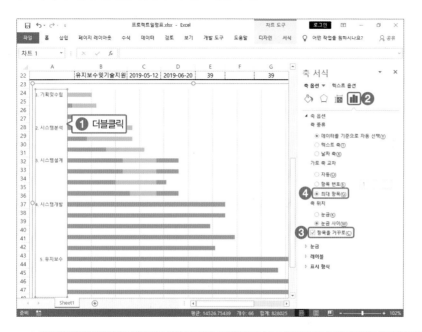

실력향상 기본적으로 가로축 레이블은 세로축의 아래쪽(최소 항목)에 표시됩니다. 세로축의 위치를 거꾸로 뒤집으면 아래쪽(최소 항목)이 위쪽으로 변경되므로 가로축 레이블 또한 위에 표시됩니다. 따라서 가로축 레이블을 아래에 표시하려면 기존 세로축의 위쪽 (최대 항목)이 아래쪽으로 위치가 변경되었으므로 가로축 교차 위치를 [최대 항목]으로 지정합니다.

엑셀 2007, 2010 엑셀 2010 이전 버전에서는 [축 서식] 대화상자의 [축 옵션]에서 [항목을 거꾸로]에 체크 표시하고, [가로축 교차]에서 [최대 항목]을 클릭합니다. [확인]을 클릭합니다.

10 시작일 데이터 요소 서식 수정하기 프로젝트 진행 사항의 흐름을 보려면 경과일과 잔여일만 표시되도록 해야 하므로 시작일의 데이터 계열 서식을 없앱니다. ❶ 시작일 계열을 더블클릭합니다. ❷ [데이터 계열 서식] 작업 창에서 [채우기 및 선🖌]을 클릭합니다. ❸ [채우기]에서 [채우기 없음]을 클릭하고 ❹ [테두리]에서 [선 없음]을 클릭하여 채우기 색과 선 색을 없앱니다.

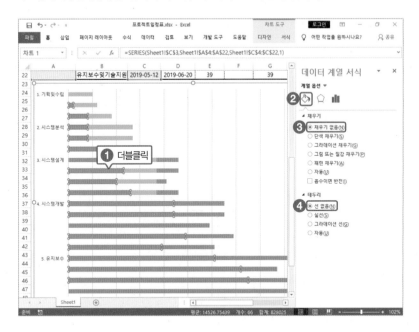

X **엑셀 2007, 2010**
엑셀 2010 이전 버전에서는 [데이터 계열 서식] 대화상자의 [채우기]에서 [채우기 없음], [테두리 색]에서 [선 없음]을 클릭합니다.

11 간격 너비 지정하기 데이터 계열의 막대 너비를 넓게 하기 위해 간격 너비를 좁게 지정합니다. ❶ 경과일 계열을 더블클릭합니다. ❷ [데이터 계열 서식] 작업 창에서 [계열 옵션📊]을 클릭합니다. ❸ [데이터 계열 지정]에서 [간격 너비]를 **10%**로 지정합니다. ❹ [닫기❌]를 클릭하여 [데이터 계열 서식] 작업 창을 닫습니다.

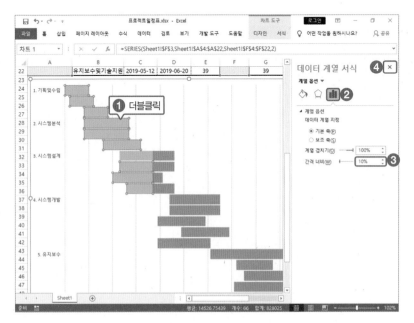

X **엑셀 2007, 2010**
엑셀 2010 이전 버전에서는 [데이터 계열 서식] 대화상자의 [계열 옵션]에서 [간격 너비]를 **10%**로 지정합니다.

ⅲ 실력향상
간격의 너비는 데이터 계열의 막대와 막대 사이의 간격을 의미합니다. 간격의 너비 값이 작으면(좁아지면) 데이터 막대의 너비가 넓어지고, 간격의 너비 값이 크면(넓어지면) 데이터 막대의 너비가 좁아집니다.

STEP 03

도형으로 데이터 계열 가로 막대 모양 바꾸기

'경과일'과 '잔여일' 데이터 계열의 막대 모양을 도형으로 바꿉니다. 각각의 데이터 계열에 레이블을 표시하고, 차트 영역 서식을 꾸밉니다.

12 경과일, 잔여일 계열을 도형으로 바꾸기 ❶ [I4] 셀 위치에 하늘색 도형을 클릭하고 ❷ Ctrl + C 를 누릅니다. ❸ 경과일 데이터 계열을 클릭하고 ❹ Ctrl + V 를 누르면 경과일 계열이 도형으로 바꿉니다.

𝐢𝐥𝐥 실력향상

[삽입] 탭-[일러스트레이션] 그룹-[도형]을 클릭하고 [블록 화살표]-[오른쪽 화살표]를 선택한 후 적당한 크기로 드래그하여 도형을 삽입합니다. 도형의 모양 조절 핸들로 화살표의 모양을 변형합니다. [그리기 도구]-[서식] 탭-[도형 스타일] 그룹에서 도형 스타일을 지정합니다.

13 ❶ [I7] 셀 위치에 연두색 도형을 클릭하고 ❷ Ctrl + C 를 누릅니다. ❸ 잔여일 데이터 계열을 클릭하고 ❹ Ctrl + V 를 누르면 잔여일 계열이 도형으로 바꿉니다.

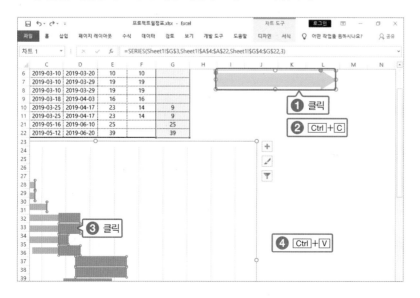

14 레이블 표시하기 ❶ 경과일 데이터 계열을 클릭하고 ❷ 마우스 오른쪽 버튼을 클릭합니다. ❸ [데이터 레이블 추가]-[데이터 레이블 추가]를 선택하여 레이블을 표시합니다.

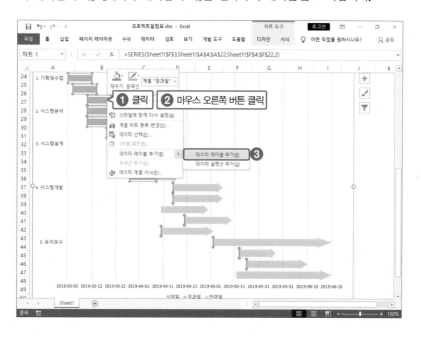

15 ❶ 잔여일 데이터 계열을 클릭하고 ❷ 마우스 오른쪽 버튼을 클릭합니다. ❸ [데이터 레이블 추가]-[데이터 레이블 추가]를 선택하여 레이블을 표시합니다.

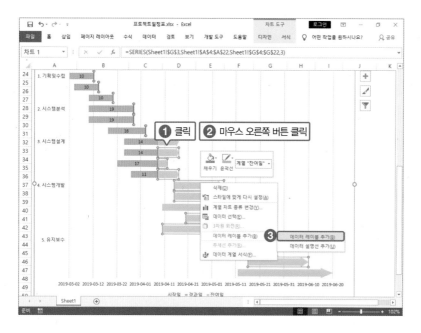

16 경과일 레이블 옵션 지정하기 ① 경과일 데이터 레이블을 더블클릭합니다. ② [데이터 레이블 서식] 작업 창에서 [레이블 옵션▥]을 클릭합니다. ③ [레이블 내용] 영역에서 [셀 값]에 체크 표시합니다. ④ [데이터 레이블 범위] 대화상자의 [데이터 레이블 범위 선택]에 =Sheet1!$B$4:$B$22를 입력하고 ⑤ [확인]을 클릭합니다. ⑥ [구분 기호]에서 [(공백)]을 선택하고 ⑦ [레이블 위치]에서 [축에 가깝게]를 선택합니다.

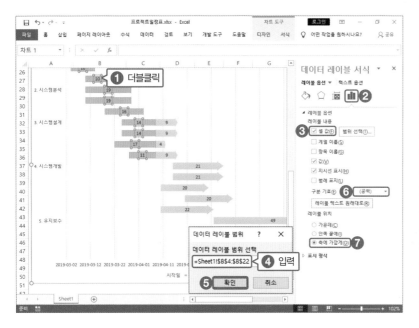

엑셀 2007, 2010

엑셀 2010 이전 버전에서는 [데이터 레이블 서식] 대화상자의 [레이블 옵션]에서 [계열 이름], [항목 이름], [값]만 선택할 수 있습니다. [셀 값]은 엑셀 2013 이후 버전에 새로 추가된 항목으로 레이블 내용으로 Sheet!$B$4:$B$22는 표시할 수 없습니다. 따라서 07 과정에서 가로축 레이블 범위를 [A4:B22]로 지정해 세부 항목까지 가로축 레이블에 표시하는 것이 좋습니다.

17 잔여일 레이블 옵션 지정하기 ① 잔여일 데이터 레이블을 더블클릭합니다. ② [데이터 레이블 서식] 작업 창에서 [레이블 옵션▥]을 클릭합니다. ③ [레이블 위치]에서 [안쪽 끝에]를 클릭합니다. ④ [닫기✕]를 클릭하여 [데이터 레이블 서식] 작업 창을 닫습니다. 경과일과 잔여일 계열에 세부 사항 값이 레이블로 표시되고 경과일, 잔여일이 표시됩니다.

18 눈금선 표시하기 기본 가로 주 눈금선과 세로 눈금선, 기본 보조 세로 눈금선을 표시합니다. ❶ 차트 영역이 선택된 상태에서 ❷ [차트 도구]-[디자인] 탭-[차트 레이아웃] 그룹-[차트 요소 추가]를 클릭합니다. ❸ [눈금선]-[기본 주 가로], ❹ [기본 주 세로], ❺ [기본 보조 세로]를 각각 선택하여 눈금선을 표시합니다.

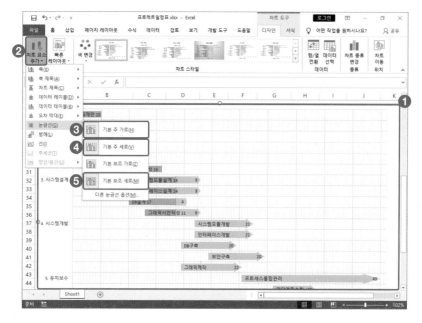

엑셀 2007, 2010
엑셀 2010 이전 버전에서는 [차트 도구]-[레이아웃] 탭-[축] 그룹-[눈금선]-[기본 가로 눈금선]-[주 눈금선]과 [기본 세로 눈금선]-[주/보조 눈금선]을 선택합니다.

19 차트 영역 채우기 서식 지정하기 ❶ 차트 영역을 더블클릭합니다. ❷ [차트 영역 서식] 작업 창에서 [채우기 및 선]을 클릭합니다. ❸ [채우기]에서 [그라데이션 채우기]을 클릭하고 ❹ [그라데이션 미리 설정]에서 ❺ [밝은 그라데이션-강조 4]를 선택합니다.

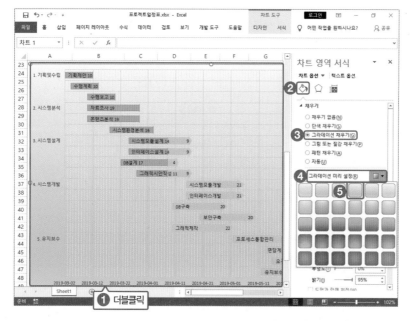

엑셀 2007, 2010
엑셀 2010 이전 버전에서는 [차트 영역 서식] 대화상자의 [채우기]에서 [그라데이션 채우기]를 클릭하고 [기본 설정 색]에서 적당한 색을 선택합니다.

20 그라데이션 중지점 제거하기 ❶❷ 그라데이션 중지점에서 [중지점 2/4▯]와 [중지점 3/4▯]을 각각 클릭하고 ❸ [그레데이션 중지점 제거▨]를 클릭하여 중지점을 제거합니다. ❹ [닫기▨]를 클릭하여 [차트 영역 서식] 작업 창을 닫습니다.

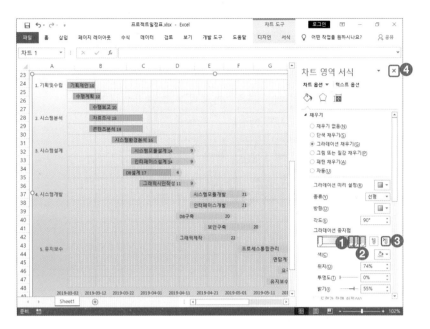

분산형 차트를 이용해 수익률의 추이를 나타내는 계단식 차트 만들기

실습 파일 | Part01/Chapter03/02_수익률추이.xlsx 완성 파일 | Part01/Chapter03/02_수익률추이_완성.xlsx

01 프로젝트 시작하기

계단식 차트는 일정 시간이나 기간 동안의 데이터 변화를 보여주어 수익률, 이자율 등을 표시할 때 유용한 차트입니다. 계단의 높낮이 추이를 통해 상승과 하락의 흐름을 볼 수 있습니다. 엑셀에서는 계단 차트를 바로 작성하는 기능은 없지만 분산형 차트와 오차 막대를 사용하여 계단 차트를 만들 수 있습니다. 한 달간의 수익률 추이를 계단 차트로 만들어보겠습니다.

이 프로젝트의 차트는 엑셀 2013 이후 버전을 기준으로 작성되었습니다.

**회사에서
바로 통하는
키워드**

분산형 차트, 오차 막대

	A	B	C	D
1	**2월 수익률의 추이**			
2	**일자**	**수익률**	**X**	**Y**
3	02/01	3.67%	1	0
4	02/02	3.72%	1	0.05%
5	02/03	3.72%	1	0.00%
6	02/04	3.58%	1	-0.14%
7	02/05	3.62%	1	0.04%
8	02/06	3.48%	1	-0.14%
9	02/07	3.37%	1	-0.11%
10	02/08	3.43%	1	0.06%
11	02/09	3.43%	1	0.00%
12	02/10	3.58%	1	0.15%
13	02/11	3.67%	1	0.09%
14	02/12	3.57%	1	-0.10%
15	02/13	3.52%	1	-0.05%
16	02/14	3.62%	1	0.10%
17	02/15	3.71%	1	0.09%
18	02/16	3.71%	1	0.00%
19	02/17	3.62%	1	-0.09%
20	02/18	3.50%	1	-0.12%
21	02/19	3.52%	1	0.02%
22	02/20	3.60%	1	0.08%
23	02/21	3.60%	1	0.00%
24	02/22	3.55%	1	-0.05%
25	02/23	3.53%	1	-0.02%
26	02/24	3.58%	1	0.05%

Sheet1

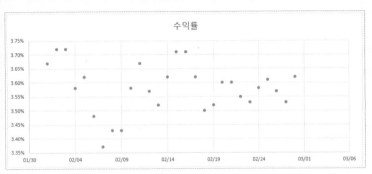

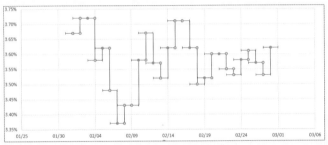

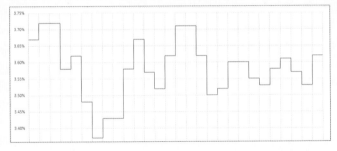

한눈에 보는 작업순서

X와 Y데이터에 수식을 입력하여 차트 원본 데이터 만들기 ▶ 일자, 수익률 데이터 영역으로 분산형 차트 삽입하기 ▶ 오차 막대 삽입하기

▶ 세로(Y)와 가로(X)축 오차 막대 서식 지정하기 ▶ 수익률 데이터 계열의 표식 지우기 ▶ 계단 차트의 가로축 눈금 조절하기

STEP 01 차트 원본 데이터 만들기

❶ 일자별 수익률 데이터에서 일자별 간격을 X 항목에 계산합니다.

❷ 일자별 수익률의 차이 값을 Y 항목에 계산합니다.

STEP 02 분산형 차트 만들고 오차 막대 삽입하기

❶ 원본 데이터의 일자(가로축), 수익률 데이터(세로축)를 범위로 분산형 차트를 작성합니다.

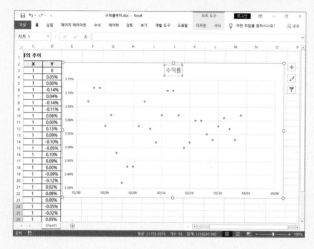

❷ 일자별 수익률의 차이 값(Y데이터)만큼 세로 오차 막대를 삽입하고 서식을 꾸밉니다.

❸ 일자별 간격의 차이 값(X데이터)만큼 가로 오차 막대를 추가하고 서식을 꾸밉니다.

❹ 수익률 데이터 계열의 표식을 지웁니다.

❺ 가로축 눈금의 최솟값과 최댓값을 입력하고 표시 형식을 지정합니다.

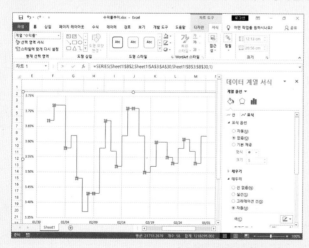

STEP 01 차트 원본 데이터 만들기

일자별 수익률의 추이를 계단 차트로 만들기 전에 차트의 원본 데이터를 만듭니다. 일자별 수익률 데이터에서 일자별 간격을 X 항목에 계산하고, 일자별 수익률의 차이 값을 Y 항목에 계산합니다.

01 X 계산하기 수익률의 추이 데이터에서 일자 간격의 차이를 계산하기 위해 다음 날짜(A4)에서 현재 날짜(A3)를 뺍니다. ❶ [C3] 셀에 **=A4-A3**을 입력한 후 Enter를 누릅니다. ❷ [C3] 셀의 채우기 핸들을 [C29] 셀까지 드래그합니다. ❸ [C30] 셀에 **1**을 입력합니다. 2월의 마지막 날짜(A30)는 다음 날짜(A31)가 없으므로 간격은 위와 동일하게 1을 입력합니다.

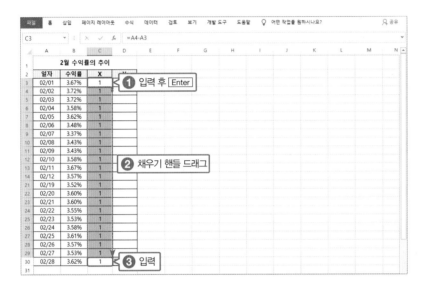

📊 **실력향상**

X 항목은 계단식 차트에서 가로 선이 그려질 간격입니다. 일자별 수익률의 추이를 비교하는 데이터이므로 다음 날짜에서 현재 날짜를 뺀 값(A4-A3)이 간격이 됩니다. 마지막 날짜는 다음날 날짜를 알 수 없으므로 간격(C30)은 위와 동일하게 1이 됩니다.

02 Y 계산하기 수익률의 추이 데이터에서 수익률의 차이를 계산하기 위해 현재 날짜의 수익률(B4)에서 이전 날짜의 수익률(B3)을 뺍니다. ❶ [D3] 셀에 **0**을 입력합니다. 2월의 첫 날(B3)은 이전 날짜의 수익률을 알 수 없으므로 0을 입력했습니다. ❷ [D4] 셀에 **=B4-B3**을 입력한 후 Enter를 누릅니다. ❸ [D4] 셀의 채우기 핸들을 더블클릭합니다.

📊 **실력향상**

Y 항목은 계단식 차트에서 세로 선이 그려질 간격입니다. 일자별 수익률의 추이를 비교하는 데이터이므로 현재 날짜의 수익률에서 이전 날짜의 수익률을 뺀 값(B4-B3)이 간격이 됩니다. 첫 번째 날짜는 이전 날짜가 없으므로 수익률의 차이 값(D3)은 0이 됩니다.

분산형 차트 만들고 오차 막대 삽입하기

STEP 02

분산형 차트를 삽입하여 X데이터와 Y데이터의 두 개의 값을 가로(X)축과 세로(Y)축에 점으로 표시합니다. 이 점과 점을 직선으로 이어서 계단 차트를 작성하려면 오차 막대를 삽입합니다. 일자별 수익률의 차이 값(Y데이터)만큼 세로 오차 막대를 추가하고, 일자별 간격의 차이 값(X데이터)만큼 가로 오차 막대를 추가한 후 데이터 계열과 축 서식을 꾸밉니다.

03 차트 영역 범위 지정하고 분산형 차트 만들기 일자, 수익률 데이터를 범위로 분산형 차트를 만들어 보겠습니다. ❶ 차트로 만들 데이터인 [A2:B30] 셀 범위를 선택합니다. ❷ [삽입] 탭-[차트] 그룹-[분산형 또는 거품형 차트 삽입]을 클릭하고 ❸ [분산형]을 선택합니다. ❹ [E2] 셀로 차트 위치를 이동하고 크기를 적당하게 조정합니다. ❺ 차트 제목을 클릭하고 Delete 를 눌러 삭제합니다.

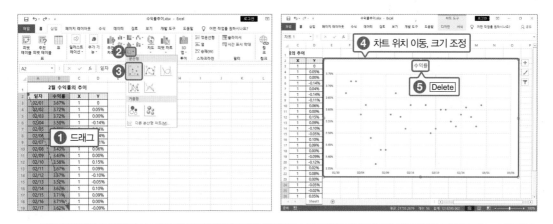

엑셀 2007, 2010 엑셀 2010 이전 버전에서는 [삽입] 탭-[차트] 그룹-[분산형]을 클릭하고 [표식만 있는 분산형]을 선택합니다.

04 오차 막대 삽입하기 가로(X)축과 세로(Y)축에 점과 점을 직선으로 이어서 계단 차트를 작성하려면 오차 막대를 삽입합니다. ❶ 차트가 선택되어 있는 상태에서 [차트 도구]-[디자인] 탭-[차트 레이아웃] 그룹-[차트 요소 추가]를 클릭하고 ❷ [오차 막대]-[기타 오차 막대 옵션]을 선택합니다.

엑셀 2007, 2010
엑셀 2010 이전 버전에서는 [차트 도구]-[레이아웃] 탭-[분석] 그룹-[오차 막대]-[기타 오차 막대 옵션]을 선택합니다.

05 세로 오차 막대 서식 지정하기 일자별 수익률의 차이 값(Y데이터)만큼 세로 오차 막대 서식을 지정합니다. ❶ [오차 막대 서식] 작업 창에서 [오차 막대 옵션📊]을 클릭합니다. ❷ [세로 오차 막대]-[방향] 영역에서 [음의 값]을 선택하고 ❸ [끝 스타일] 영역에서 [끝 모양 없음]을 선택합니다. ❹ [오차량]에서 [사용자 지정]을 클릭하고 ❺ [값 지정]을 클릭합니다. ❻ [오차 막대 사용자 지정] 대화상자에서 [음의 오류 값]에 ❼ [D3:D30] 영역을 드래그하여 **=Sheet1!$D$3:$D$30**으로 지정하고 ❽ [확인]을 클릭합니다.

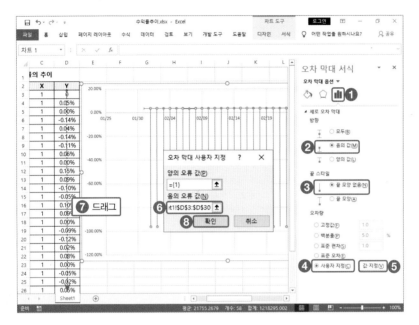

실력향상

세로 오차 막대는 표식을 기준으로 세로 음의 방향(아래)으로 선을 그립니다. 음의 방향선 길이는 Y([D3:D30] 셀) 수익률 차이 값만큼의 길이입니다.

06 ❶ [오차 막대 서식] 작업 창에서 [채우기 및 선]을 클릭합니다. ❷ [선]에서 [실선]을 클릭하고 ❸ [색]에서 [주황 강조 2]를 지정한 후 ❹ 너비에서 **1.25**를 입력합니다.

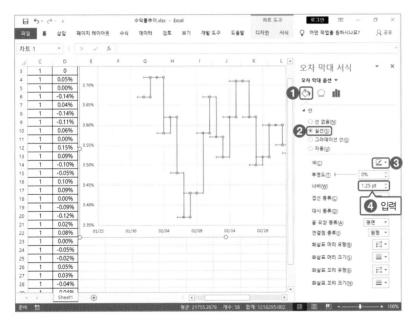

엑셀 2007, 2010

엑셀 2010 이전 버전에서는 [오차 막대 서식] 대화상자에서 [선 색]에서 [실 선], [색]에서 [주황 강조 2]를 지정합니다. [선 스타일]에서 [너비]에 **1.25pt**를 입력합니다.

07 가로 오차 막대 서식 지정하기 일자별 간격의 차이 값(X데이터)만큼 가로 오차 막대 서식을 지정합니다. ❶ 차트 영역이 선택되어 있는 상태에서 [차트 도구]-[서식] 탭-[현재 선택 영역] 그룹-[계열 "수익률" X 오차 막대]를 클릭합니다. ❷ [오차 막대 서식] 작업 창에서 [오차 막대 옵션▥]을 클릭합니다. ❸ [가로 오차 막대]-[방향] 영역에서 [양의 값]을 클릭하고 ❹ [끝 스타일] 영역에서 [끝 모양 없음]을 클릭합니다. ❺ [오차량] 영역에서 [고정값]을 클릭하고 ❻ 1을 입력합니다.

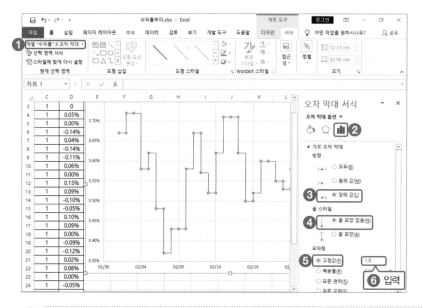

실력향상

가로 오차 막대는 표식을 기준으로 가로 양의 방향(오른쪽)으로 선을 그립니다. 양의 방향 선 길이는 X(C3:C30) 영역의 값으로 일자별 간격은 1입니다. 일자별 간격이 1이 아닐 경우 [오차량] 영역에서 [사용자 지정]을 클릭하여 일자별 간격의 범위를 지정합니다.

엑셀 2007, 2010 엑셀 2010 이전 버전에서는 차트 영역이 선택되어 있는 상태에서 [차트 도구]-[레이아웃] 탭-[현재 선택 영역] 그룹-[계열 "수익률" X 오차 막대]를 클릭하고 [선택 영역 서식]을 선택합니다.

08 ❶ [오차 막대 서식] 작업 창에서 [채우기 및 선▨]을 클릭합니다. ❷ [선]에서 [실선]을 클릭하고 ❸ [색]에서 [주황 강조 2]를 지정한 후 ❹ [너비]에서 **1.25**를 입력합니다.

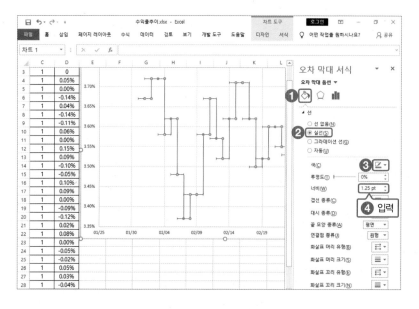

엑셀 2007, 2010

엑셀 2010 이전 버전에서는 [오차 막대 서식] 대화상자에서 [선 색]에서 [실 선], [색]에서 [주황 강조 2]를 지정합니다. [선 스타일]에서 [너비]에 1.25pt를 입력합니다.

09 데이터 계열 표식 지우기 일자별 점으로 표시된 수익률의 표식을 지웁니다. ❶ 차트 영역이 선택되어 있는 상태에서 [차트 도구]-[서식] 탭-[현재 선택 영역] 그룹-[계열 "수익률"]을 클릭합니다. ❷ [데이터 계열 서식] 작업 창에서 [채우기 및 선📍]을 클릭합니다. ❸ [표식📈]을 클릭하고 ❹ [표식 옵션]을 선택한 후 [없음]을 클릭합니다.

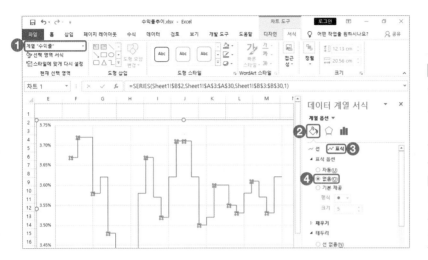

엑셀 2007, 2010
엑셀 2010 이전 버전에서는 차트 영역이 선택되어 있는 상태에서 [차트 도구]-[레이아웃] 탭-[현재 선택 영역] 그룹-[계열 "수익률"]을 클릭하고 [선택 영역 서식]을 선택합니다. [데이터 계열 서식] 대화상자의 [표식 옵션]에서 [없음]을 선택합니다.

10 가로축 눈금 조절하기 가로(값)축을 2월 1일(43497)부터 3월 1일(43525)까지의 날짜 간격으로 지정합니다. ❶ 가로(값)축을 더블클릭합니다. ❷ [축 서식] 작업 창의 [축 옵션📊]을 클릭하고 ❸ [경계] 영역에서 [최소값]에 **43497**, [최대값]에 **43525**를 입력합니다. ❹ [단위] 영역에서 [기본 값]에 **1**을 입력합니다. ❺ [표시 형식]의 [서식 코드]에 **dd**를 입력하고 ❻ [추가를 클릭합니다. ❼ [닫기🗙]를 클릭하여 [축 서식] 작업 창을 닫습니다.

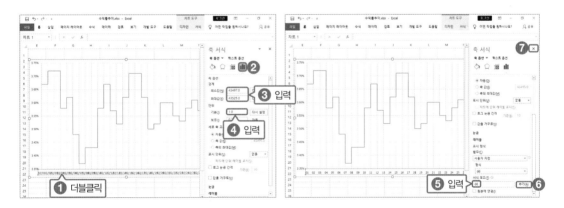

실력향상 [최소값]은 시작 날짜인 '2019-02-01'의 일련번호 43497, [최대값]은 일자의 종료 날짜인 '2016-02-28'에 1을 더한 '2019-03-01'의 일련번호 43525를 입력합니다. 엑셀에서 날짜는 1900년 1월 1일부터 특정 날짜까지의 일련번호가 누적되어 표시됩니다. 따라서 2019년 2월 1일은 1900년 1월 1일부터 43497일째 날을 의미합니다. 사용자 지정 표시 형식에서 'dd'는 날짜(월-일)에서 일자를 표시합니다.

엑셀 2007, 2010 엑셀 2010 이전 버전에서는 [축 서식] 대화상자의 [축 옵션]에서 [최소값]-[고정]에 42431, [최대값]-[고정]에 42543, [주 단위]-[고정]에 1을 입력합니다. [표시 형식]의 [서식 코드]에 dd를 입력하고 [추가]를 클릭합니다.

대칭 차트로
연령별 상품 판매량 비교하기

실습 파일 | Part01/Chapter03/03_판매량비교.xlsx 완성 파일 | Part02/Chapter03/03_판매량비교_완성.xlsx

01 프로젝트 시작하기

대칭 차트(양방향 차트)는 데이터를 양쪽으로 비교 분석할 때 유용합니다. 엑셀에서는 대칭 차트 기능이 없지만 비교할 데이터 계열의 값을 음수로 설정하여 누적 가로 막대형 차트를 만들 수 있습니다. 여기에서는 제조사의 휴대폰 판매량을 연령대별로 비교 분석하는 대칭 차트로 만들어보겠습니다.

이 프로젝트의 차트는 엑셀 2013 이후 버전을 기준으로 작성되었습니다.

회사에서 바로 통하는 키워드 INDIRECT, IF, MAX, MIN, 이름 정의, 데이터 유효성 검사, 누적형 가로 막대 차트

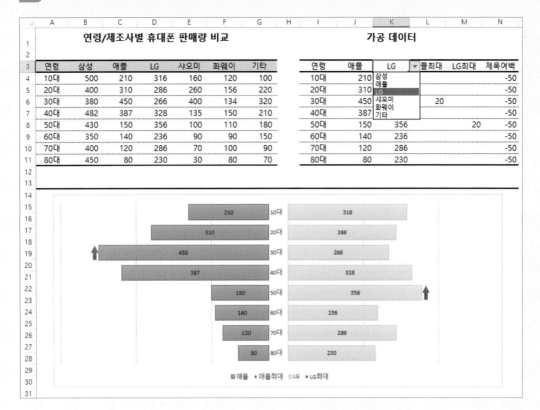

연령/제조사별 휴대폰 판매량 비교

연령	삼성	애플	LG	샤오미	화웨이	기타
10대	500	210	316	160	120	100
20대	400	310	286	260	156	220
30대	380	450	266	400	134	320
40대	482	387	328	135	150	210
50대	430	150	356	100	110	180
60대	350	140	236	90	90	150
70대	400	120	286	70	100	90
80대	450	80	230	30	80	70

가공 데이터

연령	애플	LG	플최대	LG최대	제목여백
10대	210	316			-50
20대	310	286			-50
30대	450	266	20		-50
40대	387	328			-50
50대	150	356		20	-50
60대	140	236			-50
70대	120	286			-50
80대	80	230			-50

<한눈에 보는 작업순서>

대칭 차트 비교 데이터 만들기(제조사별 판매량 데이터 이름 정의하기) ▶ 제조사 목록으로 데이터 유효성 검사 설정하기 ▶ INDIRECT 함수로 제조사 데이터 가져오기

▶ IF, MIN, MAX 함수로 최대판매량 계산하기 ▶ 누적형 가로 막대 차트 삽입하기 ▶ 차트 데이터 계열 순서 변경하기 ▶ 차트 구성 요소 서식 꾸미기

STEP 01　대칭 차트 원본 데이터 만들기

❶ 데이터 원본에서 제조사별 데이터와 제조사 목록의 범위를 이름 정의합니다.

❷ 데이터 유효성 검사에서 제조사 목록을 지정합니다.

❸ INDIRECT 함수를 사용하여 제조사별 데이터를 불러옵니다.

❹ IF, MAX, MIN 함수를 사용하여 최솟값/최댓값의 위치를 찾습니다.

STEP 02　누적형 가로 막대로 양방향 대칭 차트 만들기

❶ 대칭 차트 비교 데이터를 범위로 하여 누적 가로 막대형 차트를 작성한 후 데이터 계열 순서를 변경합니다.

❷ 가로축, 세로축, 데이터 계열, 범례, 주 눈금선, 차트 제목 등의 차트 구성 요소를 설정합니다.

STEP 03　데이터 계열 꾸미고 도형으로 막대 모양 바꾸기

❶ 제조사 데이터 계열의 채우기 색을 꾸밉니다.

❷ 도형을 복사하여 최댓값 데이터에 붙여넣기를 하여 도형으로 가로 막대 모양을 변경합니다.

❸ 데이터 계열의 레이블을 표시합니다.

STEP 01

대칭 차트 원본 데이터 만들기

제조사별 휴대폰 판매량 비교 데이터를 대칭 차트로 만들기 전에 차트의 원본 데이터를 가공합니다. 제조사 목록과 판매량의 범위를 이름으로 정의하고 가공 데이터 위치에 제조사와 판매량 데이터를 유효성 목록과 INDIRECT, MAX, MIN 함수로 표시합니다.

01 제조사 이름 정의하기 데이터 유효성 검사 목록으로 지정할 제조사 범위를 이름 정의합니다. ❶ [B3:G3] 셀 범위를 선택합니다. ❷ [이름 상자]에 **제조사**를 입력한 후 Enter 를 누릅니다.

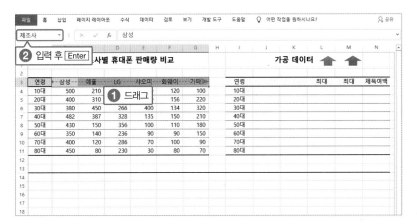

⏱ **시간단축**

[수식] 탭–[정의된 이름] 그룹–[이름 관리자]를 클릭하면 정의된 이름을 수정 및 삭제할 수 있습니다.

02 제조사별 판매량 데이터를 선택 영역에서 이름 정의하기 제조사별 판매량의 데이터에서 첫 행의 이름으로 이름 정의합니다. ❶ [B3:G11] 셀 범위를 선택합니다. ❷ [수식] 탭–[정의된 이름] 그룹–[선택 영역에서 만들기]를 클릭하고 ❸ [선택 영역에서 이름 만들기] 대화상자에서 [첫 행]에 체크 표시합니다. ❹ [확인]을 클릭합니다.

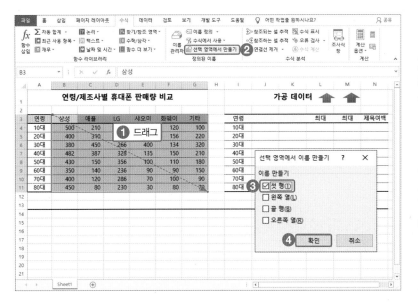

📊 **실력향상**

[선택 영역에서 만들기]를 이용하면 셀 이름을 정의할 때마다 매번 범위를 지정할 필요 없이 데이터의 첫 행(제목 행)이나 왼쪽 열(제목 열)의 이름을 한번에 셀 이름으로 지정할 수 있습니다.

⏱ **시간단축**

· Ctrl + F3 : 이름 관리자
· Ctrl + Shift + F3 :
  선택 영역에서 만들기

03 데이터 유효성 검사 목록 설정하기 가공 데이터 위치에 제조사 목록을 데이터 유효성 검사로 표시합니다. ❶ [J3:K3] 셀 범위를 선택합니다. ❷ [데이터] 탭-[데이터 도구] 그룹-[데이터 유효성 검사圖]를 클릭합니다. ❸ [데이터 유효성] 대화상자의 [설정] 탭에서 [제한 대상]으로 [목록]을 선택합니다. ❹ [원본]에 **=제조사**를 입력하고 ❺ [확인]을 클릭합니다.

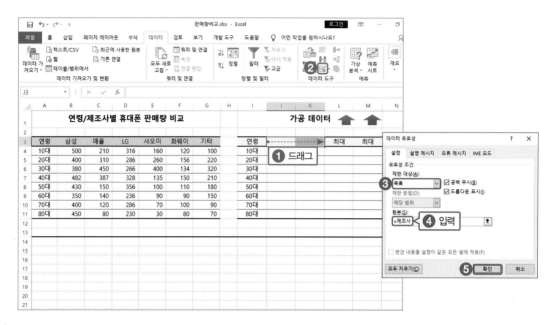

04 제조사 데이터 연결하기 이름 정의한 제조사 이름의 판매량 데이터 범위를 INDIRECT 함수로 가져옵니다. ❶ [J3] 셀을 클릭하고 목록 상자에서 **삼성** 제조사를 선택합니다. ❷ [J4:J11] 셀 범위를 선택하고 ❸ 수식 입력줄에 **=-INDIRECT(J3)**를 입력한 후 ❹ Ctrl + Shift + Enter 를 눌러 삼성 판매량 데이터를 가져옵니다. 대칭 차트에서 왼쪽 막대 계열에 사용할 데이터이므로 수식에 음수를 입력합니다.

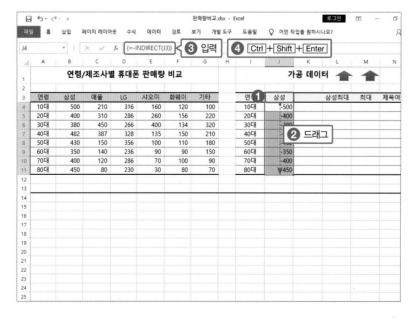

실력향상

INDIRECT 함수는 정의된 이름의 데이터를 가져오는 함수로 하나의 셀 값을 가져올 때는 수식 입력 후 Enter 를 누르지만 정의된 이름의 데이터가 범위일 경우에는 Ctrl + Shift + Enter 를 눌러 한번에 데이터(배열)를 가져올 수 있습니다. 배열로 된 수식은 수식 앞뒤로 {}(중괄호)가 표시되며 일부 데이터를 수정할 수 없습니다.

05 ❶ [K3] 셀을 클릭하고 목록 상자에서 **샤오미** 제조사를 선택합니다. ❷ [K4:K11] 셀 범위를 선택하고
❸ **=INDIRECT(K3)**를 입력한 후 ❹ Ctrl + Shift + Enter 를 눌러 샤오미 판매량 데이터를 가져옵니다.
대칭 차트에서 오른쪽 막대 계열에 사용할 데이터입니다.

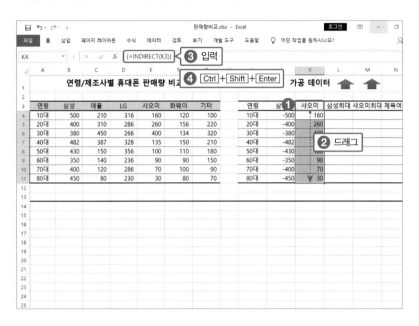

06 **대칭 데이터 최댓값 계산하기** 제조사의 판매량 데이터에서 최댓값을 찾아 위치를 표시합니다. ❶
[L4:L11] 셀 범위를 선택하고 ❷ **=IF(MIN($J$4:$J$11)=J4,–20,0)**를 입력합니다. ❸ Ctrl + Enter 를 누
릅니다. ❹ [M4:M11] 셀 범위를 선택하고 ❺ **=IF(MAX($K$4:$K$11)=K4,20,0)**를 입력합니다. ❻ Ctrl
+ Enter 를 누릅니다.

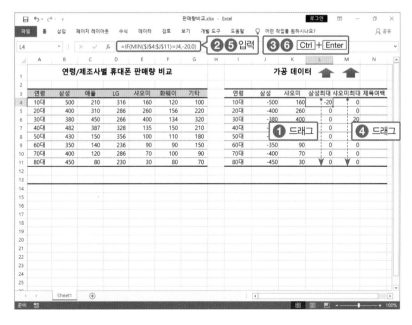

실력향상

왼쪽 열(L4:L11)은 음수 데이
터이므로 MIN 함수를 사용해
서 최솟값 위치를 찾아 –20
을 입력합니다. 오른쪽 열
(M4:M11)은 양수 데이터이
므로 MAX 함수를 사용하여
최댓값 위치를 찾아 20을 입
력합니다.

07 사용자 지정 표시 형식 지정하기 ❶ [J4:M11] 셀 범위를 선택하고 ❷ Ctrl + 1 을 누릅니다. ❸ [셀 서식] 대화상자의 [범주]를 [사용자 지정]으로 선택하고 ❹ [형식] 입력란에 **#,##0;#,##0;#**을 입력합니다. ❺ [확인]을 클릭합니다.

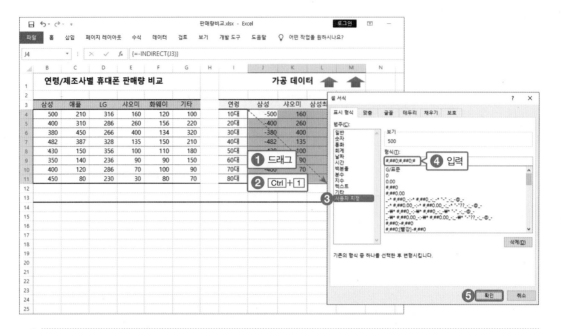

실력향상 사용자 지정 표시 형식은 '양수의 서식;음수의 서식;0의 서식' 순서로 지정합니다. 데이터(J4:M11)에서 –(음수) 기호를 표시하지 않기 위해 사용자 지정 표시 형식을 #,##0;#,##0;#으로 입력합니다.

08 제목 여백 입력하기 셀 대칭 차트의 가운데 축 제목을 표시하기 위해 여백의 값을 입력합니다. ❶ [N4:N11] 셀 범위를 선택하고 ❷ –50을 입력합니다. ❸ Ctrl + Enter 를 누릅니다.

실력향상
차트의 세로축 제목 레이블 (10대~80대)을 표시할 위치로 왼쪽 막대와 오른쪽 막대 사이에 여백이 필요하므로 –50을 입력합니다. 만약에 제목 레이블의 글자수가 많다면 앞에 음수(–) 기호를 붙이고 여백의 숫자를 크게 입력 (예 : –100, –150)합니다.

STEP 02 누적형 가로 막대로 양방향 대칭 차트 만들기

가공 데이터를 차트 영역 범위로 지정하고 누적형 가로 막대 차트를 삽입한 후 차트의 데이터 계열 순서, 가로/세로축 서식, 데이터 계열 서식 등의 구성 요소를 설정합니다.

09 차트 영역 범위 지정하고 누적형 가로 막대 차트 만들기 가공 데이터를 차트 영역으로 범위 지정한 후 누적형 가로 막대 차트를 삽입해보겠습니다. ❶ 차트로 만들 데이터인 [I3:N11] 셀 범위를 선택합니다. ❷ [삽입] 탭-[차트] 그룹-[세로 또는 가로 막대형 차트 삽입]을 클릭하고 ❸ [누적 가로 막대형]을 선택합니다. ❹ [B14] 셀 위치로 차트를 이동하고 크기를 적당하게 조정합니다.

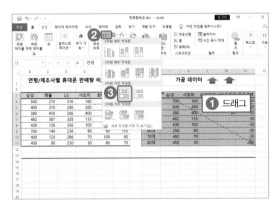
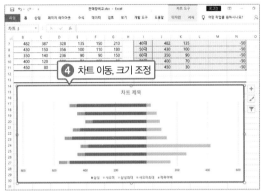

엑셀 2007, 2010 엑셀 2010 이전 버전에서는 [삽입] 탭-[차트] 그룹-[가로 막대형]을 클릭하고 [누적 가로 막대형]을 선택합니다.

10 데이터 계열 순서 변경하기 '제목여백', '삼성최대', '삼성', '샤오미', '샤오미최대' 순서로 데이터 계열의 순서를 변경합니다. ❶ 차트 영역을 선택하고 ❷ [차트 도구]-[디자인] 탭-[데이터] 그룹-[데이터 선택]을 클릭합니다. ❸ [데이터 원본 선택] 대화상자가 나타나면 [범례 항목(계열)]에서 🔼, 🔽를 클릭하여 [제목여백], [삼성], [삼성최대], [샤오미], [샤오미최대] 순서로 위치를 변경합니다. ❹ [확인]을 클릭합니다.

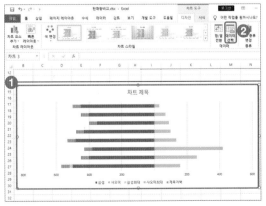

실력향상 [제목여백] 데이터 계열은 차트의 세로축 제목 레이블(10대~80대)이 표시될 위치이므로 항목 축과 가까워야 합니다. 따라서 항목 축과 가깝게 표시되려면 [제목여백] 계열을 제일 위에 표시합니다.

11 가로축 눈금 조절 및 레이블 제목 숨기기 가로축 서식의 최소/최댓값을 설정하고 레이블을 숨깁니다.

❶ 가로(값)축을 더블클릭합니다. ❷ [축 서식] 작업 창에서 [축 옵션█]을 클릭합니다. ❸ [경계] 영역에서 [최소]에 **−600**, [최대]에 **550**을 입력합니다. ❹ [레이블]의 [레이블 위치]를 [없음]으로 선택합니다.

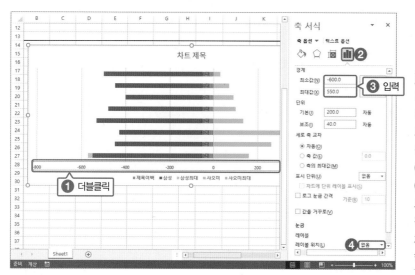

실력향상

가로축의 최소/최댓값은 데이터의 가장 큰 값을 기준으로 정합니다. 여기에서 [최소값]은 데이터의 '가장 큰 값(500)+제목여백(50)+최댓값(20)'의 합이 570이므로 여유로 30을 더하여 **−600**으로 지정합니다. [최대값]은 '600−제목여백(50)'인 **550**을 입력합니다.

엑셀 2007, 2010 엑셀 2010 이전 버전에서는 [축 서식] 대화상자의 [축 옵션]에서 [최소값]–[고정]에 **−600**, [최대값]–[고정]에 550을 입력합니다. [축 레이블]에 [없음]을 선택합니다.

12 세로축 위치 뒤집기 ❶ 세로(항목)축을 더블클릭해 [축 서식] 작업 창을 불러옵니다. ❷ [축 옵션█] 영역의 ❸ [축 위치]에서 [항목을 거꾸로]에 체크 표시하여 세로축 위치를 뒤집습니다.

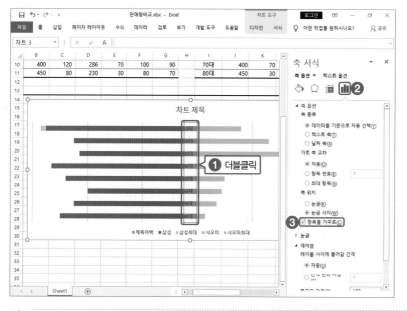

시간단축

차트의 구성 요소 서식 작업 창을 불러오려면 각 구성 요소를 더블클릭하거나 마우스 오른쪽 버튼을 클릭해 해당 서식 메뉴를 선택합니다. 하지만 구성 요소가 선택되지 않거나 확실치 않을 경우에는 [차트 도구]–[서식] 탭–[현재 선택 영역] 그룹(엑셀 2010 이전 버전에서는 [차트 도구]–[레이아웃] 탭–[현재 선택 영역] 그룹)에서 해당 계열의 이름을 선택하고 [선택 영역 서식]을 클릭합니다.

엑셀 2007, 2010 엑셀 2010 이전 버전에서는 [축 서식] 대화상자의 [축 옵션]에서 [항목을 거꾸로]에 체크 표시하여 세로축 위치를 뒤집습니다.

13 세로축 선 지우기 ❶ [축 서식] 작업 창에서 [채우기 및 선 🖌]을 클릭합니다. **❷** [선] 영역에서 [선 없음]을 클릭하여 세로축 선을 없앱니다.

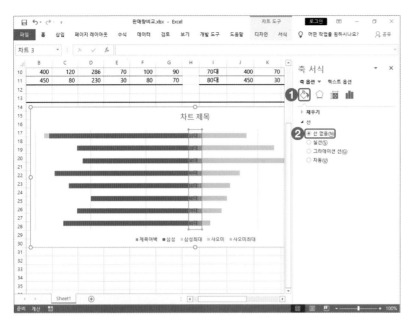

📊 **엑셀 2007, 2010**
엑셀 2010 이전 버전에서는 [축 서식] 대화상자의 [선 색]에서 [선 없음]을 클릭합니다.

14 간격 너비 지정하기 ❶ 삼성 계열을 더블클릭합니다. **❷** [데이터 계열 서식] 작업 창에서 [계열 옵션 📊]을 클릭합니다. **❸** [데이터 계열 지정]에서 [간격 너비]를 **35%**로 지정합니다.

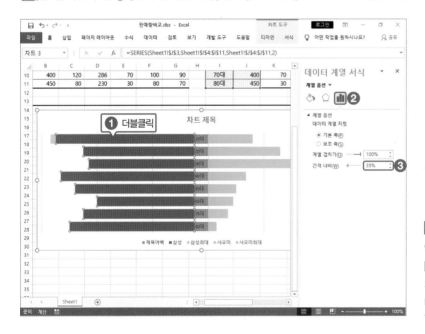

📊 **엑셀 2007, 2010**
엑셀 2010 이전 버전에서는 [데이터 계열 서식] 대화상자의 [계열 옵션]에서 [간격 너비]를 **35%**로 지정합니다.

15 제목여백 데이터 계열 서식 수정하기 가공 데이터에서 '-50'으로 입력한 제목여백 계열은 세로축의 제목이 표시될 빈 여백을 확보하기 위함이므로 채우기 색과 테두리 선을 없앱니다. ❶ 제목여백 계열을 더블클릭합니다. ❷ [데이터 계열 서식] 작업 창에서 [채우기 및 선🖌]을 클릭합니다. ❸ [채우기] 영역에서 [채우기 없음]을 클릭하고 ❹ [테두리] 영역에서 [선 없음]을 클릭하여 채우기 색과 선 색을 없앱니다. ❺ [닫기❌]를 클릭하여 [데이터 계열 서식] 작업 창을 닫습니다.

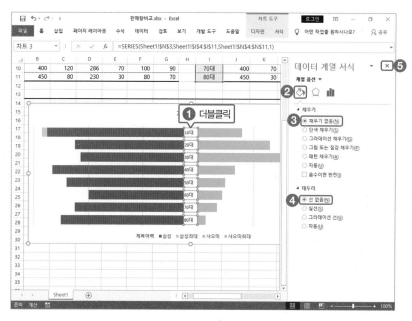

X〓 엑셀 2007, 2010
엑셀 2010 이전 버전에서는 [데이터 계열 서식] 대화상자의 [채우기]에서 [채우기 없음]을 클릭하고, [테두리 색]에서 [선 없음]을 클릭합니다.

16 차트 제목, 주 눈금선 범례 삭제하기 ❶ 차트 제목을 클릭하고 Delete 를 누릅니다. ❷ 범례를 클릭하고 ❸ 제목여백 계열을 한 번 더 클릭하여 범례 항목을 삭제합니다.

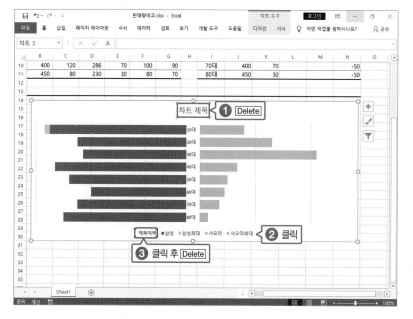

⏱ 시간단축
차트의 구성 요소를 다시 보이게 하거나 재설정하려면 [차트 도구]-[디자인] 탭-[차트 레이아웃] 그룹-[차트 요소 추가]를 클릭하여 각 구성 요소에 해당하는 메뉴를 찾아 재설정합니다.

STEP 03 데이터 계열 꾸미고 도형으로 막대 모양 바꾸기

대칭 모양을 갖춘 차트에서 데이터 계열 막대의 채우기 색을 보기 좋게 꾸미고, 양쪽 최대 계열 막대를
도형 모양으로 변경합니다.

17 데이터 계열 꾸미기 ❶ 삼성 데이터 계열을 클릭하고 ❷ [차트 도구]–[서식] 탭–[도형 스타일] 그
룹–[자세히 ⋅]를 클릭합니다. ❸ [미세 효과–빨강, 강조 6]을 선택합니다. ❹ 마찬가지 방법으로 샤오미 데
이터 계열을 클릭하고 ❺ 도형 스타일을 [미세 효과–옥색, 강조 2]로 변경합니다.

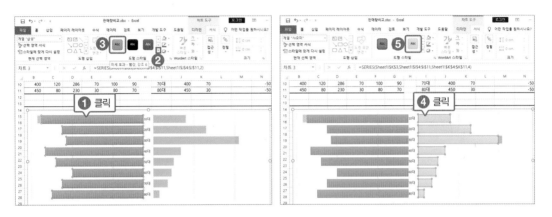

18 최대 도형으로 막대 모양 바꾸기 ❶ [L1] 셀의 빨간색 화살표 도형을 클릭하고 ❷ Ctrl + C 를 누릅
니다. ❸ [삼성최대] 데이터 계열을 클릭하고 ❹ Ctrl + V 를 눌러 빨간색 화살표로 변경합니다.

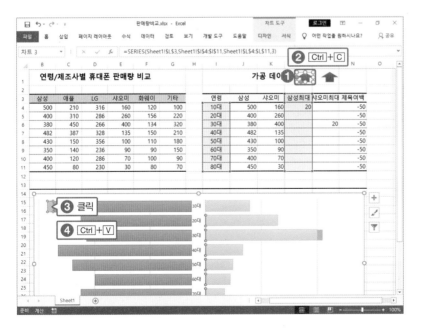

19 ❶ [M1] 셀 위치에 파란색 화살표 도형을 클릭하고 ❷ Ctrl + C를 누릅니다. ❸ 샤오미최대 데이터 계열을 클릭하고 ❹ Ctrl + V를 눌러 파란색 화살표로 바꿉니다.

20 레이블 표시하기 ❶ 삼성 데이터 계열을 선택하고 ❷ 마우스 오른쪽 버튼을 클릭합니다. ❸ [데이터 레이블 추가]-[데이터 레이블 추가]를 선택하여 레이블을 표시합니다.

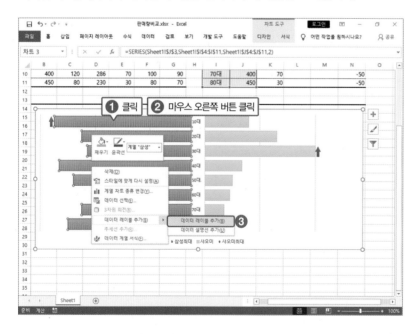

엑셀 2007, 2010
엑셀 2010 이전 버전에서는 삼성 데이터 계열을 선택하고 마우스 오른쪽 버튼을 클릭한 후 [데이터 레이블 추가]를 선택합니다.

21 샤오미 데이터의 데이터 레이블을 추가합니다. ❶ 샤오미 데이터 계열을 선택하고 ❷ 마우스 오른쪽 버튼을 클릭합니다. ❸ [데이터 레이블 추가]–[데이터 레이블 추가]를 선택하여 레이블을 표시합니다.

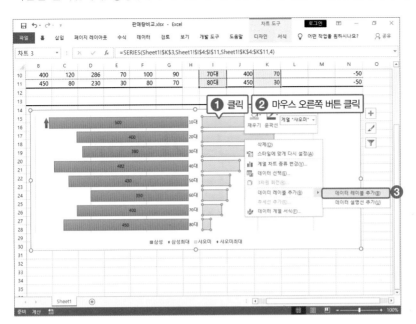

X로 엑셀 2007, 2010

엑셀 2010 이전 버전에서는 삼성 데이터 계열을 선택하고 마우스 오른쪽 버튼을 클릭한 후 [데이터 레이블 추가]를 선택합니다.

22 대칭 차트에서 양쪽 데이터 비교하기 [J3] 셀과 [K3] 셀을 클릭하고 목록상자에서 제조사를 변경한 후 차트 영역을 클릭하면 비교하고 싶은 경쟁사를 대칭 차트에서 분석할 수 있습니다.

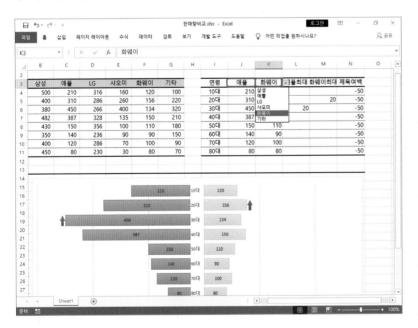

실력향상

제조사를 변경하고 차트에 데이터 계열을 업데이트하려면 차트가 활성화되어 있어야 합니다. 따라서 비활성화되어 있는 상태에서 제조사를 변경했다면 차트를 클릭하여 활성화합니다.

동적 참조로 수출입증가 추이 현황 비교하기

실습 파일 | Part01/Chapter03/04_수출입추이.xlsx   완성 파일 | Part02/Chapter03/04_수출입추이_완성.xlsx

---

01 프로젝트 시작하기

일반적으로 차트는 고정된 데이터 범위와 하나의 차트로 구성됩니다. 하지만 두 종류 이상의 차트를 사용하여 차트에 다른 정보가 있음을 강조하거나 두 데이터 계열의 서로 다른 유형의 데이터 값을 가지고 있을 때, 혹은 두 계열의 데이터 값이 클 때는 혼합 차트를 사용합니다. 여기서는 동적 참조를 사용하여 연도별로 수출입 증가 추이 현황을 비교할 수 있는 혼합 차트를 만들어보겠습니다.

이 프로젝트의 차트는 엑셀 2013 이후 버전을 기준으로 작성되었습니다.

**회사에서
바로 통하는
키워드**   컨트롤 삽입(스핀/그룹 상자), CHOOSE, OFFSET, 이름 정의, 콤보 차트

분기	수출	수입	수출증가율	수입증가율
연도별 수출입 증가율 추이				
1분기	465	512	-5.6%	3.9%
2분기	498	531	7.1%	0.8%
3분기	575	536	15.6%	-3.8%
4분기	596	515	3.6%	-14.8%
1분기	646	439	8.4%	-36.2%
2분기	634	280	-1.8%	-37.0%
3분기	566	176	-10.8%	-39.9%
4분기	535	106	-5.5%	-28.7%
1분기	502	75	-6.1%	8.1%
2분기	515	81	2.5%	22.2%
3분기	592	99	15.1%	38.7%
4분기	727	138	22.7%	44.8%
1분기	944	200	29.8%	51.9%
2분기	1147	305	21.5%	38.4%
3분기	1439	422	25.5%	35.8%
4분기	1527	573	6.1%	16.2%

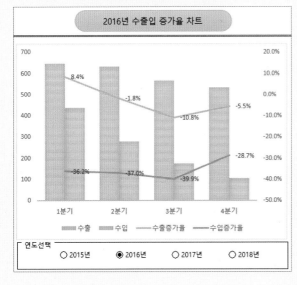

한눈에 보는 작업순서

그룹 상자, 옵션 단추 컨트롤 삽입하기 ▶ 연도 수식 만들고 도형에 제목 연결하기 ▶ 동적 범위 참조를 위한 수식 입력하기 ▶ 동적 참조를 위한 이름 정의하기

▶ 혼합(콤보) 차트 만들기 ▶ 차트 스타일 및 레이아웃 지정하기 ▶ 차트 원본 데이터를 동적 범위로 바꾸기

STEP 01 동적 데이터로 범위 정의하기

❶ 연도를 선택할 컨트롤로 그룹 상자, 옵션 단추를 삽입하고 셀과 연결합니다.

❷ CHOOSE 함수로 연도 수식을 만들고 도형에 제목을 연결합니다.

❸ 동적 범위에서 참조할 행 위치, 열 위치, 높이, 너비 수식을 입력합니다.

❹ OFFSET 함수를 사용하여 수출, 수입, 수출증가율, 수입증가율을 정의합니다.

STEP 02 혼합(콤보) 차트 만들고 데이터 계열을 동적 참조로 연결하기

❶ 차트 영역 범위를 지정하고 혼합(콤보) 차트를 만듭니다.

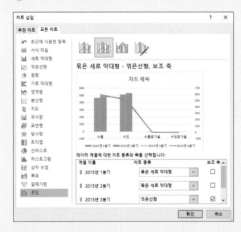

❷ 차트 스타일을 변경하고 차트 레이아웃을 변경하여 데이터 레이블을 표시합니다.

❸ 차트 원본 데이터를 동적 참조할 수 있게 STEP 01에서 지정한 이름(수출, 수입, 수출증가율, 수입증가율)으로 지정합니다.

STEP 01 동적 데이터로 범위 정의하기

연도별 수출입 증가율의 추이 데이터를 혼합(콤보) 차트로 만들기 전에 컨트롤을 삽입하고 원본 데이터를 만듭니다. 각 연도를 선택할 수 있는 컨트롤(옵션 단추와 그룹 상자)을 삽입하고 선택한 연도의 제목을 수식을 이용해 도형과 연결합니다. 연도를 선택하고 차트에서 참조할 수출, 수입, 수출증가율, 수입증가율의 데이터 범위를 동적 참조할 수 있도록 이름 정의하고 수식을 입력합니다.

01 그룹 상자, 옵션 단추 컨트롤 삽입하기 옵션 단추는 여러 항목 중에 하나의 항목을 선택하거나 취소하는 컨트롤로 사각형 안의 그룹 상자에 포함해 사용합니다. 연도를 선택할 수 있는 위치에 그룹 상자를 삽입하고 그 안에 연도를 표시할 옵션 단추 컨트롤을 삽입합니다. ❶ [개발 도구] 탭-[컨트롤] 그룹-[삽입]을 클릭하고 ❷ [그룹 상자]를 선택합니다. ❸ [H18] 셀 위치에서 [N19] 셀 위치까지 드래그하여 그룹 상자를 삽입합니다. ❹ 그룹 상자를 클릭하고 텍스트를 **연도선택**으로 수정합니다.

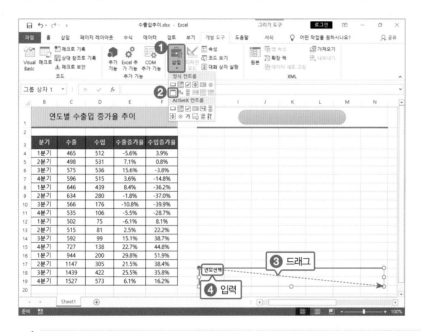

실력향상 리본 메뉴에 [개발 도구] 탭을 표시하려면 [파일]-[옵션]을 클릭한 후 [리본 사용자 지정]을 선택하고 [리본 메뉴 사용자 지정] 목록에서 [개발 도구]에 체크 표시합니다.

02 ❶ [개발 도구] 탭–[컨트롤] 그룹–[삽입]을 클릭하고 ❷ [옵션 단추]를 선택합니다. ❸ 그룹 상자 안의 [I18] 셀 위치에 드래그하여 옵션 단추를 삽입합니다. ❹ 옵션 단추 안을 클릭하고 텍스트를 **2015년**으로 수정합니다.

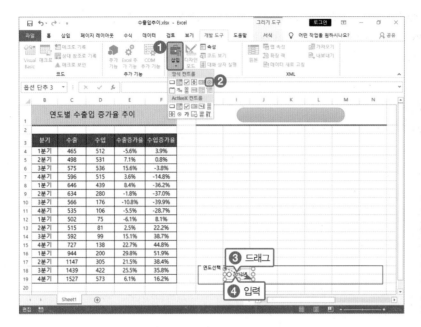

실력향상

옵션 단추 선택이 해제된 후 Ctrl 을 누르고 옵션 단추를 클릭하면 옵션 단추를 선택할 수 있습니다. 옵션 단추 선택을 해제하려면 임의의 빈 셀을 클릭합니다.

03 ❶ Ctrl 을 누르고 옵션 단추를 선택합니다. ❷ Ctrl + Shift 를 누른 상태에서 오른쪽으로 드래그하여 옵션 단추를 복사한 후 두 번 더 오른쪽으로 드래그하여 옵션 단추를 복사합니다. ❸ Ctrl 을 눌러 네 개의 옵션 단추가 선택되어 있는 상태에서 ❹ [그리기 도구]–[서식] 탭–[정렬] 그룹–[맞춤]을 클릭하고 ❺ [가로 간격을 동일하게]를 선택합니다. ❻ 빈 셀을 클릭하여 옵션 단추를 해제한 후 ❼ Ctrl 을 누르고 각 옵션 단추의 텍스트를 **2016년**, **2017년**, **2018년**으로 수정합니다.

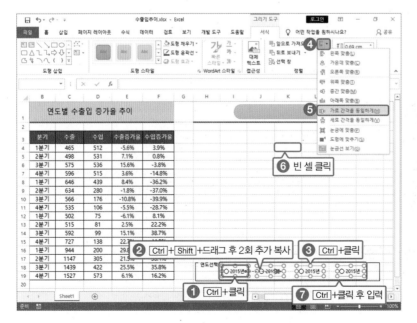

실력향상

옵션 단추는 여러 항목 중에 하나만 선택하는 컨트롤입니다. 따라서 네 개의 옵션 단추 중 하나의 옵션 단추만 선택하려면 옵션 단추가 그룹 상자를 벗어나지 않아야 합니다. 만약 그룹 상자를 벗어나서 옵션 단추를 삽입하면 하나만 선택되는 것이 아니라 여러 항목이 선택될 수 있으므로 주의합니다.

04 옵션 단추를 셀과 연결하기 임의의 옵션 단추를 클릭하면 네 개의 옵션 단추 중 하나의 옵션 단추가 선택됩니다. 선택된 옵션 단추의 값을 표시하기 위해 셀과 연결합니다. ❶ 2015년 옵션 단추에서 마우스 오른쪽 버튼을 클릭하고 ❷ [컨트롤 서식]을 선택합니다. ❸ [컨트롤 서식] 대화상자의 [컨트롤] 탭에서 [셀 연결]에 **$P$3**을 입력하고 ❹ [확인]을 클릭합니다.

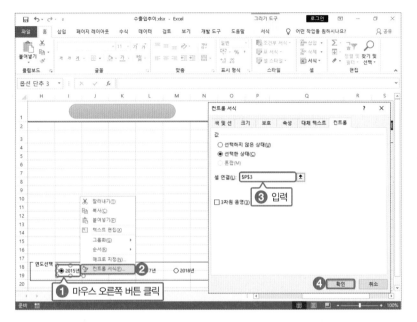

실력향상 그룹 상자 안에 있는 옵션 단추는 한 개의 옵션 단추와 셀을 연결해도 네 개의 옵션 단추에 모두 연결됩니다. 옵션 단추와 셀을 연결해놓으면 네 개의 옵션 단추 중 어떤 옵션 단추가 선택되어 있는지 일련 번호(1~4)로 알려줍니다.

05 연도 수식 만들고 도형에 제목 연결하기 옵션 단추에서 선택한 연도(2015~2018)를 표시할 수식을 작성하고 도형과 연결합니다. ❶ 2015년 옵션 단추를 클릭합니다. ❷ [Q3] 셀에 **=CHOOSE(P3,2015,2016,2017,2018)&"년 수출입 증가율 차트"**를 입력하고 Enter를 누릅니다. ❸ 예제 중앙의 모서리가 둥근 직사각형을 클릭한 후 ❹ **=$Q$3**을 입력하고 Enter를 누릅니다. [Q3] 셀과 도형이 연결되었습니다.

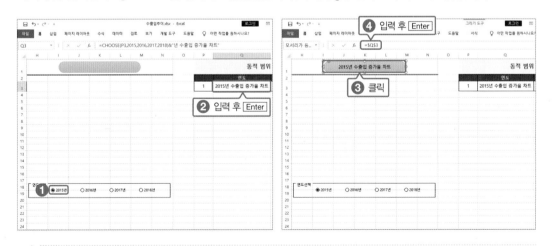

실력향상 CHOOSE 함수는 인덱스 번호(P3)에 따라 1이면 2015년, 2이면 2016년, 3이면 2017년, 4이면 2018년을 표시합니다.

06 동적 참조를 위한 행 위치, 열 위치, 높이, 너비 입력하기 연도별 데이터를 동적 참조에서 사용하기 위해 행을 계산하고 열, 높이, 너비를 입력합니다. ❶ [R3] 셀에 **=(P3-1)*4**를 입력하고 Enter 를 누릅니다. ❷ [S3] 셀에 **0**을 입력하고 Enter 를 누릅니다. ❸ [T3] 셀에 **4**를 입력하고 Enter 를 누릅니다. ❹ [U3] 셀에 **1**을 입력하고 Enter 를 누릅니다.

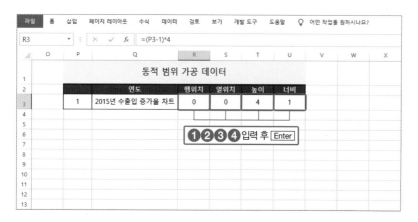

📶 실력향상 연도별 데이터로 차트를 만들려면 수출, 수입, 수출증가율, 수입증가율 데이터 계열이 필요합니다. 각 데이터 계열은 연도가 바뀔 때마다 동적으로 범위가 변해야 합니다. 데이터 계열은 현재 위치로부터 행 위치(R3)가 0, 4, 8, 12로 변해야 하므로 **=(P3-1)*4** 수식을 입력합니다. 열 위치(S3)는 고정이므로 **0**을 입력합니다. 높이(T3)는 행수이므로 **4**를 입력하고, 너비(U3)는 열수이므로 **1**을 입력합니다.

07 선택 영역에서 이름 정의하기 행위치, 열위치, 높이, 너비의 이름을 정의합니다. ❶ [R2:U3] 셀 범위를 선택하고 ❷ [수식] 탭-[정의된 이름] 그룹-[선택 영역에서 만들기]를 클릭합니다. ❸ [선택 영역에서 이름 만들기] 대화상자에서 [첫 행]에 체크 표시한 후 ❹ [확인]을 클릭합니다.

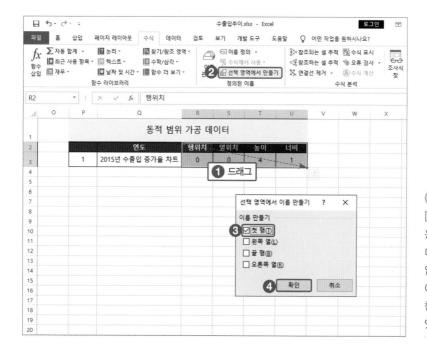

⏱️ 시간단축

[선택 영역에서 만들기]를 이용하면 셀 이름을 정의할 때마다 매번 범위를 지정할 필요 없이 데이터의 첫 행(제목 행)이나 왼쪽 열(제목 열)의 값을 한번에 셀 이름으로 지정할 수 있습니다.

08 수출, 수입, 수출증가율, 수입증가율을 동적 참조로 이름 정의하기 차트의 데이터 계열(수출, 수입, 수출증가율, 수입증가율)을 연도별로 동적 참조하기 위해 OFFSET 함수로 이름 정의합니다. ❶ [A3] 셀을 선택하고 [Ctrl]+[F3]을 누릅니다. ❷ [이름 관리자] 대화상자에서 [새로 만들기]를 클릭합니다. ❸ [새 이름] 대화상자에서 [이름]에 **수출**을 입력하고 ❹ [참조 대상]에 **=OFFSET(Sheet1!$C$4,행위치,열위치,높이,너비)**를 입력한 후 ❺ [확인]을 클릭합니다.

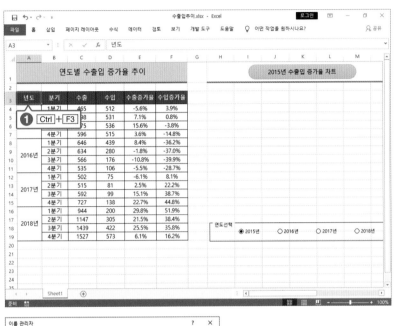

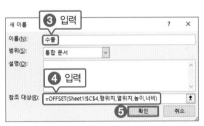

수출의 참조 대상 수식 알아보기

OFFSET(기준 셀, 행 번호, 열 번호, 높이, 너비) 함수는 시작 위치인 수출 데이터(C4)에서 행(0,4,8,12), 열(0)로 이동하여 높이(4)와 너비(1)만큼의 범위를 참조합니다. 예를 들어 2016년 수출 영역(C4:C7)의 범위를 참조하려면 기준 셀($C$4)로부터 4행, 0열, 높이 4, 너비 1인 수식 **=OFFSET($C$4,4,0,4,1)**입니다. 여기서 행, 열, 높이, 너비를 앞서 이름 정의하였으므로 **=OFFSET($C$4,행위치,열위치,높이,너비)**를 입력합니다.

=OFFSET(Sheet1!$C$4, 행위치, 열위치, 높이, 너비)

기준 셀 · 행 번호 · 열 번호 · 높이 · 너비

| | | | 0열 | 1열 | 2열 | 3열 |
	A	B	C	D	E	F
3	년도	분기	수출	수입	수출증가율	수입증가율
0행 4	2015년	1분기	465	512	-5.6%	3.9%
1행 5		2분기	498	531	7.1%	0.8%
2행 6		3분기	575	536	15.6%	-3.8%
3행 7		4분기	596	515	3.6%	-14.8%
4행 8	2016년	1분기	646	439	8.4%	-36.2%
5행 9		2분기	634	280	-1.8%	-37.0%
6행 10		3분기	566	176	-10.8%	-39.9%
7행 11		4분기	535	106	-5.5%	-28.7%
8행 12	2017년	1분기	502	75	-6.1%	8.1%
9행 13		2분기	515	81	2.5%	22.2%
10행 14		3분기	592	99	15.1%	38.7%
11행 15		4분기	727	138	22.7%	44.8%
12행 16	2018년	1분기	944	200	29.8%	51.9%
... 17		2분기	1147	305	21.5%	38.4%
18		3분기	1439	422	25.5%	35.8%
19		4분기	1527	573	6.1%	16.2%

09 ❶ [새로 만들기]를 클릭하고 ❷ [새 이름] 대화상자에서 [이름]에 **수입**, ❸ [참조 대상]에 **=OFFSET (Sheet1! $D$4,행위치,열위치,높이,너비)**를 입력한 후 ❹ [확인]을 클릭합니다.

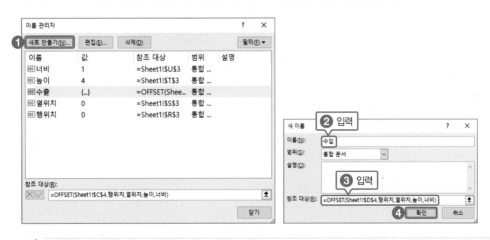

📊 **실력향상** 수입 시작 위치는 수입 데이터(D4)에서 행(0, 4, 8, 12), 열(0)로 이동하여 높이(4)와 너비(1)만큼의 범위를 참조합니다.

10 ❶ [새로 만들기]를 클릭하고 ❷ [새 이름] 대화상자의 [이름]에 **수출증가율**을 입력합니다. ❸ [참조 대상]에 **=OFFSET (Sheet1!$E$4,행위치,열위치,높이,너비)**를 입력한 후 ❹ [확인]을 클릭합니다.

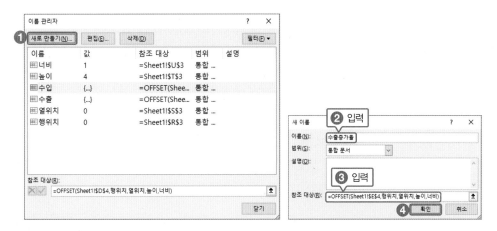

🏔 **실력향상** 수출증가율 시작 위치는 수입 데이터(E4)에서 행(0, 4, 8, 12), 열(0)로 이동하여 높이(4)와 너비(1)만큼의 범위를 참조합니다.

11 ❶ [새로 만들기]를 클릭하고 ❷ [새 이름] 대화상자의 [이름]에 **수입증가율**을 입력합니다. ❸ [참조 대상]에 **=OFFSET(Sheet1!$F$4,행위치,열위치,높이,너비)**를 입력하고 ❹ [확인]을 클릭합니다. ❺ [닫기]를 클릭하여 대화상자를 닫습니다.

🏔 **실력향상** 수입증가율 시작 위치는 수출 데이터(F4)에서 행(0, 4, 8, 12), 열(0)로 이동하여 높이(4)와 너비(1)만큼의 범위를 참조합니다.

혼합(콤보) 차트 만들고 데이터 계열을 동적 참조로 연결하기

수출/수입의 데이터 계열 값과 수출증가율/수입증가율 데이터 계열 값의 차이가 크므로 이중 축을 혼합 (콤보) 차트에 삽입하고 차트 스타일과 서식을 꾸밉니다. 차트 계열의 범위를 연도별로 다르게 참조할 수 있도록 앞서 동적 참조로 정의한 데이터 계열의 이름을 지정합니다.

12 차트 영역 범위 지정하고 혼합(콤보) 차트 만들기 2015년 데이터 범위로 콤보 차트를 작성합니다. **①** 차트로 만들 데이터인 [A3:F7] 셀 범위를 선택합니다. **②** [삽입] 탭-[차트] 그룹-[모든 차트 보기🗔] 대화 상자 표시 아이콘을 클릭합니다. **③** [차트 삽입] 대화상자의 [모든 차트] 탭에서 **④** [혼합]을 클릭하고 **⑤** [묶은 세로 막대형-꺾은선형, 보조 축]을 선택합니다. **⑥** [확인]을 클릭합니다.

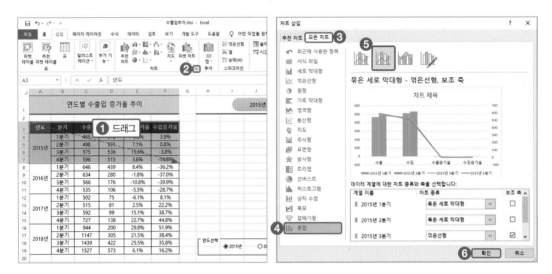

X⌸ 엑셀 2013, 2016 [삽입] 탭-[차트] 그룹-[모든 차트 보기🗔] 대화상자 표시 아이콘을 클릭합니다. [차트 삽입] 대화상자의 [모든 차트] 탭에서 [콤보]를 클릭하고 [묶은 세로 막대형 – 꺾은선형, 보조 축]을 선택합니다.

X⌸ 엑셀 2007, 2010 엑셀 2010 이전 버전에서는 [차트 삽입] 대화상자에 콤보 차트 항목이 없습니다. [삽입] 탭-[차트] 그룹-[세로 막대형]-[2차원 묶은 세로 막대형]으로 차트를 삽입한 후 3분기 막대 계열에서 마우스 오른쪽 버튼을 클릭합니다. [데이터 계열 서식]을 선택한 후 [보조 축]으로 변경합니다. 마찬가지 방법으로 [계열 차트 종류 변경]을 선택한 후 [차트 종류]를 [표식이 있는 꺾은선형]으로 변경합니다. 마찬가지 방법으로 4분기 막대 계열의 [보조 축], [차트 종류]를 [표식이 있는 꺾은선형]으로 변경합니다.

13 ❶ [H3] 셀 위치로 차트를 이동하고 크기를 적당하게 조정합니다. ❷ [차트 제목]을 클릭하고 ❸ Delete 를 눌러 제목을 삭제합니다.

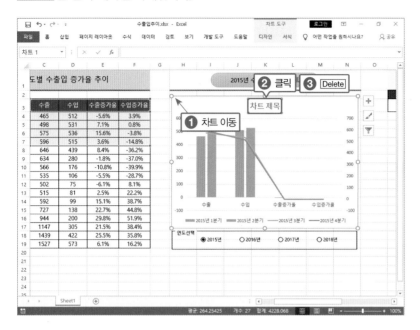

14 **데이터 행/열 전환하기** 데이터 계열의 막대를 분기로 표시하기 위해 행/열을 전환하고 차트의 종류를 변경합니다. ❶ 차트 영역을 선택하고 ❷ [차트 도구]–[디자인] 탭–[데이터] 그룹–[행/열 전환]을 클릭합니다.

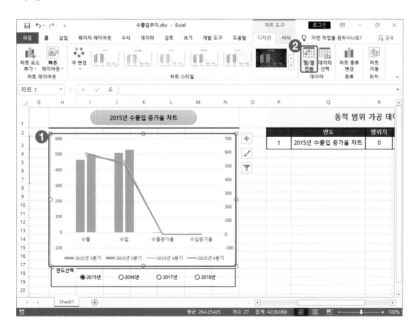

15 차트 스타일과 레이아웃 지정하기 차트 스타일과 레이아웃을 변경해보겠습니다. ❶ 차트 영역을 선택하고 ❷ [차트 도구]–[디자인] 탭–[차트 스타일]–[스타일 2]를 선택합니다. ❸ [차트 도구]–[디자인] 탭–[차트 레이아웃] 그룹–[빠른 레이아웃]–[레이아웃 4]를 선택하여 레이블을 표시합니다.

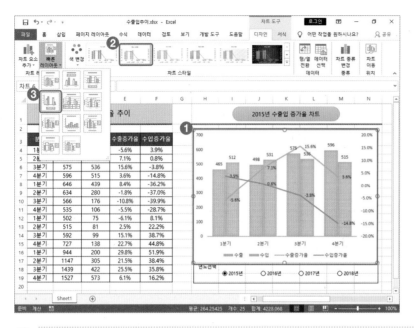

X **엑셀 2007, 2010** 엑셀 2010 이전 버전에서 레이아웃을 지정하려면 [차트 도구]–[디자인] 탭–[차트 레이아웃] 그룹–[레이아웃 4]를 선택하여 레이블을 표시합니다.

16 ❶ 수출 데이터 계열의 레이블을 클릭하고 ❷ Delete 를 눌러 레이블을 삭제합니다. 같은 방법으로 ❸ 수입 데이터 데이터 계열의 레이블을 클릭하고 ❹ Delete 를 눌러 레이블을 삭제합니다.

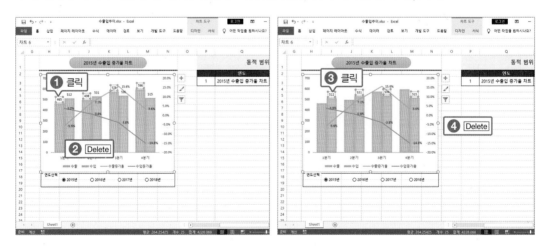

17 차트 원본 데이터 동적 범위로 지정하기 차트의 원본 데이터 범위를 앞서 정의한 이름(수출, 수입, 수출증가율, 수입증가율)으로 계열의 범위를 지정합니다. ❶ 차트 영역을 선택하고 ❷ [차트 도구]–[디자인] 탭–[데이터] 그룹–[데이터 선택]을 클릭합니다.

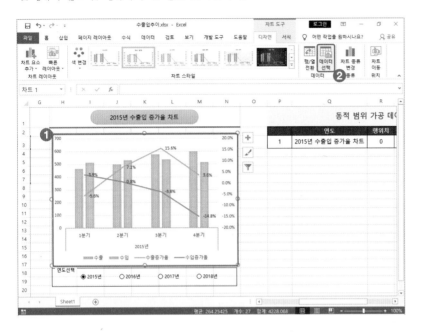

18 ❶ [데이터 원본 선택] 대화상자가 나타나면 [범례 항목(계열)]에서 [수출]을 선택하고 ❷ [편집]을 클릭합니다. ❸ [계열 편집] 대화상자의 [계열 값]에 **=Sheet1!수출**을 입력하고 ❹ [확인]을 클릭합니다.

19 ❶ 같은 방법으로 [범례 항목(계열)]에서 [수입]을 선택하고 ❷ [편집]을 클릭합니다. ❸ [계열 편집] 대화상자의 [계열 값]에 **=Sheet1!수입**을 입력하고 ❹ [확인]을 클릭합니다.

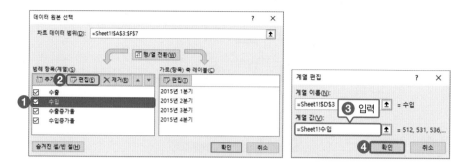

20 ❶ [수출증가율]을 선택하고 ❷ [편집]을 클릭합니다. ❸ [계열 편집] 대화상자의 [계열 값]에 **=Sheet1! 수출증가율**을 입력하고 ❹ [확인]을 클릭합니다.

21 ❶ [수입증가율]을 선택하고 ❷ [편집]을 클릭합니다. ❸ [계열 편집] 대화상자의 [계열 값]에 **=Sheet1! 수입증가율**을 입력하고 ❹ [확인]을 클릭합니다. ❺ [데이터 원본 선택] 대화상자도 [확인]을 클릭하여 창을 닫습니다.

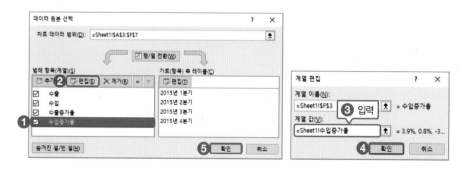

22 옵션 단추에서 연도를 선택하면 연도에 해당하는 범위로 차트의 범위가 변합니다.

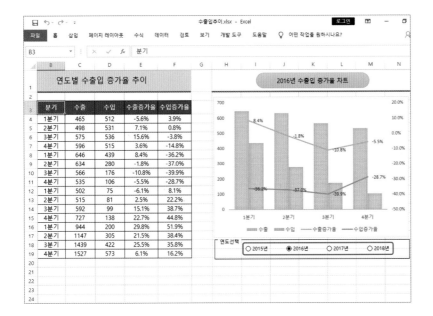

개인별 영업매출 실적을
스파크라인 차트로 분석하기

실습 파일 | Part01/Chapter03/05_매출분석.xlsx   완성 파일 | Part02/Chapter03/05_매출분석_완성.xlsx

01 프로젝트 시작하기

스파크라인 차트는 셀 하나에 작은 추세 차트(꺾은선형, 열, 승패)를 삽입하는 것입니다. 스파크라인 차트를 사용하면 데이터의 추세를 쉽게 분석하고 강조하거나 비교할 수 있습니다. 여기에서는 개인별 영업매출 실적을 기간별로 비교 분석할 수 있도록 스파크라인 차트를 만들어보겠습니다.

엑셀 2007 버전에는 스파크라인 차트 기능이 없으므로 이 프로젝트를 학습하려면 엑셀 2010 이후 버전부터 실습이 가능합니다. 이 프로젝트의 차트는 엑셀 2013 이후 버전을 기준으로 작성되었습니다.

**회사에서
바로 통하는
키워드**
컨트롤 삽입(목록 상자/스핀 단추), IF, OFFSET, 이름 정의, 꺾은선형 스파크라인 차트

영업 매출 분석

(단위:천원)

성명	1월	2월	3월	4월	5월	6월	7월	8월	9월	10월	11월	12월	추이
김민석	13,000	14,000	17,000	16,000	17,000	18,000	19,000	18,000	17,000	19,000	20,000	18,000	
이성준	24,000	15,000	16,500	17,000	16,500	15,000	24,000	23,000	20,500	21,000	21,500	25,000	
최민희	6,000	8,000	4,000	5,000	4,000	7,000	6,000	8,000	7,000	5,000	8,000	7,000	
성연미	9,000	4,000	7,000	10,000	7,000	5,500	9,000	4,000	7,000	10,000	7,000	5,500	
강수진	9,000	10,000	9,000	10,000	9,000	8,000	9,000	10,000	9,000	10,000	11,000	8,000	
이시형	8,000	6,000	8,000	11,000	8,000	13,000	8,000	6,000	8,000	11,000	8,000	13,000	
박민주	1,000	3,000	2,000	2,000	2,000	3,000	1,000	3,000	2,000	2,000	2,000	3,000	
정의민	13,000	5,000	9,000	15,000	9,000	15,000	13,000	5,000	9,000	15,000	9,000	15,000	
문성주	10,000	1,000	13,000	14,000	13,000	11,000	10,000	1,000	13,000	14,000	13,000	11,000	
나문철	12,000	4,000	15,000	9,000	15,000	4,000	12,000	14,000	15,000	18,000	22,000	24,000	
평균	10,500	7,000	10,050	10,900	10,050	9,950	11,100	9,200	10,750	12,500	12,150	12,950	

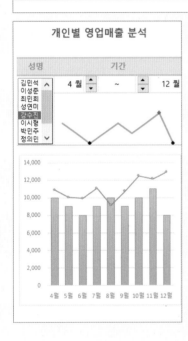

한눈에
보는
작업순서

목록 상자, 스핀 단추 컨트롤 삽입하기 ▷ 기간 계산하기 ▷ 개인별로 동적 참조할 데이터 이름 정의하기

▷ 스파크라인 차트 삽입하기 ▷ 스파크라인 스타일 서식 꾸미기 ▷ 스파크라인 차트와 혼합 차트 범위 동적 참조하기

STEP 01 컨트롤 삽입하고 개인별 데이터 만들기

❶ 영업사원의 목록을 표시할 목록 상자와 기간을 선택할 스핀 단추 컨트롤을 삽입하고 셀을 연결합니다.

❷ IF 함수식으로 기간(시작월, 종료월)을 계산합니다.

❸ OFFSET 함수를 사용하여 차트의 범위를 동적 참조하기 위해 이름을 정의합니다.

STEP 02 동적 참조로 스파크라인 차트 삽입하기

❶ 스파크라인 차트 삽입하고 차트 범위를 지정합니다.

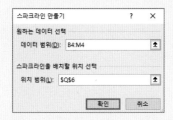

❷ 스파크라인 스타일 서식을 꾸밉니다.

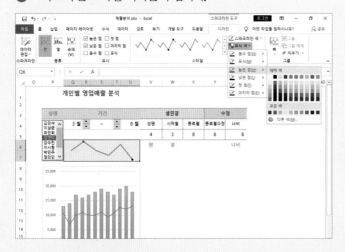

❸ 스파크라인 차트와 혼합 차트 데이터를 동적 범위로 지정합니다.

컨트롤 삽입하고 개인별 데이터 만들기

영업 매출의 추이를 스파크라인 차트로 만들기 전에 개인별 데이터를 만듭니다. 개인별 성명 데이터를
선택할 목록 상자와 기간을 선택할 스핀 단추를 삽입합니다. 기간을 계산하기 위한 수식을 입력하고, 차
트 범위와 차트 제목을 이름 정의한 후 동적 참조를 위한 수식을 작성합니다.

01 목록 상자, 스핀 단추 컨트롤 삽입하기 목록 상자는 사용자가 선택할 수 있는 하나 이상의 텍스트
목록을 표시하는 컨트롤입니다. 개인별 성명 목록을 표시할 목록 상자를 삽입하고 셀과 연결합니다. ❶
[개발 도구] 탭-[컨트롤] 그룹-[삽입]을 클릭하고 ❷ [목록 상자]를 선택합니다.

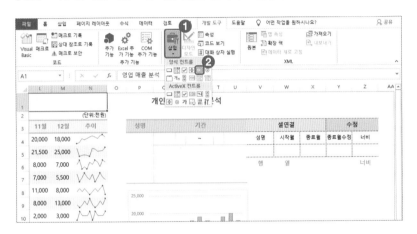

02 ❶ [P4] 셀 위치에 드래그하여 목록 상자를 삽입한 후 ❷ 마우스 오른쪽 버튼을 클릭하고 ❸ [컨트롤
서식]을 선택합니다. ❹ [컨트롤 서식] 대화상자의 [컨트롤] 탭에서 ❺ [입력 범위]에 **$A$4:$A$13**, [셀 연결]
에 **$V$5**를 입력하고 ❻ [확인]을 클릭합니다.

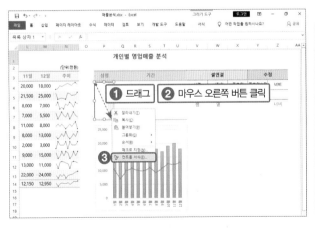

실력향상 리본 메뉴에 [개발 도구] 탭을 표시하려면 [파일]-[옵션]을 클릭한 후 [리본 사용자 지정]을 선택하고 [리본 메뉴 사용자
지정] 목록에서 [개발 도구]에 체크 표시합니다.

03 스핀 단추는 일정한 값을 감소시키거나 증가시키는 컨트롤입니다. 시작월과 종료월의 기간을 표시할 스핀 단추를 삽입하고 셀과 연결합니다. ❶ [개발 도구] 탭-[컨트롤] 그룹-[삽입]을 클릭하고 ❷ [스핀 단추]를 선택합니다.

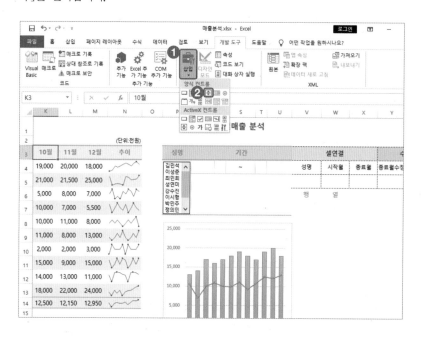

04 ❶ [R4] 셀 위치에 드래그하여 스핀 단추를 삽입한 후 ❷ 마우스 오른쪽 버튼을 클릭하고 ❸ [컨트롤 서식]을 선택합니다. ❹ [컨트롤 서식] 대화상자의 [컨트롤] 탭에서 ❺ [현재값]에 **1**, [최소값]에 **1**, [최대값]에 **10**을 입력한 후 ❻ [셀 연결]에 **$W$5**를 입력하고 ❼ [확인]을 클릭합니다.

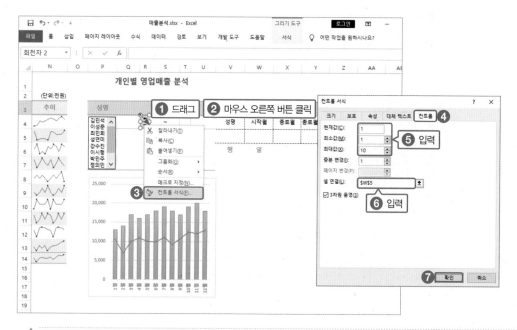

실력향상 기간에서 시작월은 1월부터 10월 사이를 선택할 수 있도록 [최소값]에 **1**, [최대값]에 **10**을 입력합니다.

05 ❶ 스핀 단추가 선택되어 있는 상태에서 [Ctrl]+[D]를 눌러 복제한 후 ❷ [T4] 셀 위치에 드래그하여 스핀 단추를 삽입합니다. ❸ 마우스 오른쪽 버튼을 클릭하고 ❹ [컨트롤 서식]을 선택합니다. ❺ [컨트롤 서식] 대화상자의 [컨트롤] 탭에서 ❻ [현재값]에 **3**, [최소값]에 **3**, [최대값]에 **12**를 입력한 후 ❼ [셀 연결]에 **$X$5**를 입력하고 ❽ [확인]을 클릭합니다.

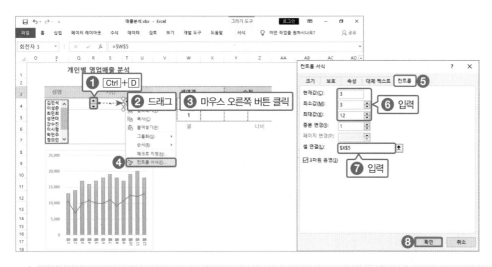

📊 **실력향상** 기간에서 종료월는 3월부터 12월 사이를 선택할 수 있도록 [최소값]에 3, [최대값]에 12를 입력합니다.

---

06 **기간 표시하기** 시작월과 종료월을 스핀 단추로 선택할 때 값의 최소 간격을 2로 지정하기 위해 수식을 입력하고, 기간 셀에 시작월과 종료월을 연결합니다. ❶ [P4] 셀의 목록 상자에서 이름을 선택하면 [V5] 셀에 이름의 행 번호가 표시됩니다. ❷ [Y5] 셀에 **=IF(Q4=10,12,IF(X5−W5⟨=2,Q4+2,X5))**를 입력하고 [Enter]를 눌러 종료월을 수정합니다. ❸ [Q4] 셀에 **=W5**를 입력하고 [Enter]를 누릅니다. ❹ [U4] 셀에 **=Y5** 를 입력하고 [Enter]를 누릅니다. ❺ [Z5] 셀에 **=U4−Q4+1**을 입력하고 [Enter]를 누릅니다.

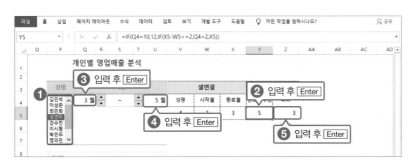

📊 **실력향상**

· 종료월수정(Y5) : 시작월(W5)과 최소 간격을 2로 지정하기 위해 시작월(Q4)이 10월이면 종료월은 12월을 표시합니다. 만약 종료월(X5)에서 시작월(W5)을 뺀 차이 값이 2 이하이면 시작월(Q4)에 2를 더하고, 3 이상이면 종료월(X5) 값을 표시합니다.

· 기간의 시작월(Q4) : 시작월(W5)과 연결합니다.

· 기간의 종료월(U4) : 종료월수정(Y5)과 연결합니다.

· 너비(Z5) : 기간의 종료월(U4)에서 시작일(Q4)을 뺀 후 1을 더하여 가져올 열의 너비를 계산합니다. 예를 들어 4월에서 8월의 열의 너비(4월, 5월, 6월, 7월, 8월)는 5이므로 수식은 '8−4+1'입니다.

07 이름 정의하기 OFFSET 함수를 사용하여 동적 참조 범위를 지정하기 전에 필요한 셀에 이름을 정의합니다. ❶ [V5] 셀을 클릭하고 ❷ [이름 상자]에 **행**을 입력한 후 [Enter]를 누릅니다. ❸ [W5] 셀을 클릭하고 ❹ [이름 상자]에 **열**을 입력한 후 [Enter]를 누릅니다. ❺ [Z5] 셀을 클릭하고 ❻ [이름 상자]에 **너비**를 입력한 후 [Enter]를 누릅니다.

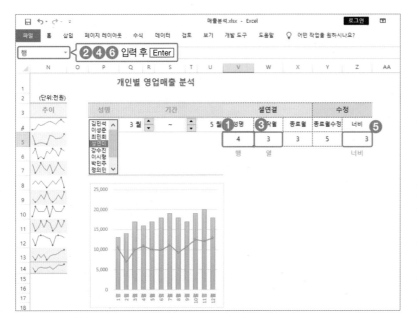

⌗⌗⌗ 실력향상

셀 주소(SHEET1!V5, SHEET 1!W5, SHEET1!Z5)보다 이름을 정의(행, 열, 너비)하여 수식에 사용하면 수식을 수정할 때 쉽고, 전체 수식을 직관적으로 확인할 수 있어 편리합니다.

08 차트범위, 차트제목을 동적 참조로 이름 정의하기 OFFSET 함수를 사용하여 차트의 범위와 제목을 동적 참조로 이름 정의합니다. ❶ [Ctrl]+[F3]을 누릅니다. ❷ [이름 관리자] 대화상자에서 [새로 만들기]를 클릭합니다.

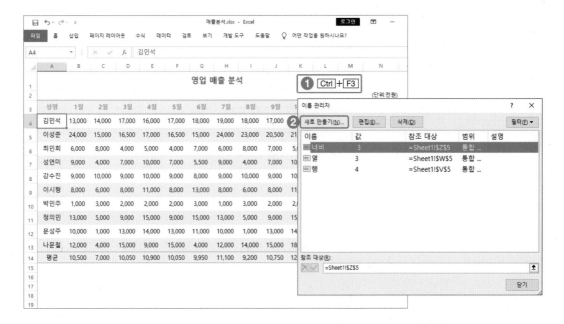

09 ❶ [새 이름] 대화상자에서 [이름]에 **차트범위**를 입력하고 ❷ [참조 대상]에 **=OFFSET(Sheet1!$A$3,행,열,1,너비)**를 입력합니다. ❸ [확인]을 클릭합니다.

 ## 차트 범위의 참조 대상 수식 알아보기

OFFSET(기준 셀, 행 번호, 열 번호, 높이, 너비) 함수는 시작 위치인 매출 데이터(A3)에서 행(1~10), 열(1~10)로 이동하여 높이(1)와 너비(3~12)만큼의 범위를 참조합니다. 예를 들어 '성연미' 사원의 3월~5월까지의 영역을 참조하려면 기준 셀($A$3)로부터 4행, 3열, 높이 1, 너비 3인 수식 **=OFFSET($A$3,4,3,1,3)**로 나타냅니다. 여기서 행, 열, 너비를 앞서 이름으로 정의하였으므로 수식 **=OFFSET ($A$3,행,열,1,너비)**를 입력합니다.

=OFFSET(Sheet1!$A$3,　행,　열,　1,　너비)

기준 셀　　　행 번호　열 번호　높이　너비

		0열	1열	2열	3열	4열	5열	6열	7열	8열	9열	10열	11열	12열
		A	B	C	D	E	F	G	H	I	J	K	L	M
0행	3	성명	1월	2월	3월	4월	5월	6월	7월	8월	9월	10월	11월	12월
1행	4	김민석	13,000	14,000	17,000	16,000	17,000	18,000	19,000	18,000	17,000	19,000	20,000	18,000
2행	5	이성준	24,000	15,000	16,500	17,000	16,500	15,000	24,000	23,000	20,500	21,000	21,500	25,000
3행	6	최민희	6,000	8,000	4,000	5,000	4,000	7,000	6,000	8,000	7,000	5,000	8,000	7,000
4행	7	성연미	9,000	4,000	7,000	10,000	7,000	5,500	9,000	4,000	7,000	10,000	7,000	5,500
5행	8	강수진	9,000	10,000	9,000	10,000	9,000	8,000	9,000	10,000	9,000	10,000	11,000	8,000
6행	9	이시형	8,000	6,000	8,000	11,000	8,000	13,000	8,000	6,000	8,000	11,000	8,000	13,000
	10	박민주	1,000	3,000	2,000	2,000	2,000	3,000	1,000	3,000	2,000	2,000	2,000	3,000
	11	정의민	13,000	5,000	9,000	15,000	9,000	15,000	13,000	5,000	9,000	15,000	9,000	15,000
...	12	문성주	10,000	1,000	13,000	14,000	13,000	11,000	10,000	1,000	13,000	14,000	13,000	11,000
	13	나문철	12,000	4,000	15,000	9,000	15,000	4,000	12,000	14,000	15,000	18,000	22,000	24,000
	14	평균	10,500	7,000	10,050	10,900	10,050	9,950	11,100	9,200	10,750	12,500	12,150	12,950

10 ❶ [새로 만들기]를 클릭하고 ❷ [이름]에 **차트제목**, ❸ [참조 대상]에 **=OFFSET(Sheet1!$A$3,0,열,1,너비)**를 입력한 후 ❹ [확인]을 클릭합니다. ❺ [새로 만들기]를 클릭하고 ❻ [이름]에 **평균범위**, ❼ [참조 대상]에 **=OFFSET(Sheet1!$A$14,0,열,1,너비)**를 입력한 후 ❽ [확인]을 클릭합니다. ❾ [닫기]를 클릭하여 [이름 관리자] 대화상자를 닫습니다.

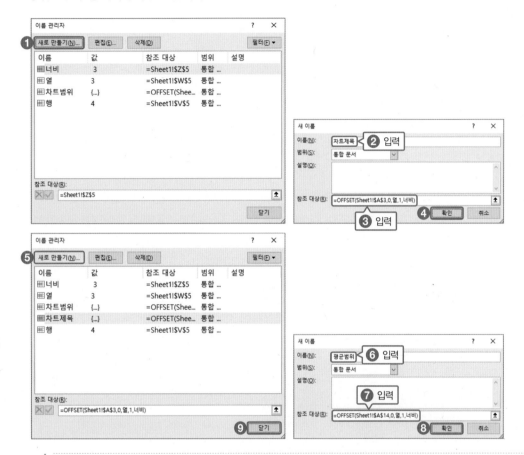

📊 **실력향상** [차트제목]의 시작 위치인 매출 데이터(A3)에서 행(0), 열(1~10)로 이동하여 높이(1)와 너비(3~12)만큼의 범위를 참조합니다. [평균범위]의 시작 위치인 매출 데이터(A14)에서 행(0), 열(1~10)로 이동하여 높이(1)와 너비(3~12)만큼의 범위를 참조합니다.

STEP 02 동적 참조로 스파크라인 차트 삽입하기

개인별로 영업 매출 실적을 분석하기 위해 꺾은선형 스파크라인 차트를 삽입합니다. 스파크라인 차트와 혼합 차트의 범위가 고정되어 있으므로 기간과 성명을 변경하면 차트의 범위도 동적으로 변하도록 앞서 정의한 이름을 지정합니다. 엑셀 2007 버전에는 스파크라인 차트 기능이 없으므로 엑셀 2010 이후 버전에서부터 다음 실습을 진행할 수 있습니다.

11 꺾은선형 스파크라인 차트 삽입하기 개인별 매출 실적 추이를 보여주는 꺾은선형 스파크라인 차트를 삽입합니다. ❶ [B4:M4] 셀 범위를 선택하고 ❷ [삽입] 탭-[스파크라인] 그룹-[꺾은선형]을 클릭합니다. ❸ [데이터 범위]에 **B4:M4**를 입력하고 ❹ [위치 범위]에 **$Q$6**을 입력한 후 ❺ [확인]을 클릭합니다.

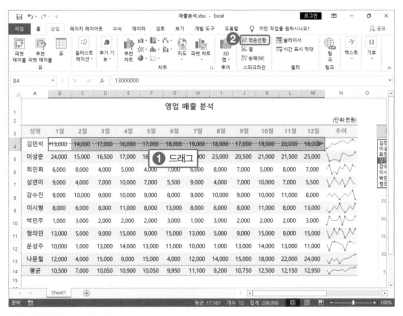

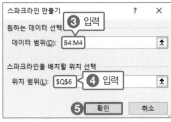

12 스파크라인 차트 데이터 범위 편집하기 스파크라인 차트의 데이터 범위를 동적 참조하기 위해 앞서 정의한 '차트범위'로 이름을 지정합니다. ❶ [Q6] 셀이 선택되어 있는 상태에서 ❷ [스파크라인 도구]–[디자인] 탭–[스파크라인] 그룹–[데이터 편집]을 클릭합니다. ❸ [스파크라인 편집] 대화상자에서 [데이터 범위]에 **차트범위**를 입력하고 ❹ [확인]을 클릭합니다.

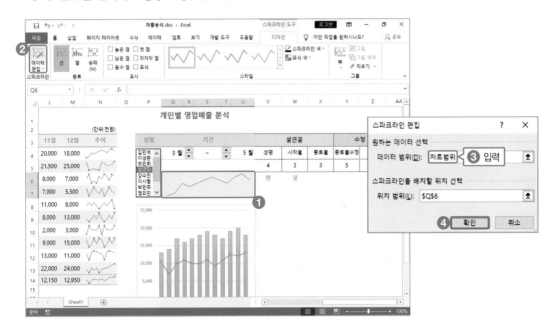

13 스파크라인 스타일 지정하기 ❶ 기간의 스핀 단추를 클릭하여 시작월과 종료월을 지정합니다. ❷ [Q6] 셀을 선택하고 ❸ [스파크라인 도구]–[디자인] 탭–[표시] 그룹–[높은 점]과 [낮은 점]에 체크 표시합니다. ❹ [스파크라인 도구]–[디자인] 탭–[스타일] 그룹–[스파크라인 색]을 클릭하고 ❺ [색]은 [녹색]을, ❻ [두께]는 [2¼pt]를 선택합니다.

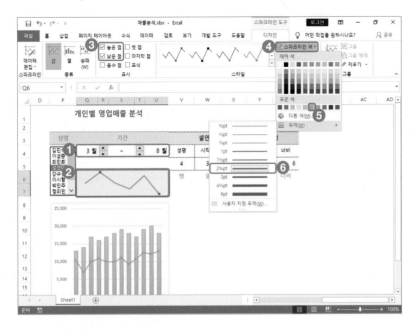

14 ❶ [스파크라인 도구]–[디자인] 탭–[스타일] 그룹–[표식 색]을 클릭하고 ❷❸ [높은 점], [빨강]을 선택합니다. ❹ 다시 [표식 색]을 클릭하고 ❺❻ [낮은 점], [검정]을 선택합니다.

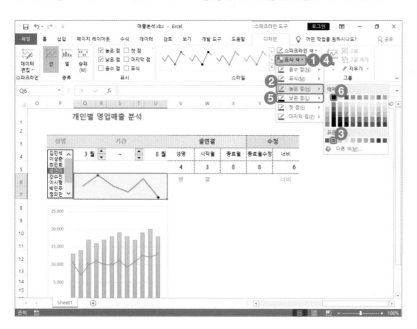

15 **차트 원본 데이터 범위 편집하기** 혼합 차트의 데이터 범위를 동적 참조하기 위해 앞서 정의한 '평균범위'와 '차트범위', '차트제목'을 지정합니다. ❶ 차트 영역을 선택하고 ❷ [차트 도구]–[디자인] 탭–[데이터] 그룹–[데이터 선택]을 클릭합니다. ❸ [데이터 원본 선택] 대화상자의 [범례 항목(계열)]에서 [평균]을 선택하고 ❹ [편집]을 클릭합니다. ❺ [계열 편집] 대화상자의 [계열 값]에 **=Sheet1!평균범위**를 입력하고 ❻ [확인]을 클릭합니다.

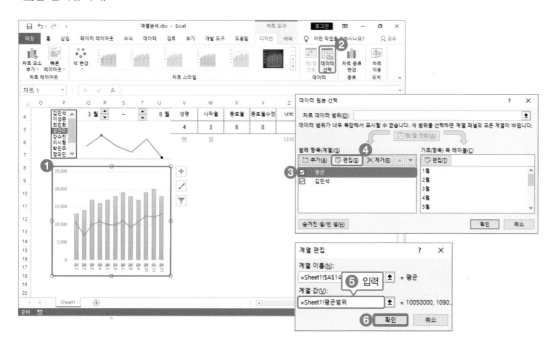

16 ❶ 같은 방법으로 [범례 항목(계열)]에서 [김민석]을 선택하고 ❷ [편집]을 클릭합니다. ❸ [계열 편집] 대화상자의 [계열 값]에 **=Sheet1!차트범위**를 입력하고 ❹ [확인]을 클릭합니다. ❺ [가로(항목) 축 레이블] 에서 [편집]을 클릭합니다. ❻ [축 레이블] 대화상자의 [축 레이블 범위]에 **=Sheet1!차트제목**을 입력하고 ❼ [확인]을 클릭합니다. ❽ 한 번 더 [확인]을 클릭하여 [데이터 원본 선택] 대화상자를 닫습니다.

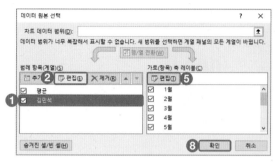
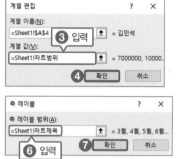

17 열 숨기기 개인별 영업 매출 실적을 분석하는 화면에서 불필요한 열을 숨기고 영업사원의 성명과 기간을 선택하면 차트의 범위가 동적으로 바뀝니다. ❶ [V:Z] 열 머리글의 범위를 선택한 후 ❷ 마우스 오른쪽 버튼을 클릭하고 ❸ [숨기기]를 선택합니다.

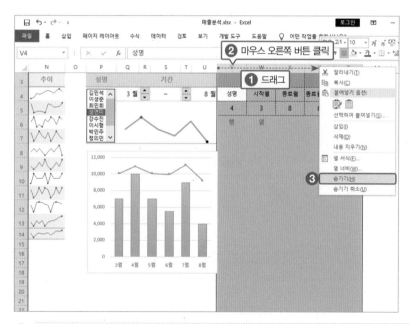

🕐 **시간단축**

· Ctrl + 9 : 행 숨기기
· Ctrl + Shift + 9 : 행 숨기기 취소
· Ctrl + 0 : 열 숨기기
· Ctrl + Shift + 0 : 열 숨기기 취소

18 ❶ 목록 상자에서 성명을 선택하고 ❷ 스핀 단추를 클릭하여 기간을 지정하면 ❸ 개인별/기간별 스파크라인 차트와 혼합 차트의 범위가 동적으로 바뀝니다.

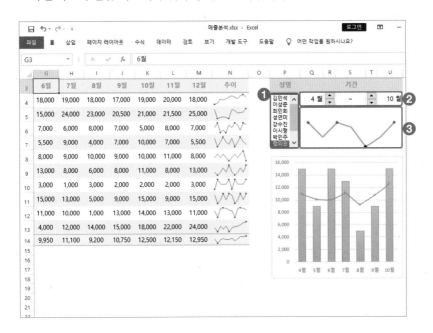

PART
02

프로젝트 예제로
업그레이드하는
데이터 분석 및
자동화

CHAPTER 01에서는 데이터를 관리하고 분석하는 방법과 매크로&VBA를 편집할 때 꼭 알아둬야 할 핵심기능에 대해 알아봅니다.

CHAPTER 02에서는 거래 실적표에서 신뢰할 수 있는 데이터베이스 만들기, 연간 상품 매출표에서 파레토 차트로 ABC 패턴 분석하기, 설문조사를 분석하는 일련의 과정 등을 살펴보겠습니다.

CHAPTER 03에서는 매크로와 VBA를 활용한 고급 필터로 교육일정 검색하기, 급여명세서 인쇄하고 백업하기 및 개인 프로필 사진을 삽입하는 과정 등을 자동화해 보겠습니다.

CHAPTER

01

데이터를 다루기에
앞서 꼭 알아야 할
핵심기능

하루하루 발생하는 데이터가 축적되어 방대한 양의 데이터베이스가 되면 흩어져 있는 데이터를
모으거나 분석하는 일이 어려워집니다. 또한 이러한 작업은 반복적으로 이루어지기 때문에 작
업에 시간도 많이 소요됩니다. 엑셀에서 제공하는 유용한 데이터베이스 기능을 활용하여 신뢰
할 수 있는 데이터를 모으고 후속 업무와 연계하여 빠르게 데이터를 관리하고 효과적으로 분석
하는 방법을 알아보겠습니다. 또한 일련의 과정을 자동화하기 위한 매크로와 VBA 핵심기능에
대해 살펴보면서 CHAPTER 02, 03의 프로젝트로 넘어가기 위한 기본기를 다져보겠습니다

하나의 셀에 여러 데이터가 있는 텍스트 나누기 및 합치기

실습 파일 | Part02/Chapter01/01_주문내역.xlsx
완성 파일 | Part02/Chapter01/01_주문내역_완성.xlsx

하나의 셀에 여러 가지 정보가 들어 있다면 각각의 정보를 분석하기는 쉽지 않습니다. 하나의 셀에 있는 여러 가지 정보를 각각의 열에 표시할 수 있도록 텍스트를 나누고, 각각의 열 정보를 하나로 합치는 방법에 대해 알아보겠습니다. 텍스트 나누기 기능과 '&' 연산자를 사용합니다.

미리 보기

	A	B	C	D	E	I	J	K	L	M
1					주문내역목록					
2										
3	회원번호	성명	주문일자	주문번호	배송지역	전화번호	배송선택	배송비	주문금액	총금액
4	981011	강철수	2015-02-05	J1232	서울특별시	02-333-1234	선불	2,500	150,000	152,500
5	981012	이미옥	2015-02-05	K1152	인천 광역시	032-555-7890	착불	3,500	123,000	123,000
6	991013	전선우	2015-02-05	S1156	전라남도	061-400-8888	선불	5,000	254,000	259,000
7	991014	민태우	2015-02-06	A1112	대전 광역시	042-433-5656	선불	5,500	256,000	261,500
8	991015	박노준	2015-02-06	A1256	경기도	031-452-4321	착불	2,500	56,000	56,000
9	991016	김순희	2015-02-06	J1002	강원도	033-200-5432	착불	6,000	46,800	46,800
10	941017	문상국	2015-02-07	K5212	경상북도	054-900-8765	선불	6,500	10,560	17,060
11	981018	김국진	2015-02-07	M1892	충청남도	041-422-3455	착불	4,600	189,000	189,000
12	981019	최상모	2015-02-08	J3562	제주도	064-765-7654	선불	10,000	287,000	297,000
13	991212	이진우	2015-02-08	S2032	경상북도	055-322-1334	선불	7,000	235,600	242,600
14	971021	홍성용	2015-02-08	K8945	서울특별시	02-678-0099	착불	2,500	54,600	54,600
15	981011	강철수	2015-02-09	A4897	서울특별시	02-333-1234	선불	2,500	385,200	387,700
16	993412	이철우	2015-02-09	C4897	전라북도	063-777-0987	선불	5,500	78,950	84,450
17	991016	김순희	2015-02-09	J4897	강원도	033-200-5432	착불	6,500	147,000	147,000
18	976611	박시준	2015-02-10	A1888	경기도	031-452-4321	착불	4,000	123,600	123,600
19	951020	이진상	2015-02-10	M5667	경상북도	055-322-1334	선불	6,500	25,800	32,300
20	960101	김민우	2015-02-11	A1892	서울특별시	02-355-4848	착불	3,000	38,400	38,400
21	991013	전선우	2015-02-11	P1009	전라남도	061-400-8888	선불	7,000	157,900	164,900
22	981011	강철수	2015-02-11	A1011	서울특별시	02-333-1234	선불	2,500	256,000	258,500
23	952288	강수진	2015-02-12	J1352	경상북도	055-322-1334	선불	6,500	325,000	331,500
24	981022	진성미	2015-02-12	S1987	전라북도	063-777-0987	선불	5,500	258,000	263,500
25	924566	최시형	2015-02-13	B1852	제주도	064-765-7654	선불	10,000	365,000	375,000
26	921200	정홍식	2015-02-13	A1052	서울특별시	.02-678-0099	착불	2,500	87,500	87,500
27	951020	이진상	2015-02-14	C9006	경상북도	055-322-1334	선불	6,500	14,500	21,000
28	997788	홍나래	2015-02-14	B1322	경기도	031-452-4321	착불	4,000	45,300	45,300

회사에서 바로 통하는 **키워드** : 텍스트 나누기, 텍스트 합치기, 열 숨기기

한눈에 보는 작업순서

분리할 텍스트의 범위 지정 후 일정 너비로 텍스트 나누기 ▶ 분리할 텍스트의 범위 지정 후 구분 기호로 텍스트 나누기 ▶ 텍스트 합쳐서 표시하기 ▶ 열 숨기기

01 일정한 너비로 텍스트 나누기 [C4:C28] 셀 범위의 데이터는 주문일자(8자)와 주문번호(5자)가 합쳐져 있습니다. 주문일자와 주문번호를 분리하기 위해 8번째 위치 다음의 텍스트를 나눠보겠습니다. ❶ [C4:C28] 셀 범위를 선택한 후 ❷ [데이터] 탭-[데이터 도구] 그룹-[텍스트 나누기]를 클릭합니다. ❸ [텍스트 마법사-3단계 중 1단계] 대화상자에서 원본 데이터의 파일 유형으로 [너비가 일정함]을 클릭하고 ❹ [다음]을 클릭합니다.

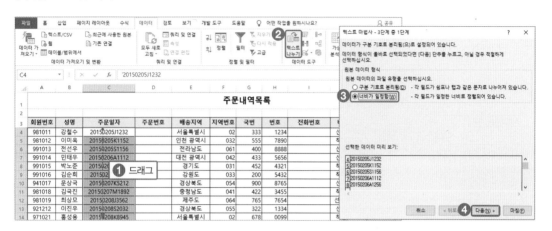

실력향상 텍스트 나누기는 일정 너비나 기호를 기준으로 텍스트를 나누는 것입니다. [C4:C28] 셀 범위의 데이터는 모두 13자로 이루어진 데이터이므로, 일정한 너비를 기준으로 텍스트를 나눌 수 있습니다. 텍스트를 나누려면 나누려는 데이터의 개수만큼 오른쪽에 빈 열이 있어야 합니다. 만약 빈 열이 없을 경우에는 오른쪽 열이 나눠진 텍스트 값으로 대치되므로 주의합니다.

02 ❶ [텍스트 마법사-3단계 중 2단계] 대화상자에서 [데이터 미리 보기]의 8번째 눈금을 클릭하고 ❷ [다음]을 클릭합니다. ❸ [텍스트 마법사-3단계 중 3단계] 대화상자의 [데이터 미리 보기]에서 첫 번째 열 데이터를 클릭하고 ❹ [열 데이터 서식]에서 [날짜]를 클릭한 후 ❺ [마침]을 클릭합니다. ❻ 기존 데이터를 바꿀 것인지 묻는 메시지가 나타나면 [확인]을 클릭합니다.

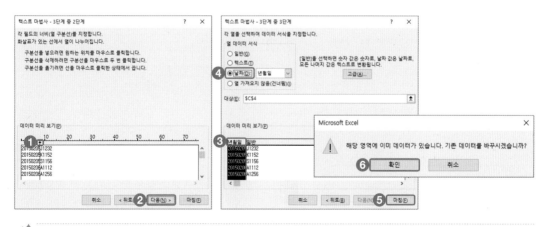

실력향상 주문일자(연도 4자, 월 2자, 일 2자)는 8자리, 주문번호는 5자리이므로 8번째 위치 다음에서 데이터를 나눕니다. [열 데이터] 서식에서 [일반]을 선택하면 숫자는 숫자로, 날짜는 날짜로, 나머지는 텍스트로 변환됩니다. 따라서 첫 번째 열 데이터는 [년월일] 형식으로 입력되어 있지 않으므로 숫자로 변환됩니다. [날짜] 형식으로 서식을 지정해야만 [년월일] 형태로 표시됩니다. 두 번째 열 데이터는 문자이므로 [텍스트] 형식을 선택하거나 [일반]을 선택합니다.

03 구분 기호로 텍스트 나누기 [J4:J28] 셀 범위에는 배송선택과 '/' 기호, 배송비 데이터가 합쳐져 있습니다. '/'를 구분 기호로 텍스트를 나눠보겠습니다. ❶ [J4:J28] 셀 범위를 선택하고 ❷ [데이터] 탭-[데이터 도구] 그룹-[텍스트 나누기]를 클릭합니다. ❸ [텍스트 마법사-3단계 중 1단계] 대화상자에서 원본 데이터의 파일 유형으로 [구분 기호로 분리됨]을 선택하고 ❹ [다음]을 클릭합니다.

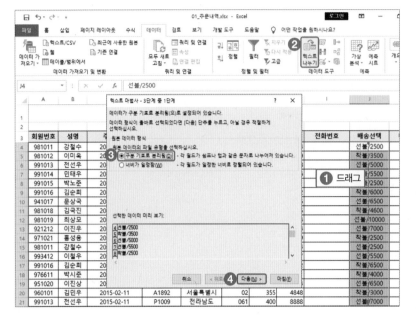

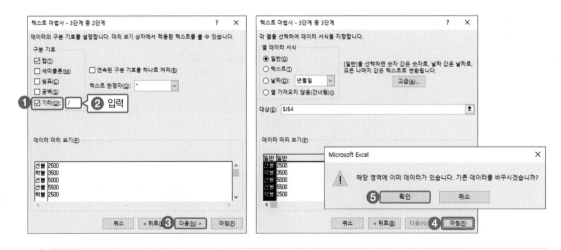

III 실력향상

텍스트를 나누려면 나누려는 데이터의 개수만큼 오른쪽에 빈 열이 있어야 합니다. 만약 빈 열이 없을 경우에는 오른쪽 열이 나눠진 텍스트 값으로 대치되므로 주의합니다.

04 ❶ [텍스트 마법사-3단계 중 2단계] 대화상자에서 [구분 기호]의 [기타]에 체크 표시하고 ❷ 입력란에 /를 입력합니다. ❸ [다음]을 클릭합니다. ❹ [텍스트 마법사-3단계 중 3단계] 대화상자에서는 지정할 서식이 없으므로 [마침]을 클릭합니다. ❺ 기존 데이터를 바꿀 것인지 묻는 메시지가 나타나면 [확인]을 클릭합니다.

III 실력향상 배송선택과 배송비 데이터는 기호로 구분되어 있으므로 '/'를 구분 기호로 데이터를 나눕니다. [열 데이터 서식]에서 [일반]을 선택하면 숫자는 숫자, 날짜는 날짜, 나머지는 텍스트로 변환됩니다.

05 데이터 합치기 전화번호는 지역번호, 국번, 번호로 각각의 열에 입력되어 있으므로 '–' 기호를 구분 기호로 텍스트를 합쳐보겠습니다. ❶ [I4] 셀에 **=F4&"–"&G4&"–"&H4**를 입력한 후 Enter 를 누릅니다. ❷ [I4] 셀의 채우기 핸들을 더블클릭하여 수식을 복사합니다.

실력향상

숫자와 숫자를 더하는 연산자는 '+'이고, 문자와 문자를 합치는 연산자는 '&'입니다. 전화번호는 '지역번호–국번–번호'로 각각의 문자와 '–'을 구분 기호로 합쳐야 하므로 '&' 연산자를 사용하여 수식 =F4&"–"&G4&"–"&H4을 작성합니다.

엑셀 2019 엑셀 2019 버전에 새로 추가된 TEXTJOIN(구분 텍스트, 빈 셀 포함 유무, 텍스트1, 텍스트2, …) 함수로 =TEXTJOIN ("–",TRUE,F4:H4) 수식을 작성할 수 있습니다.

06 열 숨기기 ❶ [F:H] 열을 선택한 후 ❷ 마우스 오른쪽 버튼을 클릭하고 ❸ [숨기기]를 선택합니다. 지역번호, 국번, 번호 열을 숨깁니다.

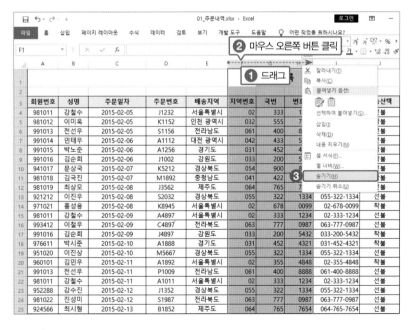

데이터베이스의 의미와 작성 규칙 알아보기

데이터베이스 관리는 단순히 몇몇 자료를 관리하는 것이 아니라 새로운 정보를 창출해낼 수 있는 기본 자료를 관리하는 것으로 매우 중요합니다. 하지만 많은 사용자가 데이터베이스 관리의 중요성을 간과하고 있습니다. 먼저 데이터베이스의 의미와 엑셀에서 데이터베이스를 작성하고 관리하기 위한 규칙을 익혀두면 데이터베이스 기능을 수월하게 익힐 수 있습니다.

1. 데이터베이스란?

데이터베이스란 방대한 양의 데이터를 특정한 용도에 맞게 체계적으로 정리해놓은 것을 말합니다. 주소록이나 전화번호부 같은 개인용 데이터베이스부터 직원의 인적 사항을 관리하는 사원 명부, 고객 정보를 관리하는 고객 명부, 거래처 관리를 위한 거래처 관리 대장 같은 회사용 데이터베이스까지 다양한 데이터베이스가 있습니다.

2. 데이터베이스 구성 요소

데이터베이스를 작성하고 관리하려면 데이터를 일정한 형식에 맞춰 분류하고 구분해야 합니다. 데이터베이스는 필드명, 필드, 레코드로 구성됩니다.

NO	일자	구분	코드	품명	수량	할인율
1	01-02	매출	H607	외장하드	10	3%
2	01-04	매출	EF345	출퇴근기록기	5	0%
3	01-04	매입	EF345	출퇴근기록기	10	3%
4	01-05	매입	BE500	지폐계수기	5	0%
5	01-06	매출	D204	문서 세단기	25	3%
6	01-08	매입	L451	코팅기	5	2%
7	01-10	매입	H607	외장하드	6	1%
8	01-12	매출	EF345	출퇴근기록기	10	0%
9	01-14	매입	RS130	제본기	4	3%
10	01-16	매출	EF345	출퇴근기록기	4	6%
11	01-18	매입	BE500	지폐계수기	5	9%
12	01-20	매출	D204	문서 세단기	10	12%

❶ **필드명(Field)** : 각각의 열을 구분할 수 있는 대표 이름으로 '첫 행', 즉 제목행이 필드명에 해당합니다.

❷ **필드(Field)** : 필드명 아래로 같은 종류의 데이터가 모여 있는 '열'을 필드라고 합니다.

❸ **레코드(Record)** : 제목 행 아래로 각각의 '행'에 나열된 필드와 필드의 데이터 정보를 레코드라고 합니다.

3. 데이터베이스를 작성할 때 주의 사항

데이터베이스로 작성된 자료는 삽입, 삭제, 수정, 검색할 수 있어야 하며 자료가 중복되지 않아야 합니다. 따라서 데이터베이스로 관리할 데이터 목록을 작성할 때는 다음과 같은 사항에 주의합니다.

❶ 필드명은 한 줄로 입력하고, 필드명이 입력된 셀은 병합하지 않아야 합니다.

❷ 각 셀에 입력한 데이터는 병합하지 않아야 하고, 빈 행이나 빈 열이 없어야 합니다.

❸ 셀 하나에는 하나의 정보만 입력합니다. 외부에서 데이터를 가져왔을 때 셀 하나에 여러 정보가 들어 있으면 텍스트를 나눠서 여러 필드에 입력합니다.

NO	일자	매입/매출 정보			
		구분	코드/품명	수량	할인율
1	01-02	매출	H607/외장하드	10	3%
2	01-04		EF345/출퇴근기록기	5	0%
3	01-04	매입	EF345/출퇴근기록기	10	3%
4	01-05	매입	BE500/지폐계수기	5	0%
5	01-06	매출	D204/문서 세단기	25	3%
6	01-08	매입	L451/코팅기	5	2%
7	01-10		H607/외장하드	6	
8	01-12	매출	EF345/출퇴근기록기	10	
9	01-14	매입	RS130/제본기	4	3%
10	01-16	매출	EF345/출퇴근기록기	4	6%
11	01-18	매입	BE500/지폐계수기	5	9%

잘못 작성된 데이터베이스

NO	일자	구분	코드	품명	수량	할인율
1	01-02	매출	H607	외장하드	10	3%
2	01-04	매출	EF345	출퇴근기록기	5	0%
3	01-04	매입	EF345	출퇴근기록기	10	3%
4	01-05	매입	BE500	지폐계수기	5	0%
5	01-06	매출	D204	문서 세단기	25	3%
6	01-08	매입	L451	코팅기	5	2%
7	01-10	매입	H607	외장하드	6	1%
8	01-12	매출	EF345	출퇴근기록기	10	0%
9	01-14	매입	RS130	제본기	4	3%
10	01-16	매출	EF345	출퇴근기록기	4	6%
11	01-18	매입	BE500	지폐계수기	5	9%
12	01-20	매출	D204	문서 세단기	10	12%

바르게 작성된 데이터베이스

우선
순위 **핵심기능**

02

중복 데이터 제거하기

실습 파일 | Part02/Chapter01/02_카드고객정보.xlsx
완성 파일 | Part02/Chapter01/02_카드고객정보_완성.xlsx

데이터베이스에 중복된 데이터가 있으면 데이터를 분석할 때 잘못된 결과를 불러올 수 있습니다. 중복된 데이터가 존재하는지 조건부 서식으로 확인한 후 중복된 항목 제거 기능으로 고유 데이터를 얻는 방법에 대해 알아보겠습니다.

미리 보기

	A	B	C	D	E	F	G	H	I
1	번호1	번호2	카드번호	성명	주민번호	우편번호	주소1	전화번호	비고
2	1	1	1234-4567-8901-0001	김미옥	889901-*******	22309	인천광역시 중구 참외전로72번길 21	010-751-2288	
3	2	2	1234-4567-8901-0002	강민호	901105-*******	06079	서울특별시 강남구 영동대로128길 45	010-431-7779	
4	21	3	4000-4567-8901-1213	김선하	991130-*******	16712	경기도 수원시 영통구 중부대로 604	010-546-1438	교체
5	4	4	1234-4567-8901-0004	구명호	730506-*******	06085	서울특별시 강남구 삼성로122길 45	010-865-9994	
6	5	5	1234-4567-8901-0005	권혁	881212-*******	04537	서울특별시 중구 퇴계로 131	010-512-8945	
7	6	6	1234-4567-8901-0006	김숙회	660408-*******	13813	경기도 과천시 과천대로 608-17	010-752-0098	
8	22	7	4000-4567-8901-1214	강영숙	821022-*******	14081	서울특별시 안양시 동안구 경수대로665번길 74-30	010-344-1234	교체
9	8	8	1234-4567-8901-0008	강재석	960304-*******	04537	서울특별시 중구 명동10길 35-4	010-747-0010	
10	9	9	1234-4567-8901-0009	설재열	950205-*******	16511	경기도 수원시 영통구 광교호수로 278	010-866-1400	
11	24	10	4000-4567-8901-1216	강성태	910722-*******	08292	서울특별시 구로구 새말로 38	010-899-1000	교체
12	11	11	1234-4567-8901-0011	김정미	820305-*******	22340	인천광역시 중구 축항대로296번길 8	010-876-2006	
13	12	12	1234-4567-8901-0012	고민하	770130-*******	13568	경기도 성남시 분당구 양현로94번길 21	010-868-4499	
14	23	13	4000-4567-8901-1215	김숙경	721012-*******	21313	인천광역시 부평구 안남로305번길 26	010-222-0770	교체
15	14	14	1234-4567-8901-0014	권혁	840105-*******	10212	경기도 고양시 일산서구 송산로 499-32	011-523-1400	
16	15	15	1234-4567-8901-0015	김사랑	650401-*******	22228	인천광역시 미주홀구 인주대로470번길 12-34	011-887-9200	
17	16	16	1234-4567-8901-0016	김애리	550708-*******	03011	서울특별시 종로구 평창문화로 50	010-505-6650	
18	17	17	1234-4567-8901-0017	홍정호	891022-*******	22647	인천광역시 서구 고산후로121번길 7	010-861-8949	
19	18	18	1234-4567-8901-0018	권숙경	800219-*******	6088	서울특별시 강남구 선릉로130길 19	010-862-4490	
20	19	19	1234-4567-8901-0019	김철영	880201-*******	8309	서울특별시 구로구 구로동로 137	010-867-8989	
21	20	20	1234-4567-8901-0020	김운주	550930-*******	07280	서울특별시 영등포구 문래북로 10-3	010-421-8945	
22	25	25	4000-4567-8901-1217	전수철	981122-*******	17319	경기도 이천시 부발읍 중부대로1857번길 64-4	010-1444-5555	신규
23	26	26	4000-4567-8901-1218	오현민	960507-*******	17103	경기도 용인시 기흥구 예현로35번길 5-11	010-6788-1000	신규

회사에서 바로 통하는 **키워드 :** 조건부 서식, 정렬, 중복된 항목 제거, IF, COUNTIF, MATCH

**한눈에
보는
작업순서** → 조건부 서식으로
중복 항목 표시하기 ▶ 일련번호
표시하기 ▶ 번호1
내림차순으로
정렬하기 ▶ 중복된 항목
제거하기 ▶ 번호2
오름차순으로
정렬하기

01 조건부 서식으로 중복 항목 표시하기 고객 정보 데이터에서 이름과 주민등록번호가 중복되었는지 조건부 서식으로 셀을 강조해보겠습니다. ❶ [D2:E27] 셀 범위를 선택합니다. ❷ [홈] 탭-[스타일] 그룹-[조건부 서식]을 클릭하고 ❸ [셀 강조 규칙]의 [중복 값]을 선택합니다. ❹ [중복 값] 대화상자에서 [확인]을 클릭합니다. 중복 데이터가 강조되어 표시됩니다.

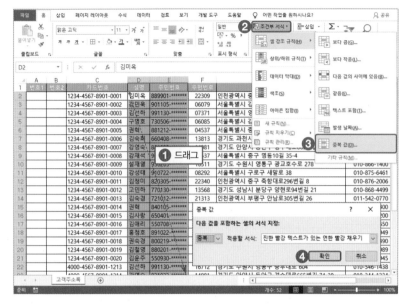

실력향상
이름과 주민등록번호가 중복되면 데이터가 강조되어 표시됩니다. 여기서는 '김선하'([D4]와 [D22] 셀), '강영숙'([D8]과 [D23] 셀), '김숙경'([D14]와 [D24] 셀), '강성태'([D11]과 [D25] 셀) 셀이 중복 되었습니다. '권혁'([D6]와 [D15] 셀) 셀은 동명이인으로 이름은 같지만 주민번호가 다르므로 중복되지 않았습니다.

02 일련번호 표시하기 중복된 항목 제거 기능은 중복된 데이터의 첫 번째 레코드 하나만 남기고 두 번째 레코드부터는 삭제됩니다. 여기서는 중복된 데이터에서 신규 고객과 교체 고객을 남기고 기존에 고객 정보를 제거해야 합니다. 따라서 일련번호를 표시해 내림차순으로 정렬해서 레코드의 순서를 바꿔보겠습니다. ❶ [A2] 셀에 **1**을 입력하고 [Enter]를 누릅니다. ❷ [A3] 셀에 **2**를 입력하고 [Enter]를 누릅니다. ❸ [A2:A3] 셀 범위를 선택한 후 ❹ [A3] 셀의 채우기 핸들을 [A27] 셀까지 드래그합니다.

실력향상
일련번호를 함수식으로 표시하면 데이터가 정렬될 때 정렬된 순서와 상관없이 순서대로 표시됩니다. 하지만 직접 입력한 일련번호는 데이터가 정렬될 때 그 데이터의 순서에 맞춰 섞입니다.

03 함수로 일련번호 표시하고 값만 붙여넣기 중복된 항목은 앞 번호순으로 제거할 예정이므로 삭제될 번호를 기억하기 위해 함수로 일련번호를 표시합니다. ❶ [B2] 셀에 **=IF(COUNTIFS($E$2:E2,E2)>=2, MATCH(E2,$E$2:$E$27,0),A2)**를 입력하고 Enter를 누릅니다. ❷ [B2] 셀에 채우기 핸들을 더블클릭합니다.

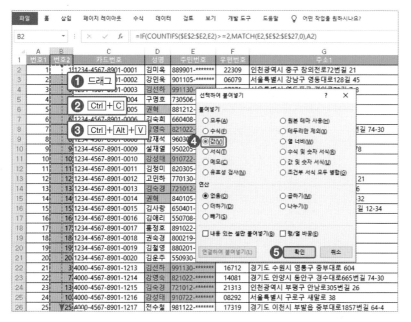

🏆 실력향상 수식 설명 : =IF(COUNTIFS($E$2:E2,E2)>=2,MATCH(E2,$E$2:$E$27,0),A2)

만약에(IF) 주민번호가 전체 주민번호 범위에서 2개 이상이면(COUNTIFS($E$2:E2,E2)>=2) 중복되었으므로 중복된 앞 번호의 위치를 찾아 표시하고(MATCH(E2,$E$2:$E$27,0)), 중복되지 않았다면 현재 일련번호(A2)를 표시합니다. 예를 들어 [D4]와 [D22] 셀의 '김선아'는 중복되었으므로 [B4], [B22] 셀에 '3'이 표시됩니다.

04 ❶ [B2:B27] 셀의 범위를 지정하고 ❷ Ctrl + C 를 누릅니다. ❸ Ctrl + Alt + V 를 눌러 ❹ [선택하여 붙여넣기] 대화상자에서 [값]을 선택하고 ❺ [확인]을 클릭합니다.

🏆 실력향상

데이터를 정렬하면 정렬하기 전에 초기 입력했던 데이터 순서로 되돌릴 수 없으므로 초기 데이터 순서로 되돌리기 위해 [번호2]에 입력한 번호를 [값]만 붙여 넣습니다. [번호2]를 [오름차순]으로 정렬하면 초기 데이터 순서로 되돌릴 수 있습니다.

05 일련번호 정렬하기 번호1을 내림차순으로 정렬합니다. ❶ [A1] 셀을 클릭합니다. ❷ [데이터] 탭-[정렬 및 필터] 그룹-[내림차순📊]을 클릭합니다.

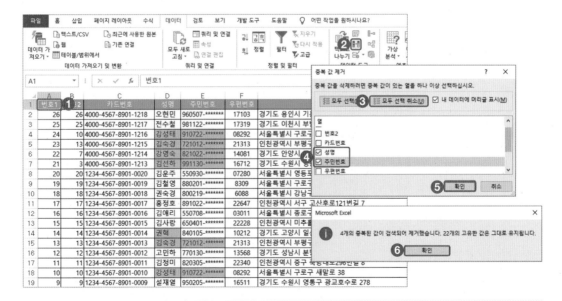

06 중복 데이터 제거하기 이름과 주민등록번호가 같은 중복 데이터에서 신규와 교체 레코드는 남기고 초기 데이터를 제거해보겠습니다. ❶ [A1] 셀을 클릭합니다. ❷ [데이터] 탭-[데이터 도구] 그룹-[중복된 항목 제거🔢]를 클릭합니다. ❸ [중복 값 제거] 대화상자에서 [모두 선택 취소]를 클릭하고 ❹ [성명], [주민번호]에 체크 표시합니다. ❺ [확인]을 클릭합니다. ❻ 중복된 데이터가 제거되었다는 메시지가 나타나면 [확인]을 클릭합니다.

📊 실력향상 중복된 항목이 없을 때는 데이터를 제거하지 않고 체크 표시한 항목에서 일치하는 레코드가 있을 때만 제거됩니다. 예를 들어 4행, 18행의 '강성태'는 이름과 주민번호, 우편번호, 주소1은 중복되었지만 번호1, 번호2, 카드번호와 전화번호는 중복되지 않았습니다. 카드번호, 주소지, 전화번호 등의 내용은 수정될 수 있지만 고유키인 이름과 주민번호는 수정될 수 없으므로 이 두 항목이 일치하는 중복 데이터가 있으면 레코드를 삭제합니다.

07 일련번호 정렬하기 번호2를 오름차순으로 정렬하여 초기 데이터 순서로 되돌려보겠습니다. ❶ [B1] 셀을 클릭합니다. ❷ [데이터] 탭-[정렬 및 필터] 그룹-[오름차순[刪]]을 클릭합니다. 필요에 따라 A열은 삭제하거나 숨깁니다.

 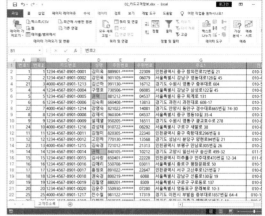

📊 **실력향상** 중복된 레코드는 중복되었을 경우 '번호1'에서 작은 번호의 레코드가 삭제되었습니다. 따라서 카드를 교체한 '김선아'([D4] 셀)는 번호1([A4] 셀)은 '23'이지만, 번호2([B4] 셀)는 '3'으로 표시되어 초기 데이터의 번호로 되돌려놓았습니다.

📊 **실력향상** 조건부 서식을 지우려면 성명과 주민번호의 범위를 지정한 후 [홈] 탭-[스타일] 그룹-[조건부 서식]-[규칙 지우기]-[선택한 셀의 규칙 지우기]를 클릭합니다.

비법노트 중복 데이터를 처리하는 방법

중복 데이터를 처리하는 방법에는 여러 가지가 있습니다. 상황에 맞게 적당한 방법을 선택해 사용합니다.

• 중복된 항목 제거하기

중복 데이터를 삭제하기 위해서는 [데이터] 탭-[데이터 도구] 그룹-[중복된 항목 제거📇]를 이용합니다. 하지만 이 명령을 이용하면 어떤 데이터가 중복되어 있었는지 확인할 수 없습니다.

• 중복된 항목 표시하기

중복된 데이터가 무엇인지 표시하려면 조건부 서식을 사용하여 중복된 데이터의 셀을 색으로 강조하거나 COUNTIF와 IF 함수를 중첩하여 수식으로 중복 유무를 표시합니다.

조건부 서식	COUNTIF, IF 함수로 중복 유무 표시하기
중복 데이터의 셀을 강조하려면 데이터 범위를 지정하고 [홈] 탭-[스타일] 그룹-[조건부 서식]에서 [셀 강조 규칙]-[중복 값]을 선택합니다.	COUNTIF와 IF 함수를 중첩 사용하여 중복 유무를 표시합니다. COUNTIF 함수를 이용해서 해당 데이터와 동일한 데이터가 한 개보다 많은지 확인하고 IF 함수로 한 개보다 많으면 '중복'을 표시하도록 수식을 작성합니다.
회원번호 A1234 B4321 A1234 C1234 D1234 중복된 회원번호 셀 강조	 =IF(COUNTIF($A$2:$A$6,A2)>1,"중복","") '중복'으로 표시된 행 전체를 조건부 서식으로 강조하거나 정렬, 필터 기능을 이용하여 중복 데이터만 정리해볼 수 있습니다.

우선순위 핵심기능

03

데이터 분석이 편리하게
사용자 지정 순서로 정렬하기

실습 파일 | Part02/Chapter01/03_상품재고.xlsx
완성 파일 | Part02/Chapter01/03_상품재고_완성.xlsx

정렬은 데이터 분석의 첫걸음이라고 할 수 있습니다. 데이터의 특정 필드를 기준으로 사용자가 보기 편한 순서대로 데이터를 볼 수 있을 뿐만 아니라 데이터를 집계하거나 차트를 작성할 때도 어느 정도 데이터의 경향을 파악할 수 있게 도와줍니다. 정렬 순서는 오름차순, 내림차순, 사용자 지정 순서로 정렬할 수 있습니다. 여기서는 상품의 코드 번호와 사이즈 순서대로 볼 수 있도록 사용자 지정 순서로 정렬하는 방법에 대해 알아보겠습니다.

미리 보기

회사에서 바로 통하는 **키워드 :** 정렬, 사용자 지정 목록, ROW, LEFT

**한눈에
보는
작업순서**

일련번호
입력하기 ▶ 텍스트
추출하기 ▶ 사용자 지정
목록 추가하기 ▶ 오름차순, 내림차순, 사용자 지정
순서대로 정렬하기

01 일련번호 입력하기 ❶ [A2] 셀에 **=ROW()-1**을 입력하고 Enter 를 누릅니다. ❷ [A2] 셀의 채우기 핸들을 더블클릭합니다.

02 상품코드에서 일부 글자 추출하기 상품코드에서 상품코드순서([J2:J8] 셀 범위)로 정렬하기 위해 상품코드에서 앞자리 2자를 추출해보겠습니다. ❶ [C2] 셀에 **=LEFT(B2,2)**를 입력하고 Enter 를 누릅니다. ❷ [C2] 셀의 채우기 핸들을 더블클릭합니다.

03 사용자 지정 순서 목록 등록하기 상품코드의 정렬 순서(BL~CT)와 사이즈의 정렬 순서(S~XL)를 등록하겠습니다. ❶ [파일]-[옵션]을 클릭합니다. ❷ [Excel 옵션] 대화상자에서 [고급]을 선택하고 ❸ [일반]에서 [사용자 지정 목록 편집]을 선택합니다.

04 ❶ [사용자 지정 목록] 대화상자에서 [목록 가져올 범위]에 **코드순서**를 입력하고 ❷ [가져오기]를 클릭합니다. ❸ [사용자 지정 목록] 대화상자에서 [목록 가져올 범위]에 **사이즈순서**를 입력하고 ❹ [가져오기]를 클릭합니다. ❺ [확인]을 클릭합니다. ❻ [Excel 옵션] 대화상자에서도 [확인]을 클릭하여 대화상자를 닫습니다.

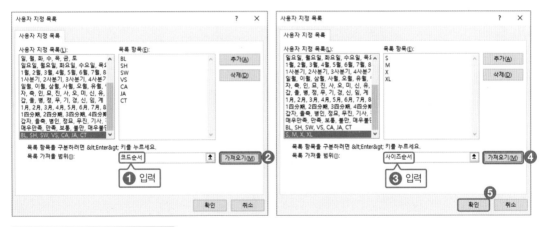

❻ [Excel 옵션] 대화상자에서 [확인] 클릭

실력향상 상품코드를 사용자 순서(BL~CT), 사이즈를 사용자 순서(S~XL)로 정렬하기 위해 미리 정렬 순서를 이름으로 등록해 놓았습니다. [사용자 지정 목록] 대화상자에서 직접 입력하거나, 범위를 지정하거나 정의된 이름의 범위를 가져와 등록할 수 있습니다. 여기서 이미 정의한 이름으로 코드순서(상품관리대장!J2:J8)와 사이즈순서(상품관리대장!K2:K5)의 범위를 가져와 등록합니다.

엑셀 2007, 2010 엑셀 2007에서 [오피스 단추]-[Excel 옵션]을 선택하고 [Excel 옵션] 대화상자에서 [기본 설정]을 선택한 후 [Excel에서 가장 많이 사용하는 옵션]에서 [사용자 지정 목록 편집]을 선택합니다.

05 여러 조건으로 정렬하기 오름차순으로(BL001~VS001) 정렬되어 있는 상품코드를 상품정렬 (BL~CT), 상품명, 사이즈(S~XL) 순서로 정렬해보겠습니다. ❶ 데이터에서 임의의 셀을 클릭하고 ❷ [데이터] 탭-[정렬 및 필터] 그룹-[정렬]을 클릭합니다. ❸ [정렬] 대화상자에서 정렬 기준을 추가하기 위해 [기준 추가]를 두 번 클릭하고 ❹ 두 번째 [다음 기준]에서 [상품명], [셀 값], [오름차순]을 선택합니다.

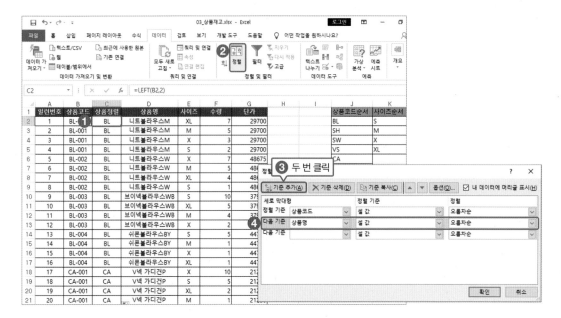

06 ❶ [정렬] 대화상자의 첫 번째 정렬 기준에서 [상품정렬], [셀 값]을 선택하고 ❷ [사용자 지정 목록]을 선택합니다. ❸ [사용자 지정 목록] 대화상자의 [사용자 지정 목록]에서 [BL, SH, SW, VS, CA, JA, CT]를 선택하고 ❹ [확인]을 클릭하여 [정렬] 대화상자로 돌아옵니다.

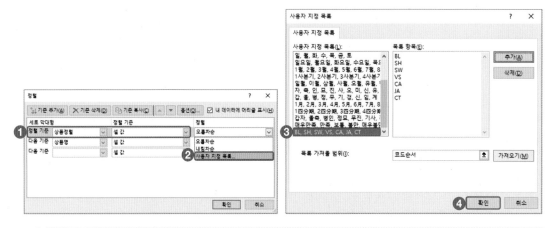

실력향상 사용자 지정 목록에 사용자 지정 순서를 직접 등록하려면 **BL, SH, SW, VS, CA, JA, CT** 순서대로 [Enter]를 눌러 입력하고 [추가]를 클릭합니다.

07 ❶ [정렬] 대화상자의 세 번째 [다음 기준]에서 [사이즈], [셀 값]을 선택하고 ❷ [사용자 지정 목록]을 선택합니다. ❸ [사용자 지정 목록] 대화상자의 [사용자 지정 목록]에서 [S, M, L, XL]을 선택하고 ❹ [확인]을 클릭하여 [정렬] 대화상자로 돌아옵니다.

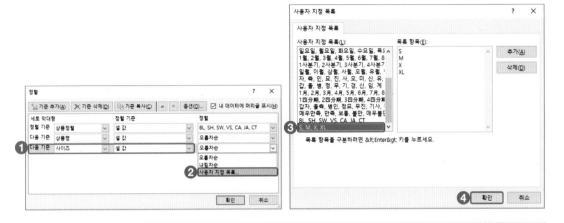

iii 실력향상 사용자 지정 목록에 사용자 지정 순서를 직접 등록하려면 **S, M, L, XL** 순서대로 [Enter]를 눌러 입력하고 [추가]를 클릭합니다.

08 [정렬] 대화상자에서 코드 정렬의 정렬 순서는 BL~CT, 상품명은 오름차순, 사이즈 정렬 순서는 S~XL로 지정되었습니다. [확인]을 클릭해 [정렬] 대화상자를 닫습니다.

09 번호는 정렬 순서와 상관없이 일련번호(1~100)가 표시되고, 코드정렬 순서(BL~CT), 상품명 오름차순, 사이즈 정렬 순서(S~XL)로 데이터가 정렬됩니다. 코드별, 상품별로 사이즈의 재고 수량 분포를 알 수 있습니다.

	A	B	C	D	E	F	G	H	I	J	K
1	일련번호	상품코드	상품정렬	상품명	사이즈	수량	단가			상품코드순서	사이즈순서
2	1	BL-001	BL	니트블라우스M	S	2	29700			BL	S
3	2	BL-001	BL	니트블라우스M	M	5	29700			SH	M
4	3	BL-001	BL	니트블라우스M	X	3	29700			SW	X
5	4	BL-001	BL	니트블라우스M	XL	7	29700			VS	XL
6	5	BL-002	BL	니트블라우스W	S	1	48675			CA	
7	6	BL-002	BL	니트블라우스W	M	5	48675			JA	
8	7	BL-002	BL	니트블라우스W	X	7	48675			CT	
9	8	BL-002	BL	니트블라우스W	XL	4	48675				
10	9	BL-003	BL	보이넥블라우스WB	S	10	37900				
11	10	BL-003	BL	보이넥블라우스WB	M	4	37900				
12	11	BL-003	BL	보이넥블라우스WB	X	2	37900				
13	12	BL-003	BL	보이넥블라우스WB	XL	5	37900				
14	13	BL-004	BL	쉬폰블라우스BY	S	5	44750				
15	14	BL-004	BL	쉬폰블라우스BY	M	5	44750				
16	15	BL-004	BL	쉬폰블라우스BY	X	1	44750				
17	16	BL-004	BL	쉬폰블라우스BY	XL	1	44750				

정렬과 정렬 순서

정렬은 데이터베이스에서 특정 필드를 기준으로 데이터를 정렬하는 기능입니다. [데이터] 탭-[정렬 및 필터] 그룹-[정렬] 대화상자를 이용하면 기본적으로 오름차순 또는 내림차순, 사용자 지정 목록으로 정렬할 수 있고 정렬 기준을 두 가지 이상으로 지정해서 정렬할 수 있습니다. 각 데이터 형식에 맞는 정렬 순서는 다음과 같습니다.

정렬 기본 순서

숫자	가장 작은 음수에서 가장 큰 양수로 정렬됩니다.
날짜	가장 이전 날짜에서 가장 최근 날짜로 정렬됩니다.
문자 (문자와 숫자가 섞여 있는 경우)	0∼9 (공백) ! # $ % & ( ) * , . / : ; ? @ [\ ] ^ _ ` {	} ~ + < = > a∼z, A∼Z 순서로 정렬됩니다.
논릿값	FALSE, TRUE 순서로 정렬됩니다.
오룻값	'#N/A', '#VALUE!' 등의 오룻값은 정렬 순서가 모두 동일합니다.

사용자 지정 목록 정렬 순서

엑셀에서 지정되어 있는 사용자 지정 목록의 정렬 순서는 다음과 같습니다.

분기	1사분기, 2사분기, 3사분기, 4사분기 1四分期, 2四分期, 3四分期, 4四分期
월	1월, 2월, 3월, 4월, 5월, 6월, 7월, 8월, 9월, 10월, 11월, 12월 Jan, Feb, Mar, Apr, May, Jun, Jul, Aug, Sep, Oct, Nov, Dec January∼December, 일월∼십이월
요일	일, 월, 화, 수, 목, 금, 토 Sun, Mon, Tue, Wed, Thu, Fri, Sat 일요일∼토요일, Sunday∼Saturday
십이지	갑, 을, 병, 정, 무, 기, 경, 신, 임, 계 갑자∼계해
십간	자, 축, 인, 묘, 진, 사, 오, 미, 신, 유, 술, 해

이외에 [파일]-[옵션]-[고급]의 [일반]에서 [사용자 지정 목록 편집]을 선택한 후 [사용자 지정 목록] 대화상자에서 직접 사용자 지정 목록을 등록하고 그 순서대로 정렬할 수 있습니다.

우선
순위 핵심기능

04 수식을 사용한 다중 조건으로 고급 필터링하기

실습 파일 | Part02/Chapter01/04_발주내역.xlsx
완성 파일 | Part02/Chapter01/04_발주내역_완성.xlsx

자동 필터 기능은 필드와 필드 사이의 조건을 AND로만 지정할 수 있습니다. 이에 비해 고급 필터 기능은 AND, OR 수식의 조건을 다양하게 지정할 수 있습니다. 발주내역표에서 검색건수, 합계, 일련번호를 SUBTOTAL 함수로 표시하고, 월별 출고 금액을 배열 수식으로 구합니다. 1분기 발주내역 목록에서 노트북으로 시작하는 품목 중에 2월 평균 출고금액보다 큰 레코드를 찾는 조건을 미리 입력하고 고급 필터로 데이터를 추출해보겠습니다.

미리 보기

회사에서 바로 통하는 **키워드 :** **고급 필터, SUBTOTAL, MONTH, COUNTA, SUM, 배열 수식**

한눈에
보는
작업순서

일련번호, 개수, 합계,
평균 구하기 ▷ 고급 필터 조건 지정하기 ▷ 고급 필터로 검색하기

01 번호 표시하기 필터링을 할 경우 일련번호가 숨겨지지 않고 필터링한 결과 데이터를 대상으로 번호가 표시되도록 하겠습니다. ❶ [A12] 셀에 **=SUBTOTAL(3,$B$12:B12)**를 입력하고 Enter 를 누릅니다. ❷ [A12] 셀의 채우기 핸들을 더블클릭합니다.

📊 **실력향상** 범위($B$12:B12)의 부분 개수(3)를 구하기 위해 수식 =SUBTOTAL(3,$B$12: B12)를 입력합니다.

📊 **실력향상** 고급 필터로 필터링할 경우에는 관련이 없지만 SUBTOTAL 함수로 계산된 열(A열)이 포함된 데이터를 자동 필터로 필터링할 경우 마지막 행(314행)을 요약 행으로 인식하여 자동 필터의 조건과 상관없이 마지막 행이 표시됩니다. 이를 해결하려면 [A315] 셀에 공백을 입력하거나 수식을 한 행 더 복사해서 숨깁니다. 마지막 행이 315행이 되므로 필터링 결과에 마지막 행인 315행이 추출되어도 눈에 보이지 않습니다.

02 개수, 합계 표시하기 전체건수, 전체출고합계와 검색건수, 검색출고합계를 SUM, COUNTA, SUBTOTAL 함수로 구해보겠습니다. ❶ [K2] 셀에 **=COUNTA(B12:B314)**를 입력하고 Enter 를 누릅니다. ❷ [K3] 셀에 **=SUBTOTAL(3,B12:B314)**를 입력하고 Enter 를 누릅니다. ❸ [M2] 셀에 **=SUM(M12:M314)**를 입력하고 Enter 를 누릅니다. ❹ [M3] 셀에 **=SUBTOTAL(9,M12:M314)**를 입력하고 Enter 를 누릅니다.

📊 **실력향상** COUNTA와 SUM은 인원수와 합계를 구하는 함수입니다. SUBTOTAL(함수 번호, 범위1, 범위2)의 함수 번호 3, 9는 개수와 합계를 구하는 함수입니다. 이 함수의 차이점은 필터링한 결과의 데이터에서만 부분 개수와 부분 합계를 구할 수 있다는 것입니다. 자동 필터나 고급 필터에서 자주 사용합니다. SUBTOTAL 함수의 자세한 설명은 323쪽을 참고합니다.

03 월별 평균 표시하기 월별 출고 금액의 평균을 배열 수식으로 구해보겠습니다. [O6] 셀에 **=SUM((M ONTH(L12:L314)=O5)*(M12:M314))/SUM((MONTH(L12:L314)=O5)*1)**를 입력하고 Ctrl + Shift + Enter 를 누릅니다.

O6			✕ ✓ fx	{=SUM((MONTH(L12:L314)=O5)*(M12:M314))/SUM((MONTH(L12:L314)=O5)*1)}							
	E	F	G	H	I	J	K	L	M	N	O
1											
2					전체건수	303	전체출고합계	1,100,395,000			
3					검색건수	303	검색출고합계	1,100,395,000			
4	납기요청일	품목코드	품명	수주수량	출고수량	단가	금액평균	출고일	출고금액		선택
5											1
6											4,366,811.88
7											
8							입력 후 Ctrl + Shift + Enter				
9											
10											
11	납기요청일	품목코드	품명	수주수량	출고수량	단가	금액	출고일	출고금액		
12	2019-01-02	FD001	사무의자	21	21	256,000	3,584,000	2019-01-04	3,584,000		
13	2019-01-02	FD003	책상서랍	9	8	65,000	585,000	2019-01-04	585,000		
14	2019-01-02	FD004	PVC파티션	9	9	45,000	405,000	2019-01-04	405,000		
15	2019-01-03	CD001	레이저프린터	9	9	460,000	4,140,000	2019-01-07	4,140,000		
16	2019-01-03	CD003	노트북15인치	14	13	864,000	12,096,000	2019-01-07	12,096,000		
17	2019-01-04	FD005	회의용테이블	14	14	450,000	6,300,000	2019-01-08	6,300,000		
18	2019-01-04	CD003	노트북15인치	7	7	864,000	6,048,000	2019-01-08	6,048,000		
19	2019-01-04	CD004	노트북13인치	7	7	984,000	6,888,000	2019-01-08	6,888,000		
20	2019-01-06	FD001	사무의자	8	8	256,000	2,048,000	2019-01-08	2,048,000		
21	2019-01-06	FD002	사무책상	8	8	125,000	1,000,000	2019-01-08	1,000,000		

실력향상 조건에 맞는 평균은 AVERAGEIF 함수를 사용할 수 있지만 범위에는 함수를 사용할 수 없으므로 수식 **=AVERAGEIF (MONTH(L12:L314),O5,M12:M314)**를 입력하면 수식 오류가 발생합니다. 따라서 이 경우에는 배열 수식을 사용합니다. 출고일에서 월을 추출(MONTH(L12:L314))한 값과 해당 월([O5] 셀)이 같은 출고금액([M12:M314] 셀 범위)의 합계를 구하고, 그 결과를 해당 월의 건수(SUM((MONTH(L12:L314)=O5)*1))로 나눕니다. 해당 수식은 배열 수식이기 때문에 Ctrl + Shift + Enter 를 누릅니다.

04 조건 입력하기 고급 필터는 조건을 셀에 입력해야 하므로 조건을 지정할 위치에 필드명을 입력하거나 원본 데이터의 필드 이름을 복사해서 붙여 넣은 위치에 조건을 입력합니다. 품명이 노트북으로 시작하면서 2월 출고금액의 평균보다 큰 데이터를 추출하는 조건을 입력합니다. **①** [G5] 셀에 **노트북***을 입력하고 Enter 를 누릅니다. **②** [L4] 셀에 **출고월**을 입력하고 Enter 를 누릅니다. **③** [L5] 셀에 **=MONTH (L12)=$O$5**를 입력하고 Enter 를 누릅니다. **④ ⑤** [M4] 셀에 **출고평균**, [M5] 셀에 **=M12>$O$6**을 입력하고 Enter 를 누릅니다. **⑥** [O5] 셀에서 **2**를 선택합니다.

	D	E	F	G	H	I	J	K	L	M	N	O	P
1		내역											
2							전체건수	303	전	②③④⑤ 입력 후 Enter			
3							검색건수	303	검색	1,100,395,000			
4	발주번호	납기요청일	품목코드	품명	수주수량	출고수량	단가	금액평균	출고월	출고평균		선택	
5				노트북*					FALSE	TRUE		2	
6													
7			① 입력 후 Enter								⑥ 입력 후 Enter		
8													
9													
10													
11	발주번호	납기요청일	품목코드	품명	수주수량	출고수량	단가	금액	출고일	출고금액			
12	A120019	2019-01-02	FD001	사무의자	21	21	256,000	3,584,000	2019-01-04	3,584,000			
13	A120019	2019-01-02	FD003	책상서랍	9	8	65,000	585,000	2019-01-04	585,000			
14	A120019	2019-01-02	FD004	PVC파티션	9	9	45,000	405,000	2019-01-04	405,000			

실력향상
와일드카드(*)를 사용하여 조건(노트북*)을 지정하면 특정 단어가 들어간 데이터를 검색합니다. 여기서는 품명이 '노트북'으로 시작하는 데이터를 검색합니다.

실력향상 2월의 레코드를 추출하는 조건을 [L5] 셀의 조건처럼 수식 **=MONTH(L12)=$O$5**로 입력할 경우 실제 필드 이름이 아닌 다른 이름을 지정하거나 공백으로 표시해야 하므로 '출고일'에서 '출고월'로 **필드명**을 변경합니다. 마찬가지로 2월 출고금액의 평균보다 큰 레코드를 추출하는 조건을 [M5] 셀에 수식 **=M12>$O$6**으로 입력하고 '출고금액'을 **출고평균**으로 필드명을 변경합니다. 조건을 입력한 셀에는 TRUE, FALSE 값이 표시됩니다.

05 수주수량과 출고수량이 다른 데이터를 추출하는 조건을 입력합니다. ❶ [H4] 셀에 **수주출고비교**를 입력하고 Enter를 누릅니다. ❷ [H6] 셀에 **=H12<>I12**를 입력하고 Enter를 누릅니다.

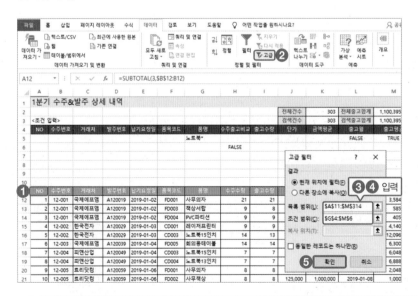

06 **고급 필터로 조건에 맞는 데이터 추출하기** ❶ [A11] 셀을 선택하고 ❷ [데이터] 탭-[정렬 및 필터] 그룹-[고급]을 클릭합니다. ❸ 목록 범위에는 **A11:M314**, ❹ 조건 범위에는 **G4:M6**을 입력하고 ❺ [확인]을 클릭합니다.

실력향상 고급 필터의 검색 결과를 다른 장소로 복사할 경우에는 [다른 장소에 복사]를 선택하고 복사 위치를 지정합니다. 만약 복사될 위치가 다른 시트일 경우 조건이 있는 범위를 다른 시트에 작성한 뒤 조건이 있는 범위에 셀을 위치시키고, 고급 필터를 실행합니다.

07 노트북으로 시작하는 품명 중에서 2월 출고금액의 평균보다 큰 데이터를 검색하거나 수주수량과 출고수량이 다른 데이터가 검색됩니다. 번호(A13:A310)와 검색건수(K3), 검색출고합계(M3) 금액도 추출된 결과에 맞게 재계산됩니다.

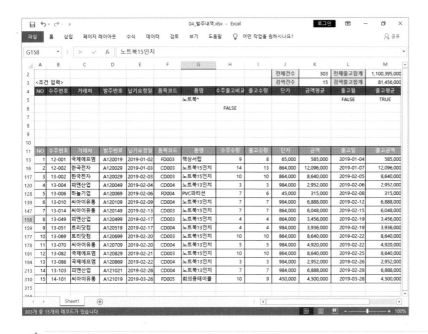

실력향상 고급 필터의 검색을 취소하고 전체 데이터를 표시하려면 [데이터] 탭-[정렬 및 필터] 그룹-[지우기]를 클릭합니다.

필터의 조건 규칙과 SUBTOTAL 함수

1. 자동 필터의 조건

필터링은 지정한 조건에 맞는 데이터를 찾는 기능으로 날짜, 문자, 숫자의 필터 조건으로 데이터를 추출할 수 있으며 다수의 필터 목록에 조건을 지정하면 AND 조건으로 필터링됩니다. 필터링 기능으로 추출한 데이터는 복사, 삭제, 편집이 가능하며 서식을 지정하여 인쇄할 수 있습니다.

[필터 목록▾]에서 문자, 숫자, 날짜 필터 조건은 다음과 같습니다.

❶ **텍스트 필터** : 텍스트에서 =, 〈 〉, 시작 문자, 끝 문자, 포함, 포함하지 않음, [사용자 지정 자동 필터] 대화상자에서 직접 조건을 지정할 수 있습니다.

❷ **숫자 필터** : 숫자에서 =, 〈 〉, 〉=, 〈, 〈=, 해당 범위, 상위 10, 평균 초과, 평균 미만, [사용자 지정 자동 필터] 대화상자에서 직접 조건을 지정할 수 있습니다. 숫자에서 [상위 10]은 숫자 범위에서 상위/하위 개수와 백분율(%)에 해당하는 항목 개수만큼 표시됩니다.

❸ **날짜 필터** : 날짜에서는 일, 주, 분기, 연도, 해당 기간, [사용자 지정 자동 필터] 대화상자에서 직접 조건을 지정할 수 있습니다.

2. 고급 필터의 조건 지정 규칙

고급 필터는 AND 조건뿐만 아니라 OR 조건을 이용하여 보다 복잡하고 다양한 조건으로 데이터를 검색할 수 있습니다.

❶ 고급 필터는 검색할 조건을 워크시트에 미리 입력해야 합니다.

❷ 검색한 데이터를 현재 위치 또는 다른 위치로 출력할 수 있습니다.

❸ 두 개 이상의 필드를 AND나 OR 조건으로 추출할 수 있습니다.

조건을 입력할 때는 필드 이름을 입력하고 필드 이름 아래에 조건을 입력합니다. 이때 조건을 같은 행에 입력하면 AND 조건이 되며 다른 행에 입력하면 OR 조건이 됩니다. 조건을 지정할 때는 대표문자(?,*)를 사용할 수 있습니다.

AND 조건 : 같은 행에 조건을 입력합니다.	OR 조건 : 다른 행에 조건을 입력합니다.
<table><tr><td>부서</td><td>직급</td></tr><tr><td>영업부</td><td>과장</td></tr></table> <table><tr><td>수량</td><td>수량</td></tr><tr><td>>=10</td><td><=20</td></tr></table> ① 부서가 영업부이며 직급이 과장인 레코드를 추출합니다. ② 수량이 10개 이상이면서 20개 이하인 레코드를 추출합니다.	<table><tr><td>부서</td><td>직급</td></tr><tr><td>영업부</td><td></td></tr><tr><td></td><td>과장</td></tr></table> 부서가 영업부이거나 직급이 과장인 레코드를 추출합니다.

AND 조건 : 같은 행에 조건을 입력합니다.	OR 조건 : 다른 행에 조건을 입력합니다.
<table><tr><td>직급</td><td>실적</td></tr><tr><td>과장</td><td>>=1000000</td></tr><tr><td>대리</td><td>>=1000000</td></tr></table> 직급이 과장이면서 실적이 백만 원 이상이거나, 직급이 대리이면서 실적이 백만 원 이상인 레코드를 추출합니다.	<table><tr><td>평균실적</td></tr><tr><td>FALSE</td></tr></table> 수식으로 조건을 만들 때는 조건 필드를 데이터베이스 필드 이름이 아닌 다른 이름으로 지정하거나 공백으로 표시하며, 조건을 입력한 셀에는 TRUE, FALSE 값이 표시됩니다. • 조건 필드 이름 : 조건이 적용될 필드와 다른 이름 지정 • 수량이 전체 평균보다 큰 값 : =D4>=AVERAGE ($D$4: $D$20)

3. 와일드카드 문자

특정 문자가 포함되어 있는지 찾을 때는 와일드카드의 별표(*)와 물음표(?)를 사용합니다. 별표(*)는 위치에 따라 임의의 모든 문자를 대표하고, 물음표(?)는 물음표의 위치에 따라 한 개당 하나의 문자를 대표합니다. 와일드카드 문자는 COUNTIF, COUNTIFS, SUMIF, SUMIFS, AVERAGEIF, AVERAGEIFS 함수와 필터(자동 필터, 고급 필터) 등에서 사용됩니다.

와일드카드 문자	기능	사용 예
별표(*)	임의의 문자를 대표	• 셔츠* : 셔츠로 시작하는 문자열을 찾음(셔츠블랙, 셔츠세트) • *셔츠 : 셔츠로 끝나는 문자열을 찾음(화이트셔츠, 린넨셔츠) • *셔츠* : 셔츠가 포함된 문자열을 찾음(라운드셔츠블랙)
물음표(?)	임의의 문자를 대표	• 셔츠?? : 셔츠로 시작하고 다음 두 글자가 오는 문자열을 찾음(셔츠세트) • ???셔츠 : 셔츠로 끝나고 앞에 세 글자가 오는 문자열을 찾음(솔리드셔츠)

특수 문자 별표(*) 또는 특수 문자 물음표(?)를 찾고 싶을 때는 물결 기호(~)를 별표(*)나 물음표(?) 앞에 입력합니다.

- "*" 기호가 포함된 규격의 개수 : 3
- 함수식 : =COUNTIF(A2:A6, "*~**")

4. 목록이나 데이터베이스의 부분합을 계산하는 SUBTOTAL 함수

자동 필터나 고급 필터 기능으로 데이터를 검색하여 원하는 데이터를 추출하면 결과에 따라 계산된 수식 값도 매번 달라져야 합니다. 하지만 일반적인 SUM 함수나 COUNT, AVERAGE 함수를 사용하면 데이터의 추출된 결과와 상관없이 전체 데이터의 계산 결과를 표시합니다. SUBTOTAL 함수를 사용하면 현재 표시되는 데이터의 목록을 가지고 부분합을 계산합니다. SUBTOTAL 함수는 자동 필터나 고급 필터에서 자주 사용합니다.

함수 범주	수학/삼각 함수			
함수 형식	**=SUBTOTAL(함수 번호, 범위1, 범위2, …)** • 함수 번호 : 데이터 범위나 목록에서 부분합을 계산할 함수를 1~11 또는 101~111까지 지정할 수 있습니다. • 1~11 : 숨겨진 행의 셀 값을 포함하여 계산(필터 기능 이외에 일부 행 숨기기를 한 경우)합니다. • 101~111 : 숨겨진 행의 셀 값을 포함하지 않고 계산(필터 기능 이외에 일부 행을 숨기기한 경우)합니다.			

fun_num (숨겨진 값 포함)	fun_num (숨겨진 값 무시)	함수 유형	계산
1	101	AVERAGE	평균
2	102	COUNT	수치 개수
3	103	COUNTA	개수
4	104	MAX	최댓값
5	105	MIN	최솟값
6	106	PRODUCT	수치곱
7	107	STDEV	표본 표준 편차
8	108	STDEVP	표준 편차
9	109	SUM	합계
10	110	VAR	표본 분산
11	111	VARP	분산

05

피벗 테이블 보고서로
분기별 매출 집계표 만들기

실습 파일 | Part02/Chapter01/05_매출실적.xlsx
완성 파일 | Part02/Chapter01/05_매출실적_완성.xlsx

함수를 사용하지 않고도 쉽게 집계표를 만들 수 있는 기능이 피벗 테이블 보고서입니다. 피벗 테이블은 복잡한 데이터를 간단하게 요약하고 데이터의 흐름이나 추이를 간편하게 비교하여 표로 요약하는 기능입니다. 요약 집계표는 사용자가 레이아웃을 직접 설계할 수 있어 매우 유용합니다. 여기서는 상품별 매출 데이터에서 주문일자, 대분류별로 매출금액의 합계와 비율을 볼 수 있도록 레이아웃을 설계해 분기별 매출 집계표를 만들어보겠습니다.

미리 보기

	A	B	C	D	E	F	G	H	I	J	K	L
3		열 레이블										
4		⊟2019년										
5		⊟1사분기			1사분기 요약	⊟2사분기			2사분기 요약	⊟3사분기		
6	행 레이블	1월	2월	3월		4월	5월	6월		7월	8월	9월
7	디지털가전											
8	합계 : 매출금액	45000000	56250000	83070000	184320000	20250000	31500000	94500000	146250000	11250000	31500000	5850000
9	비율	8.27%	10.34%	15.27%	33.88%	3.72%	5.79%	17.37%	26.88%	2.07%	5.79%	10.75%
10	뷰티케어											
11	합계 : 매출금액	9320000	1780000	220000	11320000	11300000	330000	440000	12070000	330000	4280000	2640000
12	비율	16.97%	3.24%	0.40%	20.61%	20.58%	0.60%	0.80%	21.98%	0.60%	7.79%	4.81%
13	생활가전											
14	합계 : 매출금액	3645000	12168000	178226000	194039000	505616000	73176000	136838000	715630000	28569000	62326000	7350000
15	비율	0.36%	1.19%	17.44%	18.99%	49.47%	7.16%	13.39%	70.02%	2.80%	6.10%	0.72%
16	생활디지털											
17	합계 : 매출금액	86800000	31600000	94792000	213192000	46080000	41400000	56038000	143518000	7680000	41050000	7216000
18	비율	15.97%	5.81%	17.44%	39.22%	8.48%	7.62%	10.31%	26.40%	1.41%	7.55%	13.27%
19	식품											
20	합계 : 매출금액	16116400	14863000	21153000	52132400	19336400	7839000	9650800	36826200	22139000	24744000	1177400
21	비율	8.13%	7.49%	10.67%	26.29%	9.75%	3.95%	4.87%	18.57%	11.16%	12.48%	5.94%
22	전체 합계 : 매출금액	160881400	116661000	377461000	655003400	602582400	154245000	297466800	1054294200	69968000	163900000	152424000
23	전체 비율	6.81%	4.94%	15.97%	27.72%	25.50%	6.53%	12.59%	44.62%	2.96%	6.94%	6.45%

회사에서 바로 통하는 **키워드** : 피벗 테이블 보고서, 표 서식, 이벤트 프로시저

**한눈에
보는
작업순서**

피벗 테이블 삽입하고
레이아웃 지정하기
▶
표 서식 지정하고
데이터 추가하기
▶
피벗 테이블 원본 수정
및 새로 고침하기

01 피벗 테이블 만들기 ❶ 데이터에서 임의의 셀을 선택하고 ❷ [삽입] 탭-[표] 그룹-[피벗 테이블]을 클릭합니다. ❸ [피벗 테이블 만들기] 대화상자에서 [표 또는 범위 선택]의 [표/범위]에 자동으로 데이터 범위 (매출실적db!$A$3:$J$191)가 지정되면 ❹ 피벗 테이블 보고서를 넣을 위치로 [새 워크시트]를 선택한 후 ❺ [확인]을 클릭합니다.

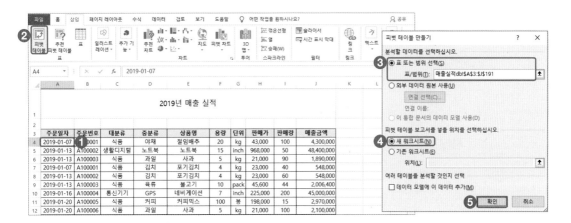

실력향상 [표/범위]에 자동으로 데이터 범위가 지정되면 않으면 [매출실적db!$A$3:$J$191] 범위를 직접 지정합니다.

02 피벗 테이블 레이아웃 지정하기 새로운 시트가 삽입되면서 왼쪽에는 피벗 테이블 레이아웃을 설계할 영역이, 오른쪽에는 [피벗 테이블 필드] 창의 목록이 나타납니다. ❶ 필드 목록에서 [대분류] 필드를 [행] 레이블 영역으로 드래그합니다. ❷ [주문일자] 필드를 [열] 레이블 영역으로, ❸ [매출금액] 필드를 [∑ 값] 영역으로 두 번 드래그합니다. ❹ [열] 레이블 영역에 [∑ 값]을 [행] 레이블의 [대분류] 필드 아래로 드래그합니다.

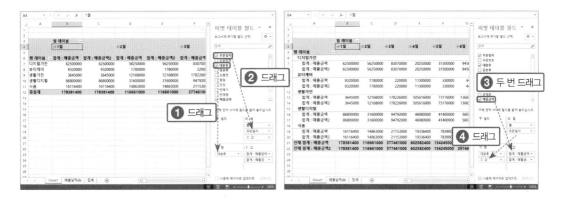

실력향상 [필터], [행], [열], [∑ 값] 레이블 영역에 있는 필드를 제거하려면 필드를 클릭할 때 나타나는 메뉴에서 [필드 제거]를 선택합니다.

엑셀 2016 엑셀 2016 이후 버전에서는 날짜 데이터인 필드(주문일자)를 행/열 레이블 영역에 드래그하면 자동으로 [월]로 그룹이 되어 표시되지만 엑셀 2013 이전 버전에서는 날짜 항목이 모두 표시됩니다.

우선
순위

서식
활용

서식
함수

차트
활용

데이터
편집

데이터
분석

업무
자동화

03 주문일자 필드 그룹화하기 [주문일자] 필드는 연, 월, 분기 등으로 그룹화할 수 있습니다. 여기서는 [주문일자] 필드를 월, 분기로 그룹화하겠습니다. ❶ 피벗 테이블의 [주문일자] 필드에서 임의의 셀을 선택하고 ❷ 마우스 오른쪽 버튼을 클릭한 후 ❸ [그룹]을 선택합니다. ❹ [그룹화] 대화상자에서 [단위] 영역에 [월], [분기], [연]을 선택하고 ❺ [확인]을 클릭합니다.

실력향상

행과 열 방향으로 그룹화된 항목이 숫자(날짜) 데이터인 경우에는 다시 한 번 그룹으로 지정할 수 있으며, 요약된 피벗 테이블의 필드에서 조건을 지정하여 필터링할 수 있습니다.

실력향상

[열], [행], [필터] 레이블 필드의 [필터 목록 ▼]을 클릭하고 표시하고 싶은 항목만 체크하여 표시할 수 있습니다.

04 매출금액 값 필드 설정하기 [합계 : 매출금액2] 필드는 열 합계에 대한 비율로 표시해보겠습니다. ❶ [합계 : 매출금액2]를 클릭하고 ❷ [값 필드 설정]을 선택합니다. ❸ [값 필드 설정] 대화상자에서 [사용자 지정 이름]에 **비율**을 입력하고 ❹ [값 표시 형식]을 클릭합니다. ❺ [값 표시 형식]에서 [행 합계 비율]을 선택하고 ❻ [확인]을 클릭합니다.

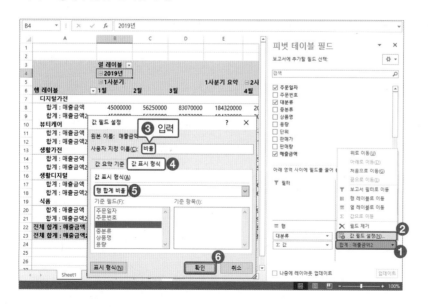

05 표 서식 지정하기 [매출실적db] 시트의 데이터 범위를 표 서식으로 지정해보겠습니다. ❶ [매출실적db] 시트를 클릭합니다. ❷ [삽입] 탭-[표] 그룹-[표]를 클릭합니다. ❸ [표 만들기] 대화상자에서 [A3:J191] 셀 범위를 지정하고 ❹ [머리글 포함]에 체크 표시한 후 ❺ [확인]을 클릭합니다.

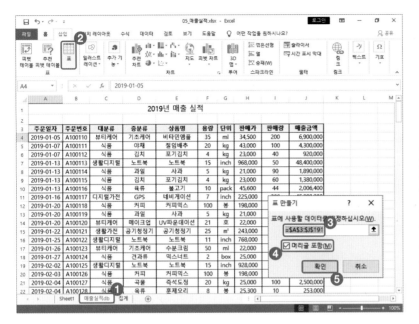

실력향상

[매출실적db] 시트에 데이터를 추가 입력하면 데이터 범위가 자동으로 확장되지 않기 때문에 피벗 테이블이 업데이트되지 않습니다. 데이터 범위를 [표] 서식으로 지정하면 자동으로 데이터 범위가 확장됩니다.

06 [A192:J192] 셀에 **2020-1-2, A200001, 디지털가전, 휴대폰, 5G폰, 15.49, cm, 875000, 20**을 입력합니다.

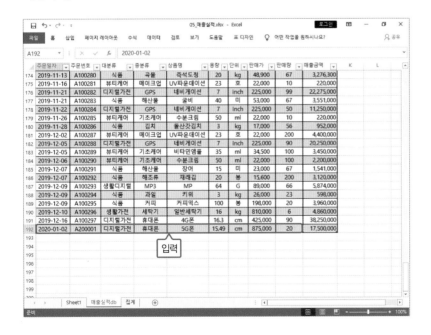

07 ❶ [Sheet1] 시트에서 ❷ [피벗 테이블 도구]–[분석] 탭–[데이터] 그룹–[데이터 원본 변경]을 클릭합니다. ❸ [피벗 테이블 데이터 원본 변경] 대화상자에서 [표 또는 범위 선택] 영역의 표 범위에 **표1**을 입력하고 ❹ [확인]을 클릭합니다.

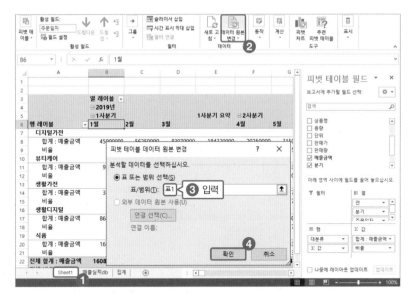

엑셀 2010

엑셀 2010 이전 버전에서는 [피벗 테이블 도구]–[옵션] 탭–[데이터] 그룹–[데이터 원본 변경]을 클릭합니다.

실력향상 [매출실적db] 시트에서 표 이름은 [표 디자인] 탭–[속성] 그룹의 표 이름 영역에서 확인합니다. 여기서는 표 이름이 [표 1]입니다. 엑셀 2016 이전 버전은 [표 도구]–[디자인] 탭–[속성] 그룹에서 확인합니다.

실력향상 표 서식으로 지정하지 않고 OFFSET 함수로 동적 데이터 범위를 '매출실적범위'로 이름 정의(**=OFFSET(매출실적db!$A$3,0,0,COUNTA(매출실적db!$A:$A)–1,10)**)할 수 있습니다. 정의된 이름을 [피벗 테이블 데이터 원본 변경] 대화상자에서 [표 또는 범위 선택] 영역의 표 범위에 **매출실적범위**를 입력합니다.

08 피벗 테이블 업데이트하기 [피벗 테이블 도구]–[분석] 탭–[데이터] 그룹–[새로 고침]을 클릭합니다. S 열 뒤로 이동하면 추가된 데이터가 피벗 테이블 집계표에 업데이트됩니다.

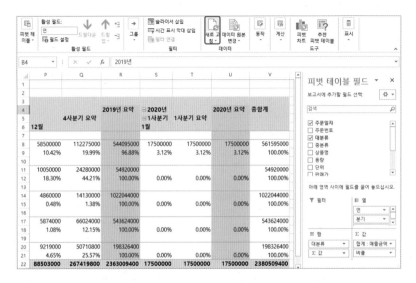

엑셀 2010

엑셀 2010 이전 버전에서는 [피벗 테이블 도구]–[옵션] 탭–[데이터] 그룹–[새로 고침]을 클릭합니다.

비법노트 ★★★ 피벗 테이블 레이아웃 살펴보기

피벗 테이블을 만들면 나타나는 [피벗 테이블 필드 목록] 작업 창에서 보고서에 추가할 필드를 보고서 필터, 열 레이블, 행 레이블, 값 목록 상자로 드래그하여 피벗 테이블 레이아웃을 설계합니다.

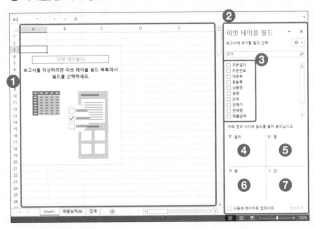

❶ 집계표(피벗 테이블) 결과가 표시될 영역입니다.

❷ 집계표(피벗 테이블)를 만들기 위한 레이아웃을 설계합니다.

❸ **필드 목록** : 피벗 테이블을 만들기 위한 원본 데이터의 필드 목록이 표시됩니다. 해당 필드를 선택하여 아래쪽의 [필터], [열], [행], [∑ 값] 영역으로 드래그합니다.

❹ **필터** : 보고서 필터 전체 데이터 영역을 요약할 보고서 필드입니다.

❺ **열** : 집계표에서 열 방향으로 그룹화할 필드로 필드의 데이터 항목이 중복 없이 목록으로 표시됩니다.

❻ **행** : 집계표에서 행 방향으로 그룹화할 필드로 필드의 데이터 항목이 중복 없이 목록으로 표시됩니다.

❼ **∑ 값** : 일반적으로 숫자 값이 들어 있는 필드가 위치하며, 행과 열 레이블에서 지정할 필드를 분석하여 행과 열이 교차하는 위치에서 소계, 평균, 최대, 최소, 총계, 비율 등이 계산됩니다. 만약 문자 값이 있는 필드를 위치하면 개수가 계산됩니다.

비법노트 ★★★ Worksheet_Activate 이벤트 프로시저에 피벗 테이블 자동 갱신 명령어 코드 입력하기

이벤트(Event)는 마우스, 키보드, 작업(열기, 저장, 닫기, 인쇄 등)의 행동이 실행될 때 발생합니다. 엑셀에서는 특정 기능의 작업이 일어날 때마다 이벤트를 감지하여 사용자가 원하는 명령어를 실행하는 '이벤트 프로시저'를 만들 수 있습니다. 여기서는 [매출실적db] 시트에 새로운 매출내역을 입력하면 피벗 테이블에서 [새로 고침]을 클릭해야지만 추가된 내용이 집계표에 업데이트됩니다. 따라서 내역이 추가될 때마다 피벗 테이블이 자동 업데이트되려면 비주얼 베이식 편집기에서 Worksheet_Activate 이벤트 프로시저에 업데이트 명령어를 입력합니다.

매크로와 비주얼 베이식 편집기에 대한 설명은 자세한 설명은 349쪽(핵심기능 8) 내용을 참조한 후 이 부분을 따라 하는 것이 좋습니다. 여기서 입력하는 코드는 직접 입력하거나 '05_매출실적_피벗_매크로_CODE.txt' 파일을 참조하여 복사/붙여넣기를 할 수 있습니다.

실습 파일 | Part02/Chapter01/05_매출실적_피벗_매크로.xlsx, 05_매출실적_피벗_매크로_CODE.txt
완성 파일 | Part02/Chapter01/05_매출실적_피벗_매크로_완성.xlsm

01 ❶ Alt + F11 을 눌러 비주얼 베이식 편집기 창을 엽니다. ❷ 프로젝트 탐색기 창에서 [Sheet1(Sheet1)]을 더블 클릭합니다. ❸ 코드 창에서 [Worksheet] 개체를 선택하고 ❹ [Activate] 프로시저를 선택합니다.

02 ❶ 프로시저 안에 다음의 빨간색 코드를 입력한 후 ❷ [닫기⊠]를 클릭하여 비주얼 베이식 편집기를 닫습니다.

```
Private Sub Worksheet_Activate( )

  ActiveSheet.PivotTables(1).PivotCache.Refresh

End Sub
```

📊 **실력향상** 통합 문서 내에 피벗 테이블이 하나(1)일 때는 PivotTables(1) 개체를 사용할 수 있지만, 다수일 때는 피벗 테이블의 개수에 맞춰 코드를 입력합니다.

03 ❶ [매출실적db] 시트에서 193행에 데이터를 추가(2020-1-10, A200002, 식품, 과일, 사과, 5, kg, 35000, 10)로 입력한 후 ❷ [Sheet1] 시트를 클릭하면 추가된 내용이 자동으로 업데이트되어 피벗 테이블 보고서에 반영됩니다. ❸ 매크로가 포함된 문서는 [다른 이름으로 저장]에서 파일 형식을 '매크로 포함 통합 문서(*.xlsm)'로 지정해 저장합니다.

GETPIVOTDATA 함수로 피벗 테이블 보고서를 참조하여 부분합 가져오기

실습 파일 | Part02/Chapter01/06_매출실적_피벗참조.xlsx
완성 파일 | Part02/Chapter01/06_매출실적_피벗참조_완성.xlsx

피벗 테이블로 요약한 보고서는 사용자가 원하는 레이아웃으로 설계해서 쉽게 집계표를 만들어주는 장점이 있습니다. 하지만 보고서를 작성할 때는 피벗 테이블을 그대로 사용하기보다 업무 양식에 맞춰 작성한 보고서에 피벗 테이블의 부분합을 참조해야 하는 경우가 있습니다. 여기서는 앞서 매출실적표를 참조해서 작성한 피벗 테이블 보고서의 매출금액의 합계와 비율의 부분합을 GETPIVOTDATA 함수를 사용하여 참조해보겠습니다.

미리 보기

	A	B	C	D	E	F	G
1	<2019년 분기별 총매출과 비율 집계표>						
2							
3	분류	항목	1사분기	2사분기	3사분기	4사분기	총합계
4	뷰티케어	총금액	11,320,000	12,070,000	7,250,000	24,280,000	54,920,000
5		비율	20.6%	22.0%	13.2%	44.2%	100.0%
6	식품	총금액	52,132,400	36,826,200	58,657,000	50,710,800	198,326,400
7		비율	26.3%	18.6%	29.6%	25.6%	100.0%
8	생활가전	총금액	194,039,000	715,630,000	98,245,000	14,130,000	1,022,044,000
9		비율	19.0%	70.0%	9.6%	1.4%	100.0%
10	생활디지털	총금액	213,192,000	143,518,000	120,890,000	66,024,000	543,624,000
11		비율	39.2%	26.4%	22.2%	12.1%	100.0%
12	디지털가전	총금액	184,320,000	146,250,000	101,250,000	112,275,000	544,095,000
13		비율	33.9%	26.9%	18.6%	20.6%	100.0%
14	매출합계		655,003,400	1,054,294,200	386,292,000	267,419,800	2,363,009,400
15	매출비율		27.7%	44.6%	16.3%	11.3%	100.0%

회사에서 바로 통하는 키워드 : GETPIVOTDATA, 피벗 테이블 보고서

한눈에 보는 작업순서 피벗 테이블의 분류/분기/연도별 합계/비율 참조하기 ▶ 피벗 테이블의 연도 필터링하기 ▶ 피벗 테이블의 연도/분기별 합계/비율 참조하기

01 GETPIVOTDATA 함수로 매출금액의 부분합 참조하기 GETPIVOTDATA 함수로 피벗 테이블의 대분류별, 분기별 매출합계와 비율 값을 참조하여 [집계] 시트의 테이블로 가져오겠습니다. ❶ [집계] 시트에서 ❷ [C4:F4] 셀에 ❸ **=GETPIVOTDATA("매출금액","피벗!$A$3", "대분류",$A4,"연",2019,"분기", COLUMN(A1))**를 입력하고 Ctrl + Enter 를 누릅니다. ❹ 범위가 지정되어 있는 상태에서 Ctrl + C 를 누르고 ❺ Ctrl 을 누른 채 [C6], [C8], [C10], [C12] 셀을 선택한 후 ❻ Ctrl + V 를 누릅니다.

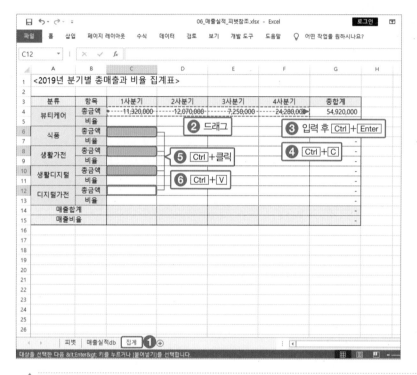

💪 **실력향상** 수식 설명 : **=GETPIVOTDATA("매출금액",피벗!$A$3,"대분류",$A4,"연",2019,"분기",COLUMN(A1))**
GETPIVOTDATA(데이터 필드, 피벗 테이블 필드, [필드1], [항목값1])은 피벗 테이블 값 영역 필드의 값을 참조하는 함수입니다. 즉, [피벗] 시트의 [A3] 셀(피벗!$A$3)에 위치한 피벗 테이블 보고서에서 값 영역에 집계된 "매출금액" 필드의 값을 참조하는데, '대분류', '연', '분기' 필드의 항목 값이 뷰티케어([$A4]), 2019년(2019), 1분기(1)인 매출합계를 참조하여 값을 가져옵니다. 피벗 테이블의 값을 참조할 경우 수식을 직접 입력할 수도 있지만 셀에 =를 입력한 후 [피벗] 시트의 [E11] 셀을 선택하고 Enter 를 누른 후 수식을 수정할 수 있습니다.

02 GETPIVOTDATA 함수로 매출금액의 비율 참조하기 ❶ [C5:F5] 셀에 ❷ **=GETPIVOTDATA ("비율",피벗!$A$3,"대분류",$A4,"연",2019,"분기",COLUMN(A1))**를 입력하고 [Ctrl]+[Enter]를 누릅니다. ❸ 범위가 지정되어 있는 상태에서 [Ctrl]+[C]를 누르고 ❹ [Ctrl]을 누른 채 [C7], [C9], [C11], [C13] 셀을 선택한 후 ❺ [Ctrl]+[V]를 누릅니다.

실력향상 수식 설명 : =GETPIVOTDATA("비율",피벗!$A$3,"대분류",$A4,"연",2019,"분기",COLUMN(A1))
피벗 시트의 [A3] 셀(피벗!$A$3)에 위치한 피벗 테이블 보고서에서 값 영역에 집계된 "비율" 필드의 값을 참조하는데, '대분류', '연', '분기' 필드의 항목 값이 뷰티케어([$A4]), 2019년(2019), 1분기(1)인 매출합계를 참조하여 값을 가져옵니다. 피벗 테이블의 값을 참조할 경우 수식을 직접 입력할 수도 있지만 셀에 =를 입력한 후 [피벗] 시트의 [E12] 셀을 선택하고 [Enter]를 누른 후 수식을 수정할 수 있습니다.

03 2019년의 비율만 표시하기 2019년에 데이터로 비율이 표시되도록 열 레이블의 항목을 '2019년'으로 필터링하겠습니다. ❶ [피벗] 시트를 클릭합니다. ❷ 열 레이블인 [B3] 셀의 [필터 목록▼]을 클릭하고 ❸ [2019년]에만 체크 표시한 후 ❹ [확인]을 클릭합니다. [집계] 시트의 집계표는 2019년 데이터를 기준으로 각 대분류별 총합계의 비율이 '100%'로 표시됩니다.

실력향상
2019년의 매출금액의 비율은 [행 합계에 대한 비율]이므로 디지털 가전의 총합계([G13] 셀)를 보면 '96.9%'로 나타납니다. 이는 2020년에 새로운 레코드를 추가하였기 때문에 이에 따른 비율을 계산한 것입니다. 따라서 '2019년'에 대한 비율만 표시하고 싶다면 [피벗] 시트에서 열 레이블([B3] 셀)의 [필터 목록▼]을 클릭하고 [2019년]에만 체크 표시한 후 [확인]을 클릭합니다.

04 총합계와 비율 표시하기 ❶ [집계] 시트를 클릭합니다. ❷ [C14:F14] 셀에 ❸ **=GETPIVOTDATA("매출금액",피벗!$A$3,"연",2019,"분기",COLUMN(A1))** 를 입력하고 Ctrl + Enter 를 누릅니다. ❹ [C15:F15] 셀에 ❺ **=GETPIVOTDATA("비율",피벗!$A$3,"연",2019,"분기",COLUMN(A1))** 를 입력하고 Ctrl + Enter 를 누릅니다.

피벗 테이블을 참조하는 GETPIVOTDATA 함수

다른 표에서 피벗 테이블 보고서의 값 영역 내 집계 값을 참조하려면 GETPIVOTDATA 함수를 사용합니다.

함수 범주	찾기/참조 영역 함수
함수 형식	**=GETPIVOTDATA(데이터 필드, 피벗 테이블 필드, [필드1], [항목값1], [필드2], [항목값],…)** • 데이터 필드 : 피벗 테이블 보고서의 값 영역에서 값을 참조해올 필드명 • 피벗 테이블 필드 : 피벗 테이블 보고서 내의 임의의 셀 주소, 피벗 테이블의 영역을 확인하는 용도로 사용되며 보통 피벗 테이블 위치의 첫 번째 셀 주소 사용 • 필드 : 피벗 테이블 보고서에서 참조해올 행/열 영역 내 필드명 • 항목값 : 피벗 테이블 보고서에서 행/열 영역 내의 필드 이름의 항목 값 **사용 예 :** ① 총합계 : =GETPIVOTDATA("출고수량",$A$3) ② 국제에프엠 총합계 : =GETPIVOTDATA("출고수량",$A$3,"거래처","국제에프엠") ③ 사무책상 총합계 : =GETPIVOTDATA("출고수량",$A$3,"품명","사무책상") ④ 트리닷컴/책상서랍 합계 : =GETPIVOTDATA("출고수량",$A$3,"거래처","트리닷컴","품명","책상서랍")

파워 쿼리로 교육 대상자 데이터 병합하기

실습 파일 | Part02/Chapter01/07_교육대상자관리.xlsx
완성 파일 | Part02/Chapter01/07_교육대상자관리_완성.xlsx

다수의 표를 비교하고 분석할 때는 VLOOKUP 함수를 사용하는데, 데이터가 방대하다면 파워 쿼리를 사용합니다. 데이터 처리 속도나 관리 측면에서 보다 더 편리합니다. 앞서 PART 01의 핵심기능 15(83쪽)에서 VLOOKUP 함수로 교육 대상자 명단을 작성하였으나 여기서는 파워 쿼리 기능으로 같은 결과를 만들어보겠습니다. 엑셀 2010~2013 버전은 파워 쿼리 프로그램을 설치해야하므로 347쪽을 참고해서 추가 설치한 후 이 과정을 따라 할 수 있습니다.

미리 보기

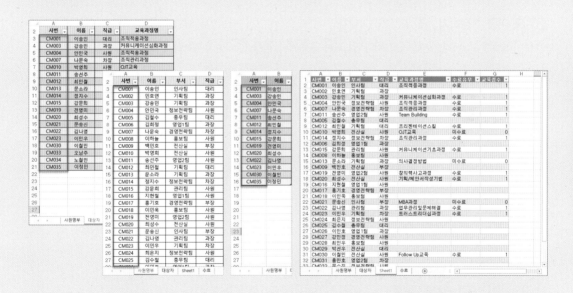

회사에서 바로 통하는 **키워드** : 표, 파워 쿼리, 쿼리 결합-병합, if~then~else 문, 파워 쿼리 함수, 사용자 지정 열 삽입, 열 삭제

한눈에 보는 작업순서

표 변환하기 ▶ 파워 쿼리로 데이터 구조 변경하기 ▶ 사번 키로 쿼리 병합하기 ▶ 사용자 지정 열 삽입하여 수료유무, 교육 점수 표시하기 ▶ 열 제거하고 교육관리 쿼리를 테이블로 변환하기

데이터 편집

01 **표로 등록하기** 사원명단 데이터를 표로 등록해보겠습니다. ❶ [사원명부] 시트에서 ❷ [A2:D36] 셀 범위를 선택하고 ❸ [삽입] 탭-[표] 그룹-[표]를 클릭합니다. ❹ [표 만들기] 대화상자에서 범위를 확인하고 ❺ [머리글 포함]에 체크 표시한 후 ❻ [확인]을 클릭합니다.

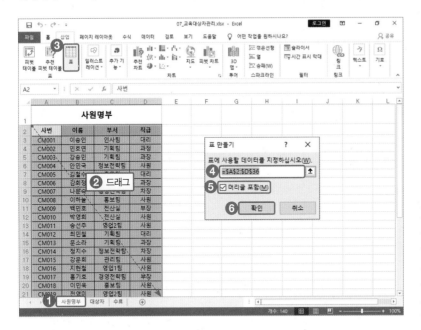

📊 **실력향상**

표로 등록된 데이터는 파워 쿼리에서 오류 없이 표의 구조를 파악하기 때문에 일반 데이터 목록보다는 표로 등록해서 사용하는 것이 좋습니다.

02 **표 이름 수정하기** ❶ [표 도구]-[디자인] 탭-[속성] 그룹-[표 이름]을 **사원명부**로 수정하고 [Enter]를 누릅니다. ❷ [표 디자인] 탭-[표 스타일] 그룹-[자세히▽]를 클릭하고 ❸ 밝게 영역에서 [없음☐]을 선택합니다.

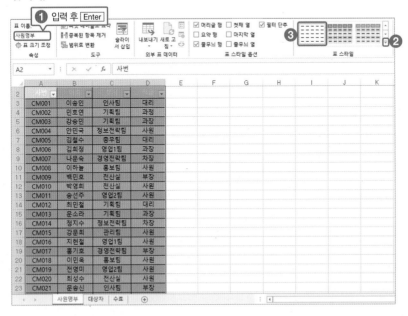

📊 **실력향상**

표의 이름을 지정하지 않으면 표가 등록된 순서대로 '표1', '표2', …로 이름이 정의됩니다.

📊 **실력향상**

데이터 범위를 표로 변환하면 자동으로 표 서식이 적용됩니다. [표 스타일] 그룹에서 표 서식을 변경하거나 지울 수 있습니다.

03 표를 파워 쿼리로 변경하기
파워 쿼리로 사원명단 표를 테이블 구조로 변경해보겠습니다. [데이터] 탭-[데이터 가져오기 및 변환] 그룹-[테이블/범위에서]를 클릭합니다.

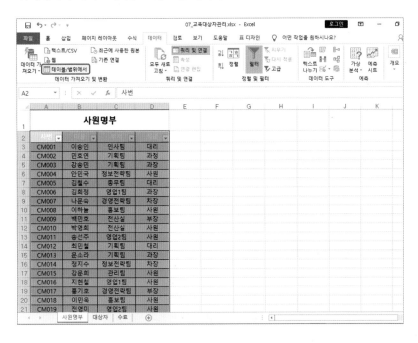

엑셀 2016

[데이터] 탭-[가져오기 및 변환] 그룹-[테이블에서]를 클릭합니다.

엑셀 2010, 2013

[파워 쿼리] 탭-[Excel 데이터] 그룹-[테이블에서]를 클릭합니다.

04
❶ [파워 쿼리 편집기] 창이 열리면 [쿼리 설정] 창에서 [이름]을 **사원명부Q**로 입력하고 Enter를 눌러 이름을 수정합니다. ❷ [파일] 탭-[닫기 및 로드]-[닫기 및 다음으로 로드]를 클릭합니다. ❸ [데이터 가져오기] 대화상자에서 [연결만 만들기]를 선택하고 ❹ [확인]을 클릭합니다.

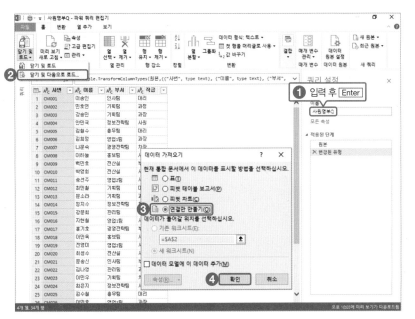

실력향상

표를 파워 쿼리의 테이블 구조로 변환한 다음 데이터를 가져오는 방식으로 [표], [피벗 테이블 보고서], [피벗 차트], [연결만 만들기] 등이 있습니다. [표]는 새로운 시트로 데이터를 가져오는 것이고, [연결만 만들기]는 데이터는 가져오지 않고 쿼리를 연결해서 구조만 가져옵니다.

05 ❶ [대상자] 시트에서 ❷ 데이터 내 임의의 셀을 선택합니다. ❸ [데이터] 탭-[데이터 가져오기 및 변환] 그룹-[테이블/범위에서]를 클릭합니다.

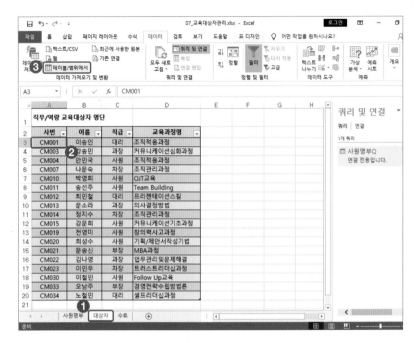

> 📊 **실력향상**
> [대상자] 시트의 [A2:D10] 셀 범위를 표로 변환해서 '대상자'로 표 이름을 정의했습니다.

06 ❶ [파워 쿼리 편집기] 창이 열리면 [쿼리 설정] 작업 창에서 [이름]을 **대상자Q**로 입력하고 Enter를 눌러 이름을 수정합니다. ❷ [파일] 탭-[닫기 및 로드]-[닫기 및 다음으로 로드]를 클릭합니다. ❸ [데이터 가져오기] 대화상자에서 [연결만 만들기]를 선택하고 ❹ [확인]을 클릭합니다.

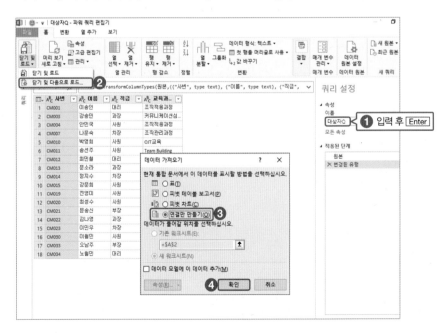

07 ❶ [수료] 시트에서 ❷ 데이터 내 임의의 셀을 선택합니다. ❸ [데이터] 탭-[데이터 가져오기 및 변환] 그룹-[테이블/범위에서]를 클릭합니다.

📊 실력향상

[수료] 시트의 [A2:B15] 셀 범위를 표로 변환해서 '수료자'로 표 이름을 정의했습니다.

08 ❶ [파워 쿼리 편집기] 창이 열리면 [쿼리 설정] 작업 창에서 이름을 **수료자Q**로 입력하고 [Enter]를 눌러 이름을 수정합니다. ❷ [파일] 탭-[닫기 및 로드]-[닫기 및 다음으로 로드]를 클릭합니다. ❸ [데이터 가져오기] 대화상자에서 [연결만 만들기]를 선택하고 ❹ [확인]을 클릭합니다. [쿼리 및 연결] 창에 연결된 세 개의 쿼리가 표시됩니다.

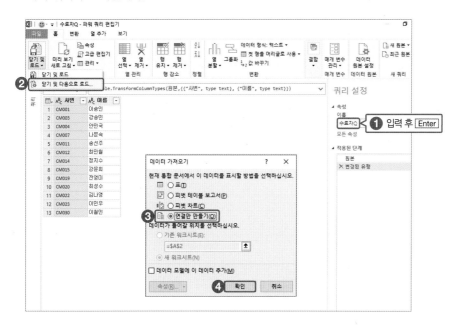

09 쿼리 병합하기 사번을 키 값으로 [사원명부Q] 테이블과 [대상자Q] 테이블을 [사번] 열로 조인하여 하나의 테이블로 만들어보겠습니다. ❶ [데이터] 탭-[데이터 가져오기 및 변환] 그룹-[데이터 가져오기]를 클릭하고 ❷ [쿼리 결합]-[병합]을 선택합니다.

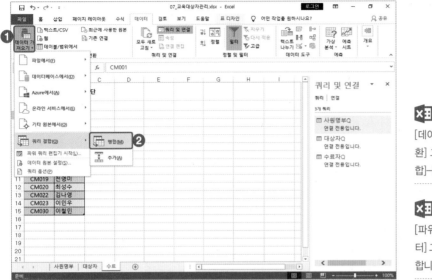

엑셀 2016
[데이터] 탭-[가져오기 및 변환] 그룹-[새 쿼리]-[쿼리 결합]-[병합]을 클릭합니다.

엑셀 2010, 2013
[파워 쿼리] 탭-[Excel 데이터] 그룹-[테이블에서]를 클릭합니다.

10 ❶ [병합] 창의 첫 번째 테이블에서 [사원명부Q], [사번]을 선택하고, ❷ 두 번째 테이블에서 [대상자Q]와 [사번]을 선택합니다. ❸ [조인 종류]에 [왼쪽 외부(첫 번째의 모두, 두 번째의 일치하는 행)]을 선택하고 ❹ [확인]을 클릭합니다.

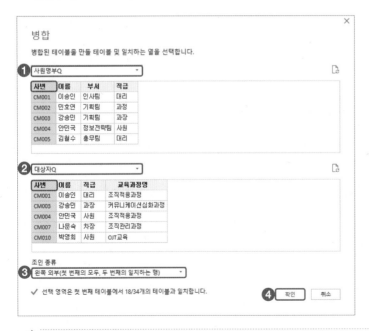

실력향상 [사원명부Q] 쿼리의 키 값인 사번은 모두 표시되고, [대상자Q] 쿼리의 사번과 [사원명부Q] 쿼리의 사번이 같을 경우 연결합니다.

쿼리를 병합할 때 조인의 종류 살펴보기

테이블과 테이블을 병합할 때 키 값을 참조하여 병합하는 방식은 다음과 같습니다.

조인	설명	테이블 구조 및 연결	쿼리 결과
① [왼쪽 외부]	첫 번째 테이블의 모든 키 값을 표시합니다. 두 번째 테이블의 키 값이 일치하면 연결하고, 일치하지 않는 키는 제외합니다.		키값: 🔗가, 나, 🔗다, 🔗라, 마, 바
② [오른쪽 외부]	두 번째 테이블의 모든 키 값을 표시합니다. 첫 번째 테이블의 키 값이 일치하면 연결하고, 일치하지 않는 키는 제외합니다.	테이블 1 [키값: 가, 나, 다, 라, 마, 바] — 조인 🔗 — 테이블 2 [키값: 가, 다, 라, 차]	키값: 🔗가, 🔗다, 🔗라, 차
③ [완전 외부]	첫 번째, 두 번째 테이블의 모든 키 값을 표시하고 일치하는 키는 연결합니다.		키값: 🔗가, 나, 🔗다, 🔗라, 마, 바, 차
④ [내부]	첫 번째, 두 번째 테이블의 키가 일치하면 키를 표시하고 연결합니다.		키값: 🔗가, 🔗다, 🔗라
⑤ [왼쪽 앤티]	첫 번째 테이블에 존재하는 키만 표시합니다. 첫 번째와 두 번째 테이블의 일치하는 키 값은 제외합니다.		키값: 나, 마, 바
⑥ [오른쪽 앤티]	두 번째 테이블에 존재하는 키만 표시합니다. 첫 번째와 두 번째 테이블의 일치하는 키 값은 제외합니다.		키값: 차

11 사번을 키 값으로 [교육관리] 테이블과 [수료자Q] 테이블을 [사번] 열로 조인하여 하나의 테이블로 병합 해보겠습니다. ❶ [파워 쿼리 편집기] 창의 [쿼리 설정] 작업 창에서 [이름]을 **교육관리**로 입력하고 Enter를 눌러 이름을 수정합니다. ❷ [홈] 탭–[결합] 그룹–[쿼리 병합]을 클릭합니다. ❸ [병합] 창의 첫 번째 테이블 에서 [교육관리]와 [사번]을 선택하고, ❹ 두 번째 테이블에서 [수료자Q]와 [사번]을 선택합니다. ❺ [조인 종류]에 [왼쪽 외부(첫 번째의 모두, 두 번째의 일치하는 행)]을 선택하고 ❻ [확인]을 클릭합니다.

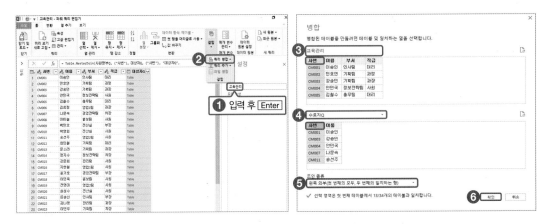

실력향상 [교육관리] 쿼리의 키 값인 사번은 모두 표시되고, [수료자Q] 쿼리의 사번과 [교육관리] 쿼리의 사번이 같을 경우 연결 합니다.

12 병합한 테이블에서 일부 열만 가져오기 ❶ [대상자Q] 열의 [확장]을 클릭하고 ❷ [교육과정명]에 만 체크 표시합니다. ❸ [원래 열 이름을 접두사로 사용]의 체크 표시를 해제하고 ❹ [확인]을 클릭합니다. [대상자Q] 테이블에서 [교육과정명] 열만 가져옵니다.

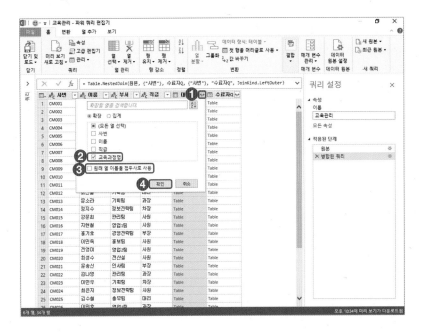

13 ❶ [수료자Q] 열의 [확장███]을 클릭하고 ❷ [사번]에만 체크 표시합니다. ❸ [원래 열 이름을 접두사로 사용]의 체크 표시를 해제하고 ❹ [확인]을 클릭합니다. [수료자Q] 테이블에서 [사번] 열만 가져옵니다.

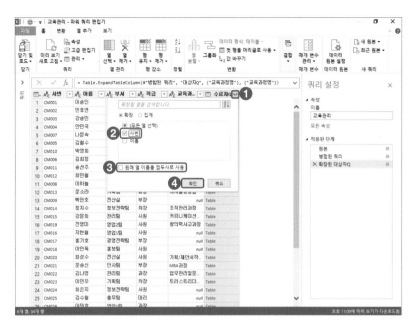

14 사용자 지정 열 추가하기 열을 추가하여 수료유무를 표시해보겠습니다. ❶ [열 추가] 탭-[일반] 그룹-[사용자 지정 열]을 클릭합니다. ❷ [사용자 지정 열 추가] 창에서 [새 열 이름]에 **수료유무**를 입력하고 ❸ [사용자 지정 열 수식]에 다음과 같이 입력한 후 ❹ [확인]을 클릭합니다.

```
=if [교육과정명]=null and [사번.1]=null then null else if [사번.1]=null then "미수료" else "수료"
```

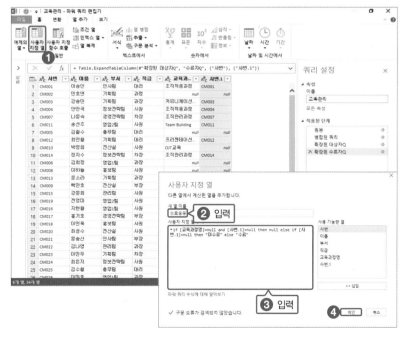

ᴧ̎̎̎ 실력향상

[교육과정명]과 [사번.1]에 값이 없으면 교육 대상자가 아니므로 null(값 없음)을 표시하고, [사번.1]이 null이면 "미수료", 아니면 "수료"를 표시합니다.

파워 쿼리 if 문

if~then~else 문

파워 쿼리 if 문은 조건식에 따라 참 또는 거짓을 구분할 때 사용합니다. IF(조건식, 참값, 거짓값) 함수와 전체적인 구성은 동일하지만 파워 쿼리 함수 및 명령문은 대소문자를 구별하기 때문에 if~then~else 문은 반드시 소문자로 입력해야 합니다. if 문의 사용 방법은 다음과 같습니다.

if 조건1 then 참값 else 거짓값	조건1이 참일 때는 참값, 아니면 거짓값
if 조건1 and 조건2 then 참값 else 거짓값 if 조건1 or 조건2 then 참값 else 거짓값	조건1이면서 조건2일 때는 참값 아니면 거짓값 조건1이거나 조건2일 때는 참값 아니면 거짓값
if 조건1 then 참값1 else if 조건2 then 참값2 … else 거짓값	조건1이 참일 때는 참값1, 조건2가 참일 때는 참값2 … 아니면 거짓값

15 열을 추가하여 교육점수를 표시하겠습니다. ❶ [열 추가] 탭–[일반] 그룹–[사용자 지정 열]을 클릭합니다. ❷ [사용자 지정 열 추가] 창에서 [새 열 이름]에 **교육점수**를 입력하고 ❸ [사용자 지정 열 수식]에 다음과 같이 입력한 후 ❹ [확인]을 클릭합니다.

```
=if [수료유무]=null then null else if [수료유무]="수료" then 1 else 0
```

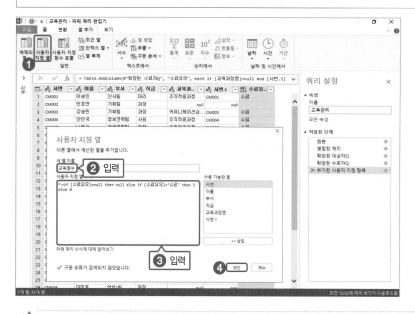

실력향상 [수료유무]에 값이 null이면 null을 표시하고, [수료유무]가 "수료"이면 1, 아니면 0을 표시합니다.

16 열 제거하기 ❶ [사번.1] 열 머리글을 선택하고 ❷ 마우스 오른쪽 버튼을 클릭한 후 ❸ [제거]를 선택합니다.

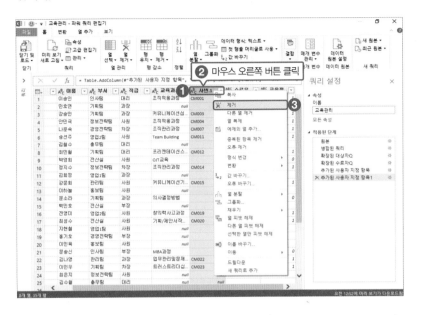

17 [파일] 탭-[닫기 및 로드]-[닫기 및 로드]를 클릭합니다. 엑셀 창에서 [새 시트]가 하나 추가되면서 [교육관리] 쿼리 데이터가 변환됩니다. [쿼리 및 연결] 창의 [교육관리]에 34개 행이 로드되었다는 메시지가 표시됩니다.

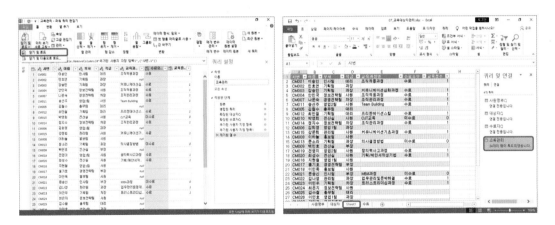

18 새로운 데이터를 추가하고 교육관리 쿼리에 업데이트해보겠습니다. ❶ [사원명부] 시트의 ❷ [A37:D37] 범위에 **CM035**, **이정민**, **인사팀**, **신입**을 입력합니다. ❸ [대상자] 시트의 ❹ [A21] 셀에 **CM035**를 입력하고 ❺ [D21] 셀에 **OJT교육**을 입력합니다.

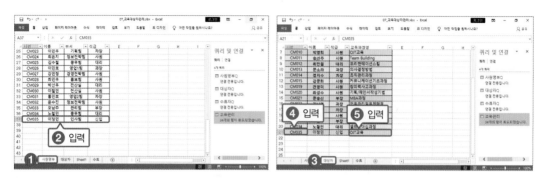

📊 **실력향상** 사번은 키 값이므로 반드시 대소문자를 구별해서 입력합니다. 여기서는 모두 대문자로 입력합니다.

19 ❶ [수료] 시트의 ❷ [A16] 셀에 **CM035**를 입력합니다. ❸ [Sheet1] 시트에서 ❹ [쿼리 도구]-[쿼리] 탭-[로드] 그룹-[새로 고침]을 클릭합니다. 새로 추가된 레코드가 [교육관리] 테이블에 추가되어 표시되고 [쿼리 및 연결] 창의 [교육관리]에 35개 행이 로드되었다는 메시지가 표시됩니다.

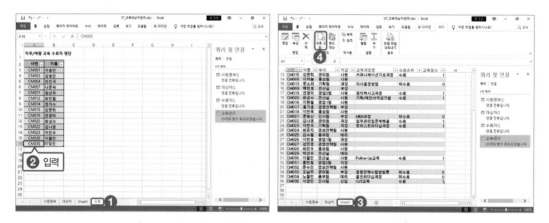

📊 **실력향상** [쿼리 및 연결] 창에서 [사원명부Q], [대상자Q], [수료자Q] 쿼리는 [교육관리] 쿼리에서 사번을 참조하므로 삭제할 수 없습니다. 각 테이블의 연결을 끊고 싶다면 [교육관리] 쿼리를 선택하고 마우스 오른쪽 버튼을 클릭한 후 [삭제]를 선택합니다. 엑셀 2010, 2013 버전에서는 [데이터] 탭-[연결] 그룹-[연결]을 클릭합니다. [통합 문서 연결] 대화상자에서 [제거]를 선택하면 연결이 제거됩니다.

📊 **실력향상** 파워 쿼리로 관계를 설정한 문서를 불러오면 보안 경고(⚠ 보안 경고 외부 데이터 연결을 사용할 수 없도록 설정했습니다. 콘텐츠 사용 ×)가 표시됩니다. 쿼리를 사용하려면 [콘텐츠 사용]을 클릭합니다. [쿼리 및 연결] 창을 표시하려면 [데이터] 탭-[쿼리 및 연결] 그룹-[쿼리 및 연결]을 클릭합니다. 엑셀 2010, 2013 버전에서는 [파워 쿼리] 탭-[통합 문서 쿼리] 그룹-[창 표시]를 클릭합니다.

📗 **엑셀 2010, 2013** [표 도구]-[쿼리] 탭-[로드] 그룹-[새로 고침]을 클릭합니다.

파워 쿼리 설치하기

파워 쿼리는 엑셀 2010 버전부터 제공되는 COM 추가 기능입니다. 엑셀 2016, 2019 버전에서는 기본 메뉴에서 파워
쿼리 기능이 제공되지만 엑셀 2010(오피스 Professional Plus 이상), 엑셀 2013(모든 오피스 제품) 버전은 별도로 다
운로드한 후 설치해야 사용할 수 있습니다. 설치하기 전에 오피스 프로그램을 최신 버전으로 업데이트합니다. 운영체제
는 윈도우 7 이상, 인터넷 익스플로러 9 이상을 사용해야 설치 가능합니다. 파워 쿼리를 다운로드하는 방법을 살펴보겠
습니다.

01 오피스 버전 체크하기 ❶ 엑셀 2010에서는 [파일]-[도움말]을 클릭하여 ❷ 오른쪽 [Microsoft Excel 정보]에서
오피스 제품과 설치 버전(32비트, 64비트)을 확인합니다.

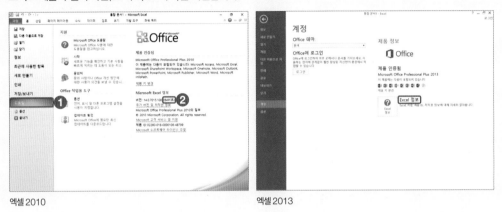

엑셀 2010   엑셀 2013

엑셀 2013 [파일]-[계정]을 클릭한 후 [Excel 정보]를 확인합니다.

02 오피스 업데이트하기 오피스를 최신 버전으로 업데이트해야만 파워 쿼리가 설치됩니다. 오피스가 최신 버전일
경우 이 과정은 생략합니다. ❶ 웹 브라우저에서 https://docs.microsoft.com/ko-kr/OfficeUpdates/로 접속합니
다. ❷ [Office 업데이트]를 클릭합니다. 오피스 버전별 최신 SP(서비스 팩)를 다운로드한 후 설치합니다.

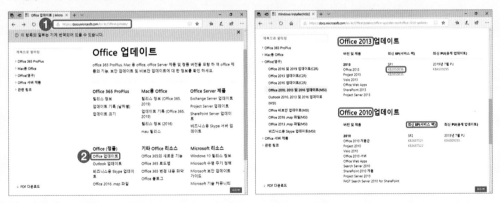

03 파워 쿼리 다운로드 및 설치하기 ① 웹 브라우저에서 https://www.microsoft.com/ko-kr/download/details.aspx?id=39379로 접속합니다. ② [언어 선택]에서 [한국어]를 선택하고 ③ [다운로드]를 클릭합니다.

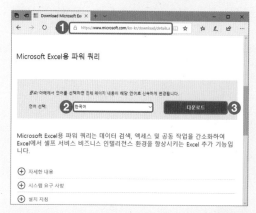

04 ① 설치된 버전에 맞는 프로그램을 선택하고 ② [다음]을 클릭하여 다운로드 후 프로그램을 설치합니다.

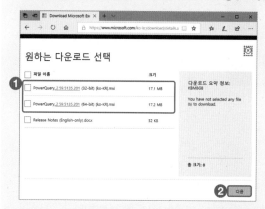

05 프로그램이 설치된 후 엑셀을 시작하면 [파워 쿼리] 탭 메뉴가 표시됩니다.

엑셀 2010 버전

엑셀 2013 버전

**우선
순위** **핵심기능**

08

조건부 서식으로 셀을 강조하는
매크로 기록하고 저장하기

실습 파일 | Part02/Chapter01/08_판매현황.xlsx
완성 파일 | Part02/Chapter01/08_매크로_판매현황_완성.xlsxm

매크로는 작업을 자동화할 수 있도록 여러 가지 명령어를 묶어서 하나의 작업을 실행하듯이 일괄 처리할 수 있는 기능입니다. 매크로는 매크로 기록기를 사용하여 캠코더와 같이 엑셀에서 수행하고 싶은 작업 과정을 기록하고 VBA(Visual Basic for Applications) 프로그래밍 언어 형태로 자동 변환할 수 있습니다. 이렇게 기록해놓은 자동 매크로는 사용자가 원할 때마다 단축키나 명령 단추 등을 이용해 실행하고 기록된 매크로는 비주얼 베이식 편집기(Visual Basic Editor, VBE)에서 편집합니다.

미리 보기

매크로 기록	? ×
매크로 이름(M):	
셀강조하기	
바로 가기 키(K):	
Ctrl+ k	
매크로 저장 위치(I):	
현재 통합 문서	∨
설명(D):	
조건부 서식으로 셀을 강조하는 매크로	
확인	취소

거래처별 판매 현황

	거래처명	분류	상품명	수량	판매가	판매금액
4	나무의류	상의	롱재킷BK	22	156,000	3,432,000
5	나무의류	상의	솔리드셔츠	20	42,000	840,000
6	나무의류	하의	플레어스커트	15	51,000	765,000
7	나무의류	상의	니트라운드가디건	11	42,000	462,000
8	나무의류	상의	클래식셔츠WT	15	38,000	570,000
9	나무의류	상의	트렌치코트B	12	213,000	2,556,000
10	나무의류	상의	집업재킷R	14	121,000	1,694,000
11	나무의류	상의	롱사파리재킷K	12	180,000	2,160,000
12	패션닷컴	하의	새틴일자팬츠GY	21	53,000	1,113,000
13	패션닷컴	하의	세미정장팬츠B	12	48,000	576,000
14	패션닷컴	상의	가죽재킷	16	320,000	5,120,000
15	패션닷컴	하의	H라인스커트	11	45,000	495,000
16	패션닷컴	상의	알파카코트	12	389,000	4,668,000
17	패션닷컴	하의	일자팬츠B	13	43,000	559,000
18	패션닷컴	하의	새틴일자팬츠B	15	41,000	615,000
19	패션닷컴	하의	세미정장팬츠K	12	43,000	516,000
20	패션닷컴	상의	트렌치코트BR	12	213,000	2,556,000
21	스웨터몰	상의	가디건YB	11	87,000	957,000
22	스웨터몰	하의	정장팬츠	15	43,000	645,000
23	스웨터몰	하의	체크주름 스커트	16	52,000	832,000
24	스웨터몰	상의	셔링셔츠W	13	35,000	455,000
25	스웨터몰	상의	니트블라우스GR	13	46,000	598,000
	스웨터몰	상의	니트블라우스AM	13	46,000	553,000

Sheet1 ⊕

회사에서 바로 통하는 키워드 : 매크로 보안, 매크로 기록, 조건부 서식, 다른 이름으로 저장, 매크로 통합 문서

**한눈에
보는
작업순서**

[개발 도구] 탭 추가하고
매크로 보안 설정하기 ▶ 매크로 기록하기 ▶ 매크로 통합 문서 저장하기

01 [개발 도구] 탭 추가하고 매크로 보안 설정하기 ❶ [파일]—[옵션]을 선택합니다. ❷ [Excel 옵션] 대화상자에서 [리본 사용자 지정]을 선택하고 ❸ [리본 사용자 지정] 목록에서 [개발 도구]에 체크 표시한 후 ❹ [확인]을 클릭합니다.

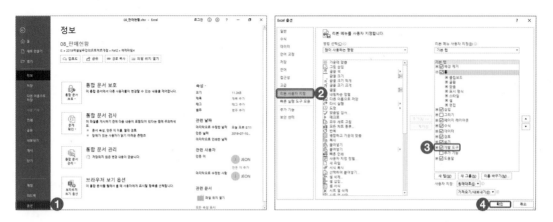

🎚 **실력향상** 매크로를 기록하고 실행하려면 매크로와 관련된 명령어들이 모여 있는 [개발 도구] 탭을 추가하고 매크로 보안을 설정합니다.

02 매크로 보안 설정하기 ❶ [개발 도구] 탭—[코드] 그룹—[매크로 보안]을 클릭합니다. ❷ [보안 센터] 대화상자에서 [매크로 설정]을 선택하고 ❸ [매크로 설정] 목록에서 [모든 매크로 제외(알림 표시)]를 선택하고 ❹ [확인]을 클릭합니다.

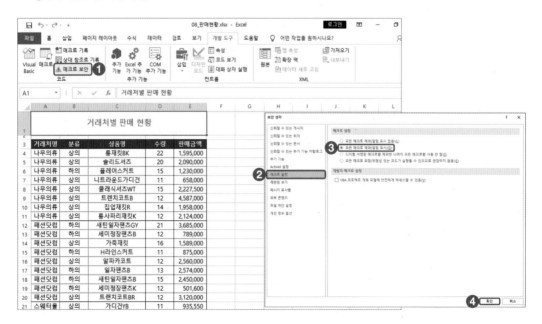

매크로 보안 설정

매크로 보안에 대한 자세한 내용은 다음과 같습니다.

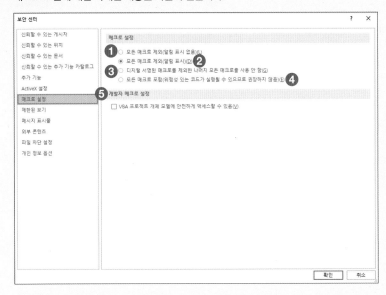

❶ **모든 매크로 제외(알림 표시 없음)** : 신뢰할 수 있는 위치에 등록되지 않은 문서의 모든 매크로를 실행할 수 없으며 보안 경고 알림 메시지도 나타나지 않습니다. 단, 사용자가 신뢰할 수 있는 위치에 등록되어 있는 문서의 매크로는 보안 센터 보안 시스템의 확인 없이 매크로를 실행할 수 있습니다.

❷ **모든 매크로 제외(알림 표시)** : 매크로 보안의 기본 설정으로 가장 많이 사용하는 보안 센터입니다. 매크로가 포함된 통합 문서를 열 때마다 보안 경고 알림 메시지가 나타나서 사용자로 하여금 현재 문서가 신뢰할 만한 문서인지 아닌지를 선택하도록 한 후 매크로 실행 여부를 상황별로 선택합니다.

❸ **디지털 서명된 매크로만 포함** : 매크로가 포함된 문서에 디지털 서명이 있는 경우 매크로를 실행할 수 있으며 디지털 서명이 되어 있지 않은 문서의 매크로는 실행할 수 없으며 보안 경고 알림 메시지도 나타나지 않습니다.

❹ **모든 매크로 포함(위험성 있는 코드가 실행될 수 있으므로 권장하지 않음)** : 매크로 보안 경고 없이 모든 매크로가 실행되도록 하는 설정으로 일시적으로 사용할 수 있습니다. 하지만 신뢰할 수 없는 매크로 포함 통합 문서일 경우 컴퓨터에 해로운 코드가 포함되어 있을 수 있으므로 영구적으로 사용하지 않는 것이 좋습니다.

❺ **개발자 매크로 설정** : 개발자 설정 모드로 VBA 프로젝트에서 포함된 ActiveX 개체 모델에 안전하게 액세스할지 유무를 선택합니다.

03 매크로 기록하기 상품의 수량이 20개 이상인 셀의 배경색을 강조하는 조건부 서식 적용 과정을 매크로로 기록하겠습니다. ❶ [A1] 셀을 클릭합니다. ❷ [개발 도구] 탭-[코드] 그룹-[매크로 기록]을 클릭합니다. ❸ [매크로 기록] 대화상자의 [매크로 이름]에 **셀강조하기**를 입력하고 ❹ [바로 가기 키]는 **k**를 입력합니다. ❺ [매크로 저장 위치]를 [현재 통합 문서]로 선택하고 ❻ [설명]에 **조건부 서식으로 셀을 강조하는 매크로**를 입력한 후 ❼ [확인]을 클릭합니다.

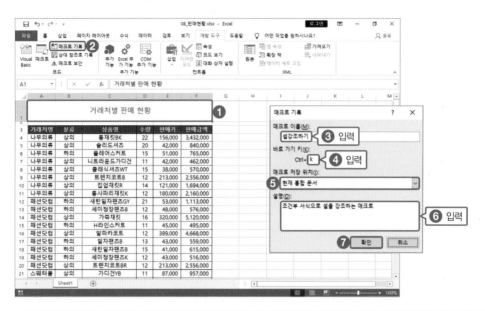

📶 **실력향상** [매크로 기록] 대화상자에서 [확인]을 클릭한 다음부터는 셀과 관련된 명령어, 메뉴 선택 등의 동작이 모두 매크로로 기록됩니다.

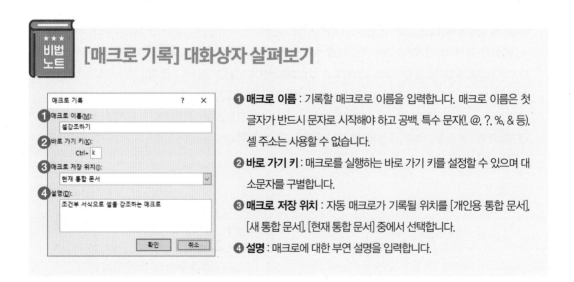

[매크로 기록] 대화상자 살펴보기

❶ **매크로 이름** : 기록할 매크로로 이름을 입력합니다. 매크로 이름은 첫 글자가 반드시 문자로 시작해야 하고 공백, 특수 문자(!, @, ?, %, & 등), 셀 주소는 사용할 수 없습니다.

❷ **바로 가기 키** : 매크로를 실행하는 바로 가기 키를 설정할 수 있으며 대소문자를 구별합니다.

❸ **매크로 저장 위치** : 자동 매크로가 기록될 위치를 [개인용 통합 문서], [새 통합 문서], [현재 통합 문서] 중에서 선택합니다.

❹ **설명** : 매크로에 대한 부연 설명을 입력합니다.

04 ❶ [A4] 셀을 선택합니다. ❷ [A4:F54] 범위를 지정하기 위해 `Ctrl`+`Shift`+`→`를 누르고 ❸ 이어서 `Ctrl`+`Shift`+`↓`를 누릅니다. ❹ [홈] 탭-[스타일] 그룹-[조건부 서식]을 클릭하고 ❺ [새 규칙]을 선택합니다.

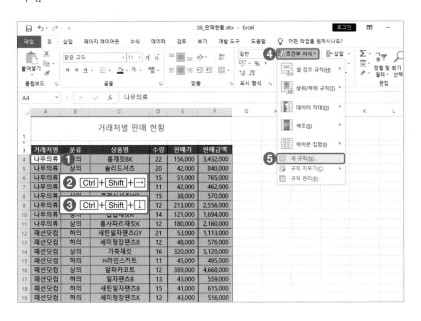

05 ❶ [새 서식 규칙] 대화상자에서 [수식을 사용하여 서식을 지정할 셀 결정]을 선택하고 ❷ 수식 입력란에 **=$D4>=20**을 입력한 후 ❸ [서식]을 클릭합니다. ❹ [셀 서식] 대화상자에서 [채우기] 탭을 클릭하고 ❺ [황금색, 강조4, 80% 더 밝게]를 선택하고 ❻ [확인]을 클릭해 [셀 서식] 대화상자를 닫습니다. ❼ [새 서식 규칙] 대화상자에서 [확인]을 클릭합니다.

06 ❶ Ctrl + Home 을 눌러 [A1] 셀로 이동합니다. ❷ [개발 도구] 탭-[코드] 그룹-[기록 중지]를 클릭하여 매크로 작성을 마칩니다.

📊 **실력향상** 20개 이상인 수량 셀의 행 전체가 강조됩니다.

---

07 조건부 서식의 규칙을 지우는 매크로를 기록하겠습니다. ❶ [A1] 셀을 클릭합니다. ❷ [개발 도구] 탭-[코드] 그룹-[매크로 기록]을 클릭합니다. ❸ [매크로 기록] 대화상자의 [매크로 이름]에 **셀강조규칙지우기**를 입력합니다. ❹ [매크로 저장 위치]를 [현재 통합 문서]로 선택하고 ❺ [설명]에 **조건부 서식 규칙을 지우는 매크로**를 입력한 후 ❻ [확인]을 클릭합니다.

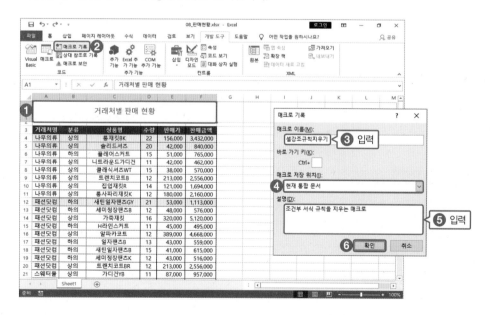

08 ❶ [A4] 셀을 선택합니다. ❷ [A4:F54] 셀의 범위를 지정하기 위해 Ctrl + Shift + → 를 누르고 ❸ 이어서 Ctrl + Shift + ↓ 를 누릅니다. ❹ [홈] 탭–[스타일] 그룹–[조건부 서식]을 클릭하고 ❺ [규칙 지우기]–[선택한 셀의 규칙 지우기]를 선택합니다.

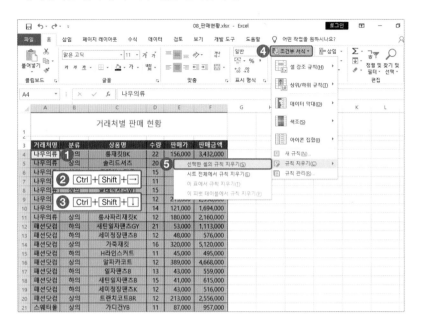

09 ❶ Ctrl + Home 을 눌러 [A1] 셀로 이동합니다. ❷ [개발 도구] 탭–[코드] 그룹–[기록 중지]를 클릭하여 매크로 작성을 마칩니다.

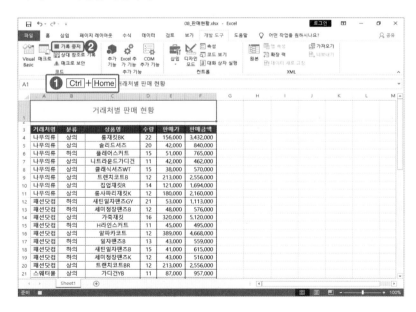

🔼 **실력향상**

조건부 서식이 지정된 서식이
지워집니다.

우선
순위

서식
활용

서식
응용

차트
활용

데이터
편집

데이터
분석

인쇄
자료화

10 매크로 포함 문서 저장하기 ❶ [파일]을 클릭하고 [내보내기]를 선택합니다. ❷ [파일 형식 변경]을 선택하고 ❸ [매크로 사용 통합 문서]를 더블클릭합니다. ❹ [다른 이름으로 저장] 대화상자에서 저장 위치를 지정하고 ❺ [파일 이름]에 **매크로_판매현황**을 입력한 후 ❻ [저장]을 클릭합니다.

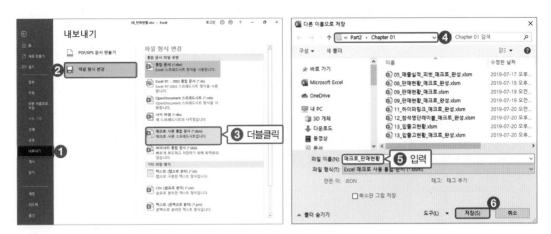

실력향상 *.xlsx 형태로 저장하면 현재 통합 문서에서 작성한 매크로가 저장되지 않습니다. 반드시 매크로 사용 통합 문서인 *.xlsm 형식으로 저장합니다.

09

입력창에 조건부 서식의 조건을 입력하는 매크로 편집하고 실행하기

실습 파일 | Part02/Chapter01/09_판매현황_매크로.xlsm
완성 파일 | Part02/Chapter01/09_판매현황_매크로_완성.xlsm

매크로 기록기를 사용하여 엑셀에서 수행하고 싶은 작업 과정을 기록하고 VBA 프로그래밍 언어 형태로 자동 변환합니다. 이렇게 기록해놓은 자동 매크로를 사용자가 원할 때마다 단축키나 명령 단추 등을 이용해 실행하고 일부 수정할 부분이나 추가할 부분을 비주얼 베이식 편집기에서 편집하면 직접 코드를 입력하는 과정에 비해 좀 더 쉽고 편하게 매크로를 작성할 수 있습니다. 앞서 기록한 [셀강조하기] 매크로의 코드를 수정한 후 매크로를 실행해보겠습니다.

미리 보기

회사에서 바로 통하는 키워드 : 비주얼 베이식 편집기, 매크로 실행, Application.InputBox, Application.ConvertFormula, If 문, MsgBox, 변수 선언

한눈에 보는 작업순서

매크로 실행하기 ▶ 비주얼 베이식 편집기에서 [셀강조하기] 매크로 수정하기 ▶ 단축키로 매크로 실행하기

01 매크로 실행하기 ❶ Ctrl + K 를 누르면 수량이 20개 이상인 셀을 강조하는 조건부 서식이 적용됩니다. ❷ [개발 도구] 탭-[코드] 그룹-[매크로]를 클릭합니다. ❸ [매크로] 대화상자의 매크로 목록에서 [셀강조규칙지우기]를 선택하고 ❹ [실행]을 클릭합니다. 조건부 서식 규칙이 지워집니다.

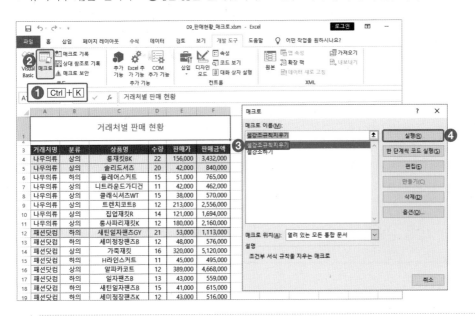

 실력향상 [매크로] 대화상자에서는 매크로를 새로 만들거나 실행, 편집, 삭제할 수 있습니다. 옵션에서는 단축키인 [바로 가기 키]를 설정하고 매크로에 대한 설명을 작성합니다. 엑셀에서 Ctrl + K 는 하이퍼링크를 삽입하는 단축키이지만 매크로에서 단축키로 설정했기 때문에 [셀강조하기] 매크로가 실행됩니다. 이처럼 단축키가 동일할 때는 매크로 실행이 우선됩니다.

비법노트 ★★★ 매크로 포함 문서를 열 때 보안 알림

매크로 포함 문서를 열면 보안 알림 대화상자나 보안 경고 메시지가 나타납니다. ❶ [Microsoft Excel 보안 알림] 대화상자에서는 [매크로 포함]을 클릭하고, ❷ 메시지 표시줄에 [보안 경고] 메시지가 표시되면 [콘텐츠 사용]을 클릭합니다.

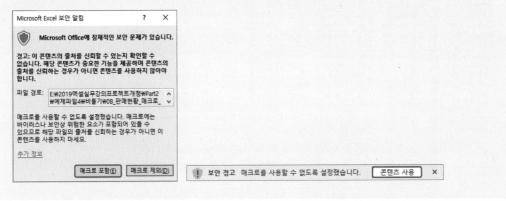

02 매크로 편집하기 [셀강조하기] 매크로의 조건부 서식 규칙 조건을 입력창에서 입력받아 새로운 규칙이 적용되도록 비주얼 베이식 편집기를 이용하여 매크로를 편집해보겠습니다. Alt + F11 을 눌러 비주얼 베이식 편집기 창을 엽니다.

실력향상

[개발 도구] 탭-[코드] 그룹-[Visual Basic]을 클릭하거나 시트 탭에서 마우스 오른쪽 버튼을 클릭하여 [코드 보기]를 선택해도 비주얼 베이식 편집기 창을 열 수 있습니다.

03 ❶ 프로젝트 창에서 [모듈] 폴더의 [확장모듈⊞]을 클릭하고 ❷ [Module1]을 더블클릭합니다.

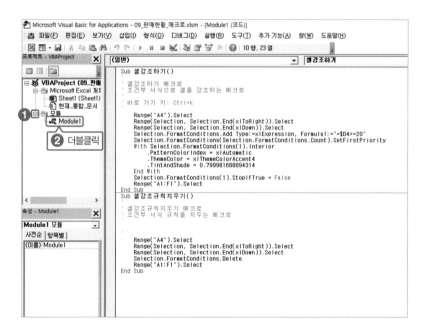

비법노트 비주얼 베이식 편집기 창 살펴보기

매크로 기록기로 기록한 매크로를 편집하거나 직접 VBA(Visual Basic for Applications) 언어로 매크로를 작성하기 위해서는 비주얼 베이식 편집기를 이용합니다.

❶ **프로젝트 탐색기 창** : 엑셀을 구성하는 통합 문서, 워크시트, 모듈, 폼, 클래스 등의 개체를 계층 구조 형태로 표시합니다.

❷ **속성 창** : 각 프로젝트 탐색기 창에 나타나는 개체의 속성을 설정합니다.

❸ **코드 창** : 매크로가 VBA 코드로 기록되어 나타나는 창으로 매크로를 직접 수행하거나 삭제할 수 있으며 매크로를 만들 수 있습니다.

❹ **프로시저** : Sub로 시작해서 VBA 명령어 코드가 입력되면 End Sub으로 끝납니다. 앞서 매크로 기록기로 기록한 매크로에 해당합니다.

04 [셀강조하기] 코드 창에 다음과 같이 빨간색으로 표기된 코드를 입력하여 매크로를 수정합니다.

	Sub 셀강조하기()
	' 셀강조하기 매크로
	' 조건부 서식으로 셀을 강조하는 매크로
	'
	' 바로 가기 키: Ctrl+k
❶	Dim keyStr As String, conStr As String
❷	keyStr = Application.InputBox("조건부 서식을 지정할 수식을 입력해주세요", "입력창", "=$D4", Type:=0)

❸   `If keyStr = "" Or keyStr = "False" Then`

❹   `MsgBox "수식이 입력되지 않았습니다"`

❺   `Exit Sub`

❻   `End If`

❼   `conStr = Application.ConvertFormula(keyStr, xlR1C1, xlA1)`

❽   `셀강조규칙지우기`

❾

```
    Range("A4").Select
    Range(Selection, Selection.End(xlToRight)).Select
    Range(Selection, Selection.End(xlDown)).Select
    Selection.FormatConditions.Add Type:=xlExpression, Formula1:=conStr
    Selection.FormatConditions(Selection.FormatConditions.Count).SetFirstPriority
    With Selection.FormatConditions(1).Interior
        .PatternColorIndex = xlAutomatic
        .ThemeColor = xlThemeColorAccent4
        .TintAndShade = 0.799981688894314
    End With
    Selection.FormatConditions(1).StopIfTrue = False
    Range("A1:F1").Select
```

`End Sub`

❶ 변수 keyStr, conStr를 문자로 선언합니다.

❷ [입력창] 대화상자를 통해 조건부 서식의 규칙을 수식으로 입력받아 keyStr 변수에 넘겨줍니다.

❸ If 문을 시작합니다. 만약 [입력 상자] 대화상자에서 입력 값이 없거나 [취소]를 클릭하면 다음을 실행합니다.

❹ '수식이 입력되지 않았습니다'라는 메시지를 메시지 창에 표시합니다.

❺ 다음 명령어를 실행하지 않고 [셀강조하기] 프로시저를 빠져나갑니다.

❻ If 문을 닫습니다.

❼ keyStr 변수에 저장된 수식의 참조 영역을 R1C1 스타일에서 A1 스타일로 변경하여 conStr 변수에 넘겨줍니다.

❽ [셀강조규칙지우기] 매크로를 실행하여 조건부 서식을 지정하기 전에 조건부 서식 규칙을 지웁니다.

❾ conStr 변수로 조건부 서식 규칙을 지정하여 매번 사용자가 입력한 수식으로 규칙이 변경됩니다.

프로시저 기본 구조 살펴보기

프로시저의 기본 구조에 대해 살펴보겠습니다.

❶ **Sub~End Sub** : 프로시저(매크로)의 시작과 끝을 나타냅니다.

❷ **프로시저명** : 프로시저(매크로) 이름이 표시되며 프로시저 이름 뒤에는 괄호를 입력합니다.

❸ **주석** : '(어퍼스트로피)를 입력한 다음에는 프로시저나 명령 코드에 대한 부가적인 설명을 기록합니다.

❹ **명령 코드** : 실제 프로시저(매크로)가 수행되는 명령 코드입니다. 명령 코드는 제어문, 개체, 속성, 메서드, VBA 내장 함수 등으로 구성되어 있습니다.

05 [닫기⊠]을 클릭하여 비주얼 베이식 편집기를 닫습니다.

06 ① Ctrl + K 를 눌러 매크로를 실행합니다. ② [입력창] 대화상자가 나타나면 **=FIND("셔츠", $C4)>0**
을 입력하고 ③ [확인]을 클릭합니다.

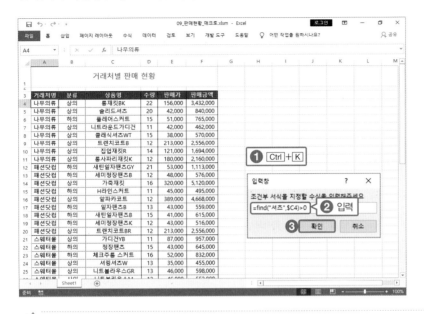

ⅢⅠ 실력향상 수식 설명 : =FIND("셔츠",$C4)>0
조건부 서식에서 와일드카드 문자(*)로 포함된 문자를 찾으려면 FIND 함수를 사용합니다. FIND(찾을 문자, 문자열) 함수는 찾을 문자
("셔츠")가 상품명($C4)의 몇 번째 위치에 있는지 알려줍니다. 만약 위치를 찾지 못하면 '#VALUE!' 오류가 표시됩니다. 따라서 FIND 함
수를 사용한 결괏값에 숫자(>0)가 나왔다면 그 단어가 상품명에 포함되어 있다는 것을 의미합니다.

07 상품명에서 셔츠가 들어간 셀의 행을 강조합니다.

ⅢⅠ 실력향상
잘못 작성된 매크로나 더 이상
필요하지 않은 매크로는 언제
든지 삭제할 수 있습니다. 매
크로는 [개발도구] 탭-[코드]
그룹-[매크로]를 클릭하여 삭
제하거나 비주얼 베이식 편집
기에서 삭제합니다.

엑셀의 개체 모델과 변수 선언 및 제어문 살펴보기

개체 모델 살펴보기 – 개체, 메서드, 속성

개체(Object)는 처리 대상이 되는 독립된 실체로, 엑셀의 대표적 개체에는 Application, Workbook, Worksheet, Sheet, Range, Shape, Chart, Border 등이 있습니다. 동일한 개체가 모인 집합을 컬렉션(Collection)이라고 하며 Workbooks, Worksheets, Charts, Sheets, Shapes 등의 컬렉션이 있습니다. 예를 들어 Sheet1, Sheet2, Sheet3의 동일한 개체가 모여 Worksheets 컬렉션을 이룹니다. 각 개체는 속성과 메서드를 가지고 있는데, 속성 (Properties)은 개체의 색, 크기, 값 등의 특성을, 메서드(Method)는 개체의 동작을 의미합니다.

속성은 [개체].[속성] 또는 [개체].[속성]=[속성값] 형식으로 사용하며 메서드는 [개체].[메서드] 또는 [개체].[메서드(인수 1, 인수2, …, n)] 형식으로 사용합니다.

개체		메서드		속성	
개체	설명	메서드	설명	속성	설명
Application	엑셀 프로그램	Select	개체 선택	Color	색 지정
Workbook	통합 문서	Delete	개체 삭제	Size	크기 지정
Worksheet	워크시트	Copy	개체 복사	Name	이름 지정
Range	셀 범위	Cut	개체 잘라내기	Value	내용 지정
Chart	차트	Paste	개체 붙여넣기	Address	범위 참조
WorksheetFunction	엑셀 워크시트 함수	Clear	개체 서식, 내용 지우기	Activesheet	현재 선택된 시트 참조

변수 선언하기

변수는 VBA에서 사용할 데이터 형식을 선언하고 임의의 값을 메모리에 저장하는 임시 저장고입니다. 변수를 선언하고 값을 할당하는 형식은 다음과 같습니다. 개체 변수에 값을 지정할 때는 반드시 Set 문을 사용해야 합니다.

변수 선언 및 할당	변수 선언 및 할당
Dim 변수 이름 As 데이터 형식 변수 이름 = 데이터 값	Dim 변수 이름 As 개체 Set 변수 이름 = 개체

변수로 선언할 수 있는 데이터 형식 종류는 다음과 같습니다.

데이터 형식	저장 용량	설명
Byte	1 byte	0~255까지 정수
Integer	2 byte	−32768~32767까지 정수
Long	4 byte	−2,147,483,648~2,147,483,647까지 정수
Single	4 byte	−3,402823E38~3,402823E38까지 실수
Double	8 byte	−1,79769313486232E308~4,94065645841247E−324까지 실수
Currency	8 byte	−922,337,203,685,477.5808부터 922,337,203,685,477.5807까지 표현 가능
Data	8 byte	100년 1월 1일~9999년 12월 31일까지
String	10 byte 이상	가변 길이 문자열은 대략 2조 개까지의 문자 고정 길이 문자열은 1부터 대략 65,400개

데이터 형식	저장 용량	설명
Boolean	2 byte	True/False 값(0은 False로, 그 외 값은 True로 인식)
Variant	16 byte 이상	날짜/시간, 부동 소수, 정수, 문자열 또는 개체 숫자는 Double/텍스트는 String
Object	4 byte	Object 또는 Range, Worksheet, Workbook 등의 개체

배열 선언 및 크기 할당하기

정적 배열은 크기가 정해진 배열을 의미하고 동적 배열은 크기가 정해지지 않은 배열을 의미합니다. 정적 배열 선언의 예는 다음과 같습니다.

선언 예	설명
`Dim sarray1(10) as Integer`	Integer 데이터 형식의 10개 요소를 가진 배열 변수 sarray1을 선언합니다. 인덱스는 0~10 입니다.
`Dim sarray2(1 to 5) as String`	String 데이터 형식의 5개 요소를 가진 배열 변수 sarray2를 선언합니다. 인덱스는 1~5 입니다.
`Dim sarray3(1 to 10, 1 to 5) as Variant`	Variant 데이터 형식의 50개 요소를 가진 2차원 배열 변수 sarray3을 선언합니다. 인덱스는 (1, 1)~(10, 5)입니다.

동적 배열 선언의 예는 다음과 같습니다.

선언 예	설명

`Dim darray1() as Integer`
`ReDim darray1(1 to 10)`
`ReDim darray1(1 to 12)`
`ReDim Preserve darray1(1 to 15)`
	Integer 데이터 형식의 동적 배열 변수 darray1을 선언합니다.
	배열의 크기를 10개로 지정합니다.
	배열의 크기를 12개로 재지정하고 배열에 저장된 값은 초기화합니다.
	배열의 크기를 15개로 재지정하고 배열에 저장된 값을 그대로 유지(Preserve)합니다.

배열의 인덱스 번호를 반환하는 LBound 함수와 UBound 함수

LBound 함수는 배열의 가장 작은 인덱스 값을 반환하고, UBound 함수는 배열의 가장 큰 인덱스 값을 반환합니다.

Range 개체의 배열 크기를 재지정하는 Range.Resize 속성

```
expression.Resize(RowSize, ColumnSize)
```

Range 개체의 크기를 재지정합니다.

이름	선택/필수	데이터 형식	설명
RowSize	선택	Variant	범위 개체의 크기를 재지정하는 행수를 지정합니다. 생략 시 범위의 행수와 동일하게 유지됩니다.
ColumnSize	선택	Variant	범위 개체의 크기를 재지정하는 열수를 지정합니다. 생략 시 범위의 열수와 동일하게 유지됩니다.

제어문 살펴보기

VBA에서 조건에 따라 참 또는 거짓 명령문의 실행 순서를 변경하는 논리적 구조를 만듭니다. 여기서는 If 문에 대해 살펴보겠습니다.

If 문

엑셀의 논리 함수 중에서 IF 함수가 조건식에 따라 참값과 거짓값을 수행하는 것과 마찬가지로 VBA 문법에서 If 문은 조건에 따라 명령문의 실행 순서가 변경됩니다.

If 조건1 Then
　　명령문 1
[ElseIf 조건2 Then
　　명령문 2]
[Else
　　명령문 3]
End If
	조건1이 참일 때는
	　　명령문 1이 실행되고
	조건2가 참일 때는
	　　명령문 2가 실행되고
	조건이 거짓일 때는
	　　명령문 3이 실행된다.
	If 문을 끝냅니다.

InputBox 메서드

```
Application.InputBox(Prompt, Title, Default, Left, Top, HelpFile, HelpContextID, Type)
```

Application 개체의 InputBox 메서드는 사용자가 입력한 값의 데이터 형식에 따라 반환합니다.

이름	선택/필수	데이터 형식	설명
Prompt	필수	String	대화상자에 표시할 설명을 입력합니다.
Title	선택	Variant	대화상자의 제목 표시줄에 제목을 입력합니다.
Default	선택	Variant	대화상자의 입력란에 기본값을 입력합니다.
Left	선택	Variant	대화상자의 표시 위치(왼쪽)를 지정합니다.
Top	선택	Variant	대화상자의 표시 위치(위쪽)를 지정합니다.
HelpFile	선택	Variant	F1 을 누를 때 표시할 도움말 파일 이름을 지정합니다.
HelpContextID	선택	Variant	HelpFile의 항목 번호를 지정합니다.
Type	선택	Variant	반환할 데이터 형식을 지정합니다. | 0	1	2	4 | |---|---|---|---|
수식	숫자	텍스트	논릿값
8		16	64
참조 (cell reference/Range object)		오륫값	배열	

Application.ConvertFormula 메서드

```
expression.ConvertFormula(Formula, FromReferenceStyle, ToReferenceStyle, ToAbsolute, RelativeTo)
```

ConvertFormula 메서드는 입력한 수식의 주소 형식을 R1C1 또는 A1 스타일로 변환합니다.

이름	선택/필수	데이터 형식	설명
Formula	필수	Variant	수식이 포함된 문자열을 지정합니다.
FromReferenceStyle	필수	Variant	수식의 참조 스타일(R1C1 스타일(xlR1C1) 또는 A1 스타일(xlA1))을 지정합니다.
ToReferenceStyle	선택	Variant	변경할 수식의 참조 스타일(R1C1 스타일(xlR1C1) 또는 A1 스타일(xlA1))을 지정합니다.
ToAbsolute	선택	Variant	변환된 참조 스타일을 지정하는 인수를 지정합니다. | 이름	값	설명
---	---	---
xlAbsolute	1	절대 참조
xlAbsRowRelColumn	2	혼합(행고정) 참조
xlRelative	4	상대 참조
xlRelRowAbsColumn	3	혼합(열고정) 참조	
RelativeTo	선택	Variant	R1C1 스타일일 때 기준 셀(범위)을 지정하면 기준으로부터 수식의 셀 스타일을 상대 참조합니다.

MsgBox 함수

MsgBox 함수는 메시지 창을 띄워 사용자에게 메시지를 전달하고자 할 때 사용합니다. MsgBox 함수의 구조는 다음과 같습니다.

```
MsgBox(Prompt, Buttons, Title, Helpfile, Context)
```

이름	선택/필수	데이터 형식	설명
Prompt	필수	String	메시지 창에 표시할 내용을 입력합니다.
Buttons	선택	Numeric	메시지 창에 표시할 아이콘 또는 버튼의 모양을 지정합니다. 아이콘 또는 버튼은 내장 상수를 사용합니다.
Title		String	메시지 창에 표시할 제목을 입력합니다.
Helpfile		String	메시치 창에서 [F1]을 누를 때 연결할 도움말의 파일 이름을 지정합니다.
Context		Numeric	Helpfile 지정 시 도움말의 항목 번호를 지정합니다.

우선
순위

서식
활용

서식
도구

차트
활용

데이터
편집

데이터
편집

업무
자동화

직접 실행 창에서 유령 문자 제거 후 데이터를 초기화하고 메모, 하이퍼링크 지우기

실습 파일 | Part02/Chapter01/10_직접실행.xlsx, 10_직접실행_CODE.txt
완성 파일 | Part02/Chapter01/10_직접실행_완성.xlsx

매크로로 간단한 명령어를 실행하고 바로 그 결과를 확인하려면 직접 실행 창을 사용할 수 있습니다. 직접 실행 창에서는 한 줄로 구성된 간단한 명령어를 입력해 작업의 과정을 하나하나 수행하거나 개체의 정보, 값 등을 확인할 수 있습니다. 직접 실행 창에서 유령 문자 제거, 데이터 초기화, 하이퍼링크 제거, 메모를 지우는 명령어를 입력하고 바로 실행해보는 방법에 대해 알아보겠습니다. 여기서 입력하는 코드는 직접 입력하거나 '10_직접실행_CODE.txt' 파일을 참조하여 복사/붙여넣기를 할 수 있습니다.

미리 보기

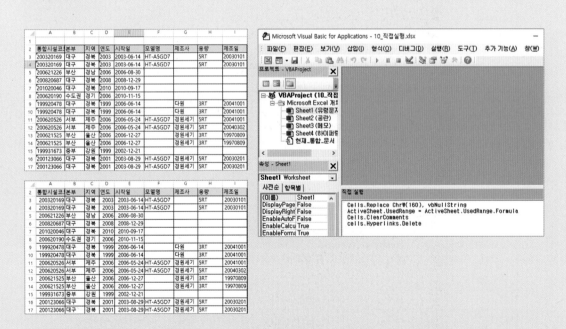

회사에서 바로 통하는 **키워드** : 직접 실행 창, Replace, ChrW( ), ClearComments, Hyperlinks, Delete, UsedRange, Formula

한눈에 보는 작업순서	비주얼 베이직 편집기에서 직접 실행 창 표시하기	▶	유령 문자 제거하기	▶	셀 초기화하기	▶	메모 지우기	▶	하이퍼링크 제거하기

01 유령 문자 제거하기 ❶ [유령 문자] 시트의 ❷ [G3] 셀을 더블클릭하면 숫자의 뒤에는 공백처럼 보이는 유령 문자가 입력되어 있습니다. 금액 열의 수식에 오류가 표시됩니다. ❸ [A3] 셀을 선택하고 ❹ Alt +F11을 눌러 비주얼 베이식 편집기 창을 엽니다.

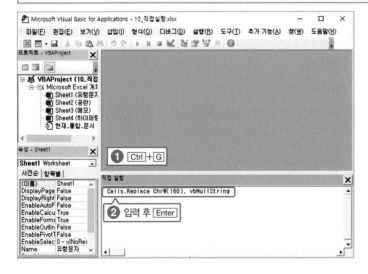

📊 **실력향상** 엑셀에서 공백은 Spacebar 를 눌러 한 칸 띄우는 '공백'과 특정한 문자의 '유령 문자'입니다. 유령 문자는 보통 인터넷 웹페이지나 아래한글 문서, 엑세스 쿼리 문 등의 텍스트를 드래그해서 복사한 후 엑셀에 붙여 넣을 때 발생합니다. 공백 문자는 [찾기 및 바꾸기]([Ctrl]+[H])를 이용하거나 여백 제거 함수(TRIM, VALUE) 등으로 제거할 수 있습니다. 하지만 유령 문자는 눈에 보이지 않고, 유령 문자가 있는지 없는지도 파악하기 어렵기 때문에 일일이 찾아 지우거나 수식을 사용하여 제거하기가 까다롭습니다.

02 직접 실행 창에서 유령 문자를 제거하는 명령어를 입력해보겠습니다. ❶ 비주얼 베이식 편집기 창에서 [Ctrl]+[G]를 누르면 코드 창 아래 직접 실행 창이 나타납니다. ❷ 직접 실행 창에 다음의 코드를 입력하고 [Enter]를 누릅니다.

```
Cells.Replace ChrW(160), vbNullString
```

📊 **실력향상**
[보기]-[직접 실행 창]을 클릭해도 직접 실행 창을 표시할 수 있습니다. 직접 실행 창을 닫으려면 [닫기[X]]를 클릭합니다. 직접 실행 창에 입력한 명령문이 값을 반환하는 명령문일 때는 앞에 물음표(?)를 입력하고 명령문을 이어서 입력합니다. 물음표(?)는 Print 명령으로 입력한 코드의 실행 결과를 직접 실행 창에 출력합니다.

명령어 살펴보기

유니코드 코드에서 유령 문자는 160번에 해당합니다. 따라서 전체 셀(Cells)에서 유령 문자(ChrW(160))를 공란(vbNullString)으로 바꾸는 명령어 Cells.Replace ChrW(160), vbNullString를 입력하면 유령 문자가 제거됩니다.

참고로 엑셀 워크시트에 셀에 직접 함수식을 입력하여 유령 문자를 제거할 수도 있습니다. 함수식으로 유령 문자를 제거하려면 빈 열을 추가한 다음 수식 **=VALUE(SUBSTITUTE(G3,UNICHAR(160),""))** 를 입력합니다.

Range.Replace 메서드

Range 개체에서 Replace 메서드는 문자열에서 일부 문자를 찾아 원하는 문자로 바꿉니다.

```
expression.Replace(What, Replacement, LookAt, SearchOrder, MatchCase, MatchByte,
SearchFormat, ReplaceFormat)
```

매개변수는 다음과 같습니다.

이름	필수/선택	데이터 형식	설명
What	필수	Variant	찾는 문자를 입력
Replacement			바꾸려는 문자를 입력
LookAt	선택		찾으려는 문자의 일치 여부를 매개변수로 지정
			일부 일치(xlPart), 정확하게 일치(xlWhole)
SearchOrder			찾으려는 방향을 매개변수로 지정
			행 방향(xlByRows), 열방향(xlByColumns)
MatchCase			대소문자를 구별하려면 True 아니면, False를 지정
MatchByte			비교할 문자가 더블바이트면 True, 아니면 False를 지정
SearchFormat			찾으려는 문자의 서식을 지정하려면 True, 아니면 False를 지정
ReplaceFormat			바꾸려는 문자의 서식을 지정하려면 True, 아니면 False를 지정

03 Alt + F11 을 눌러 통합 문서로 돌아옵니다. [유령 문자] 시트에서 정가([G3:G28] 셀 범위)의 유령 문자가 지워지고 오류 없이 할인가가 계산됩니다.

04 데이터 초기화하기 ❶ [공란] 시트의 ❷ [F5] 셀을 더블클릭하면 값이 없는 공란입니다. ❸ [F5:F10] 셀의 범위를 지정하면 상태 표시줄에 [개수 : 6]으로 표시됩니다. 또한 A, D, I, L, M열에는 오류 표시가 되어 있습니다. ❹ Alt + F11 을 눌러 비주얼 베이직 편집기 창으로 돌아옵니다.

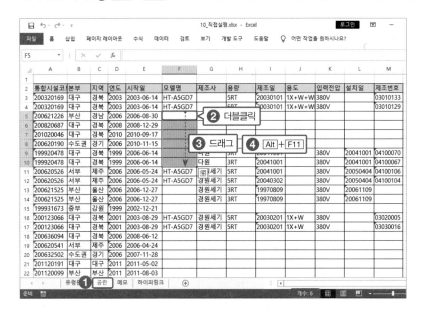

📊 실력향상

엑셀에서 서버나 인터넷 등에서 데이터를 넘겨받을 때 숫자를 문자로 보내면 오류가 표시되고, 공란을 ""로 보내 빈 셀이 아닌 셀에 값이 입력되는 경우가 있습니다. 유령 문자처럼 공백으로도 표시되지 않기 때문에 찾기는 더더욱 어렵고 하나하나 찾아 지워줘야 하므로 매우 불편합니다.

05 직접 실행 창에서 데이터를 초기화하는 명령어를 입력해보겠습니다. 직접 실행 창에 다음의 코드를 입력하고 Enter 를 누릅니다.

```
ActiveSheet.UsedRange = ActiveSheet.UsedRange.Formula
```

06 Alt + F11 을 눌러 통합 문서로 돌아옵니다. [F5:F10] 셀의 범위가 지정되어 있는 상태에서 상태 표시줄을 보면 개수가 표시되지 않습니다. 숫자에 오류가 표시된 셀도 오류 없이 제대로 표시됩니다.

명령어 살펴보기

현재 시트(ActiveSheet)의 데이터가 입력되어 있는 전체 범위(UsedRange)에 값(Formula)을 넘깁니다. 이때 값이 상수면 상수로, 수식이면 수식으로, 셀이 비어 있으면 빈 문자열(공란)로, 숫자는 숫자로 넘깁니다.

UsedRange 속성과 CurrentRegion 속성

Worksheet.UsedRange 속성	Range.CurrentRegion 속성
Worksheet 개체에서 UsedRange 속성은 사용 중인 범위를 반환합니다. 주로 워크시트에서 사용된 전체 범위를 확인할 수 있습니다. 구문 : expression.UsedRange	Range 개체에서 CurrentRegion 속성은 사용 중인 범위 데이터의 범위를 반환합니다. 주로 현재 셀에서 연속된 데이터의 범위를 확인할 수 있습니다. 구문 : expression.CurrentRegion
사용 예 : ActiveSheet.UsedRange.Select	사용 예 : Range("a3").CurrentRegion.Select

Range.Formula 속성과 Range.Value 속성

Range.Formula 속성	Range.Value 속성
개체의 값을 반환하거나 변경하고 수식을 입력합니다. 셀에 상수가 있으면 속성은 상수를 반환합니다. 셀이 비어 있으면 빈 문자열을 반환합니다. 셀에 수식이 포함되어 있으면 수식 속성은 수식 입력줄에 표시되는 것과 동일한 형식의 문자열(등호 포함)로 수식을 반환합니다.	개체의 값을 반환하거나 변경하고 수식을 입력합니다. Formula 속성과 동일하지만 셀에 수식이 포함되어 있으면 수식을 반환하지 않고 결괏값을 반환합니다.

사용 예 : Range("A1").Formula = "=10+20"
 	
    MsgBox Range("A1").Formula
	사용 예 : Range("A2").Value = "=10+20"
	
	    MsgBox Range("A2").Value

07 메모 지우기 ❶ [메모] 시트를 클릭하면 메모가 표시되어 있습니다. ❷ Alt + F11 을 눌러 비주얼 베이식 편집기 창으로 돌아옵니다.

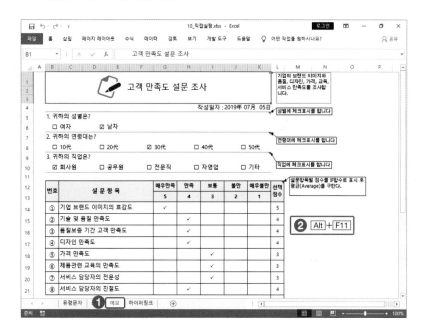

08 직접 실행 창에서 메모를 지우는 명령어를 입력해보겠습니다. 직접 실행 창에 다음의 코드를 입력하고 Enter 를 누릅니다.

```
Cells.ClearComments
```

실력향상 ClearComments 명령어는 전체 셀(Cells)의 메모를 지웁니다.

09 Alt + F11 을 눌러 통합 문서로 돌아오면 메모가 지워집니다.

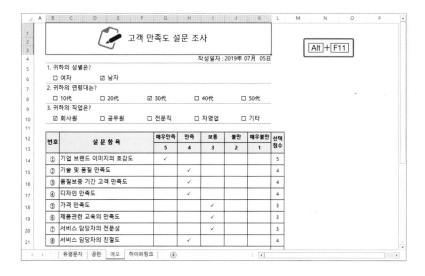

10 하이퍼링크 삭제하기 ❶[하이퍼링크] 시트의 ❷[A4] 셀에 마우스 포인터를 위치시키면 셀에 하이퍼 링크된 주소가 표시됩니다. ❸ Alt + F11 을 눌러 비주얼 베이식 편집기 창으로 돌아옵니다.

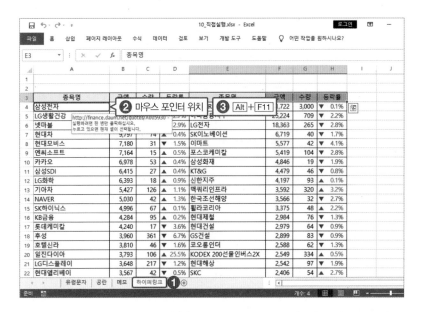

11 직접 실행 창에서 하이퍼링크를 지우는 명령어를 입력해보겠습니다. 직접 실행 창에 다음의 코드를 입력하고 Enter 를 누릅니다.

```
Cells.Hyperlinks.Delete
```

ı.ıl 실력향상 Delete 명령어는 전체 셀(Cells)의 하이퍼링크(Hyperlinks)를 지웁니다.

12 Alt + F11 을 눌러 통합 문서로 돌아오면 하이퍼링크가 삭제되었습니다.

	A	B	C	D	E	F	G	H	I	J
1										
2									Alt + F11	
3	종목명	금액	수량	등락률	종목명	금액	수량	등락률		
4	삼성전자	48,379	1,050	▲ 0.1%	KBSTAR 대형고배당10TR	31,722	3,000	▼ 0.1%		
5	LG생활건강	12,697	10	▲ 2.7%	하나금융지주	25,224	709	▼ 2.2%		
6	넷마블	10,772	118	▲ 2.9%	LG전자	18,363	265	▼ 2.8%		
7	현대차	9,797	74	▲ 0.4%	SK이노베이션	6,719	40	▼ 1.7%		
8	현대모비스	7,180	31	▼ 1.5%	이마트	5,577	42	▲ 4.1%		
9	엔씨소프트	7,164	15	▲ 0.5%	포스코케미칼	5,419	104	▲ 2.8%		
10	카카오	6,978	53	▲ 0.4%	삼성화재	4,846	19	▼ 1.9%		
11	삼성SDI	6,415	27	▲ 0.4%	KT&G	4,479	46	▼ 0.8%		
12	LG화학	6,393	18	▲ 0.9%	신한지주	4,197	93	▲ 0.1%		
13	기아차	5,427	126	▲ 1.1%	맥쿼리인프라	3,592	320	▲ 3.2%		
14	NAVER	5,030	42	▲ 1.3%	한국조선해양	3,566	32	▼ 2.7%		
15	SK하이닉스	4,996	67	▲ 0.1%	휠라코리아	3,375	48	▲ 2.2%		
16	KB금융	4,284	95	▲ 0.2%	현대제철	2,984	76	▼ 1.3%		
17	롯데케미칼	4,240	17	▼ 3.6%	현대건설	2,979	64	▼ 0.9%		
18	후성	3,960	361	▼ 6.7%	GS건설	2,899	83	▼ 0.9%		
19	호텔신라	3,810	46	▼ 1.6%	코오롱인더	2,588	62	▼ 1.3%		
20	일진다이아	3,793	106	▲ 25.5%	KODEX 200선물인버스2X	2,549	334	▲ 0.5%		
21	LG디스플레이	3,648	217	▼ 1.2%	현대해상	2,542	97	▼ 1.9%		
22	현대엘리베이	3,567	42	▼ 0.5%	SKC	2,406	54	▲ 2.7%		
23	신세계	3,521	13	▼ 0.9%	KODEX 코스닥150선물인버	2,269	271	▲ 0.4%		
24	현대글로비스	2,910	19	▼ 1.6%	NHN	2,211	34	▼ 3.4%		
25	KODEX 200	2,698	100	▼ 0.2%	한국전력	1,959	77	▲ 0.2%		
26	대림산업	2,588	25	▼ 2.9%	삼성생명	1,905	24	▼ 1.5%		

우선 순위 | 핵심기능

11

컬렉션에 포함된 개체수만큼 하이퍼링크 주소 반복 입력하기

실습 파일 | Part02/Chapter01/11_하이퍼링크.xlsx, 11_하이퍼링크_CODE.txt
완성 파일 | Part02/Chapter01/11_하이퍼링크_매크로_완성.xlsm

하이퍼링크 주소를 삭제하는 명령어를 실행하기 전에 하이퍼링크 주소를 다른 셀에 입력하는 과정을 프로시저로 만들고 명령문을 입력해보겠습니다. 여기서 입력하는 코드는 직접 입력하거나 '11_하이퍼링크_CODE.txt' 파일을 참조하여 복사/붙여넣기를 할 수 있습니다.

미리 보기

	A	B	C	D	E	F	G
3	종목명	사이트주소	금액	수량	등락률	종목명	사이트주소
4	삼성전자	http://finance.daum.net/quotes/A005930	48,379	1,050	▲ 0.1%	KBSTAR 대형고배당10TR	http://finance.daum.net/quotes/A315960
5	LG생활건강	http://finance.daum.net/quotes/A051900	12,697	10	▲ 2.7%	하나금융지주	http://finance.daum.net/quotes/A086790
6	넷마블	http://finance.daum.net/quotes/A251270	10,772	118	▲ 2.9%	LG전자	http://finance.daum.net/quotes/A066570
7	현대차	http://finance.daum.net/quotes/A005380	9,797	74	▲ 0.4%	SK이노베이션	http://finance.daum.net/quotes/A096770
8	현대모비스	http://finance.daum.net/quotes/A012330	7,180	31	▼ 1.5%	이마트	http://finance.daum.net/quotes/A139480
9	엔씨소프트	http://finance.daum.net/quotes/A036570	7,164	15	▲ 0.5%	포스코케미칼	http://finance.daum.net/quotes/A003670
10	카카오	http://finance.daum.net/quotes/A035720	6,978	53	▲ 0.4%	삼성화재	http://finance.daum.net/quotes/A000810
11	삼성SDI	http://finance.daum.net/quotes/A006400	6,415	27	▲ 0.4%	KT&G	http://finance.daum.net/quotes/A033780
12	LG화학	http://finance.daum.net/quotes/A051910	6,393	18	▲ 0.9%	신한지주	http://finance.daum.net/quotes/A055550
13	기아차	http://finance.daum.net/quotes/A000270	5,427	126	▲ 1.1%	맥쿼리인프라	http://finance.daum.net/quotes/A088980
14	NAVER	http://finance.daum.net/quotes/A035420	5,030	42	▲ 1.3%	한국조선해양	http://finance.daum.net/quotes/A009540
15	SK하이닉스	http://finance.daum.net/quotes/A000660	4,996	67	▲ 0.1%	휠라코리아	http://finance.daum.net/quotes/A081660
16	KB금융	http://finance.daum.net/quotes/A105560	4,284	95	▲ 0.2%	현대제철	http://finance.daum.net/quotes/A004020
17	롯데케미칼	http://finance.daum.net/quotes/A011170	4,240	17	▲ 3.6%	현대건설	http://finance.daum.net/quotes/A000720
18	후성	http://finance.daum.net/quotes/A093370	3,960	361	▼ 6.7%	GS건설	http://finance.daum.net/quotes/A006360
19	호텔신라	http://finance.daum.net/quotes/A008770	3,810	46	▼ 1.6%	코오롱인더	http://finance.daum.net/quotes/A120110
20	일진다이아	http://finance.daum.net/quotes/A081000	3,793	106	▲ 25.5%	KODEX 200선물인버스2X	http://finance.daum.net/quotes/A252670
21	LG디스플레이	http://finance.daum.net/quotes/A034220	3,648	217	▼ 1.2%	현대해상	http://finance.daum.net/quotes/A001450
22	현대엘리베이	http://finance.daum.net/quotes/A017800	3,567	42	▼ 0.5%	SKC	http://finance.daum.net/quotes/A011790
23	신세계	http://finance.daum.net/quotes/A004170	3,521	13	▼ 0.9%	KODEX 코스닥150선물인버스	http://finance.daum.net/quotes/A251340
24	현대글로비스	http://finance.daum.net/quotes/A086280	2,910	19	▼ 1.6%	NHN	http://finance.daum.net/quotes/A181710
25	KODEX 200	http://finance.daum.net/quotes/A069500	2,698	100	▼ 0.2%	한국전력	http://finance.daum.net/quotes/A015760
26	대림산업	http://finance.daum.net/quotes/A000210	2,588	25	▼ 2.9%	삼성생명	http://finance.daum.net/quotes/A032830
27	효성	http://finance.daum.net/quotes/A004800	2,522	33	▲ 6.2%	메리츠화재	http://finance.daum.net/quotes/A000060
28	TIGER 200	http://finance.daum.net/quotes/A102110	2,520	93	▼ 0.2%	LG화학우	http://finance.daum.net/quotes/A051915
29	차이유리미카	http://finance.daum.net/quotes/A011690	2,468	20	▲ 2.6%	KODEX 인버스	http://finance.daum.net/quotes/A114800

회사에서 바로 통하는 키워드 : 비주얼 베이식 편집기, 매크로 실행, Dim 변수 선언, For Each~Next 문, Range 개체, Hyperlinks 개체, Borders 속성, Offset 속성, ClearFormats 메서드

한눈에 보는 작업순서

모듈 삽입하기 ▶ 프로시저 작성하기 ▶ 프로시저 실행하기

01 [종목] 시트의 A열과 F열의 종목명에 연결되어 있는 웹페이지 주소를 B열과 G열에 표시하고 하이퍼링크를 삭제해보겠습니다. Alt + F11 을 눌러 비주얼 베이식 편집기 창을 엽니다.

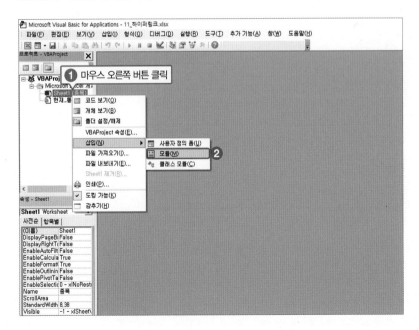

02 모듈 삽입하기 ❶ 비주얼 베이식 편집기 창의 프로젝트 창에서 마우스 오른쪽 버튼을 클릭하고 ❷ [삽입]-[모듈]을 선택합니다.

03 비주얼 베이식 편집기에서 코드 입력하기 모듈 창에서 하이퍼링크 주소를 셀에 입력하는 코드를 입력해보겠습니다. 여기서 입력하는 코드는 직접 입력하거나 '11_하이퍼링크_CODE.txt' 파일을 참조하여 복사/붙여넣기를 할 수 있습니다.

```
❶   Sub 링크주소표시()

❷   Dim linkRng As Range, tempRng As Range

❸   Set linkRng = Range("A4:A33,F4:F33")

❹   For Each tempRng In linkRng
❺     With tempRng
❻         .Offset(0, 1).Value = .Hyperlinks(1).Address
❼         ActiveSheet.Hyperlinks.Add anchor:=.Offset(0, 1), Address:=.Offset(0, 1).Value
❽         .Offset(0, 1).ClearFormats
❾     End With
❿   Next

⓫   linkRng.Hyperlinks.Delete

⓬   With Range("A4:J33").Borders
⓭     .Weight = xlThin
⓮     .LineStyle = xlContinuous
⓯   End With

⓰   Range("A4:J33").ShrinkToFit = True

⓱   End Sub
```

❶ [링크주소표시] 프로시저를 시작합니다.

❷ Range 개체 데이터 형식의 변수 linkRng, tempRng을 선언합니다.

❸ linkRng 개체 변수에 [목록] 시트의 [A4:A33], [F4:F33] 셀의 범위를 할당합니다.

❹ For Each~Next 문은 컬렉션에 포함된 개체수만큼 반복하는 명령입니다. 동일한 개체가 모인 집합을 컬렉션(Collection)이라고 부르는데, linkRng 개체는 다수의 Range 개체의 집합입니다. 따라서 몇 행, 몇 열인지 인덱스 값을 모르더라도 개체 순서대로 반복 수행할 때 자주 사용합니다. 여기서는 Range개체의 첫 번째 셀부터 순서대로 tempRng 변수에 할당하면서 linkRng 개체수만큼 반복 순환합니다.

❺ With~End With 문은 반복해서 같은 개체(tempRng)를 호출할 경우 한 번만 호출해서 작업할 수 있는 코드 구성 방법입니다. 예를 들어 다음 코드에서 반복해 호출하는 개체(tempRng..Offset(0, 1))를 With 문에 선언하고 반복 호출되는 개체를 매번 입력할 필요 없이 나머지 부분만 입력할 수 있으므로 코드 구성이 효율적입니다.

```
tempRng.Offset(0, 1).Value

tempRng.Offset(0, 1).Hyperlinks(1).Address

tempRng.Offset(0, 1).ClearFormats
```

→

```
With tempRng..Offset(0, 1)

  .Value

  .Hyperlinks(1).Address

  .ClearFormats

End With
```

❻ tempRng에서 0행 1열(Offset(0, 1))로 이동한 셀에 웹페이지의 주소(Hyperlinks(1).Address)를 넘깁니다.

❼ tempRng에서 0행 1열(Offset(0, 1))로 이동한 셀에 입력된 웹페이지의 주소로 하이퍼링크를 삽입(Hyperlinks.Add)합니다.

❽ tempRng에서 0행 1열(Offset(0, 1))로 이동한 셀에 서식을 지웁니다(ClearFormats). 하이퍼링크를 삽입하면 지정되는 글꼴 색, 밑줄 스타일 등의 지정된 서식과 테두리가 지워집니다.

❾ With 문을 마칩니다.

❿ linkRng 개체 개수만큼 ❺~❾를 반복 수행합니다.

⓫ linkRng 개체 변수의 할당된 범위(Range("A4:A33,F4:F33"))의 하이퍼링크를 삭제합니다.

⓬ With~End With 문은 반복해서 같은 개체(Range("A4:J33").Borders)를 한 번만 호출합니다.

⓭ 데이터 전체 범위(Range("A4:J33"))의 테두리 두께를 실선(xlThin)으로 지정합니다.

⓮ 데이터 전체 범위(Range("A4:J33"))의 테두리 스타일을 실선(xlContinuous)으로 지정합니다.

⓯ With 문을 마칩니다.

⓰ 데이터 전체 범위(Range("A4:J33"))의 텍스트가 셀 폭에 맞춰 표시되도록 셀의 맞춤(ShrinkToFit)을 설정하면 True, 해제하면 False를 입력합니다.

⓱ Sub 프로시저를 마칩니다.

04 [닫기⊠]을 클릭하여 비주얼 베이식 편집기를 닫습니다.

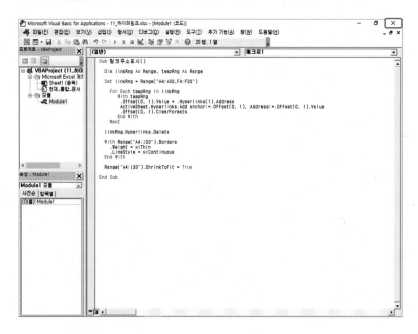

05 매크로 실행하기 ❶[개발 도구] 탭-[코드] 그룹-[매크로]를 클릭합니다. ❷[매크로] 대화상자의 매크로 목록에서 [링크주소표시]를 선택하고 ❸[실행]을 클릭합니다.

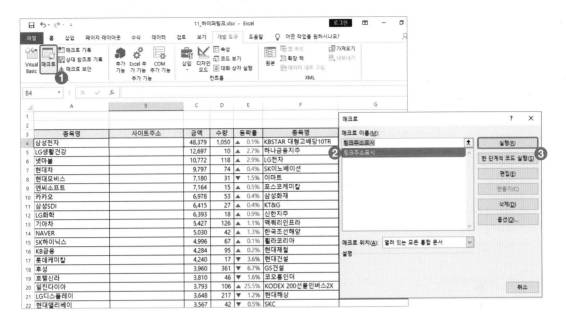

06 [종목] 열의 하이퍼링크는 삭제됩니다. [사이트주소] 열은 하이퍼링크가 삽입된 웹페이지 주소가 입력되고 테두리가 그려집니다.

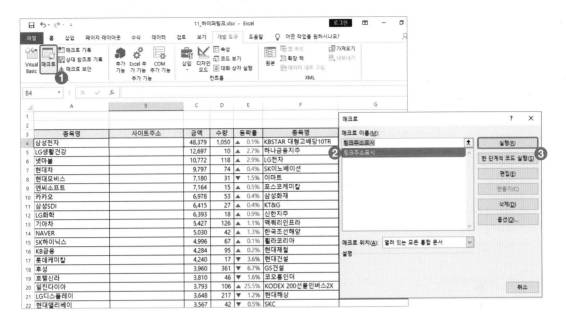

실력향상

[파일]-[내보내기]-[파일 형식 변경]-[매크로 사용 통합 문서]를 더블클릭해서 매크로 사용 통합 문서로 저장합니다.

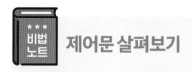

제어문 살펴보기

제어문 살펴보기

VBA에서 정해진 횟수만큼 명령문을 반복적으로 실행할 때는 제어문으로 논리적 구조를 만듭니다. 여기서는 For~Next, For Each~Next 문에 대해 살펴보겠습니다.

For~Next 문

For~Next 문 안의 명령을 지정한 횟수만큼 반복해서 실행합니다.

For n = 시작 번호 To 종료 번호 [Step step] 　명령문 　[Exit For] Next n	n 변수에 시작 값과 종료 값까지 순환 Step 값으로 증/감 조정 　명령문이 실행되고 　옵션으로 For 문을 빠져나갈 수 있습니다. n 변숫값을 1만큼 증가시킵니다.

For~Each~Next 문

For Each~Next 문 안의 명령을 컬렉션의 개체나 배열의 수만큼 반복해서 실행합니다.

For Each 개체 변수 In 컬렉션 　명령문 　[Exit For] Next 개체 변수	n 변수에 시작 값과 종료 값까지 순환 　명령문이 실행되고 　옵션으로 For 문을 빠져나갈 수 있습니다. 개체 변수의 다음 요소로 이동n 변숫값을 1만큼 증가시킵니다.

With~End With 문

With~End With 문 안에 반복해서 같은 개체를 호출할 경우 한 번만 호출해서 작업할 수 있으므로 코드 구성이 효율적입니다.

With 반복할 개체 　.구성원 End With	반복할 개체를 선언하고 　반복할 개체의 구성원(개체,속성,메서드)의 명령문 With 문을 닫습니다.

Range.Cells 속성과 Range.Offset 속성

Range.Cells 속성	Range.Offset 속성
Range 개체에서 Cells 속성은 행 번호, 열 번호로 셀을 참조합니다. 기준 셀은 1행 1열입니다.	Range 개체에서 Offset 속성은 행 번호와 열 번호로 셀을 참조합니다. 셀을 상대적으로, 참조할 수 있으며 기준 셀은 0행 0열입니다.

구문 : expression.Cells(RowIndex, ColumnIndex)
　　　expression.Cells(RowIndex)
　　　expression.Cells

구문 : expression.Offset(RowOffset, ColumnOffset)

Range.Cells 속성 매개변수				Range.Offset 속성 매개변수			
RowIndex	필수	Variant	행 번호를 현재 위치(1행)로부터 지정합니다.	RowOffset	선택	Variant	행 번호를 현재 위치(0행)로부터 상대적으로(+/−) 지정합니다.
ColumnIndex	선택	Variant	열 번호를 현재 위치(1열)로부터 지정합니다.	ColumnOffset	선택	Variant	열 번호를 현재 위치(0열)로부터 상대적으로(+/−) 지정합니다.

사용 예 : ① Range("a2").Cells(3,2).Select
　　　　② Range("A2:A7").Cells(1).Resize(4).Select

사용 예 : ① Range("a2").Offset(3,2).Select
　　　　② Range("A2:A7").Offset(1).Resize(4).Select

테두리 서식 지정하기

Range.Borders(Index) 속성은 다음과 같습니다. 셀이나 범위에 테두리 서식을 지정합니다. 개별 테두리를 지정하려면 Index 매개변수에 상수를 사용합니다.

내장 상수	설명	내장 상수	설명
xlEdgeTop	위쪽 테두리	xlDiagonalDown	왼쪽 위에서 오른쪽 아래 방향의 대각선
xlEdgeBottom	아래쪽 테두리	xlDiagonalUp	오른쪽 위에서 왼쪽 아래 방향의 대각선
xlEdgeLeft	왼쪽 테두리	xlInsideVertical	세로 안쪽 테두리
xlEdgeRight	오른쪽 테두리	xlInsideHorizontal	가로 안쪽 테두리

Border 개체 속성은 다음과 같습니다.

속성	설명	내장상수			
LineStyle	테두리 선 스타일 지정	xlContinuous	xlDash	xlDashDot	xlDashDotDot
		실선	파선	파선과 점선	파선과 2점선
		xlDot	xlDouble	xlLineStyleNone	xlSlantDashDot
		점선	이중선	선 없음	기운 파선
Weight	테두리 두께 지정	xlHairline	xlMedium	xlThick	xlThin
		가는 실선	중간 실선	굵은 실선	실선
ColorIndex	테두리 선 색상 지정	xlColorIndexAutomatic		xlColorIndexNone	
		자동 색상		색 없음	
		1~56까지의 숫자의 해당하는 색을 미리 지정해놓고 해당하는 숫자로 색상 지정			
LineStyle	테두리 선 색상	RGB 함수를 사용하여 빨강(Red), 녹색(Green), 파랑(Blue)의 색을 숫자(0~255)로 조합하여 색상 지정			

With 문과 테두리 서식 지정 예를 다음과 같습니다.

```
With Selection.Borders(xlInsideHorizontal)

    .LineStyle=xldot

    .ColorIndex=xlAutomatic

    .Weight=xlThin

End With
```

```
With Selection.Borders

    .LineStyle=xlDash

    .Weight=xlThick

    .Color=RGB(0, 255, 0)

End With
```

12

인원수만큼 반복해서 세미나 참석자 명단 레이블 만들기

실습 파일 | Part02/Chapter01/12_참석명단레이블.xlsx, 12_참석명단레이블_CODE.txt
완성 파일 | Part02/Chapter01/12_참석명단레이블_매크로_완성.xlsm

MS 워드에서 레이블과 같이 반복적인 양식에 맞춰 데이터를 채워 넣으려면 매크로를 작성해야 합니다. 세미나 참석자 명단을 참조하여 이름과 회사명을 한 페이지에 두 명씩 표시되는 양식에 맞춰 레이블 만들기 과정을 코드로 입력하고 명령 단추와 매크로를 연결한 후 실행하여 세미나 참석자 명단 레이블을 작성해보겠습니다. 여기서 입력하는 코드는 직접 입력하거나 '12_참석명단레이블_CODE. txt' 파일을 참조하여 복사/붙여넣기를 할 수 있습니다.

미리 보기

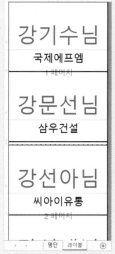

회사에서 바로 통하는 키워드 : Dim 변수 선언, For~Next 문, Range 개체, End 속성, Cells 속성, ScreenUpdating 메서드, Copy 메서드, Paste 메서드, Delete 메서드, PrintPreview 메서드, 양식 컨트롤(단추)

한눈에 보는 작업순서 모듈 삽입하기 ▶ 프로시저 작성하기 ▶ 명령 단추 삽입 후 프로시저 실행하기

01 [명단] 시트에는 세미나 참석자 명단이 입력되어 있고, [레이블] 시트에는 1페이지에 맞게 두 명이 인쇄될 레이블 서식이 작성되어 있습니다. 레이블 명단을 만들기 위해 Alt + F11 을 눌러 비주얼 베이식 편집기 창을 엽니다.

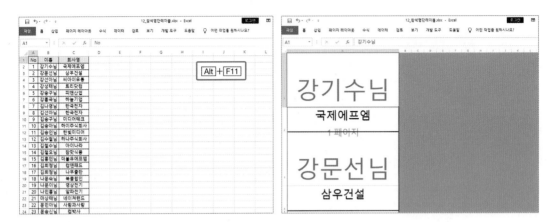

02 묘듈 삽입하기 ❶ 비주얼 베이식 편집기 창의 프로젝트 창에서 마우스 오른쪽 버튼을 클릭하고 ❷ [삽입]–[모듈]을 선택합니다.

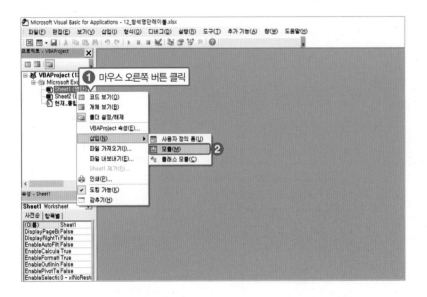

03 [인쇄미리보기] 프로시저 만들기 모듈 창에서 [인쇄미리보기] 코드를 입력해보겠습니다. 여기서 입력하는 코드는 직접 입력하거나 '12_참석명단레이블_CODE.txt' 파일을 참조하여 복사/붙여넣기를 할 수 있습니다.

❶	Sub 인쇄미리보기() Sheets("레이블").PrintPreview End Sub

❶ [인쇄미리보기] 매크로에서 인쇄 미리 보기 명령 코드를 실행합니다.

04 [참석자레이블] 프로시저 만들기   전체 인원수만큼 레이블 양식에 맞춰 2명의 내용을 한 페이지에 표시하고 복사하는 과정을 코드로 입력합니다.

```
❶      Sub 참석자레이블()

❷          Dim rowCnt As Integer, i As Integer, lbCnt
❸          Dim lbTemp As Range

❹          Application.ScreenUpdating = False

❺          lbCnt = 1
❻          Worksheets("명단").Select
❼          Range("B2").Select

❽          Set lbTemp = Range(Range("B2").End(xlDown), Range("B2").End(xlToRight))
❾          rowCnt = lbTemp.Rows.Count

❿          Worksheets("레이블").Select
⓫          Range("6:1000").Select
⓬          Selection.Delete
```

❶ [참석자레이블] 프로시저를 시작합니다.

❷ Integer 데이터 형식의 변수 rowCnt, i, ibCnt를 선언합니다.

❸ Range 데이터 형식의 변수 lbTemp를 선언합니다.

❹ Application 개체의 ScreenUpdating 속성은 명령어 실행 시 업데이트 과정을 화면에 표시(True)하거나 표시하지 않습니다(False).

❺ 페이지의 개수를 세기 위해 lbCnt 변수에 1을 할당합니다.

❻ [명단] 시트를 선택합니다.

❼ [B2] 셀을 선택합니다.

❽ lbTemp 개체 변수에 [B2] 셀에서 데이터가 입력된 마지막 행(Range("B2").End(xlDown))까지, 오른쪽 마지막 열(Range("B2").End(xlToRight))까지의 범위([명단] 시트의 [B2:C71] 셀 범위)를 할당합니다.

❾ rowCnt 변수에 lbTemp 범위의 행수(Rows.Count)를 할당합니다.

❿ [레이블] 시트를 선택합니다.

⓫ 6행~100행(Range("6:1000"))을 선택합니다.

⓬ 레이블 데이터를 초기화하기 위해 선택한 범위(Selection)를 삭제(Delete)합니다.

```
⑬    With Worksheets("레이블")

⑭     For i = 1 To rowCnt Step 2


⑮        .Cells(1, 1).Value = lbTemp(i, 1).Text

⑯        .Cells(2, 1).Value = lbTemp(i, 2).Text

⑰        .Cells(3, 1).Value = lbTemp(i + 1, 1).Text

⑱        .Cells(4, 1).Value = lbTemp(i + 1, 2).Text


⑲        Range("1:5").Select

⑳        Selection.Copy

㉑        Range("A1").Cells(lbCnt * 5 + 1, 1).Select

㉒        ActiveSheet.Paste

㉓        lbCnt = lbCnt + 1


㉔     Next i

㉕    End With


㉖    Range("1:5").Select

㉗    Selection.Delete


㉘    Range("A1").Select


㉙    Application.ScreenUpdating = True


㉚    End Sub
```

⑬ With 문의 시작으로 반복해서 코드에 사용할 개체(Worksheets("레이블"))를 입력합니다.

⑭ For~Next 문은 시작 값에서 종료 값까지 Step수만큼 증/감하면 반복 순환합니다. 여기서는 1에서 행수(rowCnt)까지 2씩 증가하면서 반복 순환합니다.

⑮ 레이블 양식에서 이름(1행 1열)에 lbTemp의 이름(i행 1열)을 입력합니다. 셀에 표시되는 내용 그대로 넘기고 싶을 때는 Text 속성을 사용합니다.

⑯ 레이블 양식에서 회사명(2행 1열)에 lbTemp의 이름(i행 2열)을 입력합니다.

⑰ 레이블 양식에서 이름(3행 1열)에 lbTemp의 이름(i+1행 1열)을 입력합니다.

⑱ 레이블 양식에서 회사명(4행 1열)에 lbTemp의 이름(i+1행 2열)을 입력합니다.

⑲ 1행~5행(Range("1:5"))을 선택합니다.

⑳ 선택한 범위(Selection)를 복사(Copy)합니다.

㉑㉒ 5의 배수에 1을 더한 셀의 위치(6행, 11행, 16행, ⋯)를 선택하고 ⑳을 붙여 넣습니다.

㉓ 페이지수를 세기 위해 lbCnt 변수에 1을 누적합니다.

㉔ i가 전체 인원수(rowCnt)가 될 때까지 ⑮~㉓을 반복 수행합니다.

㉕ With 문을 마칩니다.

㉖ 1행~5행(Range("1:5"))을 선택합니다.

㉗ 선택한 범위(Selection)를 삭제(Delete)합니다.

㉘ [A1] 셀을 선택합니다.

㉙ Application 개체의 ScreenUpdating 속성은 명령어 실행 시 업데이트 과정을 화면에 표시(True)하거나 표시하지 않습니다(False).

㉚ [참석자레이블] 프로시저를 마칩니다.

Range.End 속성과 Range.Resize 속성

1. Range.End 속성

데이터가 연속으로 입력되어 있는 마지막 셀(위, 아래, 왼쪽, 오른쪽)로 이동시킵니다. End 속성은 Ctrl+↑, ↓, ←, → 단축키를 누른 것과 동일한 범위를 참조합니다.

End의 구문 구조는 다음과 같습니다.

```
End( Direction )
```

네 개의 내장 상수를 사용하는 Direction의 매개변수는 다음과 같습니다.

From	xlUp	xlDown	xlToLeft	xlToRight
방향	위	아래	왼쪽	오른쪽

2. Range.Resize 속성

참조된 Range 개체 범위의 크기를 재조정합니다.

Resize의 구문 구조는 다음과 같습니다.

```
Resize( RowSize , ColumnSize )
```

매개변수는 다음과 같습니다.

이름	필수/선택	데이터 형식	설명
RowSize	선택	Variant	행 방향으로 재조정할 범위의 행수를 지정합니다. 만약 생략하면 기존 범위의 행수와 동일합니다.
ColumnSize			열 방향으로 재조정할 범위의 열수를 지정합니다. 만약 생략하면 기존 범위의 열수와 동일합니다.

우선
순위

서식
활용

서식
&함수

차트
활용

데이터
편집

데이터
분석

업무
자동화

05 [닫기⊠]을 클릭하여 비주얼 베이식 편집기를 닫습니다.

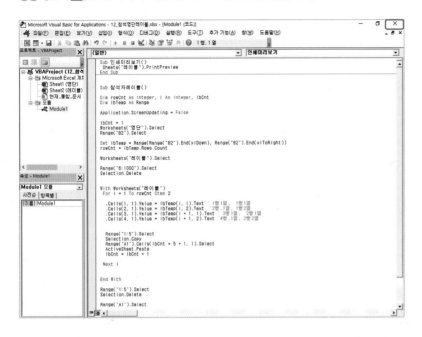

06 매크로 실행하기 단추 양식 컨트롤은 매크로를 실행할 때 자주 사용하는 컨트롤입니다. 단추 컨트롤을 삽입하고 앞서 기록한 [참석자레이블], [인쇄미리보기] 매크로와 연결해보겠습니다. ❶ [명단] 시트를 선택하고 ❷ [개발 도구] 탭-[컨트롤] 그룹-[삽입]을 클릭한 후 ❸ [양식 컨트롤]에서 [단추▢]를 선택합니다. ❹ [E1] 셀 위치에서 적당한 크기로 드래그하여 단추를 삽입합니다. ❺ [매크로 지정] 대화상자의 매크로 목록에서 [참석자레이블]을 선택하고 ❻ [확인]을 클릭합니다. ❼ 단추 안을 클릭하고 **레이블만들기**로 텍스트를 수정합니다.

07 ❶ [레이블만들기] 단추가 선택되어 있는 상태에서 Ctrl + Shift 를 누르고 아래로 드래그하여 단추 컨트롤을 복사합니다. ❷ 단추 안을 클릭하고 **인쇄미리보기**로 텍스트를 수정합니다. ❸ 두 번째 단추 컨트롤 위치에서 마우스 오른쪽 버튼을 클릭하고 ❹ [매크로 지정]을 선택합니다. ❺ [매크로 지정] 대화상자의 매크로 목록에서 [인쇄미리보기]를 선택하고 ❻ [확인]을 클릭합니다. ❼ 임의의 빈 셀을 선택합니다.

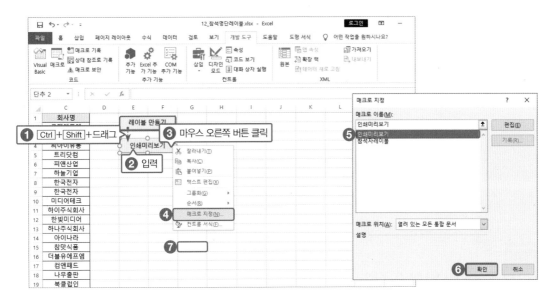

08 **[참석자레이블] 매크로와 [인쇄미리보기] 매크로 실행하기**   ❶ [레이블 만들기]를 클릭합니다. [레이블] 시트에 참석자 레이블이 만들어졌습니다. ❷ [명단] 시트를 클릭한 후 ❸ [인쇄미리보기]를 클릭합니다.

09 [인쇄 미리 보기] 창에 인쇄될 페이지가 표시됩니다. [인쇄 미리 보기 닫기]를 클릭하여 창을 닫습니다.

 실력향상

[파일]–[내보내기]–[파일 형식 변경]–[매크로 사용 통합 문서]를 더블클릭해서 매크로 사용 통합 문서로 저장합니다.

비법노트 인쇄 및 인쇄 미리 보기

문서를 인쇄하기 전에 미리 보기 창을 열면 Window 개체의 PrintPreview 메서드를 사용하고, 인쇄할 때는 PrintOut 메서드를 사용합니다.

PrintPreview와 PrintOut의 구문 구조는 다음과 같습니다.

```
PrintOut(From, To, Copies, Preview, ActivePrinter, PrintToFile, Collate, PrToFileName)
PrintPreview(EnableChanges)
```

중요 매개변수는 다음과 같습니다.

이름	필수/선택	데이터 형식	설명
From	선택	Variant	인쇄할 시작 페이지 번호를 지정합니다.
To			인쇄할 마지막 페이지 번호를 지정합니다.
Copies			인쇄 매수를 지정합니다. 생략 시 기본값이 1입니다.
Preview			True면 [인쇄 미리 보기] 창을 엽니다. 생략 시 기본은 False로 바로 인쇄됩니다.
ActivePrinter			프린터명을 지정합니다. 생략 시 컴퓨터에 설정된 기본 프린터가 지정됩니다.
PrintToFile			True면 파일로 인쇄됩니다.
Collate			True면 여러 매수를 인쇄합니다.
PrToFileName			파일로 인쇄할 파일 이름을 지정합니다.
EnableChanges	선택	Variant	True면 [인쇄 미리 보기] 창에서 여백을 조정할 수 있고, False면 여백을 조정할 수 없습니다.

핵심기능

13

선택 셀의 해당 행을 강조하는
이벤트 프로시저 작성하기

실습 파일 | Part02/Chapter01/13_입출고현황.xlsm, 13_입출고현황_CODE.txt
완성 파일 | Part02/Chapter01/13_입출고현황_매크로_완성.xlsxm

입출고현황 시트를 선택할 때 감지되는 Worksheet_Activate 프로시저에 새로 추가될 행을 찾아 배경색을 강조하고, 현재 작업하고 있는 셀을 선택할 때 감지되는 Worksheet_SelectionChange 프로시저에 해당 행을 강조하는 이벤트 프로시저를 작성해보겠습니다. 추가로 이벤트를 감시하거나 중단하는 프로시저를 만들어보겠습니다. 여기서 입력하는 코드는 직접 입력하거나 '13_입출고현황_CODE.txt' 파일을 참조하여 복사/붙여넣기를 할 수 있습니다.

미리 보기

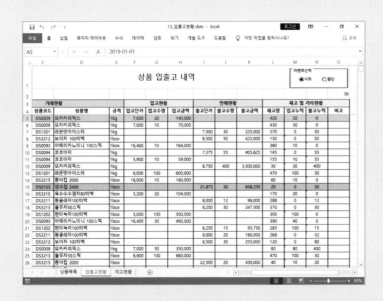

회사에서 바로 통하는 **키워드** : Worksheet_Activate 이벤트 프로시저, Worksheet_Activate 이벤트 프로시저, Worksheet_SelectionChange 이벤트 프로시저, If~End 문, With~End 문, Range 개체, End 속성, Offset 속성, Interior.Color 속성, Application.EnableEvents 속성

한눈에 보는 작업순서

이벤트 프로시저에 만들기 ▶ 이벤트 중단/ 시작 프로시저 만들기 ▶ 이벤트 시작/중단하기

01 [입출고현황] 시트에서 작업하고 있는 셀의 해당 행을 강조하는 과정을 이벤트 프로시저에 입력해보 겠습니다. Alt + F11 을 눌러 비주얼 베이식 편집기 창을 엽니다.

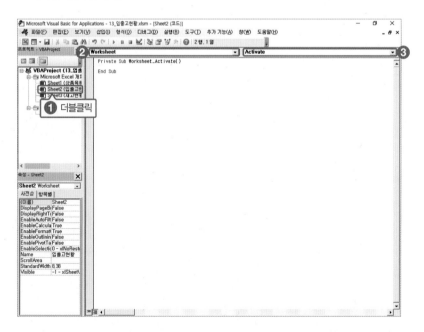

02 **[Worksheet_Activate] 프로시저 만들기** Worksheet_Activate 이벤트 프로시저는 워크시 트가 활성화될 때(워크시트 선택) 실행됩니다. [입출고현황] 시트를 선택하면 새로 추가할 데이터의 위치 를 표시하고 해당 행의 배경색을 강조하는 과정을 코드로 입력해보겠습니다. ❶ 프로젝트 탐색기 창에서 [Sheet2(입출고현황)]을 더블클릭합니다. ❷ 코드 창에서 [Worksheet] 개체를 선택하고 ❸ [Activate] 프 로시저를 선택합니다.

03 코드 창에 다음과 같이 빨간색으로 표기된 코드를 입력합니다.

```
❶    Private Sub Worksheet_Activate()

❷       Dim rowCnt As Integer

❸       rowCnt = ActiveSheet.Range("A5").End(xlDown).Row
❹       Range("A5").End(xlDown).Offset(1, 0).Select

❺       With Range("A1")
❻          Range(.Cells(rowCnt + 1, 1), .Cells(rowCnt + 1, 15)).Interior.Color = RGB(233, 213, 214)
❼       End With

❽    End Sub
```

❶ [Worksheet_Activate] 프로시저를 시작합니다. 워크시트를 선택하여 시트가 활성화될 때 이 부분의 프로시저가 실행됩니다.

❷ Integer 데이터 형식의 변수 rowCnt를 선언합니다.

❸ rowCnt 변수에 [A5] 셀에서 데이터가 입력된 마지막 행(End(xlDown))에서 한 칸을 아래로 이동(Offset(1, 0))한 셀의 행 번호(Row)를 할당합니다.

❹ [A5] 셀에서 데이터가 입력된 마지막 행(End(xlDown))에서 한 칸을 아래로 이동(Offset(1, 0))한 셀을 선택합니다. 예를 들어 마지막 행이 [A40] 셀인 경우 한 칸 아래로 이동해서 [A41] 셀을 선택합니다.

❺ With 문의 시작으로 반복해서 코드에 사용할 개체(Range("A1"))를 입력합니다.

❻ 마지막 행에서 한 칸 아래로 이동한 셀의 1열(Cells(rowCnt + 1, 1))에서 15열(Cells(rowCnt + 1, 15))의 배경색(Interior.Color)을 지정(RGB(233, 213, 214): █)합니다.

❼ With 문을 닫습니다.

❽ [Worksheet_Activate] 프로시저를 마칩니다.

04 **[Worksheet_SelectionChange] 프로시저 만들기** Worksheet_SelectionChange 이벤트 프로시저는 셀을 선택할 때 실행됩니다. 현재 작업하고 있는 셀의 해당 행의 배경색을 강조하는 명령어를 입력해보겠습니다. ❶ 코드 창에서 [Worksheet] 개체를 선택하고 ❷ [SelectionChange] 프로시저를 선택합니다.

05 코드 창에 다음과 같이 빨간색으로 표기된 코드를 입력합니다.

```
❶     Private Sub Worksheet_SelectionChange(ByVal Target As Range)

❷         Dim colCnt As Integer
❸         Dim rwoCnt As Integer

❹         rowCnt = Target.Row
❺         colCnt = ActiveSheet.UsedRange.Columns.Count

❻         Range("A5:O10000").Interior.Pattern = xlNone

❼         If rowCnt > 4 Then

❽           With Range("A1")
❾               Range(.Cells(Target.Row, 1), .Cells(Target.Row, 15)).Interior.Color = RGB(233,
          213, 214)
❿           End With

⓫         End If

⓬     End Sub
```

❶ [Worksheet_SelectionChange] 프로시저를 시작합니다. 셀을 선택(마우스 클릭, Enter, 방향키)할 때 이 부분의 프로시저가 실행됩니다.

❷ Integer 데이터 형식의 변수 colCnt를 선언합니다.

❸ Integer 데이터 형식의 변수 rwoCnt를 선언합니다.

❹ rowCnt 변수에 행수(Target.Row)를 할당합니다.

❺ colCnt 변수에 열수(ActiveSheet.UsedRange.Columns.Count)를 할당합니다.

❻ 범위(A5:O10000)의 배경 패턴(Interior.Pattern)을 없음(xlNone)으로 지정합니다.

❼ 만약(If)에 행수(rwoCnt)가 4보다 크면() 다음 명령문을 실행합니다. 1행~4행은 제목행이기 때문에 셀을 선택한 해당 행을 강조하지 않습니다.

❽ With 문의 시작으로 반복해서 코드에 사용할 개체(Range("A1"))를 입력합니다.

❾ 선택한 셀의 행(Target.Row)의 1열~15열의 배경색(Interior.Color)을 지정(RGB(233, 213, 214)합니다.

❿ With 문을 닫습니다.

⓫ If 문을 닫습니다.

⓬ [Worksheet_SelectionChange] 프로시저를 마칩니다.

06 ❶ 프로젝트 창에서 [모듈] 폴더의 [확장⊞]을 클릭하고 ❷ [Module1]을 더블클릭합니다.

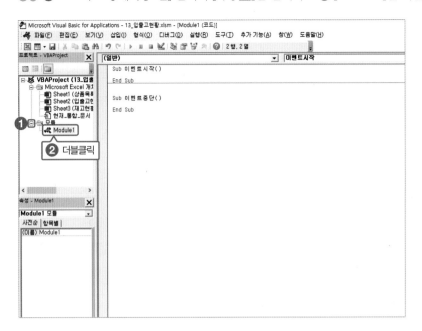

07 이벤트를 감시하거나 중단하는 명령어를 입력해보겠습니다. [이벤트시작] 코드 창에 다음과 같이 빨간색으로 표기된 코드를 입력한 후 [닫기⊠]를 클릭하여 비주얼 베이식 편집기를 닫습니다.

```
Sub 이벤트시작()
❶   Range("A4").Select
❷   Application.EnableEvents = True
End Sub



Sub 이벤트중단()
❸   Range("A4").Select
❹   Application.EnableEvents = False
End Sub
```

❶ [A4] 셀을 선택합니다.

❷ Application 개체의 EnableEvents 속성은 이벤트 감시를 시작(True)합니다. 이벤트에 따라 이벤트 프로시저에 정의된 명령어를 실행합니다.

❸ [A4] 셀을 선택합니다.

❹ Application 개체의 EnableEvents 속성은 이벤트 감시를 중단(False)시킵니다. 프로시저에 정의된 명령어가 실행되지 않습니다. 프로시저의 실행 속도를 높이려면 False를 선택하는 것이 좋습니다.

프로시저의 처리 속도를 높이는 방법

프로시저의 명령어가 실행될 때 ① 업데이트 과정을 화면에 표시(True)하거나 ② 수식을 자동으로 계산(xlCalculation Automatic)하거나, ③ 이벤트를 감시(True)할 경우 프로시저의 처리 속도가 늦어질 수 있습니다. 따라서 Application 개체의 Calculation 속성, EnableEvents 속성, ScreenUpdating 속성을 중단시키면 프로시저의 처리 속도를 향상 시킬 수 있습니다.

① Application.ScreenUpdating = True/False
② Application.Calculation = xlCalculationAutomatic/xlCalculationManual/xlCalculation
   Semiautomatic
③ Application.EnableEvents = True/False

08 ❶ [상품목록] 시트를 선택합니다. ❷ [입출고현황] 시트를 선택합니다. 입출고현황에서 A열에서 새로 데이터를 입력할 행이 선택되고, 해당 행의 배경색이 강조됩니다.

09 ❶ Ctrl + Home 을 누릅니다. 5행의 배경색이 강조됩니다. ❷ [M1] 열 위치에서 [중단] 옵션 단추 클릭합니다.

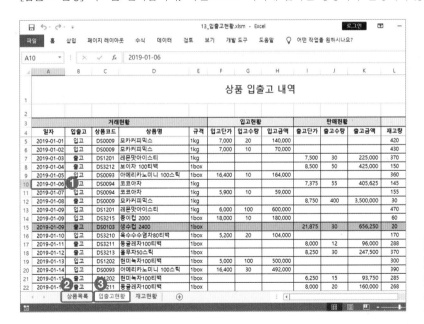

실력향상

[시작] 옵션 단추에는 [이벤트 시작] 매크로가 연결되어 있고 [중단] 옵션 단추에는 [이벤트 중단] 매크로가 연결되어 있습니다. [취소]를 선택하면 이벤트 감시가 중단됩니다.

10 ❶ [A10] 셀을 선택합니다. 해당 배경색이 강조되지 않습니다. ❷ [상품목록] 시트를 선택합니다. ❸ [입출고 현황] 시트를 선택합니다. 이벤트 프로시저에 입력된 명령어가 실행되지 않습니다.

실력향상

[M1] 셀의 열 위치에서 [시작] 옵션 단추를 클릭하면 이벤트 감시가 시작됩니다.

이벤트 프로시저

이벤트(Event)는 마우스, 키보드, 작업(열기, 저장, 닫기, 인쇄 등)의 행동이 실행될 때 발생합니다. 엑셀에서는 특정 기능의 작업이 일어날 때마다 이벤트를 감지하여 사용자가 원하는 명령어를 실행하는 이벤트 프로시저를 만들 수 있습니다. 이벤트 프로시저를 만들려면 비주얼 베이식 편집기 창에서 Workbook 개체와 Worksheet 개체 모듈의 코드 창에서 명령어를 입력합니다. Workbook 개체와 Worksheet 개체의 주요 이벤트 프로시저는 다음과 같습니다.

1. Workbook 개체의 이벤트 프로시저

이벤트 프로시저	설명
Activate	해당 엑셀 문서가 활성화될 때 이벤트가 시작합니다.
Open	해당 엑셀 문서를 불러올 때 이벤트가 시작합니다.
BeforeClose	해당 엑셀 문서를 닫을 때 이벤트가 시작합니다.
BeforePrint	해당 엑셀 문서를 인쇄하기 전에 이벤트가 시작합니다.
BeforeSave	해당 엑셀 문서를 저장하기 전에 이벤트가 시작합니다.

2. Worksheet 개체의 이벤트 프로시저

이벤트 프로시저	설명
Activate	해당 워크시트가 활성화될 때 이벤트가 시작합니다.
Deactivate	다른 워크시트로 이동할 때 이벤트가 시작합니다.
Change	워크시트 내에 셀 값이 변경될 때 이벤트가 시작합니다.
Selection_Change	워크시트 내에 셀을 선택하여 셀의 위치가 바뀔 때 이벤트가 시작합니다.

CHAPTER

02

업무 효율을
높이는
데이터 분석

해야 할 일을 미루다가 그 일이 쌓이고 쌓여 나중에는 어디서부터 손을 대야할지 몰라 막막했던 경험이 있을 것입니다. 엑셀에서 데이터를 다룰 때도 마찬가지입니다. 하루하루 발생하는 데이터가 얼마 없을 때는 중요하지 않게 생각하다가 데이터가 축적되어 방대한 양의 데이터베이스가 되면 흩어져 있는 데이터를 모으거나 분석하는 일이 매우 어려워지고 시간도 많이 소요됩니다. 앞서 살펴본 텍스트 나누기, 정렬, 필터, 피벗 테이블 등의 기능을 바탕으로 하루하루 축적되는 데이터와 흩어져 있는 데이터를 모으고 다양한 기능을 연계해 복합적으로 활용한 후 데이터를 관리하고 효과적으로 분석하는 방법을 알아봅니다. 또한 예측 가능한 정보를 바탕으로 피벗 테이블, 파레토 차트, 설문 집계표 등의 보고서를 만들어보겠습니다.

신뢰할 수 있는
데이터베이스 만들기

실습 파일 | Part02/Chapter02/01_3월_거래처매출표_DB.xlsx, 01_1분기_거래처매출표_DB.xlsx
완성 파일 | Part02/Chapter02/01_3월_거래처매출표_DB_완성.xlsx, 01_1분기_거래처매출표_DB_완성.xlsx

01 프로젝트 시작하기

데이터베이스의 기본은 신뢰할 수 있는 데이터를 만들고 관리하는 데 있습니다. 하나의 필드에 두 개의 데이터가 입력되어 있으면 각각의 데이터를 분리하고, 중복되어 있는 데이터는 중복을 제거합니다. 또 흩어져 있는 데이터는 하나로 합치는 등 데이터 관리가 선행되어야 엑셀에서 제공하는 분석 도구, 즉 필터, 피벗 테이블, 부분합 등을 사용하여 데이터를 분석하고 예측할 수 있습니다.

월별 거래 실적표에서 두 개의 행에 데이터가 반복해서 입력된 데이터를 행마다 하나의 정보가 표시되도록 하고, 텍스트 나누기와 중복 항목 제거로 신뢰할 수 있는 데이터베이스를 만들어보겠습니다. 이어서 각각 흩어져 있는 월별 거래처 데이터베이스를 통합 기능으로 합쳐보겠습니다.

회사에서 바로 통하는 키워드	텍스트 나누기, 중복된 항목 제거, 창 정렬, 통합, INDEX, ROW, COLUMN

거래처 매출실적

거래처	사업자번호	전화번호	거래량	1월거래금액	2월거래금액	3월거래금액
강철상회	121-59-24215	02)458-6658	14	1,209,500		5,645,000
금빛전자	545-03-83225	02)539-4518	2			423,000
나라상사	435-03-83225	02)539-3317	9	824,800		2,568,000
나명전자	121-21-21212	02)531-5555	19	2,532,000		4,120,000
나무출판	568-03-98123	063)359-5248	5	285,780	444,800	259,800
나성상사	125-03-83225	02)539-6618	24	3,876,400		3,524,000
네이처랜드	625-13-91229	051)310-1235	18	2,024,020	658,200	3,658,200
다운주식회사	123-45-67891	02)257-1234	19	2,427,800		1,298,000
대나라상사	422-85-85474	02)256-1212	3		1,214,850	354,850
더호수	135-03-45629	043)123-8976	9	503,800	1,878,000	458,000
로테크상사	555-12-29629	02)692-5577	10	1,985,600		896,000
만석상회	122-43-65054	02)458-3652	4	767,800		698,000
명부상회	154-80-34425	02)787-3456	11	2,026,835	320,000	4,569,850
미래전자	411-03-63005	02)539-5618	19	1,275,000	1,350,000	250,000
민들레출판	301-03-34561	02)539-5618	1	279,400		
민우주식회사	123-06-95684	02)625-3457	10		2,330,000	6,520,000
보람주식회사	125-03-83233	02)539-5620	11	537,900	1,899,000	
복클럽인	389-03-23229	041)400-8989	4	389,422	364,020	
사람과사람	655-07-33211	063)987-2212	7	1,501,600	354,000	456,000
상도상회	302-03-83225	02)539-5618	13	1,984,500	911,000	895,000
수목출판	222-01-83225	02)539-1234	5	437,500	333,000	125,000
아이나라	525-67-23229	061)333-5876	10	503,679	433,890	457,890
안목출판사	389-98-32156	061)522-5876	2		559,000	

시트 탭: 1월거래처 2월거래처 3월거래처 1분기거래처

한눈에 보는 작업순서

3월 실적표에서 홀수/짝수 행을 한 행에 표시하기 ▶ 종목, 업태, 우편번호, 주소, 상세주소 필드 텍스트 나누기 ▶ 중복된 거래처 항목 제거하기

▶ 1분기 통합 문서로 [3월 거래처] 시트 복사하기 ▶ 통합할 기준 열 필드 만들기 ▶ 1월, 2월, 3월 거래처 데이터 통합하기 ▶ 통합된 기준 열 필드를 텍스트로 나누기

데이터 분석

핵심기능 미리 보기

STEP 01 신뢰할 수 있는 데이터 만들기

❶ '01_3월_거래처매출표_DB.xlsx' 파일에서 두 행에 나눠져 있는 홀수 행, 짝수 행 데이터를 INDEX, ROW, COLUMN 함수를 사용하여 한 행에 표시합니다.

❷ 텍스트 나누기로 종목, 업태, 우편번호, 주소, 상세주소를 각 셀에 나눠서 표시합니다.

❸ 중복된 항목 제거로 중복 거래처를 삭제합니다.

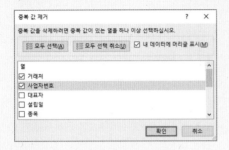

STEP 02 데이터 통합하기

❶ [3월 거래처] 시트를 '01_1분기_거래처매출표_DB.xlsx' 통합 문서에 복사합니다.

❷ 3월 거래처 매출 실적표에서 데이터 통합을 위한 기준 열을 거래처, 사업자번호, 전화번호 필드를 수식으로 합칩니다.

❸ [1분기 거래처] 시트에 1월, 2월, 3월의 거래처 매출 실적을 통합합니다.

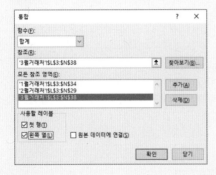

❹ 텍스트 나누기에서 거래처, 사업자번호, 전화번호의 기준 열을 각 셀에 나눠서 표시합니다.

❺ 거래처 필드를 기준으로 오름차순 정렬합니다.

STEP 01 신뢰할 수 있는 데이터 만들기

신뢰할 수 있는 데이터베이스를 만드는 일은 결과가 뚜렷하게 나타나지 않는 반복적이고 지루한 과정 중 하나이나 꼭 필요한 과정이기도 합니다. 3월 매출 실적표에는 두 행에 걸쳐 데이터 정보가 입력되어 있어 데이터를 분석하기가 쉽지 않습니다. 따라서 두 행에 나눠져 있는 정보를 수식과 함수를 사용해 한 행에 표시해보겠습니다. 한 셀에 여러 정보가 입력되어 있는 종목, 업태, 우편번호, 주소, 상세주소를 각 셀에 나눠 표시하고, 중복된 거래처는 중복된 항목 제거로 삭제하겠습니다.

01 홀수 행 데이터 정보를 한 행에 모으기 '01_3월_거래처매출표_DB.xlsx' 파일에서 1행, 3행, 5행 등의 홀수 행에 있는 거래처, 사업자번호, 대표자, 설립일, 종목/업태의 필드 제목 및 데이터를 INDEX, ROW, COLUMN 함수로 가져옵니다. ❶ [H1] 셀에 **=INDEX($A$1:$E$76,ROW(A1)*2-1,COLUMN(A1))**를 입력하고 Enter 를 누릅니다. ❷ [H1] 셀의 채우기 핸들을 [L1] 셀까지 드래그합니다.

📊 **실력향상** 수식 설명 : =INDEX($A$1:$E$76,ROW(A1)*2-1,COLUMN(A1))

전체 데이터에서($A$1:$E$76)에서 거래처, 사업자번호, 대표자, 설립일, 종목/업태는 홀수 행에 있으므로 1행 1열~1행 5열, 3행 1열~3행 5열, 5행 1열~5행 5열의 데이터를 참조합니다. 1, 3, 5의 홀수 행 번호(ROW(A1)*2-1)와 1열~5열의 열 번호(COLUMN(A1))의 위치에 해당하는 데이터를 가져옵니다.

02 짝수 행 데이터 정보를 한 행에 모으기 2행, 4행, 6행 등의 짝수 행에 있는 전화번호, 팩스번호, 주소상세주소, 거래량, 거래금액의 필드 제목과 데이터를 INDEX, ROW, COLUMN 함수로 가져오겠습니다. **①** [M1] 셀에서 **=INDEX($A$1:$E$76,ROW(A1)*2,COLUMN(A1))**를 입력하고 Enter를 누릅니다. **②** [M1] 셀의 채우기 핸들을 [Q1] 셀까지 드래그합니다.

📊 **실력향상** 수식 설명 : =INDEX($A$1:$E$76,ROW(A1)*2,COLUMN(A1))
전체 데이터에서($A$1:$E$76)에서 전화번호, 팩스번호, 주소상세주소, 거래량, 거래금액은 짝수 행에 있으므로 2행 1열~2행 5열, 4행 1열~4행 5열, 6행 1열~6행 5열의 데이터를 참조합니다. 2, 4, 6의 짝수 행 번호(ROW(A1)*2)와 1열~5열의 열 번호(COLUMN(A1))의 위치에 해당하는 데이터를 가져옵니다.

03 홀수 행 데이터와 짝수 행 데이터를 가져오는 수식이 완성되었으므로 수식을 복사하여 전체 데이터를 가져온 후 값만 붙여 넣습니다. **①** [H1:Q1] 셀 범위를 선택하고 **②** [Q1] 셀의 채우기 핸들을 [Q38] 셀까지 드래그합니다. **③** 범위가 지정되어 있는 상태에서 Ctrl + C 를 눌러 데이터를 복사한 후 **④** Ctrl + Alt + V 를 누릅니다. **⑤** [선택하여 붙여넣기] 대화상자에서 [값]을 선택하고 **⑥** [확인]을 클릭하여 수식을 값으로 붙여 넣습니다. **⑦** ESC 를 눌러 복사 모드를 해제합니다.

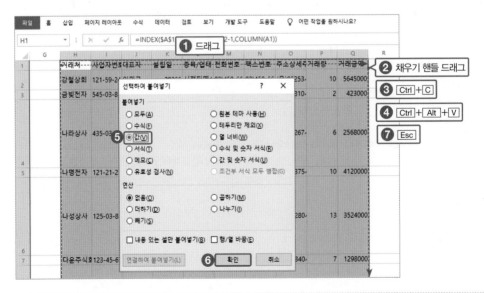

📊 **실력향상** 전체 데이터($A$1:$E$76)의 마지막 행은 38행이 됩니다. 전체 76행에서 홀수 행, 짝수 행의 데이터를 한 행에 모아 가져오므로 76행의 반인 38행까지만 데이터를 채웁니다.

04 원본 데이터 삭제 및 빈 행 추가하기 ❶ [A:G] 열을 선택한 후 ❷ Ctrl + − 를 눌러 원본 데이터를 삭제합니다. ❸ [1:2] 행을 선택하고 ❹ Ctrl + Shift + + 를 눌러 빈 행을 삽입합니다.

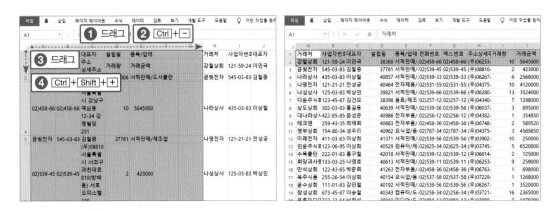

📊 **실력향상** 단축키로 행을 추가하거나 삭제할 때 노트북 사용, 키보드 종류, 또는 운영체제의 키보드 설정에 따라 Ctrl + + , Ctrl + Shift + − 를 눌러야 행이 추가되거나 삭제되는 경우가 있습니다. 단축키를 사용할 때 참고합니다.

05 제목 입력 및 텍스트를 나눌 셀 범위 지정하기 데이터를 효율적으로 관리하기 위해 열 하나에 여러 정보가 담기지 않도록 분류해두면 정보를 검색하거나 분석할 때 유리합니다. 종목/업태 필드에 두 개의 정보가 입력되어 있으므로 각각 종목과 업태로 데이터를 나눠보겠습니다. ❶ [A1] 셀에 **3월 거래처 목록**을 입력하고 Enter 를 누릅니다. ❷ F열을 클릭하고 ❸ Ctrl + Shift + + 를 눌러 빈 열을 삽입합니다. ❹ [E3:E40] 셀 범위를 선택합니다. ❺ [데이터] 탭−[데이터 도구] 그룹−[텍스트 나누기]를 클릭합니다. ❻ [텍스트 마법사−3단계 중 1단계]에서 원본 데이터의 파일 유형으로 [구분 기호로 분리됨]을 선택하고 ❼ [다음]을 클릭합니다.

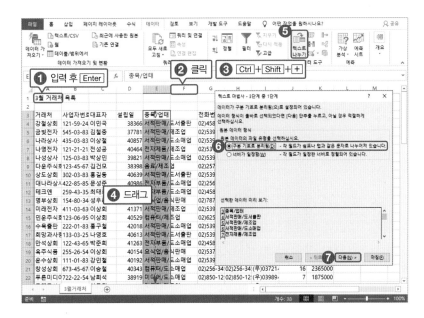

📊 **실력향상**
텍스트를 나누려면 나누려는 열 오른쪽에 빈 열이 있어야 합니다. 만약 빈 열이 없으면 오른쪽 열이 데이터 값으로 대치되므로 주의합니다.

06 텍스트 마법사로 '/' 구분 기호가 있는 텍스트 나누기 ❶ [텍스트 마법사-3단계 중 2단계] 대화상자에서 [구분 기호]의 [기타]에 체크 표시하고 ❷ 입력 상자에 **/**를 입력합니다. ❸ [다음]을 클릭합니다. [텍스트 마법사-3단계 중 3단계] 대화상자의 [데이터 미리 보기] 목록에서 서식을 지정합니다. 지정할 서식이 없으므로 텍스트 마법사를 완료하기 위해 ❹ [마침]을 클릭합니다.

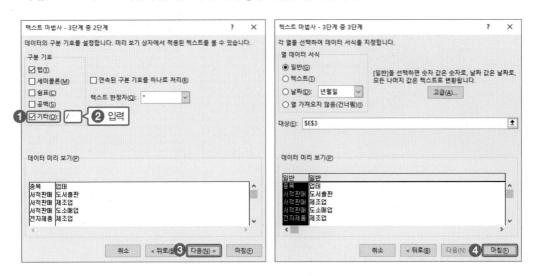

07 텍스트 나누기로 너비가 일정한 우편번호 나누기 우편번호는 5자리로 너비가 일정하므로 텍스트 나누기에서 '9' 너비로 분리할 수 있습니다. ❶ [J:K] 열을 선택하고 ❷ Ctrl + Shift + + 를 눌러 빈 열을 삽입합니다. ❸ [I4:I40] 셀을 드래그하여 범위로 지정합니다. ❹ [데이터] 탭-[데이터 도구] 그룹-[텍스트 나누기]를 클릭합니다.

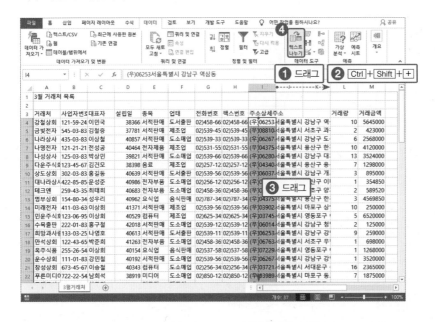

08 ❶ [텍스트 마법사–3단계 중 1단계] 대화상자에서 원본 데이터의 파일 유형으로 [너비가 일정함]을 선택하고 ❷ [다음]을 클릭합니다. ❸ [텍스트 마법사–3단계 중 2단계] 대화상자에서 [데이터 미리 보기] 영역의 눈금에 너비 '9'의 위치를 클릭하여 구분선을 지정하고 ❹ [마침]을 클릭합니다. 우편번호와 주소가 나눠집니다.

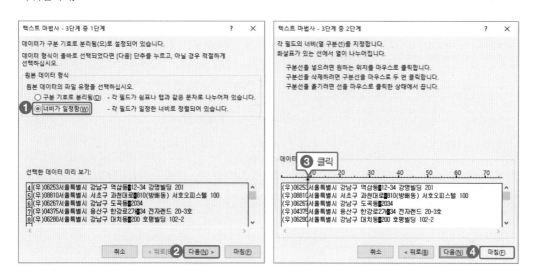

09 텍스트 마법사로 줄바꿈 구분 기호가 있는 텍스트 나누기 주소와 상세주소는 주소 길이가 길어 서 두 줄로 입력되어 있습니다. 따라서 줄 바꿈 기호를 구분 기호로 설정해 텍스트를 나눠보겠습니다. ❶ [J4:J40] 셀을 드래그하여 범위로 지정합니다. ❷ [데이터] 탭–[데이터 도구] 그룹–[텍스트 나누기]를 클릭 합니다.

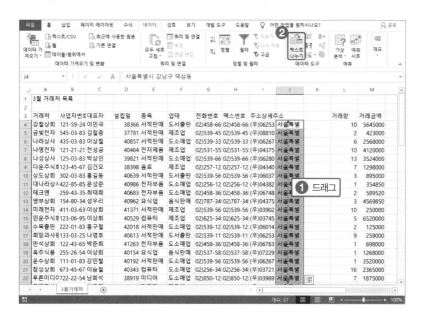

10 ① [텍스트 마법사–3단계 중 1단계] 대화상자에서 원본 데이터의 파일 유형으로 [구분 기호로 분리됨]을 선택하고 ② [다음]을 클릭합니다. ③ [텍스트 마법사–3단계 중 2단계] 대화상자에서 [구분 기호]에 [기타]에 체크 표시하고 ④ 입력 상자에서 Ctrl + J 를 누릅니다. 공란이 표시되지만 줄 바꿈 구분 기호를 입력했으므로 주소와 상세주소가 나눠집니다. ⑤ [마침]을 클릭하여 텍스트 마법사를 종료합니다.

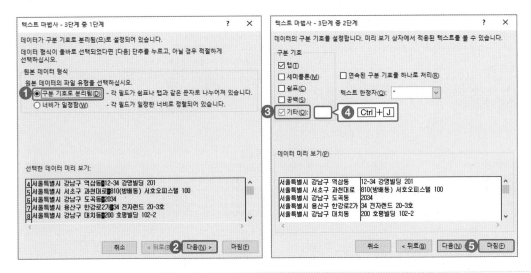

(시계 아이콘) **시간단축** 텍스트에 줄 바꿈(Enter) 기호가 포함되어 있을 경우 숫자 패드가 있는 키보드에서는 Alt + 10 을 누르고 숫자 패드가 없는 키보드에서는 Ctrl + J 를 눌러 줄 바꿈 기호(Enter)를 찾습니다.

11 제목을 입력하고 설립일의 표시 형식을 날짜로 지정합니다. ① [I3] 셀에 **우편번호**, [J3] 셀에 **주소**, [K3] 셀에 **상세주소**를 입력합니다. ② [D4:D40] 셀 범위를 선택하고 ③ Ctrl + Shift + # 을 눌러 연–월–일 표시 형식을 지정합니다.

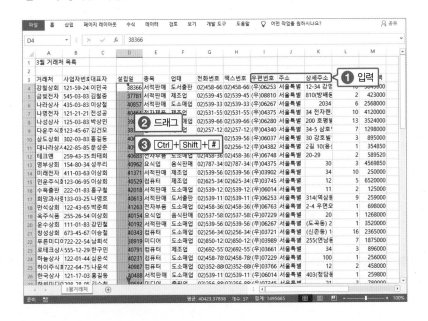

12 중복 데이터 제거하기 데이터베이스에서 중복된 데이터가 있으면 데이터를 분석할 때 잘못된 결과를 불러올 수 있습니다. 거래처 목록에서 거래처와 사업자번호가 같은 중복 데이터를 제거해보겠습니다. ❶ [A3] 셀을 클릭합니다. ❷ [데이터] 탭-[데이터 도구] 그룹-[중복된 항목 제거 🔢]를 클릭합니다. ❸ [중복된 항목 제거] 대화상자에서 [모두 선택 취소]를 클릭하고 ❹ [거래처], [사업자번호]에 체크 표시합니다. ❺ [확인]을 클릭합니다. ❻ 중복된 데이터가 제거되었다는 메시지가 나타나면 [확인]을 클릭합니다.

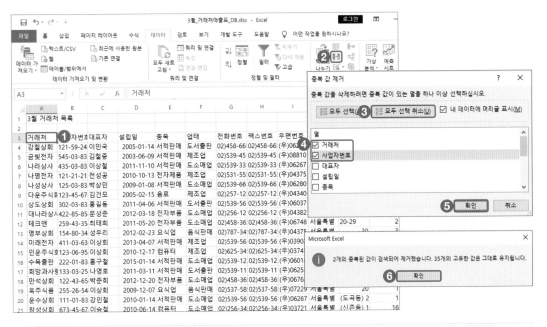

🔼 **실력향상** 중복된 항목이 없을 때는 데이터를 제거하지 않고 체크 표시한 항목에서 일치하는 레코드가 있을 때만 제거됩니다. 중복된 데이터는 첫 번째 레코드 하나만 남고 두 번째 레코드부터 삭제됩니다.

13 테두리 그리기 및 열 너비 조정하기 ❶ Ctrl + A를 눌러 전체 범위를 선택한 후 ❷ [홈] 탭-[글꼴] 그룹-[테두리 ⊞ㆍ]를 클릭하고 ❸ [모든 테두리]를 선택합니다. ❹ [전체 선택 ◢]을 클릭하고 ❺ A열의 경계선을 더블클릭하여 데이터에 맞게 열 너비를 조정합니다.

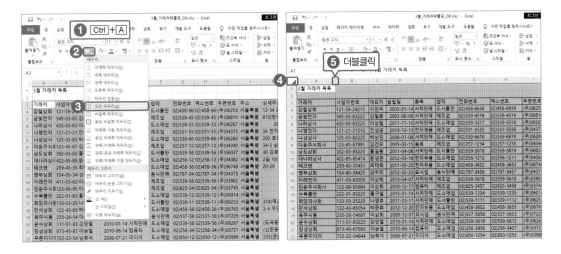

데이터 통합하기

앞서 가공한 3월 거래처 데이터베이스를 '01_3월_거래매출표_DB.xlsx' 문서에 복사합니다. 1월, 2월, 3월 데이터를 통합하여 거래처, 사업자번호, 전화번호를 기준 열로 요약하고 거래량과 거래금액의 합계를 집계하여 1분기 거래처 매출 데이터베이스를 작성합니다.

14 **'1분기_거래처매출표_DB' 문서에 [3월거래처] 시트 복사하기** 작업 중인 '01_3월_거래처매출표_DB.xlsx'가 열려 있는 상태에서 '01_1분기_거래처매출표_DB.xlsx'를 불러옵니다. ❶ '01_3월_거래처매출표_DB.xlsx' 문서의 [3월거래처] 시트에서 ❷ 마우스 오른쪽 버튼을 클릭하고 ❸ [이동/복사]를 선택합니다. ❹ [이동/복사] 대화상자에서 [대상 통합 문서]에서 [01_1분기_거래처매출표_DB.xlsx]를 선택하고 ❺ [다음 시트의 앞에] 목록에서 [1분기거래처]를 선택합니다. ❻ [복사본 만들기]에 체크 표시한 후 ❼ [확인]을 클릭합니다.

15 '01_1분기_거래처매출표_DB' 문서에 [3월거래처] 시트가 복사되었습니다. '01_3월_거래처매출표_DB.xlsx' 문서에서 [닫기 ⊠]를 눌러 저장하지 않고 문서를 닫습니다.

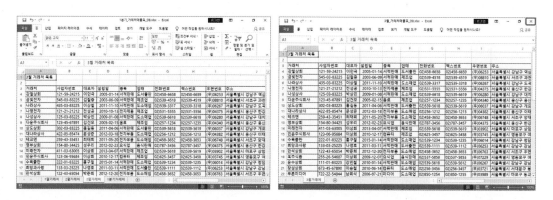

16 기준 열에 필요한 거래처, 사업자번호, 전화번호 셀 합치기 데이터를 통합하면 기본적으로 첫 열과 첫 행을 기준으로 데이터가 합쳐집니다. 거래처, 사업자, 전화번호를 기준 열로 통합하기 위해 필드를 합쳐보겠습니다. **①** '01_1분기_거래처매출표_DB.xlsx' 문서의 [3월거래처] 시트에서 **②** L열을 선택하고 **③** Ctrl + Shift + + 를 눌러 빈 열을 삽입합니다. **④** [L3] 셀에 **=A3&"/"&B3&"/"&G3**을 입력하고 Enter 를 누릅니다. **⑤** [L3] 셀의 채우기 핸들을 더블클릭하여 수식을 복사합니다. **⑥** [N3] 셀은 **3월거래금액**으로 수정합니다.

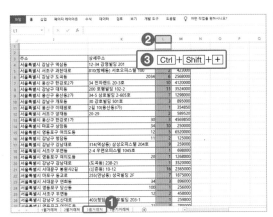 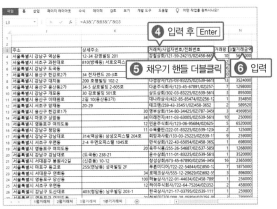

📊 실력향상 [1월거래처] 시트와 [2월거래처] 시트에는 기준 열이 만들어져 있습니다.

X 엑셀 2019 엑셀 2019 버전에 새로 추가된 TEXTJOIN(구분 텍스트, 빈 셀 포함 유무, 텍스트1, 텍스트2, …) 함수로 **=TEXTJOIN("/",TRUE,A3:B3,G3)** 수식을 작성할 수 있습니다.

17 거래처/사업자번호/전화번호와 동일한 항목으로 데이터 통합하기 데이터를 통합하면 여러 워크시트에 담긴 결과를 요약하고 집계해서 볼 수 있습니다. 같은 통합 문서 내에 있는 [1월거래처]~[3월거래처] 시트의 데이터를 '거래처/사업자번호/전화번호'를 기준 열로 통합해보겠습니다. **①** [1분기거래처] 시트에서 **②** [A3] 셀을 클릭합니다. **③** [데이터] 탭-[데이터 도구] 그룹-[통합]을 클릭합니다. **④** [통합] 대화상자의 [함수]에서 [합계]를 선택하고 **⑤** [참조]란을 클릭합니다.

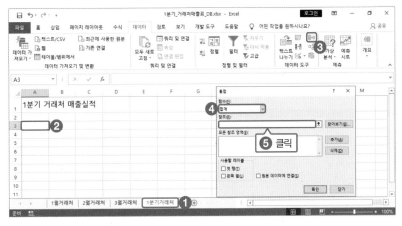

📊 실력향상

데이터 통합은 첫 번째 필드 항목을 기준으로 여러 워크시트의 결과를 [합계], [개수], [평균], [최대값], [최소값], [곱], [숫자 개수], [표본 표준 편차], [표준 편차], [표본 분산], [분산] 등으로 요약하고 집계합니다. 여기서는 거래처/사업자번호/전화번호를 기준 열로 통합합니다.

18 통합할 데이터 선택하기 ❶ [1월거래처] 시트를 클릭하고 ❷ [L3:N34] 셀을 드래그하고 ❸ [추가]를 클릭합니다.

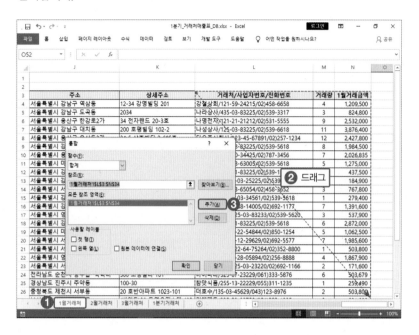

19 ❶ [2월거래처] 시트를 클릭합니다. ❷ [L3:N29] 셀 범위를 선택하고 ❸ [추가]를 클릭합니다.

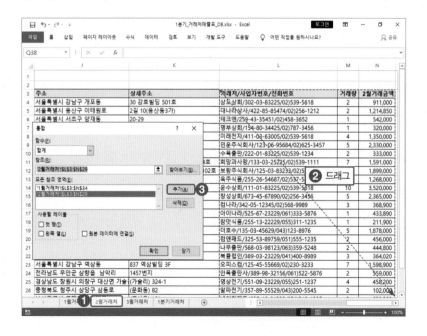

20 ❶ [3월거래처] 시트를 클릭합니다. ❷ [L3:N38] 셀 범위를 선택하고 ❸ [추가]를 클릭합니다. ❹ [사용할 레이블]에서 [첫 행]과 [왼쪽 열]에 체크 표시하고 ❺ [확인]을 클릭합니다.

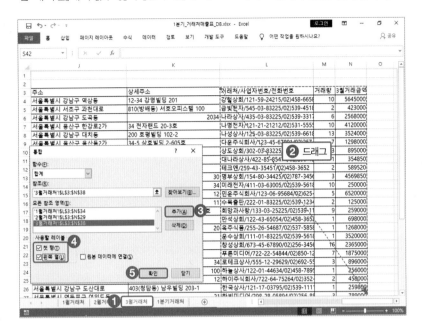

실력향상

[사용할 레이블]에서 [첫 행]과 [왼쪽 열]에 체크 표시하면 제목 행과 제목 열을 기준으로 통합됩니다. 레이블을 사용하지 않으면 행과 열 방향의 순서대로 데이터를 통합하기 때문에 잘못된 통합 결과를 얻을 수도 있습니다.

21 1월부터 3월까지 데이터가 통합되어 [1분기거래처] 시트의 [A3] 셀부터 입력됩니다. ❶ [A3] 셀에 **거래처/사업자번호/전화번호**를 입력합니다. ❷ [B:C] 열을 범위로 지정하고 ❸ Ctrl + Shift + + 를 눌러 빈 열을 삽입합니다. ❹ [A3:A45] 셀 범위를 선택합니다. ❺ [데이터] 탭–[데이터 도구] 그룹–[텍스트 나누기]를 클릭합니다. ❻ [텍스트 마법사–3단계 중 1단계] 대화상자에서 원본 데이터의 파일 유형으로 [구분 기호로 분리됨]을 선택하고 ❼ [다음]을 클릭합니다.

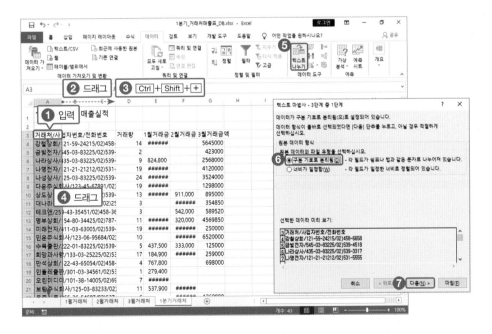

22 ❶ [텍스트 마법사-3단계 중 2단계] 대화상자에서 [구분 기호]의 [기타]에 체크 표시하고 ❷ 입력란의 데이터를 Delete 로 지운 후 **/**를 입력합니다. ❸ [마침]을 클릭하여 텍스트 마법사를 종료합니다.

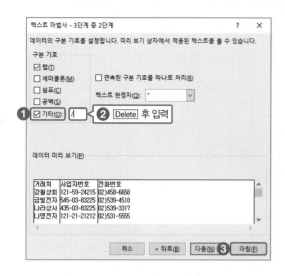

↑↑↑ 실력향상 앞서 텍스트 나누기에서 구분 기호로 줄 바꿈(Ctrl +J)을 입력했기 때문에 눈에는 보이지 않지만 줄 바꿈 기호가 입력되어 있어 '/'가 입력되지 않습니다. 따라서 [기타] 입력란에서 Delete 를 눌러 데이터를 모두 지운 후 구분 기호를 입력합니다.

23 1월~3월 거래처별 거래금액과 거래량이 통합되었습니다. 적절하게 너비를 조정한 후 테두리와 채우기 색, 표시 형식 등을 지정합니다.

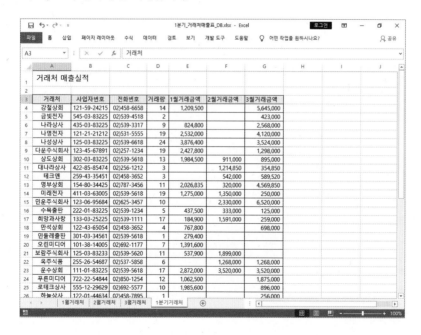

24 거래처 오름차순 정렬하기 거래처 필드를 기준으로 셀을 정렬해보겠습니다. ❶ [1분기 거래처] 필드에서 ❷ 임의의 셀을 클릭합니다. ❸ [데이터] 탭-[정렬 및 필터] 그룹-[오름차순圓]을 클릭합니다.

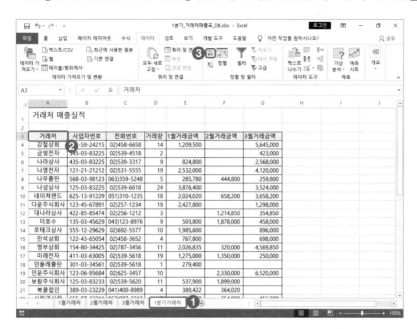

연간 상품 매출표에서 파레토 차트로 ABC 패턴 분석하기

실습 파일 | Part02/Chapter02/02_매출실적_DB.xlsx 완성 파일 | Part02/Chapter02/02_매출실적_DB_완성.xlsx

01 프로젝트 시작하기

파레토의 법칙(Pareto's Law)은 이탈리아 경제학자의 이론으로 양적으로 적은 20%가 나머지 80%의 가치보다 크다는 의미입니다. 상품의 매출로 예를 들면 소수 20%의 상품이 총 매출의 80%를 차지한다는 의미로 '80 대 20의 법칙'이라고 불리며 마케팅 전략에서 유용하게 사용됩니다. 여기에 ABC 분석을 추가해 전체를 세 개의 그룹(A, B, C)으로 나눠서 80% 이하면 A 그룹, 90% 이하면 B 그룹, 100%에 속하면 C 그룹으로 나눠서 A 그룹이면 가장 많이 판매되는 제품(상품)군, B 그룹이면 보조적으로 판매되는 제품(상품)군, C 그룹은 판매량이 적어 회사에서 가져오는 이익보다 더 많은 비용과 시간이 드는 제품(상품)군이 있는 그룹으로 분석할 수 있습니다.

연간 상품 매출표에서 상품별 수량의 소계와 누계 비율을 피벗 테이블을 이용해 집계표를 만들고 데이터의 누계 비율에 따라 A, B, C 그룹을 나눠 파레토 차트를 작성해보겠습니다. 이 프로젝트의 피벗 테이블 일부 기능은 엑셀 2010 이상 버전에서만 사용할 수 있습니다.

회사에서 바로 통하는 키워드	피벗 테이블, 피벗 차트, 슬라이서 삽입, 조건부 서식, PivotTableUpdate 프로시저

2019년 일자별 매출표

날짜	대분류	중분류	상품명	금액	판매량	총매출금액
2019-01-04	가구	장롱	260cm 러블리 장롱	767,000	50	38,350,000
2019-01-04	가구	소파	디럭스 3인 소파	980,000	6	5,880,000
2019-01-04	패션의류	등산의류	등산의류 6종 세트	13,500	10	135,000
2019-01-05	뷰티케어	메이크업	UV파운데이션 23호	22,000	20	440,000
2019-01-06	패션잡화	지갑	여성 장지갑	51,000	90	4,590,000
2019-01-07	식품	야채	절임배추 20kg	25,300	10	253,000
2019-01-08	패션의류	트레이닝	트레이닝 3종 세트	88,900	10	889,000
2019-01-13	생활디지털	노트북	15인치 노트북	921,000	10	9,210,000
2019-01-13	식품	과일	사과 5kg	25,000	50	1,250,000
2019-01-13	생활가전	김치냉장고	스탠드형 김치 냉장고	768,000	50	38,400,000
2019-01-14	생활가전	전기밥솥	가마솥 밥솥	268,000	200	53,600,000
2019-01-14	가구	침대	싱글 스탠드 침대	489,000	20	9,780,000
2019-01-15	가구	침대	퀸 돌침대	879,000	30	26,370,000
2019-01-16	식품	김치	포기김치 4kg	28,900	33	953,700
2019-01-17	통신기기	일반핸드폰	폴더 핸드폰	219,000	44	9,636,000
2019-01-17	생활가전	전열기구	온풍기	46,000	20	920,000
2019-01-18	뷰티케어	크림	달팽이크림	43,000	5	215,000
2019-01-19	가구	소파	코너용 소파	1,250,000	16	20,000,000
2019-01-20	식품	김치	포기김치 4kg	28,900	17	491,300
2019-01-20	식품					

파레토분석 2019년

대분류

| 가구 | 뷰티케어 | 생활가전 | 생활디지털 | 식품 | 통신기기 | 패션의류 | 패션잡화 |

행 레이블	합계 : 판매량	합계 : 판매량2
식품	5437	
믹스너트 2통	800	14.71%
즉석 도정 20kg	668	27.00%
커피믹스 1	655	39.05%
총각김치 5kg	600	50.08%
사과 5kg	600	61.12%
키위 3kg	400	68.48%
장어 15미	400	75.83%
돌산 갓김치 3kg	360	82.45%
굴비 40미	220	86.50%
포기김치 4kg	200	90.18%
재래김 20g 20봉	176	93.42%
훈제 오리 8봉	168	96.51%
불고기 10팩	80	97.98%
비프스테이크 10팩	60	99.08%
절임배추 20kg	50	100.00%
총합계	5437	

파레토분석 2019년

한눈에 보는 작업순서

대분류, 상품, 판매량 필드로 피벗 테이블 삽입하기 ▶ [합계:판매량] 필드 정렬하기 ▶ [합계:판매량2] 필드의 누계 비율 계산하기

▶ ABC 그룹별 조건부 서식 지정하기 ▶ 슬라이서 삽입 후 대분류를 슬라이서에 표시하기 ▶ 콤보형으로 피벗 차트 삽입하기

STEP 01 파레토 차트 삽입 전에 데이터 가공하기

❶ 대분류별, 상품별, 판매량의 집계표를 피벗 테이블로 작성합니다.

❷ [합계:판매량] 필드를 내림차순으로 정렬합니다.

❸ [합계:판매량2] 필드에서 구성비의 누계 비율을 계산합니다.

❹ [합계:판매량2] 필드에서 구성비의 누계를 기준으로 ABC 그룹의
순위를 조건부 서식으로 지정합니다.

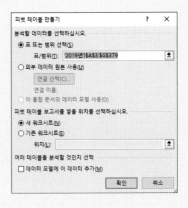

STEP 02 슬라이서 및 파레토 차트 삽입하기

❶ 대분류별로 조회할 상품을 필터링하기 위해 슬라이서를 삽입하고 상단에 배치합니다.

❷ 피벗 차트를 삽입하고 차트 종류를 콤보 차트로 변경합니다.

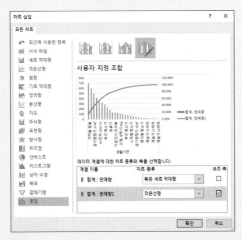

❸ 슬라이서에서 분류할 항목을 선택하고 차트를 분석합니다.

STEP 01 파레토 차트 삽입 전에 데이터 가공하기

파레토 차트를 삽입하기 전에 2019년 일자별 매출표에서 피벗 테이블을 삽입하여 대분류별, 상품명에 따른 주문 판매량의 소계를 집계표로 작성합니다. 판매량이 많은 순으로 정렬한 다음 구성비의 누계를 표시합니다. 집계표 데이터에서 80%, 90%, 100%에 속하는 ABC 그룹을 구분할 수 있도록 조건부 서식의 조건을 지정하여 채우기 색으로 강조합니다.

01 피벗 테이블 삽입하기 2019년 일자별 매출표에서 피벗 테이블을 삽입하여 대분류별, 상품명에 따른 판매량의 소계를 집계표로 작성하겠습니다. ❶ 데이터에서 임의의 셀을 클릭하고 ❷ [삽입] 탭–[표] 그룹– [피벗 테이블]을 클릭합니다. ❸ [피벗 테이블 만들기] 대화상자에서 [표 또는 범위 선택]을 클릭합니다. [표/범위]에는 자동으로 데이터 범위가 지정되었습니다. ❹ 피벗 테이블 보고서를 넣을 위치로 [새 워크시트]를 선택한 후 ❺ [확인]을 클릭합니다.

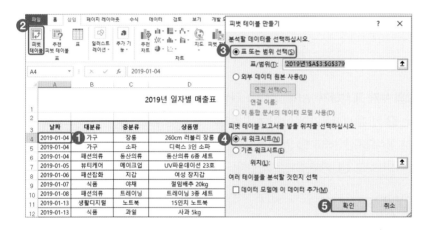

실력향상

피벗 테이블은 복잡한 데이터를 분석하여 행과 열 방향으로 그룹화된 항목을 정렬 및 요약하여 표 형태로 보여줍니다. 방대한 데이터를 빠르게 요약해서 보여주며, 데이터 수준을 확장하거나 축소하여 원하는 결과만 강조하는 대화형 테이블입니다.

02 피벗 테이블 레이아웃 지정하기 ❶ [피벗 테이블 필드] 작업 창의 필드 목록에서 [행] 레이블 영역으로 [대분류], [상품명]을 드래그하고 ❷ [판매량]을 [Σ 값] 영역으로 두 번 드래그하여 옮깁니다. [피벗 테이블 필드] 작업 창에서 지정한 대로 피벗 테이블 레이아웃이 완성되었습니다.

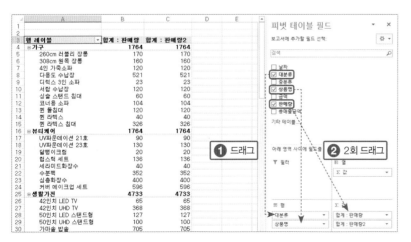

실력향상

[피벗 테이블 필드] 작업 창에서 새로운 시트가 삽입되면서 왼쪽에는 피벗 테이블 레이아웃을 설계할 영역이, 오른쪽에는 [피벗 테이블 필드] 작업 창이 나타납니다. [필터], [행], [열], [Σ 값] 레이블 영역에 있는 필드를 제거하려면 필드를 클릭할 때 나타나는 메뉴에서 [필드 제거]를 선택합니다.

03 [합계:판매량] 필드 값을 내림차순으로 정렬하기 ABC 분석을 위해 [합계:판매량] 필드의 값을 큰 값에서 작은 값순으로 내림차순 정렬해보겠습니다. ❶ 피벗 테이블의 [합계:판매량] 필드에서 임의의 셀을 선택하고 ❷ 마우스 오른쪽 버튼을 클릭합니다. ❸ [정렬]을 선택한 후 ❹ [숫자 내림차순 정렬]을 선택합니다.

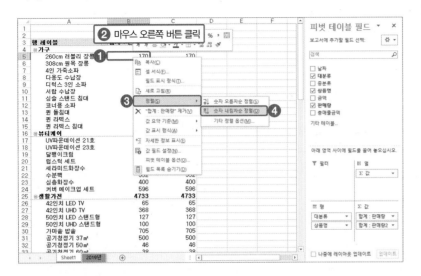

04 [합계:판매량2] 필드 값의 누계 표시하기 ABC 분석을 위해 판매량의 0%~100%가 누적된 판매수량의 비율을 표시하겠습니다. ❶ [합계:판매량2] 필드 값에서 임의의 셀을 선택하고 ❷ 마우스 오른쪽 버튼을 클릭합니다. ❸ [값 표시 형식]을 선택하고 ❹ [누계 비율]을 선택합니다. ❺ [값 표시 형식] 대화상자의 [기준 필드]에서 [상품명]을 선택하고 ❻ [확인]을 클릭합니다.

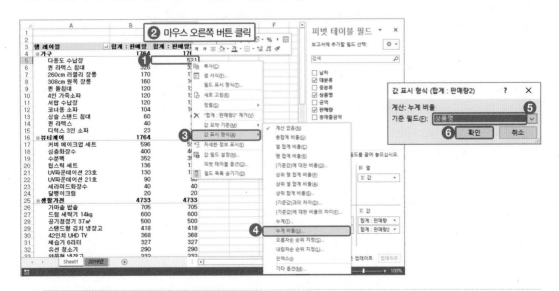

📊 실력향상 피벗 테이블로 상품별 집계표를 작성하지 않고 원본 데이터에서 누계를 계산하려면 첫 번째 셀에 **=판매량/SUM(판매량의 전체 범위)**를 입력하고 두 번째 셀에 **=판매량/SUM(판매량의 전체 범위)+첫 번째 셀** 수식을 입력한 후 수식을 복사하여 채웁니다. 예를 들어 판매량의 전체 범위가 [A5:A15] 셀 범위라면 ① [A5] 셀에 **=A5/Sum($A$5:$A$15)**를 입력하고 ② [A6] 셀에 **=A6/SUM($A$5:$A$15)+A5**를 입력한 후 수식을 복사합니다.

05 조건부 서식으로 ABC 그룹 구별하기 [합계:판매량2] 필드 구성비의 누계를 기준으로 전체의 80%에 해당하는 상품군을 파악하려고 합니다. 피벗 테이블 표에서 조건부 서식을 지정하여 A 그룹은 80% 이하, B 그룹은 80% 초과 90% 이하, C 그룹은 90% 초과 100% 이하를 조건으로 셀을 강조하겠습니다. ❶ [A3] 셀을 클릭하고 ❷ Ctrl + A 를 눌러 피벗 테이블 전체 범위를 선택합니다. ❸ [홈] 탭–[스타일] 그룹–[조건부 서식]을 클릭하고 ❹ [새 규칙]을 선택합니다.

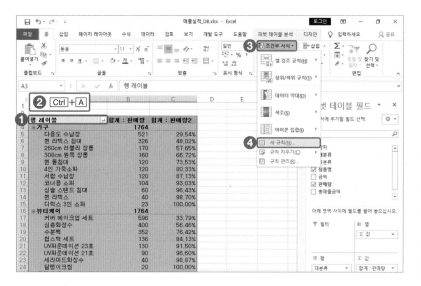

📊 실력향상

전체의 70%에 해당하는 상품군을 파악하고 싶을 때는 A 그룹은 70% 이하, B 그룹은 70% 초과 90% 이하, C 그룹은 90% 초과 100% 이하로 순위를 매길 수 있습니다.

06 ❶ [새 서식 규칙] 대화상자의 [규칙 유형 선택] 항목에서 [수식을 사용하여 서식을 지정할 셀 결정]을 선택하고 ❷ 수식 입력란에 **=AND($C3〈〉"",$C3〈=80%)**를 입력합니다. ❸ [서식]을 클릭합니다. ❹ [셀 서식] 대화상자에서 [채우기] 탭을 클릭하고 ❺ 적당한 채우기 색을 지정한 후 ❻ [확인]을 클릭합니다. ❼ [새 서식 규칙] 대화상자에서도 [확인]을 클릭합니다.

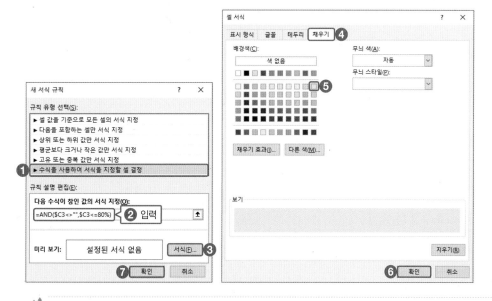

📊 실력향상 [합계:판매량2] 필드의 값이 공백이 아니고 80% 이하일 경우 해당하는 셀에 ▨ 채우기 색이 표시됩니다.

07 ❶ 범위가 지정되어 있는 상태에서 [홈] 탭-[스타일] 그룹-[조건부 서식]을 클릭하고 ❷ [새 규칙]을 선택합니다.

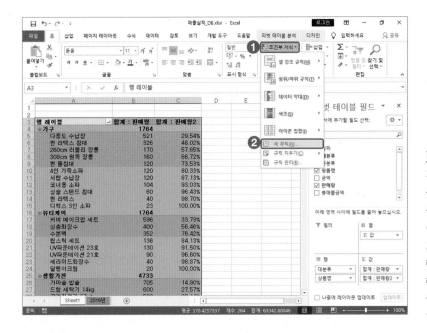

실력향상

피벗 테이블로 상품별 집계표를 작성하지 않고 조건부 서식을 지정하지 않으면서 원본 데이터에 수식으로 ABC 그룹을 지정하려면 함수식 **=IF(판매량누계 셀<=80%,"A",IF(판매량누계 셀<=90%,"B","C"))**를 입력합니다.

08 ❶ [새 서식 규칙] 대화상자의 [규칙 유형 선택] 항목에서 [수식을 사용하여 서식을 지정할 셀 결정]을 선택하고 ❷ 수식 입력란에 **=AND($C3<>"",$C3>80%,$C3<=90%)**를 입력합니다. ❸ [서식]을 클릭합니다. ❹ [셀 서식] 대화상자에서 [채우기] 탭을 클릭하고 ❺ 적당한 채우기 색을 지정한 후 ❻ [확인]을 클릭합니다. ❼ [새 서식 규칙] 대화상자에서도 [확인]을 클릭합니다.

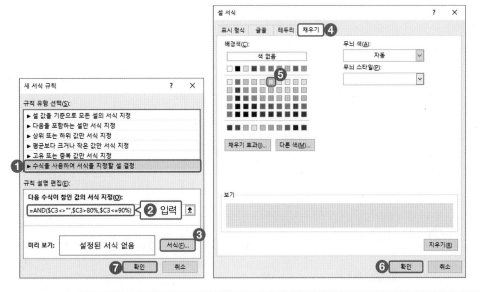

실력향상 [합계 :판매량2] 필드의 값이 공백이 아니고 80% 이하일 경우 해당하는 셀에 ▨ 채우기 색이 표시됩니다.

STEP 02 슬라이서 및 파레토 차트 삽입하기

파레토 차트를 삽입하기 위해 데이터를 가공했다면 대분류별 슬라이서를 삽입하여 대분류에 해당하는
상품군을 필터링합니다. 필터링된 데이터로 피벗 차트를 삽입하고, 콤보 차트로 차트의 종류를 변경하여
파레토 차트를 완성합니다.

09 슬라이서 삽입하고 [대분류] 슬라이서 표시하기 [대분류] 필드 목록을 선택할 수 있도록 슬라이서
를 삽입해보겠습니다. ❶ [피벗 테이블 필드] 작업 창에서 [닫기⊠]를 눌러 창을 닫습니다. ❷ 1행과 2행의
행 머리글 경계선을 드래그하여 행의 높이를 넓힙니다. ❸ 피벗 테이블 목록에서 임의의 셀을 클릭합니다.
❹ [피벗 테이블 도구]-[분석] 탭-[필터] 그룹-[슬라이서 삽입]을 클릭합니다. ❺ [대분류]에 체크 표시하고
❻ [확인]을 클릭합니다. [대분류]의 데이터 목록이 슬라이서의 항목으로 표시합니다.

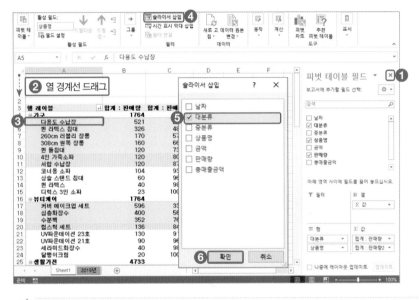

실력향상 엑셀 2010부터 도입된 슬라이서를 이용하면 피벗 테이블의 데이터 중에서 사용자가 원하는 자료를 필드의 목록 창에서 세
분화하고 필터링하여 필요한 내용만 표시할 수 있습니다.

엑셀 2007, 2010 엑셀 2010 사용자는 [피벗 테이블 도구]-[옵션] 탭-[정렬 및 필터] 그룹-[슬라이서 삽입]을 클릭합니다. 엑
셀 2007 사용자는 슬라이서 삽입 기능을 사용할 수 없습니다.

10 슬라이서 배치 및 필터링하기 슬라이서를 1행에 배치하고 슬라이서에서 필터할 항목을 선택해보겠습니다. ❶ [대분류] 슬라이서를 [A1] 셀 위치에 배치하고 ❷ 오른쪽 아래 크기 조절점을 [H1] 셀까지 드래그하여 크기를 조절합니다. ❸ 슬라이서를 선택한 상태에서 [슬라이서] 탭-[단추] 그룹-[열]을 **8**로 지정합니다.

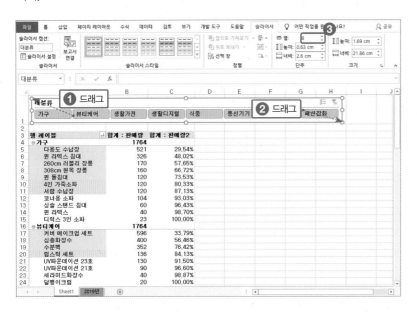

11 [대분류] 슬라이서에서 [생활가전]을 클릭합니다. 피벗 테이블에 생활가전에 해당하는 제품군이 필터링되어 표시됩니다.

📊 **실력향상** 슬라이서에서 [필터 지우기 🏷️]를 클릭하면 조건이 해제되고 전체 목록이 나타납니다. 슬라이서를 닫을 때는 마우스 오른쪽 버튼을 클릭하고 🏷️ 대분류에서 필터 해제(A) 를 선택합니다. 엑셀 2016 이전 버전에서는 ✖ "대분류" 제거(V) 를 선택합니다.

📊 **실력향상** 피벗 테이블에 적용된 조건부 서식은 슬라이서로 대분류를 필터링하면 필터링한 데이터에 맞게 피벗 테이블을 새로 고치면서 조건부 서식의 범위가 변경됩니다. 이때 [A:C] 열에 적용되었던 조건부 서식은 A열에만 적용되는데, A열에만 지정된 조건부 서식이 유지되어도 별문제없지만 처음 설정한 조건부 서식을 [A:C] 열까지 계속 유지하고 싶다면 비주얼 베이식 편집기에서 Worksheet_PivotTableUpdate 프로시저에 조건부 서식 명령어 코드를 입력해야 합니다. 자세한 내용은 428쪽을 참고합니다.

12 피벗 차트 삽입하기 피벗 차트를 삽입하고 콤보 차트로 차트 종류를 변경하여 파레토 차트를 만들어 보겠습니다. ❶ 피벗 테이블에서 임의의 셀을 선택하고 ❷ [피벗 테이블 도구]-[분석] 탭-[도구] 그룹-[피벗 차트]를 클릭합니다.

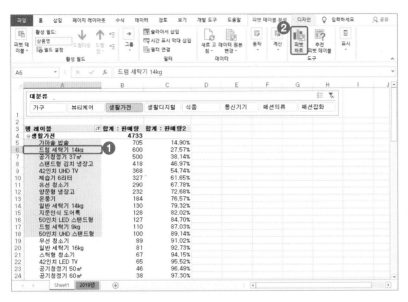

13 ❶ [차트 삽입] 대화상자의 [모든 차트] 탭에서 [혼합]을 선택하고 ❷ [사용자 지정 조합]을 선택합니다. ❸ [합계 : 판매량2]의 [차트 종류]로 [꺾은선형]을 선택하고, ❹ [보조 축]에 체크 표시를 합니다. ❺ [확인]을 클릭합니다.

X3 엑셀 2013, 2016 엑셀 2013, 2016 사용자는 [모든 차트] 탭에서 [콤보]를 선택합니다.

14 [D3] 셀 위치로 차트를 이동하고 크기를 적당하게 조정합니다. [생활가전]의 파레토 차트가 표시됩니다.

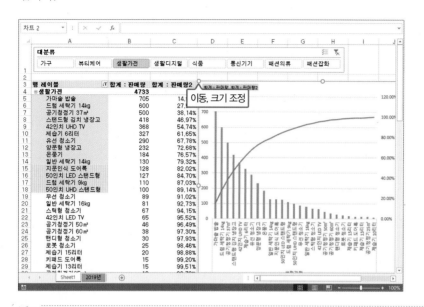

엑셀 2010 엑셀 2010 이전 사용자는 [피벗 테이블 도구]-[옵션] 탭-[도구] 그룹-[피벗 차트]를 클릭합니다. 엑셀 2010 이전 사용자는 [차트 삽입] 대화상자에 혼합 차트 항목이 없으므로 [2차원 묶은 세로 막대형]으로 피벗 차트를 삽입한 후 [합계:판매량2] 막대 계열에서 오른쪽 버튼을 클릭합니다. [데이터 계열 서식]을 선택한 후 [보조 축]으로 변경합니다. 마찬가지 방법으로 [계열 차트 종류 변경]을 선택한 후 차트의 종류를 [꺾은선형]으로 변경합니다.

15 ❶ 슬라이서에서 [식품]을 선택하면 피벗 테이블에서 '식품'의 상품군으로 데이터가 필터링되고 피벗 차트도 자동으로 갱신됩니다. ❷ [Sheet1] 시트를 더블클릭하여 **파레토분석**으로 이름을 수정합니다.

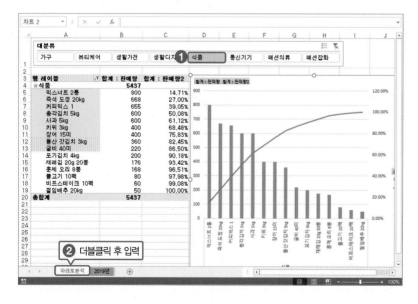

실력향상

피벗 차트는 피벗 테이블을 요약하고 분석한 데이터를 시각화하여 그래픽으로 표시합니다. 피벗 테이블의 레이아웃이나 표시되는 세부 항목이 변경되면 피벗 테이블 차트도 자동으로 갱신되어 나타나는 대화형 차트입니다.

비법 노트 파레토 차트의 ABC 분석 패턴

전체 80%에 해당하는 상품군을 파악하는 ABC 패턴 분석입니다. 전체의 70%에 해당하는 상품군을 파악하고 싶을 때는 A 그룹을 70% 이하, B 그룹을 70% 초과 90% 이하, C 그룹은 90% 초과 100% 이하로 순위를 매길 수 있습니다.

파레토 차트 패턴	설명
	표준형 차트로 A 그룹에 주력 상품인 20~30%의 항목이 포함되는 유형입니다. A 그룹에 투자와 마케팅을 집중하면 매출을 증대시킬 수 있습니다.
	집중형 차트로 소수의 A 그룹에 속한 항목에 치중하여 A 그룹 항목의 의존도가 높습니다. B 그룹과 C 그룹의 항목에서 유망한 상품을 찾고 적절한 투자와 마케팅으로 A 그룹에 포함되도록 해야 합니다.
	분산형 차트로 각 상품의 매출 차이가 없어 그룹별로 각 매출의 주력 상품이나 비주력 상품의 변별력이 없으므로 어느 그룹에 중점을 두어야 할지 분석하기 어렵습니다. 따라서 ABC 분석 이외에 다른 분석 기법을 검토해야 합니다.

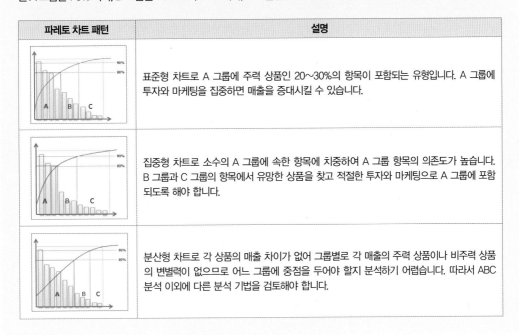

Worksheet_PivotTableUpdate 이벤트 프로시저에 조건부 서식 명령어 코드 입력하기

이벤트(Event)는 마우스, 키보드, 작업(열기, 저장, 닫기, 인쇄 등)의 행동이 실행될 때 발생합니다. 엑셀에서는 특정 기능의 작업이 일어날 때마다 이벤트를 감지하여 사용자가 원하는 명령어를 실행하는 이벤트 프로시저를 만들 수 있습니다. 앞서 피벗 테이블에 지정한 조건부 서식은 슬라이서로 대분류를 필터링했을 때 필터링한 데이터에 맞게 피벗 테이블을 새로 고치면서 조건부 서식의 범위가 변경되고 A열에만 서식이 적용되었습니다. 처음 설정한 조건부 서식이 [A:C] 열에 유지될 수 있도록 비주얼 베이식 편집기에서 Worksheet_PivotTableUpdate 이벤트 프로시저에 조건부 서식 명령어 코드를 입력하여 피벗 테이블이 업데이트될 때마다 조건부 서식이 유지될 수 있도록 명령어를 입력해보겠습니다.

매크로와 비주얼 베이식 편집기는 349~398쪽 설명을 참고한 후 이 부분을 따라 합니다. 여기서 입력하는 코드는 직접 입력하거나 '02_매출실적_DB_CODE.txt' 파일을 참조하여 복사/붙여넣기를 할 수 있습니다.

실습 파일 | Part02/Chapter02/02_매출실적_DB_완성.xlsx
완성 파일 | Part02/Chapter02/02_매출실적_DB_매크로_완성.xlsm

01 Alt + F11 을 눌러 비주얼 베이식 편집기 창을 엽니다.

02 ❶ 프로젝트 탐색기 창에서 [Sheet1(파레토분석)]을 더블클릭합니다. ❷ 코드 창에서 [Worksheet] 개체를 선택하고 ❸ [PivotTableUpdate] 프로시저를 선택합니다.

03 프로시저 안에 다음의 빨간색 코드를 입력한 후 [닫기 ⊠]를 클릭하여 비주얼 베이식 편집기를 닫습니다.

```
Private Sub Worksheet_PivotTableUpdate(ByVal Target As PivotTable)

Application.ScreenUpdating = False

Worksheets("파레토분석").Select

Range("A3:C93").Select

Selection.FormatConditions.Delete

    Selection.FormatConditions.Add Type:=xlExpression, Formula1:= _
        "=AND($C3<>""""",$C3<=80%)"
    Selection.FormatConditions(Selection.FormatConditions.Count).SetFirstPriority
    With Selection.FormatConditions(1).Interior
        .PatternColorIndex = xlAutomatic
        .ThemeColor = xlThemeColorAccent6
        .TintAndShade = 0.799981688894314
    End With
    Selection.FormatConditions(1).StopIfTrue = False
```

```
Selection.FormatConditions.Add Type:=xlExpression, Formula1:= _
    "=AND($C3<>"""",$C3>80%,$C3<=90%)"
Selection.FormatConditions(Selection.FormatConditions.Count).SetFirstPriority
With Selection.FormatConditions(1).Interior
    .PatternColorIndex = xlAutomatic
    .ThemeColor = xlThemeColorAccent2
    .TintAndShade = 0.799981688894314
End With
Selection.FormatConditions(1).StopIfTrue = False


Range("A5").Select


Application.ScreenUpdating = True


End Sub
```

04 슬라이서의 대분류에서 원하는 항목을 선택하면 조건부 서식이 모두 적용되어 표시됩니다. 매크로가 포함된 문서는 [다른 이름으로 저장]에서 파일 형식을 '매크로 포함 통합 문서(*.xlsm)'로 지정해 저장합니다.

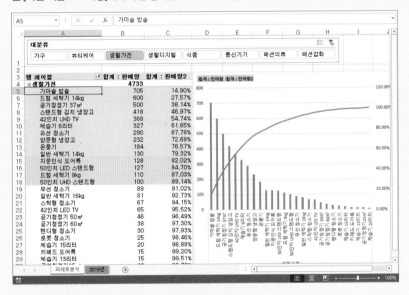

상품 구매 만족도
설문조사 분석하기

실습 파일 | Part02/Chapter02/03_설문조사_DB.xlsx   완성 파일 | Part02/Chapter02/03_설문조사_DB_완성.xlsx

---

01 프로젝트 시작하기

고객의 니즈를 분석하고 다양한 의견을 수렴하기 위해서 설문 방식으로 교육, 기업, 브랜드, 상품, A/S 등의 만족도와 선호도 등을 파악할 수 있습니다. 여기서는 상품을 구매한 고객 60명을 대상으로 온라인으로 실시한 '상품 구매 후 항목별 만족도 설문조사'를 통해 6개의 문항에 대한 답변(매우만족, 만족, 보통, 불만, 매우불만)을 취합한 데이터에서 항목별 평균값과 표준 편차를 계산하고 방사형 차트를 삽입하여 만족도가 높은 항목이 무엇인지 비교해보겠습니다. 이어서 피벗 테이블을 삽입하여 성별, 연령 구간별로 항목의 응답자수를 집계표로 작성하고 가로 누적형 피벗 차트를 삽입하겠습니다. 이 프로젝트의 피벗 테이블 일부 기능은 엑셀 2013 이상 버전에서만 사용할 수 있습니다.

회사에서 바로 통하는 키워드	피벗 테이블, 가로 누적형 피벗 차트, 사용자 지정 목록, 정렬, VLOOKUP, AVERAGE, STDEV.P(표준 편차), Excel 설문 조사, OneDrive, 매크로, 방사형 차트

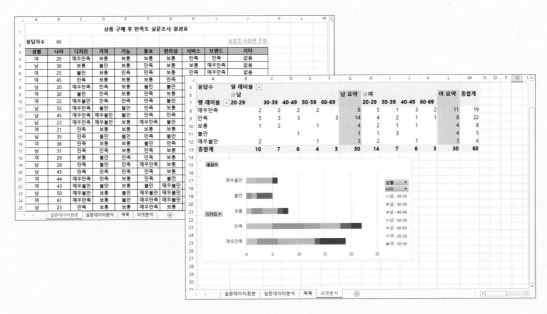

한눈에
보는
작업순서

설문 응답에 따라
점수 1~5 표시하기
▶
평균, 표준 편차
계산하기
▶
항목과 평균 데이터 범위로
방사형 차트 삽입하기
▶
신뢰도, 나이, 성별 필드로
피벗 테이블 삽입하기

▶
나이 필드를 그룹핑하여
연령대별 구간 설정하기
▶
디자인 필드를 사용자 지정
순서로 정렬하기
▶
누적 가로 막대형으로
피벗 차트 삽입하기

STEP 01 설문 데이터 가공하여 방사형 차트 삽입하기

❶ 설문 응답에 해당 점수를 설문조사표에 VLOOKUP 함수로 응답별 점수표를 참조하여 1~5 점수를 표시합니다.

❷ 설문의 항목별로 평균과 표준 편차를 AVERAGE, STDEV.P 함수로 계산합니다.

❸ 설문의 항목과 평균 데이터를 범위로 방사형 차트를 삽입합니다.

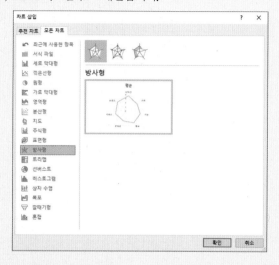

STEP 02 피벗 테이블로 성별, 나이 구간별 분포 개수 집계하기

❶ 성별, 나이, 신뢰도(개수)의 집계표를 피벗 테이블로 작성합니다.

❷ 나이 필드를 그룹 지정하여 20대에서 60대까지의 구간으로 나눕니다.

❸ 사용자 지정 목록에 정렬 순서를 추가하고 디자인 필드를 사용자가 지정한 순서로 정렬합니다.

❹ 피벗 차트를 삽입하고 차트 종류를 누적 가로 막대형으로 변경합니다.

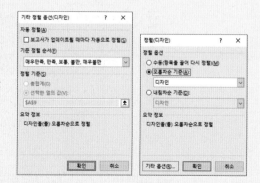

설문 데이터 가공하여 방사형 차트 삽입하기

6개의 문항에 대해 답변(매우만족, 만족, 보통, 불만, 매우불만)을 취합한 데이터에서 답변을 점수(1~5)로 표시하여 설문 데이터를 가공합니다. 설문 데이터에서 항목별 평균값과 표준 편차를 계산하고 방사형 차트를 삽입하여 만족도가 높은 항목이 무엇인지 비교해보겠습니다.

01 응답에 해당하는 점수(1~5점)를 VLOOKUP 함수로 표시해보겠습니다. ❶ [설문데이터분석] 시트의 ❷ [C4] 셀에 **=VLOOKUP(설문데이터원본!C4,점수표,2,0)**를 입력하고 Enter 를 누릅니다. ❸ [C4] 셀의 채우기 핸들을 [I4] 셀까지 드래그한 후 ❹ [I4] 셀의 채우기 핸들을 더블클릭하여 수식을 복사합니다.

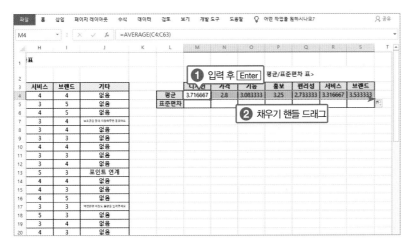

🔊 실력향상

[설문데이터원본] 시트의 응답(C4)을 점수표(목록!$D$4:$E$8)에서 세로 방향으로 검색하여 정확하게 일치(0)하는 값을 찾아 테이블의 점수 위치 열(2열)을 표시하는 수식은 **=VLOOKUP(설문데이터원본!C4,점수표,2,0)**입니다.

02 **평균 계산하기** 항목별 전체 응답자 점수의 평균을 AVERAGE 함수로 계산해보겠습니다. ❶ [M4] 셀에 **=AVERAGE(C4:C63)**를 입력하고 Enter 를 누릅니다. ❷ [M4] 셀의 채우기 핸들을 [S4] 셀까지 드래그하여 수식을 복사합니다.

	디자인	가격	기능	홍보	편리성	서비스	브랜드
평균	3.716667	2.8	3.083333	3.25	2.733333	3.316667	3.533333
표준편차							

⏱ 시간단축

수식을 입력하고 채우기 핸들로 수식을 복사했는데도 셀에 결과가 제대로 표시되지 않을 때는 F9 를 눌러 새로 고침합니다.

03 항목별 전체 응답자 점수의 표준 편차를 STDEV.P 함수로 계산합니다. ❶ [M5] 셀에 **=STDEV.P (C4:C63)**를 입력하고 Enter를 누릅니다. ❷ [M5] 셀의 채우기 핸들을 [S5] 셀까지 드래그하여 수식을 복사합니다. 표준 편차가 '0'이면 평균과 모두 동일하고, 표준 편차가 클수록 평균값에서 멀리 분포되어 있습니다. 디자인의 표준 편차가 제일 큰 것을 알 수 있습니다.

 실력향상

STDEV.P(표준 편차를 구할 전체 범위)는 엑셀 2010에 추가된 함수로 모집단의 표준 편차를 계산합니다.

엑셀 2007

엑셀 2007 이하 버전에서는 STDEV 함수를 사용합니다.

표준 편차(Standard deviation)

주변 자료가 평균에 얼마나 모여 있는지 혹은 흩어져 있는지 정도를 나타내는 값을 산포도(Dispersion)라고 합니다. 전체적인 데이터의 산술 평균은 자료의 핵심을 파악할 수 있지만 각각의 데이터가 평균값에 모여 있어 안정적인지, 아니면 평균값보다 크고 작은 값이 모여 있어 등락이 심한지 등의 분포 정도는 알 수 없습니다. 따라서 산술 평균에 수렴 정도를 나타내는 지표가 필요한데, 산포도 계산 방식 중에 가장 많이 사용하는 것이 분산과 표준 편차입니다. 각 집단의 자료와 평균의 차를 편차라고 하며 표준 편차는 자료가 많으면 많을수록 여러 편차를 대표할 수 있는 계산 방식입니다. 표준 편차로 정규 분포의 퍼진 정도를 알 수 있으며 표준 편차가 크면 평균에서 떨어진 정도가 크고 표준 편차가 작으면 평균에서 떨어진 정도가 비교적 작습니다.

04 차트 영역 범위 지정하고 방사형 차트 만들기 방사형 차트는 중심을 기준으로 항목 개수만큼 선을 연결하여 다각형을 그려주는 차트로 중심을 기준으로 뻗어 있는 정도를 비교할 수 있습니다. 항목, 평균 데이터를 범위로 방사형 차트를 만들어보겠습니다. ❶ 차트로 만들 데이터인 [L3:S4] 셀 범위를 선택합니다. ❷ [삽입] 탭-[차트] 그룹-[모든 차트 보기⬚] 표시 아이콘을 클릭하고 ❸ [차트 삽입] 대화상자에서 [모든 차트] 탭-[방사형]을 선택하고 ❹ [확인]을 클릭합니다.

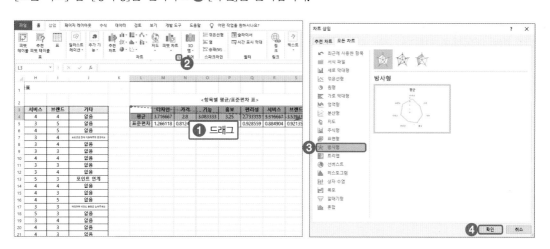

05 ❶ [L7] 셀로 차트 위치를 이동하고 크기를 적당하게 조정합니다. ❷ 차트 제목을 클릭하고 Delete 를 눌러 삭제합니다. 차트에서 디자인, 브랜드, 서비스의 만족도는 높고 나머지는 낮을 것을 확인할 수 있습니다.

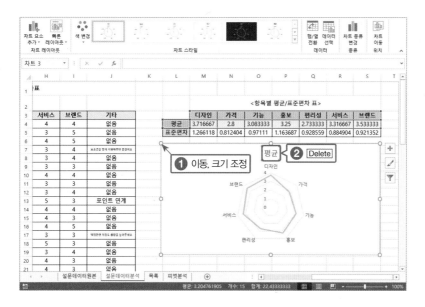

STEP 02 피벗 테이블로 성별, 나이 구간별 분포 개수 집계하기

피벗 테이블을 삽입하여 성별, 연령 구간별로 항목의 응답자수 집계표를 작성하고 가로 누적형 피벗 차트를 삽입해보겠습니다.

06 피벗 테이블 삽입하기 설문 데이터 원본으로 피벗 테이블을 삽입하여 성별, 연령, 항목(디자인, 가격, 기능, 브랜드 등)의 만족도 따른 답변(매우만족, 만족, 보통, 불만, 매우불만)의 개수를 요약하는 집계표를 작성해보겠습니다. ❶ [설문데이터원본] 시트에서 ❷ 데이터 내 임의의 셀을 선택하고 ❸ [삽입] 탭-[표] 그룹-[피벗 테이블]을 클릭합니다. ❹ [피벗 테이블 만들기] 대화상자에서 [표 또는 범위 선택]을 선택한 후 ❺ [표/범위]에 **설문데이터원본!$A$3:$J$63**을 입력합니다. ❻ 피벗 테이블 보고서를 넣을 위치로 [기존 워크시트]를 클릭하고 ❼ [위치]에 **피벗분석!$A$5**를 입력합니다. ❽ [확인]을 클릭합니다.

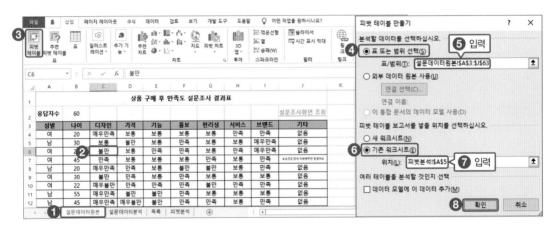

07 피벗 테이블 레이아웃 지정하기 [피벗분석] 시트 왼쪽에는 피벗 테이블 레이아웃을 설계할 영역이, 오른쪽에는 [피벗 테이블 필드] 작업 창이 나타납니다. ❶ [피벗분석] 시트의 ❷ [피벗 테이블 필드] 작업 창의 필드 목록에서 [행] 레이블 영역으로 [디자인]을, ❸ [열] 레이블 영역으로 [성별], [나이]를 드래그합니다. ❹ [Σ 값] 영역으로 [디자인]을 드래그합니다. [피벗 테이블 필드] 작업 창에서 지정한 대로 피벗 테이블 레이아웃이 완성됩니다.

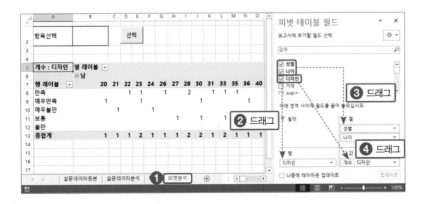

08 피벗 테이블 [나이] 필드 그룹 지정하기
[나이] 필드를 20대에서 60대 구간으로 그룹 지정하겠습니다. ❶ 피벗 테이블의 열 레이블인 [나이] 필드에서 임의의 셀을 선택합니다. ❷ 마우스 오른쪽 버튼을 클릭하고 ❸ [그룹]을 선택합니다. ❹ [그룹화] 대화상자에서 [단위]에 **10**을 입력하고 ❺ [확인]을 클릭합니다.

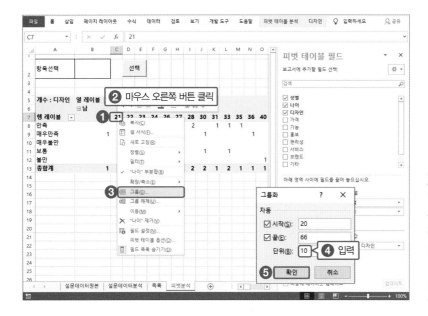

실력향상
행과 열 방향으로 그룹화된 항목이 숫자(날짜) 데이터인 경우에는 다시 한 번 그룹으로 지정할 수 있으며, 요약된 피벗 테이블의 필드에서 조건을 지정하여 필터링할 수 있습니다.

09 사용자 지정 목록 추가하기
오름차순으로(만족~불만) 정렬되어 있는 [디자인] 필드 항목을 사용자 지정 순서(매우만족~매우불만)로 정렬하기 위해 사용자 지정 목록에 추가하여 정렬 순서를 지정해보겠습니다. ❶ [파일]-[옵션]을 클릭합니다. ❷ [Excel 옵션] 대화상자에서 [고급] 항목을 선택합니다. ❸ [일반]에서 [사용자 지정 목록 편집]을 클릭합니다.

엑셀 2007 엑셀 2007에서는 [오피스 단추]-[Excel 옵션]을 클릭하고, [기본 설정]의 [사용자 지정 목록 편집]을 클릭합니다.

10 ❶ [사용자 지정 목록] 대화상자의 [목록 가져올 범위]에 **=응답**을 입력하고 ❷ [가져오기]를 클릭해서 사용자 지정 목록에 등록합니다. ❸ [확인]을 클릭합니다. ❹ [Excel 옵션] 대화상자에서도 [확인]을 클릭해서 대화상자를 닫습니다.

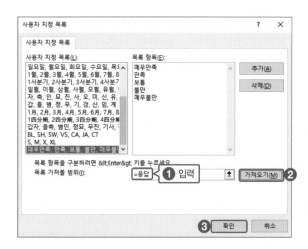

❹ [Excel 옵션] 대화상자에서 [확인] 클릭

▥▥▥ 실력향상

정의된 이름인 [응답]의 셀 범위는 '목록!$B$4:$B$8'로 '매우만족,만족,보통,불만,매우불만'의 데이터로 사용자 지정 목록의 가져올 범위로 지정합니다. 사용자 지정 목록에 직접 사용자가 지정한 순서를 입력할 경우 [목록 항목]에 [Enter]나 [쉼표(,)]를 구분 기호로 사용해 직접 입력한 후 [추가]를 클릭합니다.

11 [디자인] 필드 사용자 지정 순서로 정렬하기 [디자인] 필드 항목을 사용자 지정 순서(매우만족~매우불만)로 정렬해보겠습니다. ❶ 피벗 테이블의 행 레이블인 [디자인] 필드에서 임의의 셀을 선택합니다. ❷ 마우스 오른쪽 버튼을 클릭하고 ❸ [정렬]을 선택한 후 ❹ [기타 정렬 옵션]을 클릭합니다. ❺ [정렬(디자인)] 대화상자에서 [오름차순 기준]을 클릭하고 ❻ [기타 옵션]을 클릭합니다.

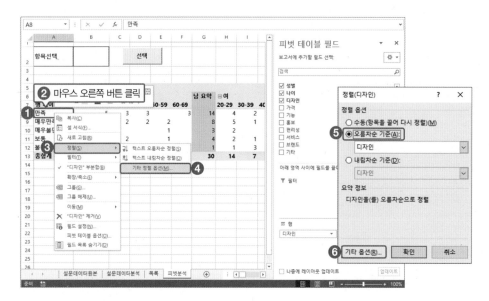

12 ❶ [기타 정렬 옵션(디자인)] 대화상자의 [자동 정렬]에서 [보고서가 업데이트될 때마다 자동으로 정렬]을 클릭하여 체크 표시를 해제하고 ❷ [기타 정렬 순서]를 클릭하여 [매우만족, 보통, 불만, 매우불만] 순서를 선택합니다. ❸ [확인]을 클릭하고 ❹ [정렬(디자인)] 대화상자에서도 [확인]을 클릭합니다. [디자인]이 [매우만족]~[매우불만] 순서로 정렬되었습니다.

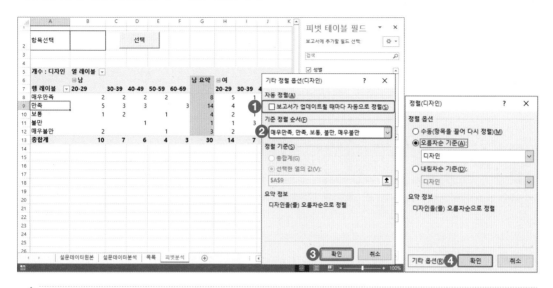

📊 **실력향상** 일반적인 정렬 순서(오름차순, 내림차순) 외에도 월, 요일, 분기 등의 사용자가 직접 지정한 순서로 데이터를 정렬할 수 있습니다. 여기서는 앞서 사용자 지정 목록에서 추가한 [매우만족, 만족, 보통, 불만, 매우불만]의 순서로 [디자인] 필드 항목이 정렬됩니다.

13 [개수 : 디자인] 값 필드 이름 바꾸기 ❶ 필드의 이름을 변경하려면 [Σ 값] 영역에서 [개수 : 디자인] 필드를 클릭하고 ❷ [값 필드 설정]을 선택합니다. ❸ [값 필드 설정] 대화상자의 [사용자 지정 이름]에 **응답수**를 입력하고 ❹ [확인]을 클릭하면 값 필드의 이름이 변경됩니다.

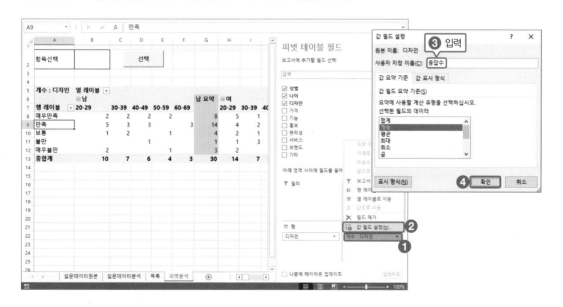

14 피벗 차트 삽입하기 피벗 차트를 삽입하고 누적 가로 막대형 차트로 차트 종류를 변경하겠습니다. ❶ 피벗 테이블에서 임의의 셀을 선택하고 ❷ [피벗 테이블 도구]–[분석] 탭–[도구] 그룹–[피벗 차트]를 클릭합니다. ❸ [차트 삽입] 대화상자의 [모든 차트] 탭에서 [가로 막대형]을 선택한 후 ❹ [누적 가로 막대형]을 선택합니다. ❺ [확인]을 클릭합니다.

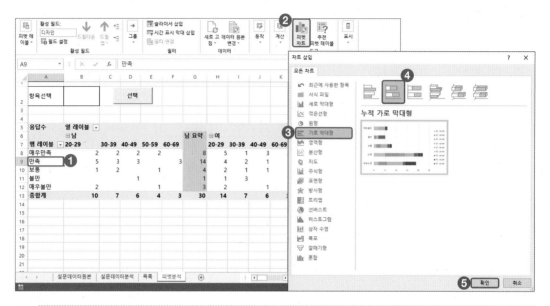

![엑셀 2010] **엑셀 2010** 엑셀 2010 이전 사용자는 [피벗 테이블 도구]–[옵션] 탭–[도구] 그룹–[피벗 차트]를 클릭합니다.

15 [A15] 셀 위치로 차트를 이동하고 크기를 적당히 조정합니다. 디자인에서는 만족과 매우만족의 답변이 가장 많은 것을 알 수 있습니다. 성별 필드에서 ➖를 눌러 필드를 축소시켜놓고 보면 '만족'에서는 남자의 응답자수가 많고, '매우만족'에서는 여자의 응답자수가 많습니다.

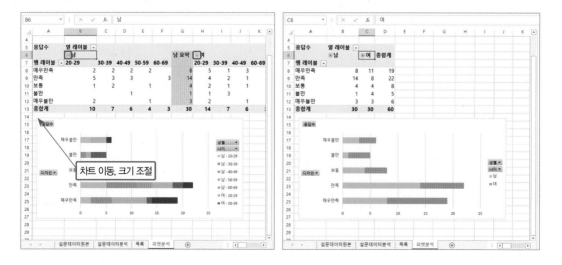

피벗 테이블 필드 변경하고 명령어 코드 입력하기

피벗 테이블에서 항목별로 집계표를 분석할 때마다 피벗 테이블 필드 창에서 레이아웃을 변경해야 하기 때문에 설정이
번거롭습니다. 이를 자동으로 변경하는 코드를 입력해보겠습니다. 매크로와 비주얼 베이식 편집기는 349~398쪽 설
명을 참고한 후 이 부분을 따라 해봅니다. 만약 기존 실습 파일에서 매크로를 추가할 경우 STEP 02를 반드시 수행한 후
여기서 입력하는 코드는 직접 입력하거나 '03_설문조사_DB_CODE.txt' 파일을 참고하여 복사/붙여넣기를 합니다.

실습 파일 | Part02/Chapter02/03_설문조사_DB_완성.xlsx
완성 파일 | Part02/Chapter02/03_설문조사_DB_매크로_완성.xlsm

01 **[피벗설문항목선택] 매크로 만들기** [개발 도구] 탭-[코드] 그룹-[매크로]를 클릭하고 [매크로] 대화상자의 [매크로
이름]에 **피벗설문항목선택**을 입력한 후 [만들기]를 클릭합니다.

02 **비주얼 편집기에서 [피벗설문항목선택] 매크로 작성하기** [피벗설문항목선택] 프로시저 안에 다음의 빨간색 코드를
입력한 후 [닫기⊠]를 클릭하여 비주얼 베이직 편집기를 닫습니다.

```
Sub 피벗설문항목선택()

    Dim pvName As String, rName As String

    Application.ScreenUpdating = False

    pvName = ActiveSheet.PivotTables(1).Name
    rName = Range("항목선택").Value

    On Error Resume Next

    With ActiveSheet.PivotTables(pvName)
        For i = 3 To .PivotFields.Count
            .PivotFields(i).Orientation = xlHidden
            .PivotFields("응답수").Orientation = xlHidden
        Next
    End With

    ActiveSheet.PivotTables(pvName).AddDataField _
        Field:=ActiveSheet.PivotTables(pvName).PivotFields(rName), _
        Caption:="응답수", _
        Function:=xlCount
```

```
            .Orientation = xlRowField

            .Position = 1

            .PivotItems("매우만족").Position = 1

            .PivotItems("만족").Position = 2

            .PivotItems("보통").Position = 3

            .PivotItems("불만").Position = 4

            .PivotItems("매우불만").Position = 5


        End With


        ActiveSheet.PivotTables(pvName).PivotCache.Refresh

        Application.ScreenUpdating = True


    End Sub
```

03 ❶[피벗분석] 시트의 ❷[B2] 셀에서 항목을 선택하고 ❸[선택]을 클릭합니다. 피벗 테이블의 내용과 피벗 차트가 변경됩니다. 매크로가 포함된 문서는 [다른 이름으로 저장]에서 파일 형식을 '매크로 포함 통합 문서(*.xlsm)'로 지정해 저장합니다.

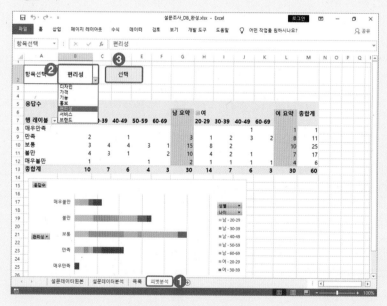

실력향상 [피벗분석] 시트의 [B2] 셀에서 항목을 선택하고 [선택]을 클릭한 뒤에도 피벗 테이블의 내용이나 차트가 변경되지 않으면 피벗 테이블에서 임의의 셀을 선택한 후 새로 고침([Alt]+[F5])을 누릅니다.

수식으로 크로스탭 형식의 표를 테이블 형식으로 가공하기

원본 데이터베이스를 크로스탭 형태의 집계표로 만들었을 경우에는 피벗 테이블 보고서로 만드는 데 큰 문제가 없지만 원본 데이터베이스가 크로스탭 형태이면서 레이블이 2열 이상인 경우 피벗 테이블 보고서의 레이아웃을 사용자가 원하는 형태로 만들기가 쉽지 않습니다.

프로젝트 02의 설문조사 데이터베이스는 크로스탭 형태이기 때문에 일부 레이아웃은 매크로를 사용하지 않고 원하는 보고서 형태로 만들기가 어렵습니다. 따라서 피벗 테이블 보고서를 만들기에 적합한 형태로 함수와 수식을 사용하여 데이터베이스를 가공해보겠습니다.

실습 파일 | Part02/Chapter02/03_설문조사_DB_수정1.xlsx   완성 파일 | Part02/Chapter02/03_설문조사_DB_수정1_완성.xlsx

No	성별	나이	디자인	가격	기능	홍보	편리성	서비스	브랜드	기타
1	여	20	매우만족	보통	보통	보통	보통	만족	만족	없음
2	남	30	보통	불만	만족	만족	보통	보통	매우만족	없음
3	여	25	불만	보통	만족	만족	보통	만족	매우만족	없음
4	여	45	만족	보통	만족	보통	보통	보통	보조건설 청사 지원체계관련 홍괴여요
5	남	20	매우만족	만족	보통	불만	불만	보통	만족	없음
6	여	30	불만	만족	보통	만족	보통	보통	보통	없음
7	여	22	매우만족	만족	만족	만족	보통	만족	만족	없음
8	남	55	매우만족	불만	불만	만족	보통	보통	보통	없음
9	남	45	매우만족	매우불만	불만	만족	만족	보통	만족	없음

NO	성별	나이	설문항목	설문응답
1	여	20	디자인	매우만족
1	여	20	가격	보통
1	여	20	기능	보통
1	여	20	홍보	보통
1	여	20	편리성	보통
1	여	20	서비스	만족
1	여	20	브랜드	만족
2	남	30	디자인	보통
2	남	30	가격	불만

01 **설문 데이터에 행 번호 표시하기** 현재 크로스탭 형태의 설문조사 데이터에 행 번호를 표시하겠습니다. ❶ [설문데이터원본] 시트의 [A4] 셀에 **=ROW()-3**을 입력하고 [Enter]를 누릅니다. ❷ [A4] 셀의 채우기 핸들을 더블클릭합니다. 행의 번호의 마지막 번호가 60으로 표시됩니다.

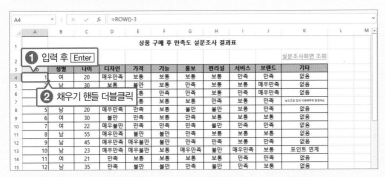

02 **설문조사 가공 시트에 행 번호 표시하기** 60건의 설문 데이터를 420건으로 가공할 [수정DB] 시트에 행 번호를 표시하겠습니다. ❶ [설문데이터수정] 시트의 [A4] 셀에 **=QUOTIENT(ROW(A7),7)**을 입력하고 [Enter]를 누릅니다. ❷ [A4] 셀의 채우기 핸들을 [A423] 셀까지 드래그합니다.

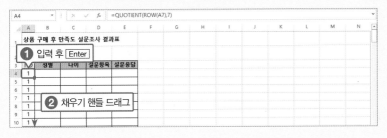

📊 **실력향상** 60건의 레코드는 '디자인'~'브랜드'까지 항목의 개수가 7개이므로 총 레코드의 수는 420입니다. 1건당 7개씩 늘어나야 하므로 수식 **=QUOTIENT(ROW(A3),3)**를 입력합니다.

03 **성별과 나이 표시하기** 설문 데이터베이스에서 행 번호가 같은 성별(2열)과 나이(3열)를 표시합니다. ❶ [B4] 셀에 **=VLOOKUP(A4,설문조사,2,0)**를 입력하고 Enter를 누릅니다. ❷ [C4] 셀에 **=VLOOKUP(A4,설문조사,3,0)**를 입력하고 Enter를 누릅니다. ❸ [B4:C4] 셀 범위를 선택하고 ❹ [C4] 셀의 채우기 핸들을 더블클릭합니다.

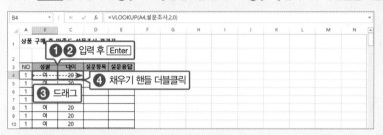

📊 **실력향상** 이름 정의한 [설문조사]의 셀 범위는 '설문데이터원본! $A$3:$K$63'입니다.

04 **설문항목 표시하기** 설문 항목인 '디자인'~'브랜드'를 7번씩 반복해 표시하겠습니다. ❶ [D4] 셀에 **=INDEX(설문조사,1,MOD(ROW(A7),7)+4)**를 입력하고 Enter를 누릅니다. ❷ [D4] 셀의 채우기 핸들을 더블클릭합니다.

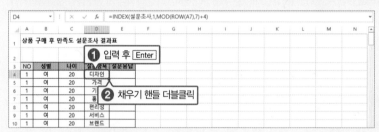

05 **설문응답 표시하기** 설문응답 점수를 7번씩 반복해 표시하겠습니다. ❶ [E4] 셀에 **=INDEX(설문조사,A4+1, MOD(ROW(A7),7)+4)**를 입력하고 Enter를 누릅니다. ❷ [E4] 셀의 채우기 핸들을 더블클릭합니다. 420개의 데이터베이스가 만들어졌습니다.

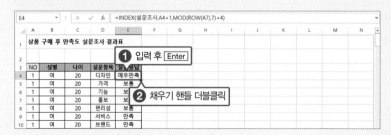

06 [설문데이터수정] 시트의 데이터베이스로 피벗 테이블을 삽입한 후 다양한 레이아웃을 만들고 피벗 차트를 삽입해봅니다. [슬라이서]를 삽입하여 설문응답 항목을 표시합니다.

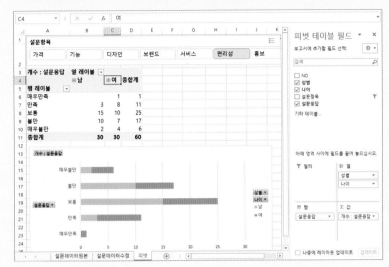

비법노트 ★★★ 파워 쿼리로 크로스탭 형식의 표를 테이블 형식으로 가공하기

엑셀 2010 버전에서부터 제공하는 파워 쿼리를 사용하면 앞선 방식처럼 복잡한 수식을 사용할 필요가 없습니다. 크로스탭 형태의 설문조사 데이터를 표로 등록하고 파워 쿼리를 이용하여 피벗 테이블 보고서를 만들기에 적합한 테이블 형태의 데이터베이스로 가공해보겠습니다. 단, 엑셀 2010, 2013 버전은 추가로 파워 쿼리 기능을 다운로드하여 설치해야 사용할 수 있습니다.

실습 파일 | Part02/Chapter02/03_설문조사_DB_수정2.xlsx
완성 파일 | Part02/Chapter02/03_설문조사_DB_수정2_완성.xlsx

	A	B	C	D	E	F	G	H	I	J
3	성별	나이	디자인	가격	기능	홍보	편리성	서비스	브랜드	기타
4	여	20	매우만족	보통	보통	보통	보통	만족	만족	없음
5	남	30	보통	불만	보통	만족	보통	보통	매우만족	없음
6	여	25	불만	보통	만족	만족	보통	만족	매우만족	없음
7	여	45	만족	보통	보통	보통	만족	보통	만족	보조금을 정부 지원해주면 좋겠어요
8	남	20	매우만족	만족	보통	불만	불만	보통	만족	없음
9	여	30	불만	만족	보통	만족	보통	보통	없음	없음
10	여	22	매우불만	만족	만족	보통	불만	만족	보통	없음
11	남	55	매우만족	불만	불만	만족	보통	보통	보통	없음
12	남	45	매우만족	매우불만	불만	보통	만족	보통	만족	없음
13	남	23	매우만족	매우불만	보통	매우만족	불만	매우만족	보통	포인트 연계
14	여	21	만족	보통	보통	만족	보통	만족	만족	없음
15	남	35	만족	불만	불만	만족	불만	만족	보통	없음

	A	B	C	D	E
3	NO	성별	나이	설문항목	설문응답
4	1	여	20	디자인	매우만족
5	1	여	20	가격	보통
6	1	여	20	기능	보통
7	1	여	20	홍보	보통
8	1	여	20	편리성	보통
9	1	여	20	서비스	만족
10	1	여	20	브랜드	만족
11	2	남	30	디자인	보통
12	2	남	30	가격	불만
13	2	남	30	기능	보통
14	2	남	30	홍보	만족
15	2	남	30	편리성	보통

01 표로 등록하기 설문조사 데이터를 표로 등록해보겠습니다. ❶ [설문데이터원본] 시트에서 ❷ [A3:J63] 셀 범위를 선택하고 ❸ [삽입] 탭─[표] 그룹─[표]를 클릭합니다. ❹ [표 만들기] 대화상자에서 범위를 확인하고 ❺ [머리글 포함]에 체크 표시한 후 ❻ [확인]을 클릭합니다.

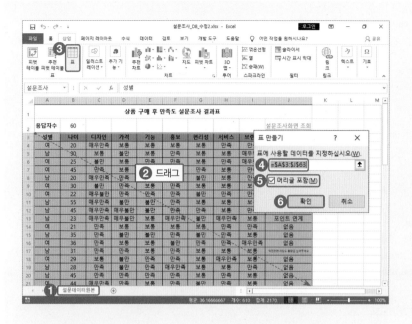

02 파워쿼리로 표 구조 변경하기 파워 쿼리로 설문 데이터를 테이블 형태로 변경해보겠습니다. [데이터] 탭-[데이터 가져오기 및 변환] 그룹-[테이블/범위에서]를 클릭합니다.

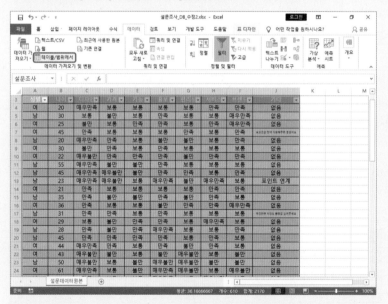

엑셀 2016 [데이터] 탭-[가져오기 및 변환] 그룹-[테이블에서]를 클릭합니다.

엑셀 2010, 2013 [파워 쿼리] 탭-[Excel 데이터] 그룹-[테이블에서]를 클릭합니다.

03 ❶[파워 쿼리 편집기] 창에서 [쿼리 설정] 작업 창에서 [이름]을 **설문조사표**로 입력하고 Enter 를 눌러 이름을 수정합니다. ❷[기타] 열 머리글을 선택하고 ❸[홈] 탭-[열 관리] 그룹-[열 제거]를 클릭합니다.

04 ❶[디자인] 열 머리글을 선택하고 ❷ Shift 를 누른 상태에서 [브랜드] 열 머리글을 선택합니다. ❸[변환] 탭-[열] 그룹-[열 피벗 해제▦]를 클릭합니다.

05 [디자인]~[브랜드] 열 머리글이 데이터 형태로 변환됩니다. [파일] 탭-[닫기 및 로드]를 클릭합니다. 새로운 [Sheet1] 시트가 추가되고, 변환된 표 형태의 설문조사표 420행이 로드되어 나타납니다.

06 [Sheet1] 시트의 데이터베이스로 피벗 테이블을 삽입한 후 다양한 레이아웃을 만들고 피벗 차트를 삽입해봅니다. [슬라이서]를 삽입하여 설문응답 항목을 표시합니다.

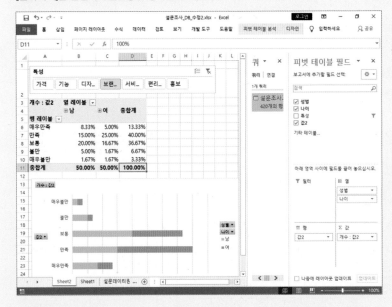

**비법
노트** # 온라인 설문조사 양식 만들기

설문조사는 주로 오프라인에서 수작업으로 설문지를 작성한 후 항목별 응답 내용을 기입해야 합니다. 온라인 설문조사의 경우 마이크로소프트(Microsoft)의 원드라이브(OneDrive)에서 제공하는 [Excel 설문 조사]를 사용하면 좀 더 쉽게 설문 페이지를 만들고, 설문 페이지의 주소를 응답자와 간편하게 공유할 수 있습니다. 설문의 답변은 원드라이브의 엑셀 문서에 실시간으로 저장됩니다. 설문조사 양식을 만드는 방법에 대해 살펴보겠습니다.

01 Microsoft 계정에 로그인하기 ❶ https://onedrive.live.com/about/ko-kr/로 접속한 후 ❷ Microsoft 계정에 로그인합니다. 만약 Microsoft 계정이 없다면 [무료 가입]을 눌러 계정을 만든 후 로그인합니다. 계정으로 로그인하면 [OneDrive] 페이지가 나타납니다. ❸ [새로 만들기]를 클릭하고 ❹ [Excel 설문 조사]를 선택합니다.

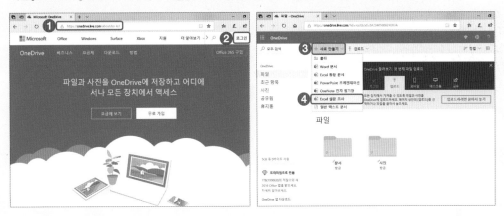

02 ❶ [설문 조사 편집] 창에서 설문 제목과 설명을 입력하고 ❷ [질문]을 클릭합니다. ❸ [질문 편집] 창에서 질문할 내용과 응답 형식을 지정한 후 ❹ [완료]를 클릭합니다. [질문]란은 설문 데이터에서 필드에 해당하는 이름으로 간단하게 작성하고 [질문 부제]란에 설명을 자세히 적습니다. ❺ 다음 질문을 입력하기 위해 [새 질문 추가]를 클릭합니다.

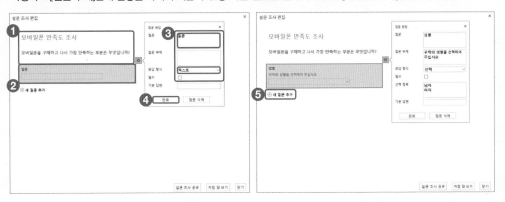

03 같은 방법으로 질문할 내용을 입력하고 질문 내용을 완성합니다.

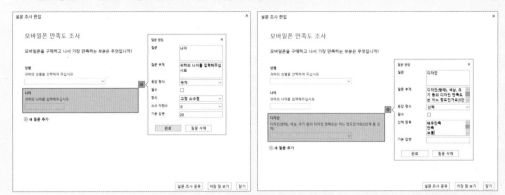

04 [저장 및 보기]를 클릭하여 설문 양식 및 내용을 확인합니다.

05 ❶[설문 조사 공유]를 클릭합니다. 온라인 설문조사 대상자에게 공유할 주소를 복사할 수 있습니다. ❷ 설문을 공유할 주소가 표시되면 복사한 후 설문에 응답할 대상자의 메일 또는 페이스북, 트위터 등으로 공유합니다. ❸[닫기]를 클릭합니다.

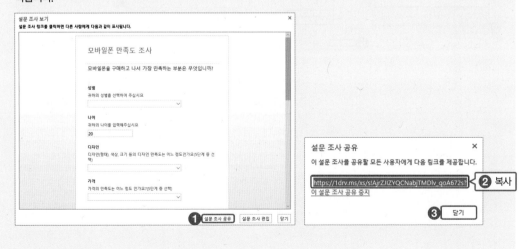

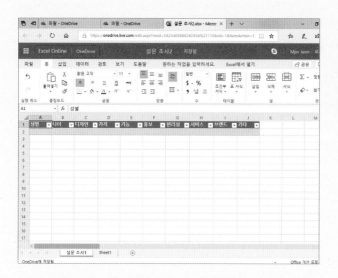

06 [Excel Online] 창이 열리고 설문 항목이 필드에 표시됩니다. 설문 응답이 완료될 때마다 [Excel Online]–[Onedrive]에 엑셀 파일로 응답 내용이 실시간 누적되어 반영됩니다.

07 모든 설문 응답이 완료되면 OneDrive에 [설문 조사] 파일이 저장됩니다. 오프라인 상태에서 작업하려면 내 컴퓨터로 다운로드합니다. [파일]–[다른 이름으로 저장]을 클릭하고 [복사본 다운로드]를 선택합니다.

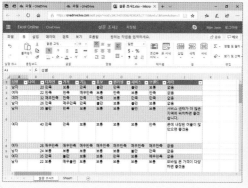

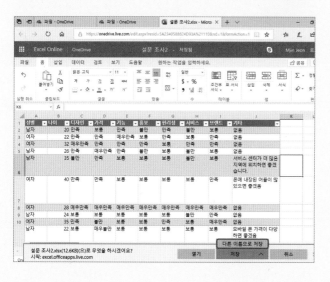

08 [Excel Online] 창 하단에 저장 메시지가 나타나면 [저장]–[다른 이름으로 저장]을 클릭해 내 컴퓨터로 설문 응답 파일을 다운로드합니다.

설문에 응답할 대상자에게 메일이나 메신저 등을 통해 전달한 설문 링크 주소를 클릭하거나 브라우저 주소 입력란에 링크된 주소를 붙여 넣으면 설문 페이지 창이 열리고 설문에 응답할 수 있습니다. 설문에 응답했다면 [제출]을 클릭합니다. 자료는 Onedrive로 자동 업데이트됩니다.

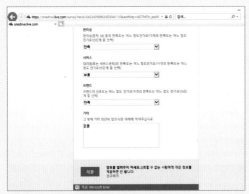 

시간단축 간혹 서버에 문제가 생겨 접속이 되지 않을 때는 잠시 후에 다시 접속하면 제대로 [설문 조사] 창이 열립니다.

CHAPTER

03

업무 자동화를 위한
매크로&VBA

엑셀에서 매크로와 VBA를 사용하면 분석 과정 및 일련의 반복 작업을 자동화할 수 있어 업무의 효율을 높이는 데 매우 유용합니다. 앞서 매크로와 VBA 핵심기능을 익혔으나 실무에 제대로 적용하기 위해서는 차근차근 작업 순서에 맞춰 프로젝트 과정을 따라 해보는 것이 좋습니다. 업무에 필요한 자동화 기능을 배울 수 있습니다.

여기에서는 고급 필터를 활용한 데이터 검색하기, 여러 건의 문서를 인쇄하고 백업하기, 여러 장의 사진을 삽입하기 등의 작업을 매크로와 VBA를 이용해 자동화하는 과정을 살펴보겠습니다.

고급 필터를 활용해
교육일정 검색 과정을
매크로로 기록하기

실습 파일 | Part02/Chapter03/01_ERP교육지원_매크로.xlsx, 01_ERP교육지원_매크로_CODE1.txt
완성 파일 | Part02/Chapter03/01_ERP교육지원_매크로포함_완성.xlsm

01 프로젝트 시작하기

전 사원을 대상으로 ERP 교육을 진행하려면 차수별로 일정과 참석 대상을 파악한 후 명단을 작성하는 등 반복 작업이 필요합니다. 이 작업을 매크로로 자동화하면 업무를 좀 더 쉽게 처리하고 업무 시간을 단축할 수 있습니다.

고급 필터를 이용해 교육차수를 검색하는 일련의 작업을 매크로로 기록하고, 기록된 매크로를 비주얼 베이식 편집기에서 편집한 후 명령 단추와 연결합니다. 교육 일정 검색 조건을 입력하고 명령 단추를 클릭해 참석자 명단을 만들어보겠습니다.

**회사에서
바로 통하는
키워드**
매크로 기록, 데이터 유효성 검사, 이름 정의, 고급 필터, 양식 컨트롤(단추), 인쇄 미리 보기, 매크로 실행, 비주얼 베이식 편집기, 페이지 나누기 미리 보기, 매크로 사용 통합 문서로 저장, ScreenUpdating 메서드, PrintPreview 메서드, If 문

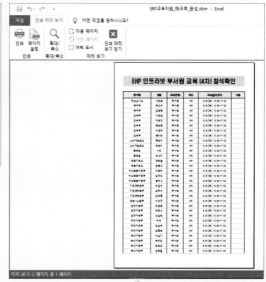

한눈에 보는 작업순서	조건으로 사용할 데이터 유효성 목록 지정하기 ▶	고급 필터에서 참조할 이름 정의하기 ▶	[개발 도구] 탭 표시 및 보안 설정하기 ▶	[교육차수검색], [참석명단복사], [데이터지우기] 매크로 기록하기
	▶ [교육차수검색] 매크로 편집하기 및 [인쇄미리보기] 매크로 추가하기	단추 양식 컨트롤 삽입 및 매크로 연결하기 ▶	페이지 나누기 미리 보기 에서 인쇄 영역 설정하기 ▶	
	▶ [매크로] 대화상자에서 매크로 실행하기	▶ 매크로 사용 통합 문서로 저장하기		

STEP 01 매크로 기록 전에 검색 조건과 위치 지정하기

❶ 교육구분과 차수를 조건으로 지정할 이중 데이터 유효성 목록을 지정합니다.

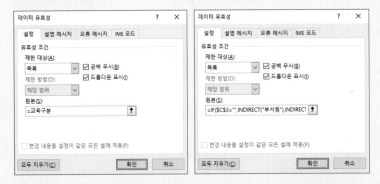

❷ 고급 필터에서 지정할 목록 범위, 조건, 복사 위치의 이름을 정의합니다.

❸ [개발 도구] 탭을 표시하고 보안 설정합니다.

STEP 02 매크로 기록 및 편집하기

❶ [교육차수검색] 이름으로 고급 필터 적용 과정을 매크로로 기록합니다.

❷ [참석명단복사] 이름으로 고급 필터로 검색한 데이터의 복사 과정을 매크로로 기록합니다.

❸ [데이터지우기] 이름으로 고급 필터로 검색한 데이터와 참석 명단에 복사한 데이터의 삭제 과정을 매크로로 기록합니다.

❹ 매크로 편집기에서 [교육차수검색] 매크로를 수정하고 [인쇄미리보기] 매크로를 추가합니다.

STEP 03 매크로 실행 및 인쇄 미리 보기

❶ 단추 양식 컨트롤을 삽입하고 [교육차수검색], [인쇄미리보기] 매크로와 연결합니다.

❷ 페이지 나누기 미리 보기에서 인쇄 영역을 지정합니다.

❸ [매크로] 대화상자에서 [데이터지우기] 매크로를 실행합니다.

❹ 엑셀 매크로 사용 통합 문서 형식으로 저장합니다.

매크로 기록 전에 검색 조건과 위치 지정하기

교육 차수를 검색하기 위한 조건을 데이터 유효성 목록으로 지정하고 고급 필터로 매크로를 기록하기 전에 고급 필터의 목록범위, 조건, 복사위치를 이름 정의합니다. 매크로를 기록하기 전에 매크로와 관련된 명령어가 모여 있는 [개발 도구] 탭을 표시하고 보안을 설정합니다.

01 이중 데이터 유효성 목록 지정하기 검색 조건에 입력할 교육구분과 차수를 이중 유효성 목록으로 지정해보겠습니다. **①** [임직원명부] 시트에서 **②** [C3] 셀을 선택하고 **③** [데이터] 탭–[데이터 도구] 그룹–[데이터 유효성 검사 ☷]를 클릭합니다.

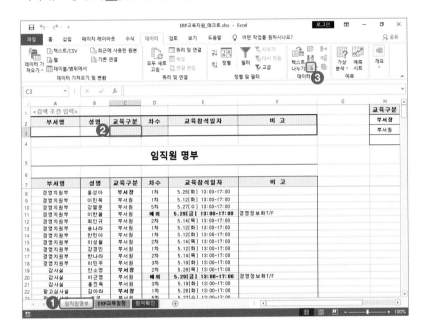

실력향상

[H2:H4] 셀 범위는 '교육구분' 으로, [J2:J5] 셀 범위는 '부서 장'으로, [K2:K8] 셀 범위는 '부서원'으로 이름이 정의되어 있습니다.

02 ① [데이터 유효성] 대화상자의 [설정] 탭에서 [제한 대상]으로 [목록]을 선택합니다. **②** [원본]에 **=교육구분**을 입력하고 **③** [확인]을 클릭합니다.

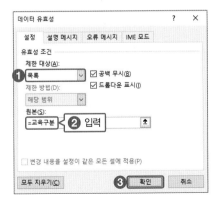

03 ❶ [C3] 셀에서 [부서원]을 선택합니다. ❷ [D3] 셀을 선택하고 ❸ [데이터] 탭–[데이터 도구] 그룹–[데이터 유효성 검사📋]를 클릭합니다. ❹ [데이터 유효성] 대화상자의 [설정] 탭에서 [제한 대상]으로 [목록]을 선택합니다. ❺ [원본]에 **=IF($C$3="",INDIRECT("부서원"),INDIRECT($C$3))**를 입력하고 ❻ [확인]을 클릭합니다.

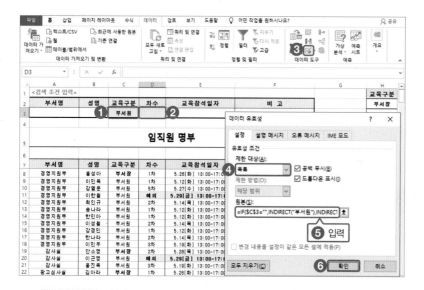

📊 **실력향상** 수식 설명 : **=IF($C$3="",INDIRECT("부서원"),INDIRECT($C$3))**
원본에 **=$C$3**을 입력하면 교육구분에서 선택한 '부서장' 목록(이름으로 정의한 [J2:J5] 셀 범위)이나 '부서원' 목록(이름으로 정의한 [K2:K8] 셀 범위)이 표시됩니다. 만약에 교육구분에서 공란을 선택하면 교육구분의 조건은 지정하지 않을 것이므로 모든 교육차수가 표시되도록 '부서원' 목록을 표시합니다. INDIRECT 함수는 셀 값을 정의된 이름의 범위로 변환하는 함수입니다.

04 이름 정의하기 고급 필터에서 참조할 임직원 명부의 목록 범위, 조건 범위, 복사할 위치 범위를 이름을 정의해보겠습니다. ❶ [임직원명부] 시트의 ❷ [A2:F3] 셀 범위를 선택한 후 ❸ [이름 상자]에 **조건**을 입력하고 [Enter]를 눌러 고급 필터에서 검색할 조건의 범위를 지정합니다.

05 ❶ [A7] 셀을 선택한 후 ❷ Ctrl + A 를 누르고 전체 범위를 선택합니다. ❸ [이름 상자]에 **임직원명부**를 입력하고 Enter 를 눌러 고급 필터에서 참조할 임직원명부 데이터베이스의 전체 범위를 지정합니다. ❹ Ctrl + Home 을 눌러 범위를 해제하고 데이터의 처음으로 이동합니다.

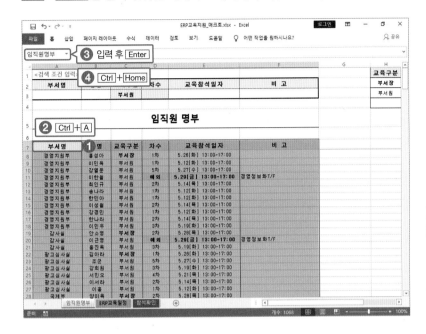

실력향상

Ctrl + Home 은 [A1] 셀로 이동하는 단축키입니다. 여기서는 7행까지 틀 고정이 되어 있기 때문에 [A8] 셀로 이동합니다.

06 ❶ [ERP교육일정] 시트에서 ❷ [A14:E14] 셀 범위를 선택한 후 ❸ [이름 상자]에 **복사위치**를 입력하고 Enter 를 눌러 고급 필터에서 검색한 결과가 표시될 위치를 지정합니다. ❹ Ctrl + Home 을 눌러 범위를 해제하고 데이터의 처음으로 이동합니다.

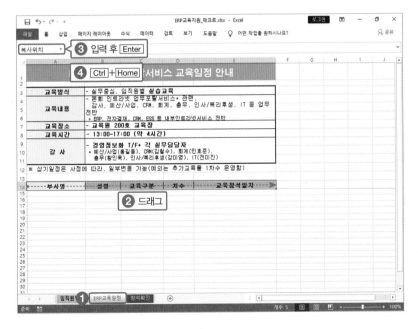

실력향상

14행까지 틀 고정이 되어 있기 때문에 Ctrl + Home 을 누르면 [A15] 셀로 이동합니다.

07 [개발 도구] 탭 표시하기 매크로를 기록하고 실행하기 위해 매크로와 관련된 명령어가 모여 있는 [개발 도구] 탭을 표시해보겠습니다. ❶ [파일]–[옵션]을 클릭합니다. ❷ [리본 사용자 지정]을 선택하고 ❸ [리본 메뉴 사용자 지정]에서 [개발 도구]에 체크 표시합니다. ❹ [확인]을 클릭합니다.

엑셀 2007 엑셀 2007에서는 [오피스 단추]–[Excel 옵션]을 클릭하고, [기본 설정]의 [리본 메뉴에서 개발 도구 탭 표시]에 체크 표시합니다.

08 매크로 보안 설정하기 매크로 보안은 매크로를 통해 감염될 수 있는 바이러스로부터 파일을 보호하기 위해 설정하는 기능입니다. 매크로가 포함된 통합 문서를 열 때마다 보다 안전하게 매크로를 실행할 수 있도록 보안 기능을 설정해보겠습니다. ❶ [개발 도구] 탭–[코드] 그룹–[매크로 보안]을 클릭합니다. ❷ [보안 센터]–[매크로 설정]에서 [모든 매크로 제외(알림 표시)]를 선택하고 ❸ [확인]을 클릭합니다.

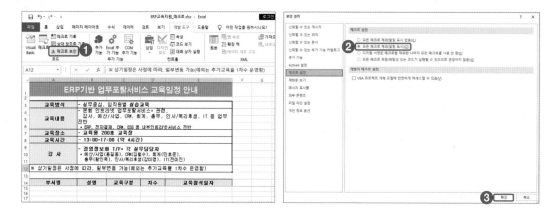

실력향상 [모든 매크로 제외(알림 표시)]는 매크로가 포함된 통합 문서를 열 때마다 보안 경고 알림 메시지가 나타나서 사용자로 하여금 현재 문서가 신뢰할 만한 문서인지 아닌지를 선택하도록 한 후 매크로 실행 여부를 상황별로 선택합니다.

매크로 기록 및 편집하기

매크로를 기록하기 전 명령어의 순서와 흐름을 계획하고 순서에 맞춰 연습한 후 기록을 시작합니다. 검색 조건에 맞게 고급 필터로 데이터를 추출하는 과정과 추출된 데이터를 참석확인 명단으로 복사하는 과정, 데이터를 삭제하는 과정을 각각의 매크로로 기록한 후 비주얼 베이식 편집기에서 매크로 순서와 코드를 수정합니다.

09 [교육차수검색] 매크로 기록하기 교육구분과 차수를 조건으로 지정한 후 매크로 이름을 지정해보 겠습니다. [매크로 기록] 대화상자에서 [확인]을 클릭한 다음부터는 셀과 관련된 명령어, 메뉴 선택 등의 동작이 모두 매크로로 기록되므로 매크로 기록을 종료하기까지 실습 순서에 맞춰 진행해야 합니다. ❶ [임직원명부] 시트에서 ❷ [C3] 셀을 **부서원**, [D3] 셀을 **1차**로 선택하여 검색할 조건을 지정합니다. ❸ [개발 도구] 탭–[코드] 그룹–[매크로 기록]을 클릭합니다.

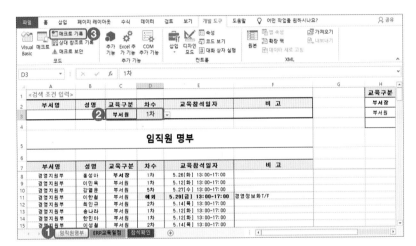

iii 실력향상

고급 필터로 데이터를 검색하기 전에 검색 조건을 같은 행에 입력하면 AND 조건이 되며, 다른 행에 입력하면 OR 조건이 됩니다. 임직원 명부에서 교육 대상자를 검색할 조건으로 교육구분을 '부서원', 교육차수를 '1차'로 지정합니다.

10 ❶ [매크로 기록] 대화상자에서 [매크로 이름]에 **교육차수검색**을 입력하고 ❷ [확인]을 클릭합니다.

11 고급 필터로 조건에 맞는 데이터 추출하기 지정한 조건에 맞는 데이터 추출 과정을 매크로로 기록합니다. ① [ERP교육일정] 시트에서 ② [A14] 셀을 선택합니다. ③ [데이터] 탭-[정렬 및 필터] 그룹-[고급]을 클릭합니다. ④ [고급 필터] 대화상자에서 [다른 장소에 복사]를 클릭하고 ⑤ [목록 범위]에 **임직원명부**, [조건 범위]에 **조건**, [복사 위치]에 **복사위치**를 입력합니다. ⑥ [확인]을 클릭합니다.

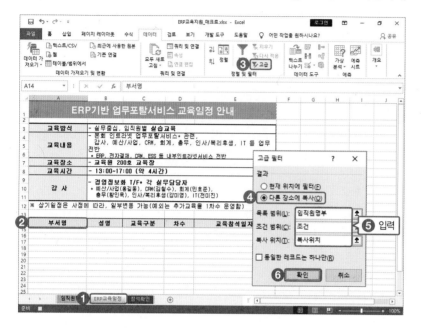

실력향상

고급 필터로 추출한 결과를 다른 시트에 복사하려면 고급 필터를 실행하기 전에 결과가 복사될 위치인 [ERP교육일정] 시트의 [A14] 셀에서 시작합니다.

12 매크로 기록 종료하기 고급 필터 과정을 기록했으므로 매크로 기록을 마칩니다. ① [임직원명부] 시트에서 ② [A1] 셀을 선택하고 ③ [개발 도구] 탭-[코드] 그룹-[기록 중지]를 클릭합니다.

13 [참석명단복사] 매크로 기록하기 고급 필터에서 검색한 데이터 복사 과정을 매크로로 기록해보겠습니다. ❶ [임직원명부] 시트에서 ❷ [개발 도구] 탭-[코드] 그룹-[매크로 기록]을 클릭합니다. ❸ [매크로 이름]에 **참석명단복사**를 입력하고 ❹ [확인]을 클릭합니다.

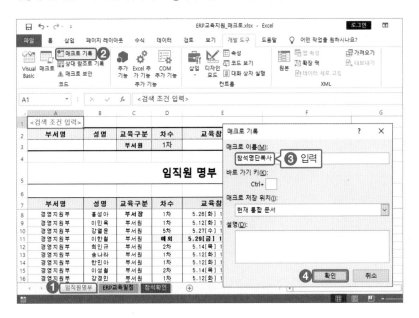

14 ❶ [ERP교육일정] 시트에서 ❷ [A15] 셀을 클릭합니다. ❸ Ctrl + Shift + → 를 누르고 ❹ Ctrl + Shift + ↓ 를 눌러 데이터 범위를 지정합니다. ❺ Ctrl + C 를 눌러 데이터를 복사합니다. ❻ Ctrl + Home 을 눌러 범위를 해제하고 [A15] 셀로 이동합니다.

15 ❶ [참석확인] 시트에서 ❷ [A4] 셀을 선택하고 ❸ Ctrl + V 를 눌러 데이터를 붙여 넣습니다. ❹ [A4] 셀을 선택하고 ❺ Ctrl + Shift + ↓ 를 눌러 데이터 범위를 지정합니다. ❻ Ctrl + C 를 눌러 데이터를 복사합니다.

16 ❶ [F4] 셀을 선택하고 ❷ Ctrl + Alt + V 를 누릅니다. ❸ [선택하여 붙여넣기] 대화상자에서 [서식]을 선택하고 ❹ [확인]을 클릭합니다. ❺ Ctrl + Home 을 눌러 범위를 해제하고 ❻ ESC 를 눌러 복사 모드를 해제합니다.

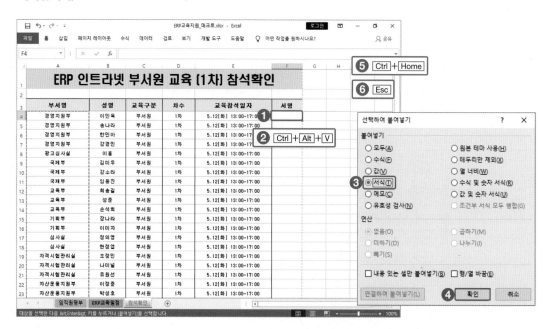

17 데이터 복사 과정을 기록했으므로 [임직원명부] 시트로 이동한 후 매크로 기록을 마칩니다. **①** [임직원명부] 시트에서 **②** [A1] 셀을 클릭하고 **③** [개발 도구] 탭-[코드] 그룹-[기록 중지]를 클릭합니다.

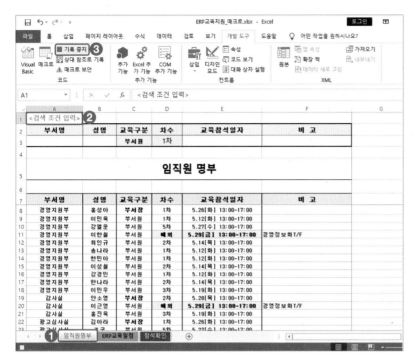

18 **[데이터지우기] 매크로 기록하기** 고급 필터로 검색한 데이터와 참석명단에 복사한 데이터를 지우는 과정을 매크로로 기록해보겠습니다. **①** [임직원명부] 시트에서 **②** [개발 도구] 탭-[코드] 그룹-[매크로 기록]을 클릭합니다. **③** [매크로 이름]에 **데이터지우기**를 입력하고 **④** [확인]을 클릭합니다.

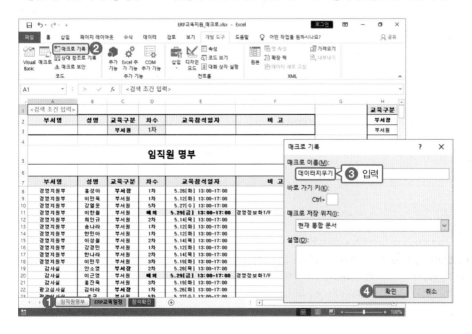

19 ❶ [ERP교육일정] 시트에서 ❷ [A15] 셀을 클릭합니다. ❸ Ctrl + Shift + → 를 누르고 ❹ Ctrl + Shift + ↓ 를 눌러 데이터 범위를 지정합니다. ❺ [홈] 탭–[편집] 그룹–[지우기 ✎ ˅]를 클릭하고 ❻ [모두 지우기]를 선택합니다. ❼ Ctrl + Home 을 눌러 범위를 해제합니다.

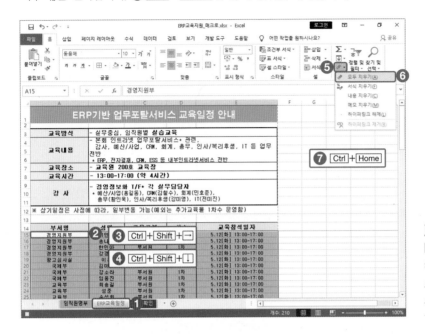

실력향상
[ERP교육일정] 시트에서는 해당 범위의 내용과 서식 등을 모두 지워야 하므로 [모두 지우기]를 선택합니다.

20 ❶ [참석확인] 시트에서 ❷ [A4] 셀을 클릭합니다. ❸ Ctrl + Shift + → 를 누르고 ❹ Shift + → 를 눌러 [F4] 셀까지 범위를 지정합니다. ❺ Ctrl + Shift + ↓ 를 눌러 전체 데이터 범위를 지정합니다. ❻ [홈] 탭–[편집] 그룹–[지우기 ✎ ˅]를 클릭하고 ❼ [모두 지우기]를 선택합니다. ❽ Ctrl + Home 을 눌러 범위를 해제합니다.

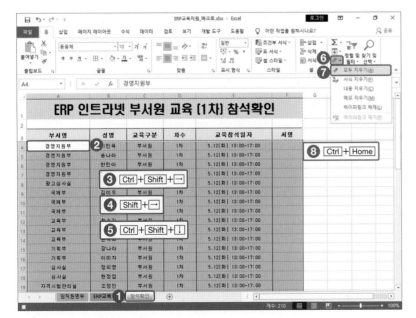

실력향상
Ctrl + Shift + → 는 데이터가 있는 셀의 오른쪽 끝까지 범위를 지정하므로 공란인 [F4] 셀은 범위 지정에서 제외됩니다. 따라서 Shift + → 를 눌러 [F4] 셀까지 범위를 확장합니다.

21 데이터 지우기 과정을 기록했으므로 매크로 기록을 마칩니다. ❶ [임직원명부] 시트에서 ❷ [A1] 셀을 선택합니다. ❸ [개발 도구] 탭-[코드] 그룹-[기록 중지]를 클릭합니다.

22 비주얼 베이식 편집기에서 매크로 수정하기 매크로를 편집하거나 직접 VBA 언어로 매크로를 작성하기 위해서는 비주얼 베이식 편집기를 이용합니다. ❶ [개발 도구] 탭-[코드] 그룹-[Visual Basic]을 클릭하여 비주얼 베이식 편집기 창을 엽니다. ❷ 프로젝트 창에서 [모듈] 폴더의 [확장]을 클릭하고 ❸ [Module1]을 더블클릭합니다.

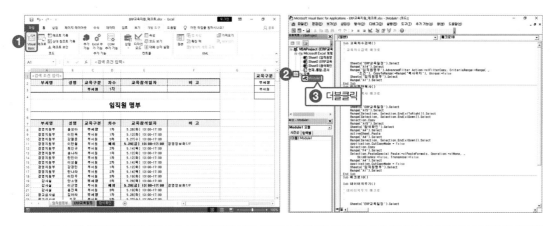

🕐 **시간단축** 비주얼 베이식 편집기 창을 여는 단축키는 Alt + F11 입니다.

📊 **실력향상** 비주얼 베이식 편집기의 [Module1]을 더블클릭하면 코드 창에서 앞서 기록한 [교육차수검색], [참석명단복사], [데이터지우기] 매크로가 VBA로 기록된 코드를 확인할 수 있습니다.

23 고급 필터를 실행하기 전에 [데이터지우기] 매크로를 실행하고, 고급 필터를 실행한 후 [참석명단복사] 매크로를 실행하려면 [교육차수검색], [데이터지우기] 매크로 코드 창에 다음과 같이 빨간색으로 표기된 코드를 추가로 입력하여 매크로를 수정합니다. 여기서 입력하는 코드는 직접 입력하거나 '01_ERP교육지원_매크로_CODE1.txt' 파일을 참조하여 복사/붙여넣기를 할 수 있습니다.

| ❶<br>❷<br><br><br><br>❸<br><br><br><br>❹ | ```
Sub 교육차수검색()
'
' 교육차수검색 매크로

    Application.ScreenUpdating = False
    데이터지우기

    Sheets("ERP교육일정").Select
    Range("A14").Select
    Range("임직원명부").AdvancedFilter Action:=xlFilterCopy, CriteriaRange:=Range( _
        "조건"), CopyToRange:=Range("복사위치"), Unique:=False

    참석명단복사
    Sheets("임직원명부").Select
    Range("A1").Select

    Application.ScreenUpdating = True

End Sub
``` |
| ❺ | ```
Sub 인쇄미리보기()
  ActiveSheet.PrintPreview
End Sub
``` |
| ❻ | ```
Sub 임직원명부이동()
  Sheets("임직원명부").Select
  Range("A1").Select
End Sub
``` |
| ❼ | ```
Sub 교육일정이동()
  Sheets("ERP교육일정").Select
  Range("A1").Select
End Sub
``` |
| ❽ | ```
Sub 참석확인이동()
  Sheets("참석확인").Select
  Range("A1").Select
End Sub
``` |
```

❶ Application.ScreenUpdating = False

다음부터 명령어가 실행(복사, 붙여넣기 등)될 때 화면에 업데이트 과정을 표시하지 않습니다(False).

❷ 데이터지우기

고급 필터 명령 코드를 실행하기 전에 [데이터지우기] 매크로를 실행합니다.

❸ 참석명단복사

고급 필터 명령 코드를 실행한 후에 [참석명단복사] 매크로를 실행합니다.

❹ Application.ScreenUpdating = True

화면에 업데이트 과정을 표시(True)합니다.

❺ Sub 인쇄미리보기()

ActiveSheet.PrintPreview

End Sub

[인쇄미리보기] 매크로를 시작(Sub~)하여 현재 시트에 [인쇄미리보기] 명령 코드를 직접 입력하여 만들고 매크로를 종료(End Sub)합니다.

❻ Sub 임직원명부이동()

Sheets("임직원명부").Select

Range("A1").Select

End Sub

[임직원명부이동] 매크로를 시작(Sub~)하여 [임직원명부] 시트의 [A1] 셀로 이동하는 명령 코드를 직접 입력하여 만들고 매크로를 종료(End Sub)합니다.

❼ [교육일정이동] 매크로를 시작(Sub~)하여 [ERP교육일정] 시트의 [A1] 셀 이동하는 명령 코드를 직접 입력하여 만들고 매크로를 종료(End Sub)합니다.

❽ [참석확인이동] 매크로를 시작(Sub~)하여 [참석확인] 시트의 [A1] 셀 이동하는 명령 코드를 직접 입력하여 만들고 매크로를 종료(End Sub)합니다.

실력향상 수정 내용인 ❹~❺ 사이에는 이미 매크로 기록으로 기록해둔 [참석명단복사] 매크로 코드가 삽입되어 있습니다. [참석명단복사] 매크로 코드는 수정 내용이 없으므로 그대로 둡니다.

	```Sub 데이터지우기()```
	`'`
	`'데이터지우기 매크로`
	`'`
❾	`    If Sheets("ERP교육일정").Range("A15") = "" Then Exit Sub`
	`    Sheets("ERP교육일정").Select`
	`    Range("A15").Select`
	`    Range(Selection, Selection.End(xlToRight)).Select`
❿	`    If Range("A16") <> "" Then Range(Selection, Selection.End(xlDown)).Select`

```
            Selection.Clear
            Range("A15").Select

            Sheets("참석확인").Select
            Range("A4").Select
            Range(Selection, Selection.End(xlToRight)).Select
            Range("A4:F4").Select

❶          If Range("A5") <> "" Then Range(Selection, Selection.End(xlDown)).Select

            Selection.Clear
            Range("A4").Select

            Sheets("임직원명부").Select
            Range("A1").Select
        End Sub
```

❾ If Sheets("ERP교육일정").Range("A15") = "" Then Exit Sub

[ERP교육일정] 시트의 [A15] 셀이 공백("")이면 다음 코드를 수행하지 않고 [데이터지우기] 매크로를 빠져나갑니다.

❿ If Range("A16") <> "" Then Range(Selection, Selection.End(xlDown)).Select

[ERP교육일정] 시트의 [A16] 셀이 공백이 아니면 데이터가 입력되어 있는 행의 끝까지 범위를 지정합니다. 입력되어 있는 데이터가 1행일 경우 행의 끝까지 범위를 지정하면 A1048576행까지 범위가 지정되기 때문에 If 문으로 조건을 지정하여 범위를 지정하지 않습니다.

⓫ If Range("A5") <> "" Then Range(Selection, Selection.End(xlDown)).Select

[참석확인] 시트의 [A5] 셀이 공백이 아니면 데이터가 입력되어 있는 행의 끝까지 범위를 지정합니다.

24 [닫기⊠]를 클릭하여 비주얼 베이식 편집기를 닫습니다.

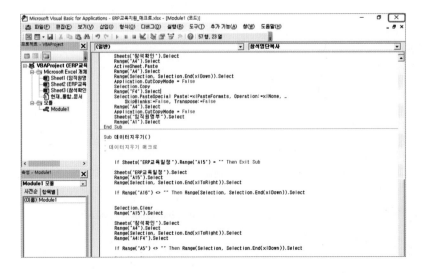

STEP 03 매크로 실행 및 인쇄 미리 보기

단추 양식 컨트롤은 매크로를 실행할 때 자주 사용하는 컨트롤입니다. [교육차수검색], [인쇄미리보기] 매크로를 실행하기 위해 단추 양식 컨트롤을 삽입하고 매크로와 연결해보겠습니다. 페이지 나누기 미리 보기에서 인쇄 영역을 지정한 후 엑셀 매크로 사용 통합 문서 형식으로 문서를 저장합니다.

25 단추 양식 컨트롤 삽입 및 매크로 연결하기 단추 컨트롤을 삽입하고 앞서 기록한 [교육차수검색], [인쇄미리보기], [임직원명부이동], [교육일정이동], [참석확인이동] 매크로와 연결해보겠습니다. ❶ [임직원 명부]가 선택된 상태에서 G열의 너비를 늘리고 ❷ [G2] 셀을 선택합니다. ❸ [개발 도구] 탭-[컨트롤] 그룹-[삽입]을 클릭하고 ❹ [양식 컨트롤]에서 [단추▢]를 선택합니다. ❺ [G2] 셀 위치에서 적당한 크기로 드래그하여 단추를 삽입합니다. ❻ [매크로 지정] 대화상자의 매크로 목록에서 [교육차수검색]을 선택하고 ❼ [확인]을 클릭합니다. ❽ 단추 안을 클릭해 텍스트를 **교육차수검색**으로 수정합니다.

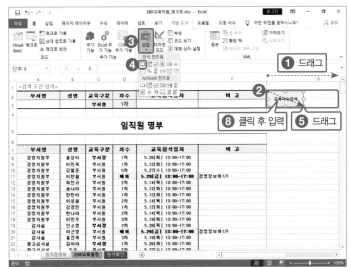

26 ❶ [교육차수검색] 단추가 선택되어 있는 상태에서 ❷ Ctrl + Shift 를 누르고 마우스 포인터 모양이 변경되면 ❸ 다음과 같이 네 번 드래그하여 단추 컨트롤을 복사합니다. ❹ 임의의 빈 셀을 선택하여 단추 컨트롤의 선택 상태를 해제합니다.

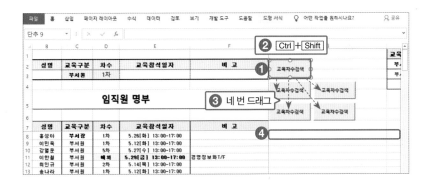

27 ❶ 두 번째 단추 컨트롤 위치에서 마우스 오른쪽 버튼을 클릭하고 ❷ [매크로 지정]을 선택합니다. ❸ [매크로 지정] 대화상자의 매크로 목록에서 [인쇄미리보기]를 선택하고 ❹ [확인]을 클릭합니다. ❺ 단추 안을 클릭하고 **인쇄미리보기**로 텍스트를 수정합니다.

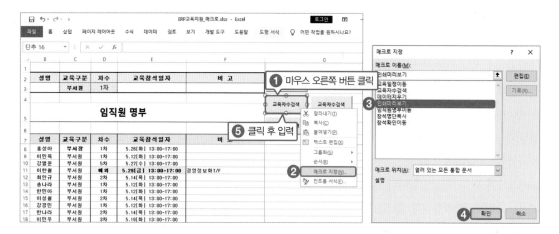

28 마찬가지 방법으로 각각의 단추 컨트롤을 [임직원명부이동], [교육일정이동], [참석확인이동] 매크로와 연결한 후 단추 이름을 **임직원명부시트**, **ERP교육일정시트**, **참석확인시트**로 수정합니다. 임의의 빈 셀을 클릭합니다.

29 단추 컨트롤 복사/붙여넣기 ❶ Ctrl 을 누르고 [인쇄미리보기], [임직원명부시트], [교육일정시트], [참석확인시트] 단추를 클릭한 후 ❷ Ctrl + C 를 눌러 단추를 복사합니다. ❸ 임의의 셀을 선택합니다.

30 ❶ [ERP교육일정] 시트를 선택하고 ❷ [F2] 셀 위치에 Ctrl + V 를 눌러 붙여 넣습니다. ❸ [참석확인] 시트의 ❹ [G1] 셀 위치에 Ctrl + V 를 눌러 한 번 더 붙여 넣습니다.

31 페이지 나누기 미리 보기 불필요한 요소는 인쇄되지 않도록 페이지 나누기 미리 보기에서 인쇄 영역을 지정합니다. ❶ [임직원명부] 시트에서 ❷ [B1] 셀을 클릭합니다. ❸ [보기] 탭-[통합 문서 보기] 그룹-[페이지 나누기 미리 보기]를 클릭합니다. ❹ 열 이름 상단 영역에서 파란색 실선으로 마우스를 이동하여 마우스 포인터 모양이 크기 조절로 바뀌면 4행까지 드래그합니다.

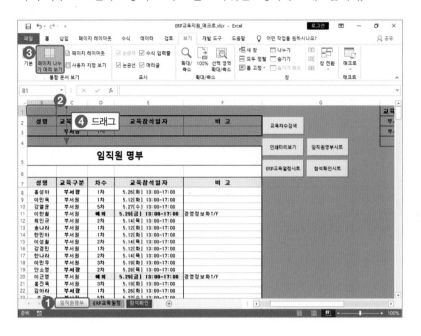

32 ❶ [ERP교육일정] 시트에서 ❷ [A1] 셀을 클릭합니다. ❸ [보기] 탭-[통합 문서 보기] 그룹-[페이지 나누기 미리 보기]를 클릭합니다. ❹ [참석확인] 시트에서 ❺ [A1] 셀을 클릭합니다. ❻ [보기] 탭-[통합 문서 보기] 그룹-[페이지 나누기 미리 보기]를 클릭합니다.

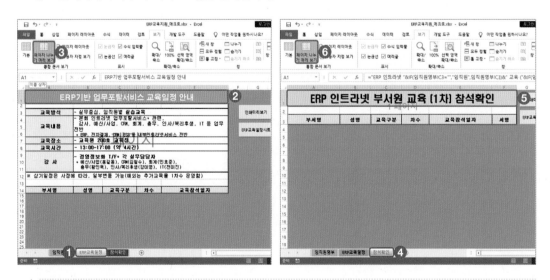

📊 **실력향상** [ERP교육일정] 시트와 [참석확인] 시트에는 미리 인쇄 영역을 설정해놓았습니다.

33 [교육차수검색] 매크로와 [인쇄미리 보기] 매크로 실행하기 교육구분과 차수를 변경하고 [교육차수검색] 매크로와 [인쇄미리보기]를 실행해보겠습니다. ❶ [임직원명부] 시트에서 ❷ [C3] 셀을 **부서원**, [D3] 셀을 **2차**로 선택하여 검색할 조건을 지정합니다. ❸ [교육차수검색]을 클릭합니다. ❹ [ERP교육일정] 시트를 클릭한 후 ❺ [인쇄미리보기]를 클릭합니다.

34 [인쇄 미리 보기] 창에 인쇄될 페이지가 표시됩니다. [인쇄 미리 보기 닫기]를 클릭하여 창을 닫습니다.

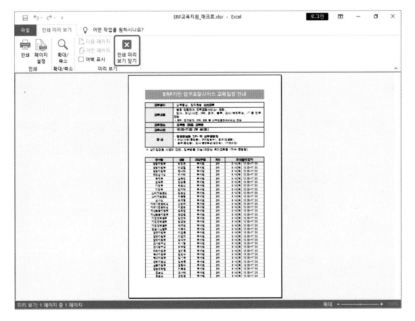

실력향상

[임직원명부], [ERP교육일정], [참석확인] 시트에는 반복하여 인쇄될 인쇄 제목을 미리 설정해놓았습니다.

35 [데이터지우기] 매크로 실행하기
단추 컨트롤 외에 매크로를 실행할 때는 [매크로] 대화상자를 사용합니다. ❶ [개발 도구] 탭-[코드] 그룹-[매크로]를 클릭합니다. ❷ [매크로] 대화상자의 매크로 목록에서 [데이터지우기]를 선택하고 ❸ [실행]을 클릭합니다.

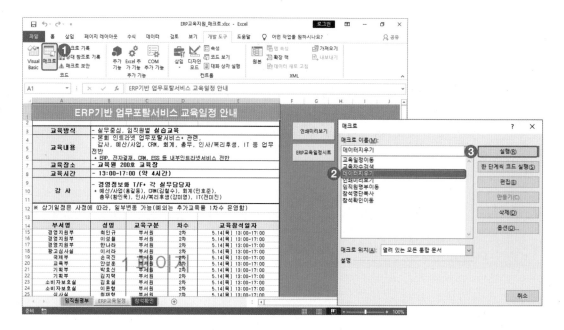

36
❶ [ERP교육일정] 시트를 클릭합니다. [데이터지우기] 매크로가 실행되어 데이터가 지워졌습니다. ❷ [임직원명부] 시트를 클릭합니다.

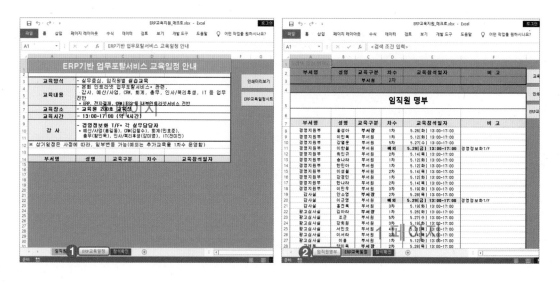

37 매크로 사용 통합 문서로 저장하기 매크로가 포함된 문서는 매크로 사용 통합 문서로 저장합니다.
❶ [파일]–[내보내기]를 선택하고 ❷ [파일 형식 변경]에서 [매크로 사용 통합 문서]를 더블클릭합니다. ❸
[파일 이름]에 **ERP교육지원_매크로포함**을 입력하고 ❹ [저장]을 클릭합니다.

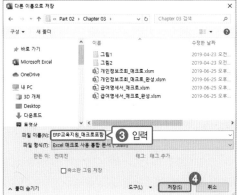

실력향상 엑셀 통합 문서(*.xlsx)에는 매크로가 저장되지 않습니다. 따라서 매크로가 포함되어 있을 때는 반드시 매크로 사용 통합 문서(*.xlsm)로 저장해야 합니다. 또한 매크로가 포함된 문서를 불러올 때는 보안 경고 메시지 [⚠ 보안 경고 매크로를 사용할 수 없도록 설정했습니다. 콘텐츠 사용 ✕] 가 표시됩니다. 신뢰할 만한 매크로일 경우 [콘텐츠 사용]을 클릭한 후 문서에 포함된 매크로를 실행할 수 있습니다.

★★★
비법
노트

페이지마다 마지막 행의 테두리를 그리는 코드 입력하기

ERP교육명단일정, 참석확인 명단에서 인쇄할 페이지마다 마지막 행의 테두리 선은 회색 실선으로 표시됩니다. 페이지가 나눠질 때마다 마지막 행의 테두리 선을 검정 실선으로 표시하는 명령어를 입력해보겠습니다. 여기서 입력하는 코드는 직접 입력하거나 '01_ERP교육지원_매크로_CODE2.txt' 파일을 참조하여 복사/붙여넣기를 할 수 있습니다.

실습 파일 | Part02/Chapter03/01_ERP교육지원_매크로포함_완성.xlsm, 01_ERP교육지원_매크로_CODE2.txt
완성 파일 | Part02/Chapter03/01_ERP교육지원_매크로_테두리_완성.xlsm

01 Alt + F11 을 눌러 비주얼 베이직 편집기 창을 엽니다.

02 ❶ 프로젝트 탐색기 창에서 [Module1]을 더블클릭합니다. ❷ [교육차수검색] 매크로 코드 창에 다음과 같이 빨간색으로 표기된 코드를 추가로 입력하여 매크로를 수정합니다.

```
Sub 교육차수검색( )
'
' 교육차수검색 매크로

    Application.ScreenUpdating = False
    데이터지우기
```

```
        Sheets("ERP교육일정").Select

        Range("A14").Select

        Range("임직원명부").AdvancedFilter Action:=xlFilterCopy, CriteriaRange:=Range( _
            "조건"), CopyToRange:=Range("복사위치"), Unique:=False


    참석명단복사


        Sheets("ERP교육일정").Select

        테두리그리기 Sheets("ERP교육일정").Range("A15")

        Sheets("참석확인").Select

        테두리그리기 Sheets("참석확인").Range("A4")


        Sheets("임직원명부").Select

        Range("A1").Select


        Application.ScreenUpdating = True


    End Sub
```

03 **[테두리그리기] 매크로 코드 창에 다음과 같이 빨간색으로 표기된 코드를 입력합니다.**

```
    Sub 테두리그리기(rngTemp As Range)

        Dim rngLine As Range

        Dim i, pbCnt As Integer, irow As Integer

        Dim colCnt As Integer, rowCnt As Integer

        Dim hpCnt As Integer


        Set rngLine = rngTemp

        rngLine.Select


        ActiveSheet.PageSetup.PrintArea = ""

        ActiveSheet.ResetAllPageBreaks


        hpCnt = ActiveSheet.HPageBreaks.Count

        colCnt = ActiveSheet.UsedRange.Columns.Count

        rowCnt = rngLine.End(xlDown).Row

        irow = Range(rngLine, rngLine.End(xlDown)).Rows.Count
```

```
    For i = 1 To hpCnt

        pbCnt = ActiveSheet.HPageBreaks.Item(i).Location.Row - rngLine.Row

        With rngLine.Range("a" & pbCnt).Resize(1, colCnt).Borders(xlEdgeBottom)

            .LineStyle = xlContinuous

            .Color = RGB(0, 0, 0)

            .Weight = xlThin

        End With

    Next i

    With rngLine.Range("a" & irow).Resize(1, colCnt).Borders(xlEdgeBottom)

        .LineStyle = xlContinuous

        .Color = RGB(0, 0, 0)

        .Weight = xlThin

    End With

End Sub
```

04 [닫기⊠]를 클릭하여 비주얼 베이식 편집기를 닫습니다.

05 [임직원명부] 시트에서 교육구분에 '부서원', 차수는 공란으로 지정한 후 [교육차수검색]을 클릭합니다. [ERP교육일정], [참석확인] 시트에서 [인쇄미리보기]를 클릭해서 테두리가 그려졌는지 확인합니다.

실력향상 마지막 페이지의 인쇄될 데이터가 한 행만 있을 경우 이전 페이지 마지막 행의 테두리가 인쇄되지 않습니다. 이 경우에는 페이지 나누기 구분선을 조절하여 한 페이지에 인쇄될 수 있도록 조절합니다.

개인별 급여명세서 인쇄하고 백업하기

실습 파일 | Part02/Chapter03/02_급여명세서_매크로.xlsm, 02_급여명세서_매크로_CODE.txt
완성 파일 | Part02/Chapter03/02_급여명세서_매크로_완성.xlsm

01 프로젝트 시작하기

급여대장에는 전 사원의 기본급, 상여금, 수당 등에 해당하는 급여의 합계에서 갑근세, 주민세, 국민연금 등의 공제금을 뺀 실지급액이 계산되어 있습니다. 급여명세서에는 개인별 급여를 조회할 수 있는 양식에 맞춰 함수식이 입력되어 있습니다.

비주얼 베이식 편집기에서 개인별 급여명세서를 인쇄 미리 보기로 확인한 후 전 사원의 급여명세서를 인쇄하고, 개인별 데이터를 백업하는 과정을 코드로 입력하여 매크로를 작성합니다. [개인별인쇄], [전체인쇄], [개인파일백업] 매크로를 도형과 연결한 후 매크로를 실행하여 인쇄 및 월별 개인의 급여명세서를 백업 파일로 저장해보겠습니다.

회사에서 바로 통하는 키워드	매크로 실행, Visual Basic 편집기, Dim 변수 선언, Error 문, ChDrive 문, ChDir 문, MkDir 문, For Each~Next 문, PrintOut 메서드, PrintPreview 메서드, Copy 메서드, SaveAs 메서드, Close 메서드 , ScreenUpdating 메서드, DisplayAlerts 메서드

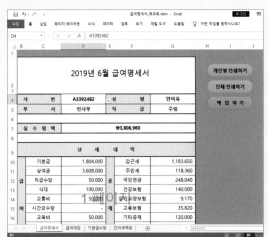

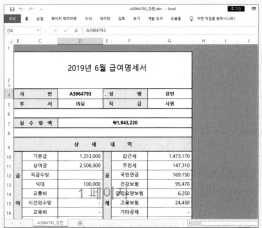

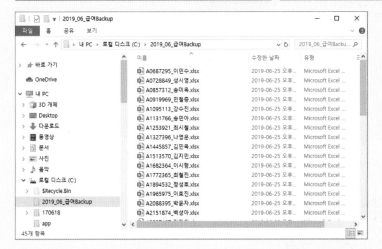

한눈에 보는 작업순서

[개인별인쇄], [전체인쇄], [개인파일백업] 매크로 작성하기 ▶ 도형에 매크로로 지정하기

▶ [개인별인쇄], [전체인쇄], [개인파일백업] 매크로 실행하기 ▶ [개인파일백업] 매크로에서 저장한 파일 불러오기

STEP 01 비주얼 베이식 편집기에서 매크로 작성하기

❶ 비주얼 베이식 편집기에서 [개인별인쇄] 프로시저 코드를 작성합니다.

❷ [전체인쇄] 프로시저를 작성합니다.

❸ [개인파일백업] 프로시저를 작성합니다.

STEP 02 도형에 매크로 지정하고 매크로 실행하기

❶ [개인별 인쇄하기], [전체 인쇄하기], [백업하기] 도형에 앞서 작성한 매크로를 지정합니다.

❷ [개인별인쇄], [전체인쇄], [개인파일백업] 매크로를 실행합니다.

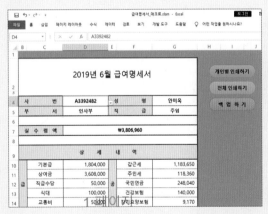 

❸ [개인파일백업] 매크로에서 저장한 파일을 불러옵니다.

STEP 01 비주얼 베이식 편집기에서 매크로 작성하기

비주얼 베이식 편집기 창에서 인쇄 관련 PrintPreview, PrintOut 메서드로 개인별 또는 전체 급여명
세서를 인쇄하기 위한 매크로를 작성해보겠습니다. 또한 복사, 저장, 닫기 관련 Copy, SaveAs, Close
메서드로 월별 백업 파일을 만들어 저장하는 매크로를 작성하겠습니다. 여기서 입력하는 코드는 직접
입력하거나 '02_급여명세서_매크로_CODE.txt' 파일을 참조하여 복사/붙여넣기를 할 수 있습니다.

01 [개인별인쇄] 매크로 만들기 [매크로] 대화상자에서 [개인별인쇄] 매크로를 작성해보겠습니다. ❶ [개
발 도구] 탭–[코드] 그룹–[매크로]를 클릭합니다. ❷ [매크로] 대화상자의 [매크로 이름]에 **개인별인쇄**를 입
력하고 ❸ [만들기]를 클릭합니다.

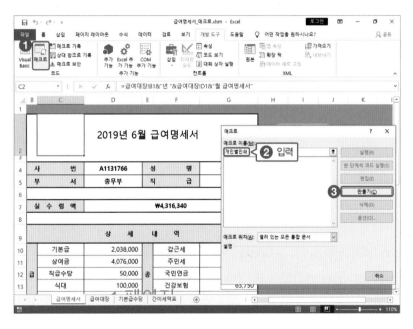

💪 **실력향상** [급여대장]
시트 1행의 날짜는 현재 날짜
를 반영하므로, 급여명세서 제
목의 연도와 월은 달라질 수
있습니다.

02 비주얼 베이식 편집기에서 매크로 작성하기 인쇄하기 코드를 입력합니다. [개인별인쇄] 매크로 코드
창에 다음과 같이 빨간색으로 표기된 코드를 입력합니다.

```
Sub 개인별인쇄()
  ActiveSheet.PrintPreview
End Sub
```

❶ [개인별인쇄] 매크로에서 인쇄 미리 보기 명령 코드를 실행합니다.

비법 노트 ## 인쇄 및 인쇄 미리 보기

문서를 인쇄하기 전에 미리 보기 창을 열려면 Window 개체의 PrintPreview 메서드를 사용하고, 인쇄할 때는 PrintOut 메서드를 사용합니다. PrintPreview와 PrintOut의 구문 구조는 다음과 같습니다.

```
PrintOut(From, To, Copies, Preview, ActivePrinter, PrintToFile, Collate, PrToFileName)
PrintPreview(EnableChanges)
```

중요 매개 변수는 다음과 같습니다.

이름	필수/선택	데이터 형식	설명
From	선택	Variant	인쇄할 시작 페이지 번호를 지정합니다.
To			인쇄할 마지막 페이지 번호를 지정합니다.
Copies			인쇄 매수를 지정합니다. 생략 시 기본값이 1입니다.
Preview			True면 [인쇄 미리 보기] 창을 엽니다. 생략 시 기본은 False로 바로 인쇄됩니다.
ActivePrinter			프린터명을 지정합니다. 생략 시 컴퓨터의 설정된 기본 프린터가 지정됩니다.
PrintToFile			True면 파일로 인쇄됩니다.
Collate			True면 여러 매수를 인쇄합니다.
PrToFileName			파일로 인쇄할 파일 이름을 지정합니다.
EnableChanges	선택	Variant	True면 [인쇄 미리 보기] 창에서 여백을 조정할 수 있고, False면 여백을 조정할 수 없습니다.

03 [전체인쇄] 매크로 만들기 전체 인원수만큼 급여명세서를 인쇄하는 코드를 입력해보겠습니다. 02 과정에서 입력한 코드 다음 줄에 [전체인쇄] 매크로 코드 창에 표기된 코드를 입력합니다. 여기서는 사원 수만큼 인쇄할 수 없으므로 1명만 인쇄하는 코드를 작성합니다. '추가'로 표시된 부분에 빨간색으로 표기된 코드를 입력합니다. 전체 인원수만큼 인쇄할 경우 추가 부분의 코드는 삭제합니다.

```
❶    Sub 전체인쇄()

❷        Dim temp_range As Range
          Dim temp_person As Range

❸        Set temp_range = Range("사번")

❹        On Error Resume Next

❺        For Each temp_person In temp_range
❻            Sheets("급여명세서").Range("D4").Value = temp_person.Value
```

❼ 추가	`Sheets("급여명세서").PrintOut Copies:=1` `Exit For`
❽	`Next`
❾	`End Sub`

❶ [전체인쇄] 프로시저를 시작합니다.

❷ Range 데이터 형식의 변수 temp_range, temp_person을 선언합니다.

❸ temp_range 개체에 [급여대장] 시트의 [A4:A48] 셀 범위를 이름으로 정의한 '사번'을 할당합니다.

❹ 에러 발생 시 에러가 발생한 명령문을 무시하고 다음 명령을 실행합니다.

❺ For Each~Next 문으로 사번([A4:A48] 셀 범위)의 첫 번째 셀부터 순서대로 temp_person 변수에 할당하면서 사원수만큼 반복 순환합니다.

❻ 첫 번째 사번의 값(temp_person.Value)을 [급여명세서] 시트의 [D4] 셀에 입력합니다.

❼ [급여명세서] 시트를 인쇄합니다.

❽ 사원수만큼 ❻❼을 반복 수행합니다.

❾ [전체인쇄] 프로시저를 마칩니다.

추가 : 첫 번째 사원을 인쇄한 후 For Each~Next 문을 빠져나갑니다. 전체 인원수만큼 인쇄할 경우 추가 부분의 코드를 삭제합니다.

디버깅과 오류 처리하기

프로시저 안의 명령어를 수행하다가 오류가 발생하면 오류 메시지가 표시되고 코드 실행이 중단됩니다. [종료]를 클릭하면 프로시저가 종료되고 [디버그]를 클릭하면 오류가 발생한 위치에 노란색 화살표가 표시되면서 프로시저는 중단 모드로 전환됩니다. 오류가 발생한 위치의 코드를 수정하려면 비주얼 베이식 편집기 창의 [표준] 도구 모음에서 [재설정]을 클릭한 후 코드를 수정합니다.

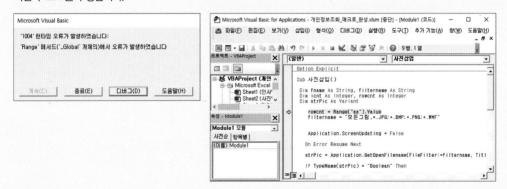

문법이나 논리적 오류가 아닌 저장할 위치의 폴더가 없거나 읽기/쓰기 권한이 없는 경우 프린터 문제 등의 오류를 처리하는 방법으로 On Error 문을 사용합니다.

On Error 문	설명
On Error Goto 레이블	오류 발생 시 지정한 레이블 위치로 이동합니다.
On Error Resume Next	오류 발생 시 오류가 발생한 명령문을 무시하고 다음 명령을 수행합니다.

04 [개인파일백업] 매크로 만들기 전체 인원수만큼 급여명세서를 파일로 저장하여 백업하는 코드를 입력해보겠습니다. [개인파일백업] 매크로 코드 창에 표기된 코드를 입력합니다. 여기서는 사원수만큼 파일을 저장하려면 시간이 소요(3분 내외)되므로 한 명만 저장하는 코드로 수정합니다. 추가 위치의 빨간색으로 표기된 코드를 입력합니다. 전체 인원수만큼 백업 파일을 저장하려면 추가 부분의 코드는 삭제합니다.

❶ Sub 개인파일백업()

❷   Dim temp_range As Range, temp_person As Range
    Dim foldername As String, sheetname As String

❸   foldername = "c:\" & Format(Date, "yyyy_mm") & "_급여Backup\"

❹   Application.DisplayAlerts = False
    Application.ScreenUpdating = False

❺   Set temp_range = Range("사번")

❻   On Error Resume Next
❼   MkDir foldername
    ChDrive foldername

❽   For Each temp_person In temp_range
❾   Sheets("급여명세서").Range("D4").Value = temp_person.Value

❿   Sheets("급여명세서").Select
        ActiveSheet.Copy
        sheetname = temp_person.Value & "_" & Sheets("급여명세서").Range("G4").Value
        ActiveSheet.Name = sheetname

⓫   Range("B2:G25").Copy
        Range("B2").PasteSpecial xlPasteValues
        Application.CutCopyMode = False

```
⑫          ActiveSheet.Shapes.Range(Array(2, 3, 4)).Select
            Selection.Delete
            Range("D4").Select


⑬          ChDir foldername


⑭          ActiveWorkbook.SaveAs Filename:=sheetname, FileFormat:=xlOpenXMLWorkbook
            ActiveWorkbook.Close


추가         Exit For
⑮      Next


⑯      MsgBox "개인별 급여명세서 백업이 완료되었습니다"


        Application.DisplayAlerts = True
        Application.ScreenUpdating = True


⑰      End Sub
```

❶ [개인파일백업] 프로시저를 시작합니다.

❷ Range 데이터 형식의 변수 temp_range, temp_person, String 데이터 형식의 변수 foldername, sheetname을 선언합니다.

❸ foldername에 백업 파일을 저장할 경로("C:\연도_월_급여Backup\")를 저장합니다.

❹ Application 개체의 DisplayAlerts 속성은 경고 메시지 창을 표시(True)하거나 숨깁니다(False).

　 Application 개체의 ScreenUpdating 속성은 명령어 실행 시 업데이트 과정을 화면에 표시(True)하거나 표시하지 않습니다(False).

❺ temp_range 개체에 [급여대장] 시트의 [A4:A48] 셀 범위를 이름으로 정의한 '사번'을 할당합니다.

❻ 오류 발생 시 오류가 발생한 명령문을 무시하고 다음 명령을 실행합니다.

❼ MkDir은 foldername 경로 위치에 폴더를 만듭니다. 개인의 컴퓨터 설정에 따라 드라이브에 폴더를 만들지 못하는 권한(읽기 전용)이 설정되어 있다면 폴더가 만들어지지 않을 수 있습니다. 이미 같은 이름의 폴더가 있을 경우 이 명령문을 무시하고 다음 명령을 실행합니다.

　 chDrive는 foldername 경로로 드라이브의 위치를 변경합니다. 폴더를 만들지 못할 경우 드라이브를 변경하지 못합니다.

❽ For Each~Next 문으로 사번([A4:A48] 셀 범위)의 첫 번째 셀부터 순서대로 temp_person 변수에 할당하면서 사원수만큼 반복 순환합니다.

❾ 첫 번째 사번의 값(temp_person.Value)을 [급여명세서] 시트의 [D4] 셀에 입력합니다.

❿ [급여명세서] 시트를 새 통합 문서로 복사하고 시트 이름을 '사번_이름'으로 바꿉니다.

⓫ 데이터 범위([B2:G25] 셀 범위)는 함수식이 입력되어 있으므로 값(xlPasteValues)만 붙여 넣습니다.

　 Application 개체의 CutCopyMode 속성은 복사를 계속할 수 있는 상태(True)이거나 복사 모드를 해제(False)합니다.

⓬ 도형2, 도형3, 도형4 개체를 선택한 후 삭제합니다.

⑬ ChDir는 foldername 경로로 폴더의 위치를 변경합니다. ❼에서 폴더를 만들지 못하면 폴더의 위치를 변경하지 못합니다.

⑭ 통합 문서(xlOpenXMLWorkbook) 형식인 sheetname 파일 이름으로 저장(SaveAs)하고 현재 통합 문서를 닫습니다 (Close).

❼에서 폴더를 만들지 못하면 현재 작업 폴더에 저장됩니다. 현재 작업 폴더가 읽기 전용일 경우 파일이 저장되지 않습니다.

⑮ 사원수만큼 ❼을 반복 수행합니다.

⑯ MsgBox 메서드로 백업이 완료되었다는 메시지 창을 표시합니다.

⑰ [전체인쇄] 프로시저를 마칩니다.

추가 : 첫 번째 사원을 저장한 후 For Each~Next 문을 빠져나갑니다. 전체 인원수만큼 저장할 경우 추가 부분의 코드는 삭제합니다.

드라이브와 폴더 변경하기 및 폴더 만들고 삭제하기

파일이 위치한 폴더로 이동하기 위해서서는 CurDir 함수, Chdrive 문, Chdir 문을 사용합니다. 폴더를 만들고 삭제하려면 MkDir 문, RmDir 문을 사용합니다.

CurDir [(drive)]	현재 드라이브의 작업 폴더의 경로를 반환합니다. 드라이브 생략 시 엑셀에서 현재 작업 폴더는 'C:\Users\사용자이름\Documents'입니다.
ChDrive drive	드라이브(drive) 이름으로 드라이브의 위치를 변경합니다.
ChDir path	경로(path)로 폴더의 위치를 변경합니다. 현재 작업 중인 드라이브(예 : C:\)와 위치를 변경하려면 폴더의 드라이브(예 : E:\Backup)가 다를 경우 ChDir은 다른 드라이브의 폴더로 변경할 수 없습니다. 따라서 드라이브가 다를 경우 ChDirve 문으로 드라이브를 변경한 다음 Chdir 문을 사용합니다.
MkDir path	경로(path)에 폴더를 만듭니다. 개인의 컴퓨터 설정에 따라 드라이브에 폴더를 만들지 못하는 권한(읽기 전용)이 설정되어 있는 경우 폴더가 만들어지지 않을 수 있습니다. 이미 같은 이름의 폴더가 있을 경우 오류가 발생합니다.
RmDir path	경로(path)에 폴더를 삭제합니다. 만약 폴더 안에 파일이 있으면 오류가 발생하므로 파일을 먼저 삭제(Kill)한 후에 Rmdir 문을 사용합니다.

05 [닫기⊠]를 클릭하여 비주얼 베이식 편집기를 닫습니다.

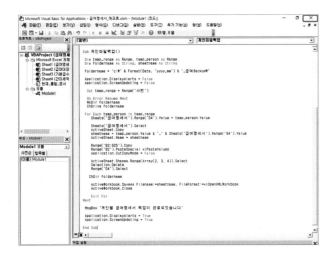

 파일 저장하기

파일을 저장할 때는 Workbook 개체의 Save 또는 SaveAs 메서드를 사용합니다. 현재 문서를 저장할 때는 Save 메서드를 사용하고, 다른 이름으로 파일을 저장할 때는 SaveAs 메서드를 사용합니다. Wrokbook 개체의 Save는 매개 변수 없이 사용하고 SaveAs는 매개 변수를 사용합니다. SaveAs의 구문 구조는 다음과 같습니다.

```
SaveAs(FileName, FileFormat, Password, WriteResPassword, ReadOnlyRecommended, CreateBackup, AccessMode, ConflictResolution, AddToMru, TextCodepage, TextVisualLayout, Local)
```

중요 매개 변수는 다음과 같습니다.

이름	필수/선택	데이터 형식	설명
FileName			저장할 파일 이름과 폴더 경로를 지정합니다. 폴더 경로를 생략하면 현재 작업 폴더에 저장됩니다.
FileFormat	선택	Variant	내장 상수를 사용하여 저장할 파일의 형식을 지정합니다. | xlOpen XML Workbook	xlOpen XML Workbook Macro Enabled	xlExcel8
---	---	---
통합 문서 (*.xlsx)	매크로 사용 통합 문서(*.xlsm)	97–2003 통합 문서 (*.xls)	
Password			파일 열기 암호를 설정합니다.
WriteResPassword			파일 쓰기 암호를 설정합니다.
ReadOnlyRecommended			True면 파일을 읽기 전용으로 열 수 있도록 권유하는 메시지 창을 표시합니다.
CreateBackup			True면 백업 파일을 만듭니다.
AddToMru			True면 최근 사용 파일 목록에 문서를 추가합니다.

도형에 매크로 지정하고 매크로 실행하기

[개인별인쇄], [전체인쇄], [개인파일백업] 매크로를 도형에 각각 지정한 후 매크로를 실행합니다. [개인별 인쇄] 매크로는 [인쇄 미리 보기] 창을 표시하고, [전체인쇄] 매크로는 사원 순서대로 급여명세서를 인쇄합니다. [개인파일백업] 매크로는 사원 순서대로 백업 파일을 만듭니다.

06 도형에 매크로 지정하기 ❶ [급여명세서] 시트의 ❷ [개인별 인쇄하기] 도형에서 마우스 오른쪽 버튼을 클릭하고 ❸ [매크로 지정]을 선택합니다. ❹ [매크로 지정] 대화상자의 매크로 목록에서 [개인별인쇄]를 선택하고 ❺ [확인]을 클릭합니다.

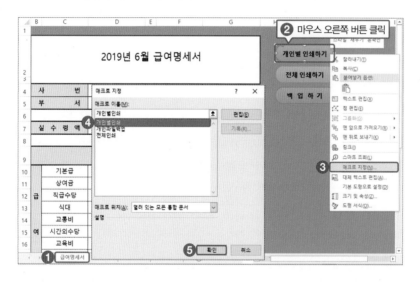

07 ❶ [전체 인쇄하기] 도형에서 마우스 오른쪽 버튼을 클릭하고 ❷ [매크로 지정]을 선택합니다. ❸ [매크로 지정] 대화상자의 매크로 목록에서 [전체인쇄]를 선택하고 ❹ [확인]을 클릭합니다.

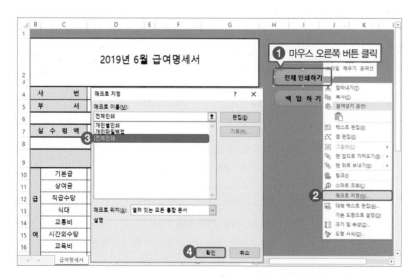

08 ❶ [백업하기] 도형에서 마우스 오른쪽 버튼을 클릭하고 ❷ [매크로 지정]을 선택합니다. ❸ [매크로 지정] 대화상자의 매크로 목록에서 [개인파일백업]을 선택하고 ❹ [확인]을 클릭합니다.

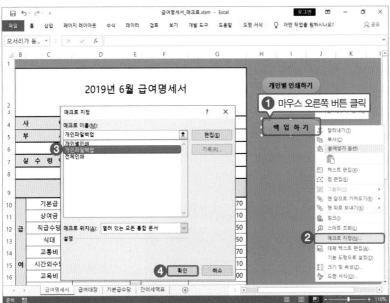

09 **[개인별인쇄] 매크로 실행하기** 도형을 클릭하여 매크로를 실행해보겠습니다. ❶ [D4] 셀에서 사번을 변경한 후 ❷ [개인별 인쇄하기]를 클릭합니다. [인쇄 미리 보기] 창에 인쇄될 페이지가 표시됩니다. ❸ [인쇄 미리 보기 닫기]를 클릭하여 창을 닫습니다.

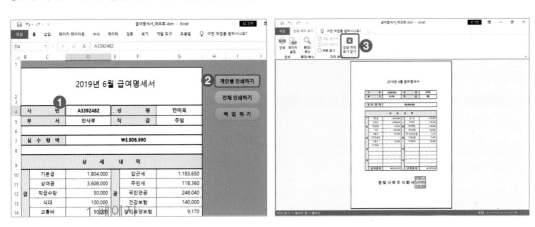

실력향상 엑셀 버전에 따라 [인쇄 미리 보기] 창에서 그림(도장)이 표시되지 않을 수 있지만 인쇄 시에는 제대로 인쇄됩니다.

10 [전체인쇄] 매크로 실행하기 [전체 인쇄하기]를 클릭합니다. 급여대장의 첫 번째에 위치한 사원으로 급여명세서 내용이 바뀐 후 [인쇄 중] 메시지가 표시됩니다. 여기서는 한 명만 인쇄됩니다. 만약 프린트가 설치되어 있지 않거나 전원이 켜져 있지 않을 때는 오류 메시지가 나타날 수 있습니다. 인쇄 중 메시지가 나타나면 인쇄 명령(PrintOut)이 실행되고 있다는 것을 알 수 있습니다.

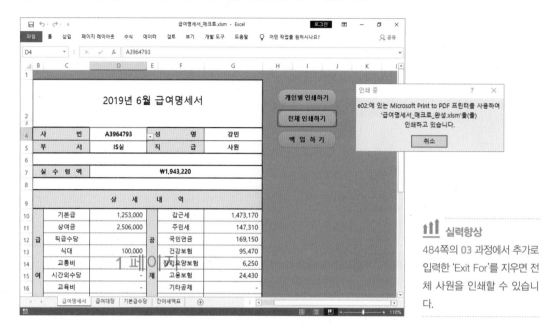

실력향상
484쪽의 **03** 과정에서 추가로 입력한 'Exit For'를 지우면 전체 사원을 인쇄할 수 있습니다.

11 [개인파일백업] 매크로 실행하기 ❶ [백업하기]를 클릭합니다. 급여대장의 첫 번째에 위치한 사원으로 급여명세서 내용이 바뀐 후 백업이 완료되었다는 메시지가 표시됩니다. ❷ [확인]을 클릭합니다.

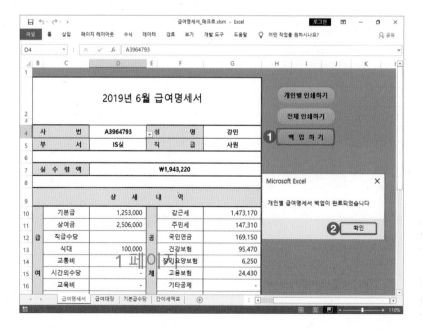

실력향상
486쪽의 **04** 과정에서 추가로 입력한 'Exit For'를 지우면 전체 사원 파일을 저장할 수 있습니다.

12 **백업 파일 불러오기** ❶ [파일]–[열기]를 선택한 후 ❷ [찾아보기]를 선택합니다. ❸ [열기] 대화 상자의 [2019_06_급여Backup] 폴더에서 ❹ 'A3964793_강민.xlsx' 파일을 선택하고 ❺ [열기]를 클릭합니다.

📊 실력향상 백업 파일은 앞서 [개인파일백업] 매크로에서 정의한 변수 foldername("c:\"&Format(Date,"yyyy_mm"&"_급여 Backup\")의 경로에 저장되었으므로 여기서는 C 드라이브(C:\)의 하위에 폴더(연도_월_급여Backup)를 만들고 그 폴더에 백업 파일을 저장합니다.

13 시트 이름이 **A3964793_강민**으로 바뀌고 수식 셀이 값으로 붙여 넣어집니다. 도형은 모두 삭제되었습니다. 백업 파일이 만들어졌으면 [닫기☒]를 클릭하여 파일을 닫습니다.

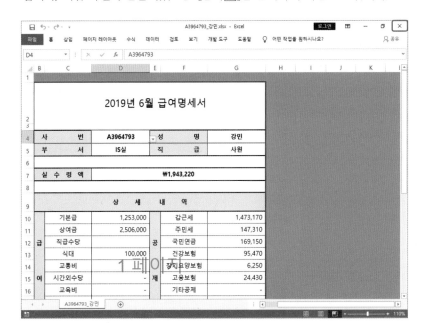

📊 실력향상
전체 사원수만큼 백업하면 45개의 파일이 저장됩니다.

03

인사명부에 개인 프로필 사진
삽입하기

실습 파일 | Part02/Chapter03/03_개인정보조회_매크로.xlsm,
03_개인정보조회_매크로_CODE1.txt, 03_개인정보조회_매크로_CODE2.txt
완성 파일 | Part02/Chapter03/03_개인정보조회_매크로_완성.xlsm

01 프로젝트 시작하기

엑셀에서 여러 장의 사진을 삽입한 후 원하는 위치에 배치하고 크기를 조정하는 일은 매우 반복적이고 시간이 많이 소요되는 작업입니다. 170쪽 '프로젝트 05. 사진을 조회할 수 있는 개인 정보 관리 양식 작성하기'에서는 프로필 사진이 삽입된 데이터에서 사진을 찾아 조회할 수 있는 양식을 만들어보았습니다. 여기서는 사번, 주민등록번호, 이름, 성별, 생년월일 등의 텍스트 정보가 입력되어 있는 인사명부에 사진까지 포함한 데이터베이스를 작성해보겠습니다. 매크로를 사용하면 직접 한 장, 한 장의 사진을 삽입하고 배치하는 작업에 비해 시간을 단축할 수 있습니다. 여러 장의 프로필 사진을 한번에 삽입하고 배치한 후 각 사진 파일에 이름(사번)을 표시해주는 매크로를 만들어보겠습니다.

회사에서 바로 통하는 키워드
열 너비, 행 높이, 매크로 실행, Visual Basic 편집기, Option Explicit 문, Dim 문, If 문, Error 문, For~Next 문, GetOpenFilename 메서드, AddPicture 메서드, ScreenUpdating 메서드, Left 함수, Len 함수, TypeName 함수, UBound 함수, Sheets 개체, Select 메서드, Workbook_BeforeClose 이벤트 프로시저, Save 메서드

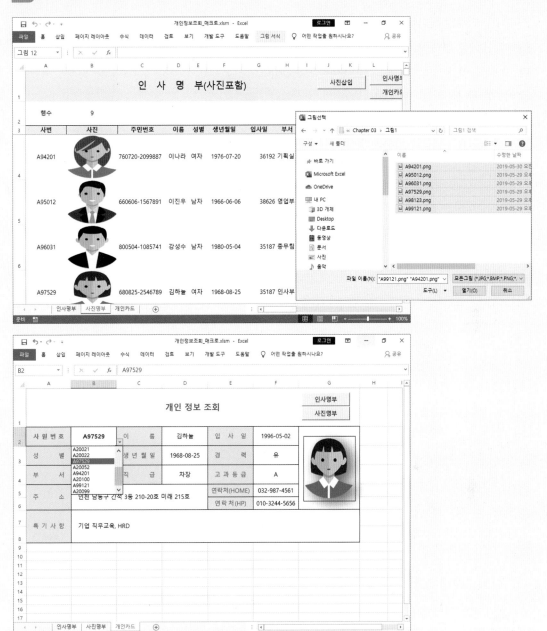

한눈에
보는
작업순서

매크로 사용 통합
문서 불러오기 ▶ 셀의 너비와 행의
높이 조절하기 ▶ [사진삽입] 코드
입력하기 ▶ [인사명부선택], [사진명부선택],
[개인카드선택] 코드 입력하기

▶ Workbook_BeforeClose
이벤트 프로시저에 코드 입력하기 ▶ [사진삽입] 실행하기 ▶ [개인카드선택] 실행하고
개인 정보 조회하기

STEP 01 비주얼 베이식 편집기에서 매크로 작성하기

❶ 매크로 사용 통합 문서를 불러옵니다.

❷ 그림이 삽입될 셀의 열 너비와 행 높이를 조절합니다.

❸ 비주얼 베이식 편집기에서 [Module1]의 [사진삽입] 프로시저에 사진을 삽입하는 코드를 입력합니다.

❹ 비주얼 베이식 편집기에서 [Module2]의 [인사명부선택], [사진명부선택], [개인카드선택] 프로시저에 각각의 시트를 선택하는 코드를 입력합니다.

❺ 비주얼 베이식 편집기에서 [현재_통합_문서]의 Workbook_BeforeClose 이벤트 프로시저에 현재 문서를 저장하는 코드를 입력합니다.

STEP 02 매크로 실행하기

❶ [사진삽입] 매크로를 실행하여 [그림1] 폴더의 사진을 불러옵니다.

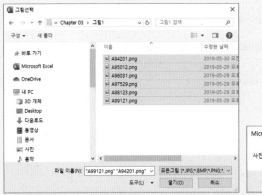

❷ [사진삽입] 매크로를 실행하여 [그림2] 폴더의 사진을 불러옵니다.

❸ [개인카드선택] 매크로를 실행하여 [개인카드] 시트에서 개인정보를 조회합니다.

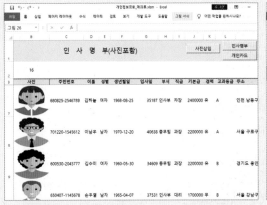
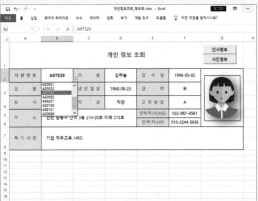

비주얼 베이식 편집기에서 매크로 작성하기

그림이 삽입될 위치의 셀 크기를 조정한 후 비주얼 베이식 편집기 창에서 파일 열기와 그림 삽입에 관련한 GetOpenFilename, AddPicture 메서드로 셀 위치에 순차적으로 사진의 이름과 사진을 삽입하는 매크로를 작성해보겠습니다. 여기서 입력하는 코드는 직접 입력하거나 '03_개인정보조회_매크로_CODE1.txt', '03_개인정보조회_매크로_CODE2.txt' 파일을 참조하여 복사/붙여넣기를 할 수 있습니다.

01 매크로 사용 통합 문서 열기 ❶ [파일]–[열기]를 클릭하고 ❷ [찾아보기]를 선택합니다. ❸ [열기] 대화상자에서 '03_개인정보조회_매크로.xlsm'을 선택하고 ❹ [열기]를 클릭합니다. ❺ 보안 경고 메시지가 나타나면 [콘텐츠 사용]을 클릭합니다.

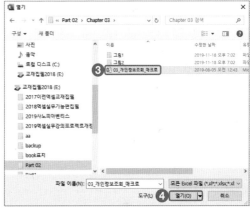

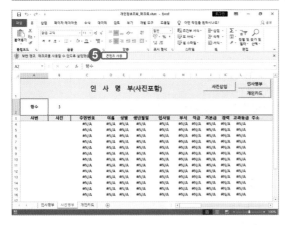

📊 실력향상 보안 경고 메시지

엑셀 매크로 사용 통합 문서(*.xlsm)를 열면 보안 경고 메시지 창이나 [Microsoft Excel 보안 알림] 창이 뜹니다. [콘텐츠 사용]이나 [매크로 포함]을 클릭하면 매크로를 사용할 수 있습니다. [메시지 닫기]나 [매크로 제외]를 클릭하면 매크로를 사용할 수 없습니다.

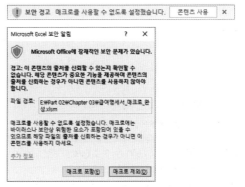

02 열 너비/행 높이 조절하기 그림이 삽입될 위치에 그림이 삽입될 크기의 열 너비와 행 높이를 조절해 보겠습니다. ❶ [사진명부] 시트의 ❷ B열을 선택하고 ❸ 마우스 오른쪽 버튼을 클릭합니다. ❹ [열 너비] 를 선택합니다. ❺ [열 너비]에 **16**을 입력하고 ❻ [확인]을 클릭합니다.

03 ❶ [이름 상자]에 **4:200**을 입력하고 Enter 를 눌러 4행부터 200행까지 범위를 지정합니다. ❷ 범위로 지정된 행 머리글에서 마우스 오른쪽 버튼을 클릭하고 ❸ [행 높이]를 선택합니다. ❹ [행 높이]에 **85**를 입 력하고 ❺ [확인]을 클릭합니다. ❻ 임의의 셀을 클릭하여 범위를 해제합니다.

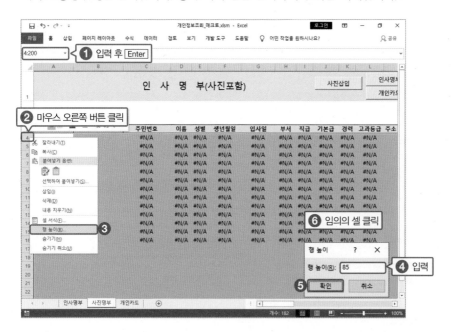

04 [사진삽입] 코드 편집하기 [매크로] 대화상자에서 [사진삽입] 코드를 편집해보겠습니다. ❶ [개발 도구] 탭–[코드] 그룹–[매크로]를 클릭합니다. ❷ [매크로] 대화상자의 매크로 목록에서 [사진삽입]을 선택하고 ❸ [편집]을 클릭합니다.

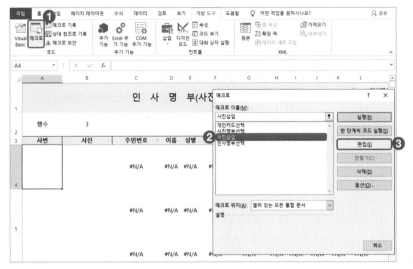

📊 실력향상
[사진삽입] 프로시저의 이름을 비주얼 베이식 편집기에 미리 입력해놓았으므로 [편집]을 눌러 코드를 추가합니다.

05 비주얼 베이식 편집기에서 코드 입력하기 [표준 파일 열기] 대화상자에서 그림 파일을 불러올 수 있도록 필터링하여 선택한 그림 파일을 [사진명부] 시트의 사번, 사진이 들어가야 할 위치에 파일 모양(사번)과 사진을 순차적으로 삽입하는 코드를 입력해보겠습니다. [표준 파일 열기] 대화상자(Application. GetOpenFilename)에서는 모든 파일을 불러올 수 있습니다.

❶
```
Option Explicit
```

❷
```
Sub 사진삽입()
```

❸
```
Dim fname As String, filtername As String
Dim icnt As Integer, rowcnt As Integer
Dim strPic As Variant
```

❹
```
    rowcnt = Range("행수").Value
```
❺
```
    filtername = "모든그림,*.JPG;*.BMP;*.PNG;*.WMF"
```

❻
```
    Application.ScreenUpdating = False
```

❼
```
    On Error Resume Next
```

❽
```
    strPic = Application.GetOpenFilename(FileFilter:=filtername, Title:="그림선택",MultiSelect:=True)
```

```
❾          If TypeName(strPic) = "Boolean" Then
                MsgBox "아무 그림도 선택되지 않았습니다.", 64, "선택오류"
                   Exit Sub
            End If


❿             For icnt = 1 To UBound(strPic)

⓫               Cells(icnt + rowcnt, 1).Value = Left(Dir(strPic(icnt)), Len(Dir(strPic(icnt))) - 4)

⓬               ActiveSheet.Shapes.AddPicture(strPic(icnt), False, True, 0, 0, -1, -1).Select

⓭                 With Selection.ShapeRange
⓮                   .LockAspectRatio = msoFalse   '그림의 가로/세로 크기 고정 해제

⓯                   .Left = Cells(icnt + rowcnt, 2).Left + 3
                    .Top = Cells(icnt + rowcnt, 2).Top + 3
                    .Width = Cells(icnt + rowcnt, 2).Width - 5
                    .Height = Cells(icnt + rowcnt, 2).Height - 5
⓰                 End With

⓱               Next icnt


              Application.ScreenUpdating = True

⓲             MsgBox "사진 삽입이 완료되었습니다."

⓳      End Sub
```

❶ Option Explicit 문을 프로시저 전에 입력하면 변수를 항상 선언하도록 요구합니다.

❷ [사진삽입] 프로시저를 시작합니다.

❸ String 데이터 형식의 변수 fname, filtername, Integer 데이터 형식의 변수 icnt, rowcnt, Variant 데이터 형식의 변수 strPic을 선언합니다.

❹ [사원명부] 시트의 [B2] 셀에서 A열 행수를 계산하여 '행수'로 이름을 정의해두었으므로 rowcnt 변수에 A열의 행수를 저장합니다. rowcnt 변수로 그림이 처음 삽입될 행의 위치를 파악할 수 있습니다.

❺ filtername 변수에 그림의 포맷 형식을 저장합니다.

❻ Application 개체의 ScreenUpdating 속성은 명령어 실행 시 업데이트 과정을 화면에 표시(True)하거나 표시하지 않습니다(False).

❼ 오류 발생 시 오류가 발생한 명령문을 무시하고 다음 명령을 실행합니다.

❽ 파일을 불러올 대화상자(Application.GetOpenFilename)를 불러와 여러 사진을 선택(MultiSelect:=True)한 그림 파일명을 strPic 변수에 저장합니다. 세 장의 사진을 선택하면 strPic(1)~strPic(3) 배열 변수에 그림의 경로가 저장됩니다.

strPic(1)	strPic(2)	strPic(3)
C:\4장\그림1\A94201.png	C:\4장\그림1\A95012.png	C:\4장\그림1\A96031.png

❾ 파일을 불러올 대화상자(Application.GetOpenFilename)에서 [취소]를 클릭하면 strPic 변수에 False 값이 저장되어 있습니다. 따라서 strPic 변수의 데이터 형식(TypeName(strPic))이 'Boolean'이면 오류 메시지 창을 띄운 후 [사진삽입] 프로시저를 빠져나갑니다.

❿ For~Next 문으로 icnt 변수에 1을 할당하고, strPic 배열의 가장 큰 인덱스(UBound(strPic)) 값만큼 반복 순환합니다. 만약 그림 파일을 6개를 불러온다면 strPic 배열 변수에는 strPic(1)~strPic(6)이 할당되어 있으므로 UBound 함수에서 배열의 가장 큰 값은 '6'입니다.

⓫ Cells(행 번호, 열 번호)는 행 번호와 열 번호 위치의 셀을 참조합니다. 따라서 [개인사진] 시트의 행수(rowcnt)에서 1(inct)을 더한 위치에 그림의 이름을 입력합니다. 그림의 이름(파일 이름.확장자)은 첫 번째 그림 strPic(icnt)의 '파일 이름.확장자'에서 점(.)과 확장자를 제외한(−4) 문자의 수만큼 왼쪽으로부터 파일 이름을 추출합니다.

⓬ AddPicture 메서드에서 첫 번째 그림(strPic(icnt))을 경로 연결 없이(False), 문서 내 저장(False)하고 왼쪽 위치(0), 상단 위치(0), 원본 그림 가로 크기(−1), 원본 그림 세로 크기(−1)로 삽입합니다.

⓭ With~End With 문은 반복해서 같은 개체(Selection.ShapeRange)를 호출할 경우 한 번만 호출해서 작업할 수 있는 코드 구성 방법입니다. 예를 들어 Selection.ShapeRange.Left, Selection.ShapeRange.Top, Selection.ShapeRange. Width, Selection.ShapeRange.Height 속성을 지정하려면 반복해서 호출하는 개체(Selection.Shape Range)를 With 문에 선언하고 반복 호출되는 개체를 매번 입력할 필요 없이 나머지 부분(.Left, .Top, .Width, .Height)만 입력할 수 있으므로 코드 구성이 효율적입니다.

⓮ 선택된 그림의 가로와 세로 비율의 크기 고정(Selection.ShapeRange.LockAspectRatio)을 해제(msoFalse)합니다.

⓯ 선택된 그림(Selection.ShapeRange.)의 왼쪽(Left), 상단(Top), 가로(Width), 높이(Height)는 그림이 삽입될 위치(Cells (icnt + rowcnt, 2)의 셀 크기에 더하기 3을 한 위치에서 빼기 5를 한 크기로 배치합니다.

⓰ With 문을 마칩니다.

⓱ 불러올 사진의 수만큼 ⓫~⓰을 반복 수행합니다.

⓲ MsgBox 함수로 사진 삽입이 완료되었다는 메시지 창을 표시합니다.

⓳ [사진삽입] 프로시저를 마칩니다.

06 시트 이동 코드 입력하기 각각의 시트에서 다른 시트로 이동하는 코드를 입력해보겠습니다. ❶ 비주얼 베이식 편집기의 프로젝트 창에서 [Module2]를 더블클릭합니다. ❷ 코드 창에서 각각의 시트로 이동하는 코드를 입력합니다.

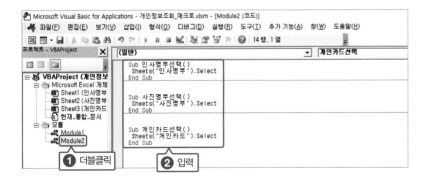

```
❶    Sub 인사명부선택()
❷      Sheets("인사명부").Select
❸    End Sub


❹    Sub 사진명부선택()
❺      Sheets("사진명부").Select
❻    End Sub


❼    Sub 개인카드선택()
❽      Sheets("개인카드").Select
❾    End Sub
```

❶ [인사명부선택] 프로시저를 시작합니다.

❷ [인사명부] 시트를 선택합니다.

❸ [인사명부선택] 프로시저를 마칩니다.

❹ [사진명부선택] 프로시저를 시작합니다.

❺ [사진명부] 시트를 선택합니다.

❻ [사진명부선택] 프로시저를 마칩니다.

❼ [개인카드선택] 프로시저를 시작합니다.

❽ [개인카드] 시트를 선택합니다.

❾ [개인카드선택] 프로시저를 마칩니다.

07 파일 저장 코드 입력하기 Workbook_BeforeClose 이벤트 프로시저에 통합 문서를 닫기 전에 현재 통합 문서를 저장하는 코드를 입력해보겠습니다. ❶ 비주얼 베이식 편집기의 프로젝트 창에서 [현재_통합_문서]를 더블클릭합니다. ❷ 코드 창의 개체 목록에서 [Workbook]을 선택하고, ❸ 이벤트 프로시저 목록에서 [BeforeClose]를 선택한 후 ❹ 현재 통합 문서를 저장하는 코드를 입력합니다.

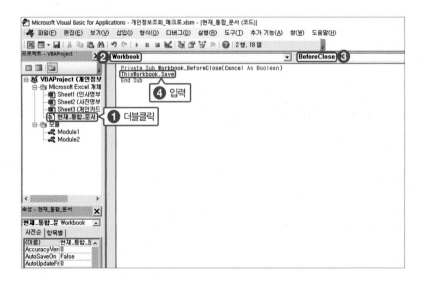

❶	`Private Sub Workbook_BeforeClose(Cancel As Boolean)`
❷	`ThisWorkbook.Save`
❸	`End Sub`

❶ Workbook_BeforeClose 이벤트 프로시저를 시작합니다. 현재 통합 문서를 닫기 직전에 자동으로 호출되는 프로시저입니다.

❷ 현재 통합 문서를 저장합니다.

❸ 프로시저를 마칩니다.

📶 실력향상 Workbook 개체는 엑셀 파일이므로, 엑셀 파일 단위에서 일어나는 이벤트 프로시저는 Open, BeforeClose, BeforeSave, BeforePrint 등이 있습니다. Workbook 개체에서 문서를 저장할 때는 Save 또는 SaveAs 메서드를 사용합니다. 현재 문서를 저장할 때는 Save 메서드를 사용하고, 다른 이름으로 파일을 저장할 때는 SaveAs 메서드를 사용합니다.

X⊒ 엑셀 2007 엑셀 2007에서는 비주얼 베이식 편집기의 프로젝트 창에서 [ThisWorkbook]을 더블클릭합니다.

08 [닫기⊠]를 클릭하여 비주얼 베이식 편집기를 닫습니다.

STEP 02 매크로 실행하기

[사진삽입] 매크로를 실행하여 [그림선택] 대화상자에서 그림 파일을 불러옵니다. 순서대로 셀 크기에
맞춰 그림이 삽입됩니다. 한 번 더 그림을 불러와서 삽입된 그림 뒤로 사진이 삽입되는지 확인합니다.

09 도형에 매크로 지정하기 ❶ [사진삽입] 단추를 클릭하고 ❷ [그림선택] 대화상자에서 [Chapter03]
–[그림1] 폴더를 선택합니다. ❸ 첫 번째 파일을 클릭한 후 ❹ Shift를 누른 채 마지막 파일을 클릭합니다.
❺ [열기]를 클릭합니다.

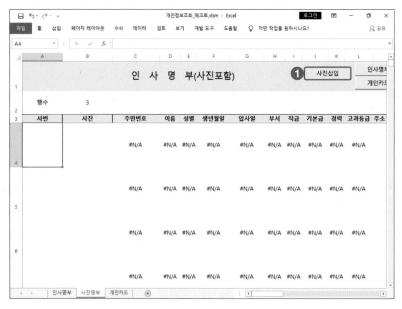

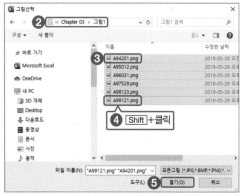

📊 **실력향상** [사진삽입] 단추 컨트롤에는 [사진삽입] 매크로가 지정되어 있습니다.

10 ❶ [사진 삽입이 완료되었다는 메시지가 표시되면 [확인]을 클릭합니다. 사진 이름(사번)과 사진이 [A3] 셀과 [B3] 셀을 시작으로 순차적으로 삽입됩니다. 사번이 입력되면 주민번호부터 특기사항까지 전체 항목이 오류 없이 표시됩니다. 추가로 사진을 불러오겠습니다. ❷ [사진삽입] 단추를 클릭합니다. ❸ [그림 선택] 대화상자에서 [Chapter03]-[그림2] 폴더를 선택합니다. ❹ 첫 번째 파일을 클릭한 후 ❺ Shift 를 누른 채 마지막 파일을 클릭합니다. ❻ [열기]를 클릭합니다.

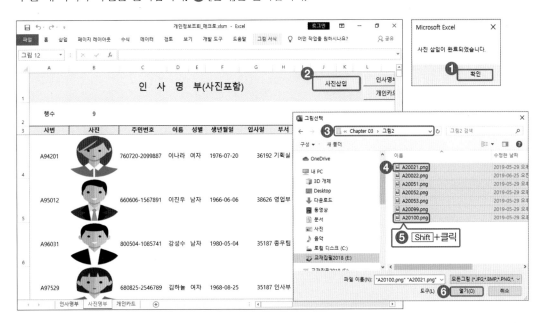

11 사진의 모양(사번)과 사진이 [A10] 셀과 [B10] 셀을 시작으로 순차적으로 삽입됩니다. ❶ [개인카드] 단추를 클릭합니다. ❷ [B2] 셀의 사번을 선택하면 개인 정보와 사진을 조회할 수 있습니다.

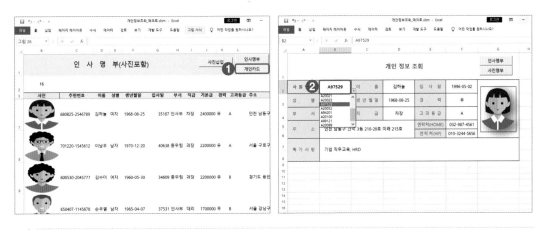

📊 **실력향상** [인사명부], [개인카드] 단추 컨트롤에는 [인사명부선택], [개인카드선택] 매크로가 지정되어 있습니다.

📊 **실력향상** 현재 통합 문서를 닫으면 자동으로 Workbook_BeforeClose 이벤트 프로시저를 호출하여 현재 문서를 저장한 후 문서를 닫습니다.

사진 삽입하기

AddPicTrue 메서드를 사용하여 사진을 삽입합니다. Shape 개체의 AddPicture 메서드의 구문 구조는 다음과 같습니다.

```
AddPicture(Filename, LinkToFile, SaveWithDocument, Left, Top, Width, Height)
```

중요 매개 변수는 다음과 같습니다.

이름	필수/선택	데이터 형식	설명
Filename		String	그림 파일이 있는 경로와 이름을 지정합니다.
LinkToFile		MsoTriState	그림 파일의 경로를 연결(Link)할 것인지 유(True)/무(False)를 선택합니다. 그림 파일이 있는 경로를 연결(True)하고 문서 내 저장하지 않을 경우(False)에는 그림 경로가 달라지면 사진이 표시되지 않습니다.
SaveWithDocument	필수	MsoTriState	문서 내에 그림을 저장할 것인지 유(True)/무(False)를 선택합니다.
Top		Single	그림 상단의 왼쪽 위치를 지정합니다.
Width		Single	그림 상단의 위치를 지정합니다.
Height		Single	그림 가로 사이즈를 지정합니다.
		Single	그림 세로 사이즈를 지정합니다(단위 : points).

[표준 파일 열기] 대화상자 열기

[표준 파일 열기] 대화상자를 표시하여 사용자가 파일을 선택하면 그 파일을 불러옵니다. Application개체의 GetOpenFilename 메서드의 구문 구조는 다음과 같습니다.

```
Application.GetOpenFilename(FileFilter, FilterIndex, Title, ButtonText, MultiSelect)
```

매개 변수는 다음과 같습니다.

이름	필수/선택	데이터 형식	설명		
FileFilter			표준 파일 열기 대화상자에서 파일의 필터링 조건을 지정하는 문자열입니다.		
			필터 조건	**모든 파일**	**엑셀 파일** / **그림 파일**
			사용 예	모든 파일(*.*) *.*	엑셀 문서 *.xlsx / 그림 파일 *.JPG, *.PNG
FilterIndex	선택	Variant	1부터 FileFilter에서 지정한 필터 개수까지 기본 파일 필터링 조건의 인덱스 번호를 지정합니다. 이 인수를 지정하지 않거나 현재 필터 개수보다 큰 값으로 설정하면 첫 번째 파일 필터가 사용됩니다.		
Title			대화상자 제목을 지정합니다. 지정하지 않으면 대화상자 제목은 '열기'가 됩니다.		
ButtonText			Macintosh 전용입니다.		
MultiSelect			True면 파일 이름을 여러 개 선택할 수 있고 False면 한 개만 선택할 수 있습니다. 기본은 False입니다.		

비법노트 목차

회사에서 바로 통하는 비법노트

개념을 익히고 이론 학습이 필요한 부분을 별도의 참고 페이지로 구성했습니다. 실무에 꼭 필요한 엑셀 실력을 쌓을 수 있습니다.

찾아보기